귀신鬼神과 제사祭祀
－유교의 종교적 세계－

금장태

Publishing Company

머리말

　유교는 참으로 특이한 종교인가 보다. 20세기에 들어와 양계초(梁啓超)가 「유교비종교론」(儒敎非宗敎論, 1902)을 발표한 이후, 동북아 유교문화권인 중국·일본·한국을 중심으로 유교가 종교인지 아닌지의 논란이 일어나서, 100년이 넘도록 끊임없이 시비가 이어져 왔지만 아직도 결론이 나지 않았으니 말이다. 어쩌면 유교에는 두 얼굴이 있는 것인지 모르겠다. 흑백(黑白)논리로 말하면 종교이던지 아니던지 어느 한 쪽을 선택해야 할 것이다. 그러나 원융(圓融)논리로 말하면 있으면서 없고, 아니면서 그러한 것이 실제의 진정한 모습이라 주장한다. 아마도 유교는 원융논리로 이해해야 하는 것이 아닐까?

필자의 소견으로 보면 유교에는 종교·철학·윤리·역사·문학·예술·정치·경제·사회·교육 등 인간 삶의 다양한 문화영역과 사유방법이 얽혀 있고 통합되어 있는 것으로 보인다. 우리가 학문영역을 나누고 전문화시킨 것은 근대 서양문화의 영향이었다. 하기야 오늘날에는 서양학문도 다시 학제간(學際間)의 결합이나 학문융합을 추구하고 있는 형편이 아닌가. 그래서 필자의 생각으로는 어느 분야에서나 유교를 접근할 수 있지만, 단절적이고 폐쇄된 시야에서 유교를 보면, 유기적 전체로서 유교의 살아있는 모습을 찾아낼 수 없을 것으로 생각된다. 어느 한 시각으로 유교를 규정하고 주장하려 든다면 그것은 여러 장님이 코끼리의 각 부분을 어루만지며 고집하는 오류에 빠지지 않을 수 없다. 철학이나 정치나 교육 등 어느 분야로도 유교에 접근할 수는 있지만, 유교의 종교적 세계를 모른다면 그것은 이미 살아 숨쉬는 유교가 아닐 것이다. 뿌리를 잘라내고서 꽃과 열매와 잎과 줄기를 논한다고 그 식물의 살아있는 모습을 드러낼 수는 없기 때문이다.

  필자는 1960년대 후반 대학원 석사과정에서 유교를 공부하기 시작하면서, '제례(祭禮)에 관한 연구'를 주제로 잡았고, 이때부터 유교의 종교적 성격에 대한 이해에 관심을 기울여 왔다. 40여년 세월동안 유교 특히 한국유교의 문제와 관련된 연구를 계속해오면서 온갖 문제들의 숲 속에서 방황하였지만, 필자의 유교연구는 출발점이었던 유교의 종교적 세계를 찾아가는 길을 크게 벗어나지는 않았다. 돌아보면 초심(初心)을 잃지 않은 것으로 보여 다소 안도감을 갖게 된다. 그동안 유교의 종교성과 관련된 주제의 논문이나 저술을 여러 편 발표하여 왔지만, 단편적인 관심에서 이루어진 논문들이 대부분이었다. 2009년 2월 대학강단에서 정년퇴직을 앞두고 필자로서는 학문적 중심주제였던 '유교의 종교적 세계'에 대한 관심을 하나의 체계 속에 정리해보고 싶었다. 오래전 여러 곳에 발표했던 논문들을 다시 모아 정리를 해보니 좀처럼 틀이 잡히지 않아 필자 자신의 연구성과가 얼마나 거칠고 소루한 것이었는지 새삼 깨닫게 되고 부끄러움을 금할 수 없었다.

흩어진 논문들을 정리하는 과정에 유교의 종교적 세계가 다양하지만, 그 가장 생동하는 면모는 제사의례에서 찾을 수 있음을 다시 확인할 수 있었다. 그래서 제사대상이 되는 '신'(神)존재와 제사의례의 유교적 종교성을 조명해 본다는 의도에서, "귀신과 제사"를 표제로 선택하고 "유교의 종교적 세계"를 부제로 삼았다. 이 책은 새로 집필한 제4장 '주자학의 종교적 성격'과 제6장 『역경금문고』와 이병헌의 유교개혁사상'을 제외하면, 이미 발표했던 논문들의 옛 원고를 전면적으로 수정·보완하면서 가능한 원전자료를 새로 찾아서 이해를 뒷받침하려고 노력하였다.

제1장에서는 제사대상으로서 '천·상제'(天·上帝)와 '신·귀신'(神·鬼神)의 존재에 대한 유교적 인식을 해명하고, 제2장에서는 제사의례의 구조와 '신-인'(神-人)의 감응을 통한 종교적 의미를 확인하고자 하였다. 제3장은 유교의 제사의례에서 가장 대중적 제사양상인 조상제사를 이해하기 위한 기반으로서 유교적 생명관을 해명한 것이요, 제4장은 합리성에 근거하기 때문에 종교와 대립된다고 일반적으로 이해되는 주자학에서도 종교적 성격을 분명히 확인할 수 있음을 보여주고자 한 것이다. 제5장은 정약용(丁若鏞)이 교(郊)제사와 사직(社稷)제사를 통해 '신'존재와 제사의례를 인식한 내용을 점검해본 것이고, 제6장은 근대의 유교개혁사상가인 이병헌(李炳憲)이 『역경』(易經)의 금문학적(今文學的) 재해석을 통해 유교의 종교적 근거를 밝히려는 시도를 해명한 것이다. 제7장은 '긍정'과 '융화'라는 두 주제를 중심으로 한국 유교사상이 지닌 특

성을 파악해보고자 시도한 것이다.

  50년 가까운 세월을 '유교의 종교성'이라는 주제의 주위를 맴돌며 지내왔는데, 수정하면서 문장의 서술은 많이 고쳤지만 기본 관점의 변화는 거의 없음을 확인하였다. 그만큼 필자 자신의 학문적 역량이 낡은 껍질을 깨고 새로운 시야를 열어가지 못하였다는 한계를 보여주는 것이기도 하여 마음 한 편으로 괴로웠지만, 다른 한 편으로 필자 자신은 이 시야를 고칠 의사가 없다는 확신을 보여주는 것이라는 생각도 들었다.

  이 책의 간행을 허락해주신 제이앤씨 출판사의 윤석원 사장님께 진심으로 감사드린다. 교정을 도와준 아내 소정(素汀)은 평생토록 나의 등 뒤에서 따스하게 보살펴 주었으니, 정년퇴직의 즈음에 마무리 한 이 책을 아내 소정에게 바치고자 한다.

2009년 3월 19일 *潛研齋*에서
雲海散人 琴 章 泰 적음

목 차

* 머리말 : 1

1: 천-상제天·上帝와 신-귀신神·鬼神의 존재

1. 유교에서 '천'(天)과 '신'(神) 존재의 문제 …………………………… 11
2. '천'(天)·'상제'(上帝)에 대한 인식 ………………………………… 14
   1) '천'의 명칭 / 14
   2) '천'의 기본성격-영명(靈明)·조화(造化)·주재(主宰) / 19
3. '천-인'(天人) 관계의 인식 ………………………………………… 27
   1) 하늘과 인간의 만남 / 27
   2) 천명(天命)의 사회적 실현 / 37
4. '신·귀신'(神·鬼神) 존재와 '신-인'(神人) 관계의 인식 ………… 42
   1) '신·귀신'에 대한 인식 / 42
   2) '신-인'(神人) 관계의 인식 / 51
5. '천'(天)·'신'(神)의 존재와 유교의 종교적 의미 ………………… 54

2: 제사의 구조와 의미

1. 유교에서 제사의 문제 ···································· 59
2. 제사의 의미와 제사의례의 종류 ······················ 62
   1) 제사의 의미 / 62
   2) 제사의례의 종류 / 64
3. 제사의례의 구성과 절차 ································ 67
   1) 제관과 제물 / 67
   2) 제사의례의 절차 / 72
4. '신-인'(神人)의 감응과 제사의례의 기능 ············ 78
   1) '신'과 인간의 감응 / 78
   2) 제사의례의 기능 / 85
5. 제사의례의 종교적 의미 ································ 88

3: 조상숭배의 유교적 의미

1. 문제의 성격 ·· 93
2. 조상숭배의 근거-유교적 생명관 ····················· 95
3. 조상신의 존재양상-유교적 신(神)존재의 체계와 조상신의 지위 ··· 98
4. 조상숭배의 도덕적 의미 ······························· 101
5. 조상숭배의 사회적 기능 ······························· 103
6. 현재와 장래의 문제 ····································· 106

4: 주자학의 종교적 성격

1. 주자학의 종교성 문제 ·································· 109
2. 궁극존재로서 천(天)·상제(上帝)에 대한 신앙 ··· 113
3. 제사의례를 통한 신(神)과 인간의 교류 ············ 117
4. 인격실현의 수양과 선비(士君子) ···················· 122
5. 도통의식과 이단(異端)비판론 ························ 125
6. 주자학의 종교적 성격 ·································· 129

5: 『춘추고징』春秋考徵과 정약용丁若鏞의 교郊·사社제사 인식

1. 『춘추고징』과 제사의례 해석의 과제 ··· 135
2. 『춘추고징』의 체제와 제사의례의 유형 ······································ 139
3. '교'제사에서 '상제'의 인식과 '오방천제설'의 비판 ····················· 143
   1) '교'제사에서 '상제'의 인식 / 143
   2) '오방천제설'의 비판 / 149
4. '교'제사의 의례 ··· 164
   1) '교'제사의 장소와 시기 / 164
   2) '교'제사와 연관된 의례의 명칭과 성격 / 182
   3) '교'제사의 의례와 노(魯)의 '교'제사 / 191
5. 사(社)제사의 '신'(神)존재 인식과 의례 ······································ 201
   1) '사직'의 '신'존재 인식 / 201
   2) '사직'제사의 의례와 멸망한 나라의 '사직'문제 / 216
6. 정약용의 '교'와 '사'제사 해석이 지니는 의미 ····························· 225

6: 『역경금문고』易經今文考와 이병헌李炳憲의 유교개혁사상

1. 『역경』해석과 이병헌의 유교개혁론이 지닌 과제 ····················· 231
2. 이병헌의 유교개혁사상 체계 ·· 234
   1) 공교(孔敎)운동의 이념과 방법 / 234
   2) 금문경학(今文經學)의 저술체계 / 242
3. 『역경』의 제작과 체계에 대한 인식 ·· 249
   1) 『역경』의 제작에 대한 인식 / 249
   2) 『역경』체계의 인식 / 264
4. 『역경』의 금문학적 해석과 종교적 성격 ····································· 276
   1) 신도설교(神道設敎)의 종교적 성격 / 276
   2) 도서(圖書)와 복서(卜筮)에 대한 인식 / 282
5. 이병헌의 유교개혁사상이 지닌 의의 ·· 291

7: 긍정과 융화 — 한국 유교의 사유기반

1. 수용과 재창조 …………………………………… 295
2. 긍정의 세계 ……………………………………… 297
3. 의리의 순정성(純正性) ………………………… 300
4. 융화의 논리 ……………………………………… 303
5. 이상(理想)으로서 인도(人道) ………………… 306

* 참고문헌 : 309
* 찾아보기 : 311

귀신鬼神과 제사祭祀 : 유교의 종교적 세계

1. 천·상제天上帝와 신·귀신神鬼神 유형의 존재
2. 제사의 구조와 의미
3. 조상숭배의 유교적 근거와 의미
4. 주자학의 종교적 성격
5. 정약용 : 은혜의 교학·사천제사 인식
6. 이벽李檗의 유교개혁사상 : 연경謙耕의 고찰孤察考을 중심으로
7. 금장태 유학 — 한국 유교의 사유기반

귀신鬼神과 제사祭祀

1 천-상제天·上帝와 신-귀신神·鬼神의 존재

1. 유교에서 '천'(天)과 '신'(神)존재의 문제

　유교를 현세중심적이고 도덕적 사상체계로만 이해하는 것은 유교의 전체적 모습을 올바르게 이해하지 못하게 만드는 장애를 초래한다. 유교는 현세적이고 도덕적인 가치관에 사로잡혀 있는 것이 아니라, 궁극적 세계에 대해 확고한 신념을 지니고 있으며, 그 궁극적 신념에 바탕하여 현세적 도덕적 가치체계를 정립하고 있다는 사실에 대해 명확한 인식이 요구된다. 결론적으로 말하면 유교사상의 기반에는 '천'(天)·'상제'(上帝)의 궁극존재 및 '신'(神)·'귀신'(鬼神)의 초월적 존재에 대한 종교적 신앙이 깔려 있으며, '태극'(太極)·'이'(理)·'도'(道)의 형이상학적 근원에 대한 인식이 내포되어 있는 사상체계이다. 따라서 유교는 현실적 합리성과 종교적 초월성을 동시에 내포하는 사유체계로서 이해하는 것이 그 전체적 면모를 균형있게 파악하는데 필수적인 과제라 할 수 있다.

　'천'과 '상제'의 두 명칭은 여러 가지로 특징적 차이점을 설명해볼 수 있지만 결국 유교사상에서는 하나의 존재를 가리키는 다른 명칭이라 할 수 있다. 마찬가지로 '신'과 '귀신'이라는 명칭도 다양한 설명의 차이에도 불구하고 근원적으로 동일한 존재의 다른 양상들을 가리키는 명칭일 뿐이다. 이런 의미에서 '천'과 '상제'는 구별하지 않고 '천'으로 통용해 쓰며, '신'과 '귀신'은 구별하지 않고 '신'으로 통용해 쓸 수 있을 것이다.

유교사상은 언제나 하늘(天)과 인간(人)을 두 축으로 삼고 있으며, 인간이라는 축이 전면에 나타나지만 그 이면에는 언제나 하늘이라는 또 하나의 축이 뒷받침 해주고 있다는 사실을 잊어서는 안된다. 바로 인간과 하늘의 관계를 어떻게 이해하느냐의 문제가 유교사상의 특성을 인식하는 핵심적 과제라 하겠다. 따라서 시대마다 유교사상은 여러 양상으로 차이를 드러내고 있지만, 유교사상사는 하늘과 인간에 대한 이해의 역사라고도 할 수 있다. 공자에 이르기 까지의 유교사상은 육경(六經)을 중심으로 '천'(天·上帝)과 '신'(神·鬼神)존재에 대한 이해가 정착되었다고 한다면, 공자 이후는 육경과 더불어 사서(四書)를 중심으로 '천'과 '신'존재에 대한 이해를 형성해 왔다. 송대(宋代)이후 및 조선시대의 도학(道學)은 '천'과 '신'존재를 성리설(性理說)의 형이상학적 이론으로 해석해 왔다면, 청대(淸代) 고증학(考證學)과 조선후기의 실학(實學)은 새로운 다양한 해석을 시도하였던 것이 사실이다.

송대 도학의 '천'·'신'개념에 대한 인식은 합리적 개념분석과 형이상학적 해석을 하고 있지만, 그러나 합리적 사유의 철학으로 신앙적 이해의 입장을 탈피하거나 극복하였던 것이 아니다. 오히려 합리적 사유를 철저화함으로써 신앙적 이해의 정당성을 뒷받침하여 더욱 확고하게 정립하고자 하였던 것으로 보는 것이 온당하다. 따라서 '천'·'신'의 궁극적 존재에 대한 종교적 신념이 없는 유교는 단지 역사적 문화유산으로

취급되거나 학문적 연구의 대상이 될 수는 있겠지만, 더 이상 살아있는 유교사상으로서 그 생명력은 잃어버리고 말 것이다.

유교의 종교적 신념은 도덕규범이나 의례적 행위를 통해서도 나타나는 것이지만, 그 근원은 '천'과 '신'존재에 대한 인식에서 확보할 수 있어야 한다. 이 때문에 유교에서 '천·상제'개념과 '신·귀신'개념을 해명하려고 하는 것은 바로 유교의 종교성이 성립하는 근원을 이해하기 위한 관심에서 출발하는 것이다. 또한 이 문제의 해명을 위해서는 두 가지 기본 과제를 고려해야 할 것으로 본다.

하나는 유교의 '천·상제' 및 '신·귀신'존재의 개념적 이해이다. 먼저 경전에서 제시된 '천'·'신'의 존재에 대한 이해의 양상을 확인하고, 이와더불어 후대의 유교전통에서 시대사상의 사유체계에 따라 나타나는 다양한 해석과 쟁점들을 점검할 필요가 있다.

다른 하나는 '천'·'신'의 존재와 인간의 상호연관성에 대한 이해이다. '천' 및 '신'의 존재는 결코 초월적 세계에 고립된 존재가 아니다. 언제나 인간을 통해서 드러나는 존재이며, 인간을 떠나서는 이해할 수도 없는 존재이다. 따라서 '천-인'(天人)의 상관관계, 내지 '신-인'(神人)의 상관관계를 해명할 필요가 있는 것이다. '천-인' 내지 '신-인'의 상관관계를 해명하는 것은 '천'과 '신'의 존재를 이해하는 길일 뿐만 아니라 인간을 이해하는 길에서도 필수적 조건임을 유의할 필요가 있다.

2. '천'(天)·'상제'(上帝)에 대한 인식

1) '천'의 명칭

갑골문(甲骨文)에서는 최고의 신을 '제'(帝) 혹은 '상제'라 일컫고, '제'는 형상이 없는 존재이므로, '제'(帝)라는 글자는 '상제'에 제사 드리는 제단의 형상을 본떠서 글자를 만든 것이라 한다.[1] 그렇다면 상고대에는 '천'에 앞서 '상제'가 궁극적 주재자(主宰者)의 명칭으로 쓰여졌음을 알 수 있다. 오경(五經)에 오면 '천'과 '상제'가 동일한 존재의 다른 명칭으로 쓰이는 사실을 볼 수 있으며, 후대로 오면서 '천'이 궁극적 주재자의 명칭으로 더욱 널리 쓰이게 되었던 것이 사실이다.

인간은 궁극존재를 감각으로 경험하여 규정할 수 없기 때문에 자신의 내면 깊이에서 얻어지는 체험에 따라 이름을 붙이게 되며, 이에따라 여러 가지 명칭이 나타나게 되는 것이다. 정이천(程伊川)은 "'천'이란 집중하여 말하면 '도'(道)요, …나누어 말하면 형체로는 '천'(天)이라 하고, 주재로는 '제'(帝)라 하고, 작용으로는 '귀신'이라 하고, 신묘한 작용으로는 '신'(神)이라 하고, 성정(性情)으로는 '건'(乾)이라 한다"[2]고 하였다. 곧 '천'·'도'·'제'(上帝)·'귀신'·'신'·'건'이라는 여러 명칭들이 하나의 존재를 여러 측면에서 일컫고 있는 것임을 보여준다. 이러한 명칭들은 지극히 높고 유일한 존재인 '천'의 성격과 기능의 다양한 측면을 가리키는 것이라 할 수 있다. 그렇다면 이 명칭들의 어떤 것을 선택하여 일컫더

---

1) 白川靜, 『甲骨文의 世界』, 김옥석 역, 연희, 1981, 56쪽.
2) 程頤, 『易傳』, '乾卦', "夫天, 專言之則道也, …分而言之, 則以形體謂之天, 以主宰謂之帝, 以功用謂之鬼神, 以妙用謂之神, 以性情謂之乾."

라도 궁극존재의 일체성과 근원성을 손상시킬 수 없으며, 이 명칭들은 사실상 서로 교환하여 쓰여질 수도 있는 것이다.

정약용(茶山 丁若鏞)은 경전에서 일컫고 있는 '천'의 다양한 명칭들에 대해 하나의 일관된 체계로 자리매김을 해주고 있다. 곧 그는 "'천'의 주재함이 '상제'가 된다. '천'이라 말하는 것은 마치 임금을 '나라'(國)라고 일컫는 것과 같은 것으로, 감히 가리켜 말하지 못하는 뜻이다"3)라고 하여, '천'이란 감히 '상제'라고 이름을 일컫지 못하여, 그 대신으로 '상제'가 계시는 자리를 가리켜서 일컫는 명칭에 불과한 것이라 보았다. 따라서 궁극존재의 정식 명칭(正名)은 '상제'임을 확인하고 있는 것이다. 경전에서는 '상제'를 일컫는 호칭으로 '황천'(皇天)·'호천'(昊天)·'민천'(旻天)·'황황'(皇皇) 등 여러가지가 있는데, 그는 이러한 명칭들이 모두 '상제'의 호(號)에 해당하는 것이라고 본다. 여기서 그는 『주례』(大宗伯)에서 "상제에 인(禋)제사를 드리는데, '호천상제'(昊天上帝)라 한다"는 구절을 기준으로 삼아, "'호천'(昊天)이란 상제의 정식 호(正號)이다"4)라고 하여, '상제'를 일컫는 여러 가지 호칭 가운데 '호천'을 정호(正號)라 함으로써, 다른 호칭들은 별호(別號)라 보고 있다. 마치 사람의 호칭으로는 이름이 있고 자(字)가 있으며, 또 여러 가지 호(號)가 있는 것처럼, 이 모든 호칭들이 천지를 주재하는 유일한 존재를 일컫는 칭호라 보고 있는 것이다. 또한 그는 『중용』에서 '귀신'의 덕을 말한 구절에 대해, "상제의 실체는 형상도 없고 기질도 없으니 귀신과 더불어 그 덕이 같다. 그러므로 '귀신'이라 말한다. (상제가) 감응하여 이르고 내려와 비춰봄으

---

3) 『與猶堂全書』 第2集(이하 『與全』[2]로 표시), 권6, 36, '孟子要義·盡心', "天之主宰爲上帝, 其謂之天者, 猶國君之稱國, 不敢斥言之意也."
4) 『與全』[2], 권23, 7, '尙書古訓·堯典', "周禮大宗伯, 禋祀上帝, 曰昊天上帝, 昊天, 乃上帝之正號也."

로 말하니 '귀신'이라 한다"5)고 하여, '귀신'도 '상제'를 일컫는 경우가 있음을 제시하였다. 정약용은 '귀신'과 더불어 '신'(神) 또는 '천신'(天神)이 '상제'와 동일시하지는 않음을 인식하고 있지만, 경전에서 '귀신'이 '상제'를 가리키는 명칭으로 쓰이는 경우가 있음을 지적하기도 하였다.

전국(戰國)시대에 추연(鄒衍)이 음양오행설(陰陽五行說)을 제기하였고, 진(秦)·한(漢)시대에 음양오행설에 기반한 참위설(讖緯說)이 널리 성행하게 되자, '천·상제'의 명칭도 오행의 방위에 맞추어 제시하게 되었다. 곧 정현(鄭玄)은 '천·상제'의 명칭을 오행의 방위구조에 상응시켜 '동방청제'(靑帝: 蒼帝·靈威仰)·'남방적제'(赤帝: 赤熛怒), '중앙황제'(黃帝: 含樞紐)·'서방백제'(白帝: 白招拒)·'북방흑제'(黑帝: 汁光紀)의 다섯 '천제'(天帝)곧 '오방천제'를 배열하였다. 이것이 곧 오방천제설(五方天帝說)이다. 정현은 '오방천제'가 '태미오제'(太微五帝)에 상응하는 것이라 하고, '황천상제'(皇天上帝)를 북극성(北辰耀魄寶)에 상응시켜 '상제'의 명칭을 모두 여섯가지로 나누었으니, 이것이 육천설(六天說) 내지 육제설(六帝說)이다.6) 정현이 '상제'의 명칭을 이렇게 여러 가지로 구분하고 나아가 '상제'의 존재자체를 나누어 놓고 있는 것은 오행설의 세계관에 상응시켜 궁극적 존재로서 '천·상제'를 해명하고자 한 것이다. 그러나 이러한 해석에 대해, 당(唐)의 장손무기(長孫無忌)를 비롯하여 청(淸)의 진혜전(秦蕙田), 조선의 정약용 등 여러 학자들이 '천·상제'의 유일성을 손상시키는 것이라 지적함으로써, 방위에 따라 별자리에 배당하는 것이 잘못되었음을 비판하였던 것이 사실이다.

---

5) 『與全』[2], 권3, 16, 中庸自箴', "上帝之體, 無形無質, 與鬼神同德, 故曰鬼神也, 以其感格臨照而言之, 故謂之鬼神."
6) 『禮記注疏』(鄭玄注), '月令', "皇天, 北辰耀魄寶, 冬至所祭於圜丘也, 上帝, 太微五帝."

유교전통에서 궁극적 존재를 일컫는 명칭들은 '천'·'상제'·'신'·'도' 등을 비롯하여 매우 다양하지만, 크게 둘로 나누어 보면 주재자로서 신앙의 대상으로 접근하는 명칭과 원리 내지 법칙이라는 합리적 사유의 근원으로 접근하는 명칭이 있다고 하겠다. 대체로 '천'·'상제'·'신'·'귀신' 등은 전자의 경우라고 하면, '도'·'이'(理)·'태극' 등은 후자의 경우라고 할 수 있다. 이처럼 '천'이 발현되는 양상을 '신'(神·鬼神)이라 일컫는 것은 성리학의 관점에서도 확인할 수 있다. 성리학에서는 '천'개념을 본체와 작용의 체용(體用)구조로 해명하면서, 그 형이상학적 본체의 측면을 '이'(理)라 한다면, 인간과 만물을 주재하는 측면을 '상제'라 하고, 인간과 세계에서 신묘한 힘으로 드러나는 작용의 측면을 '신'(神·鬼神)으로 이해하고 있는 것이 사실이다.

'천' 곧 하늘은 공간과 시간의 제약을 넘어선 보편적 원리로서, 우주의 운행법칙이면서 동시에 인간 심성의 도덕적 근거로 인정되기도 한다. 이러한 의미에서 '천'은 특히 공간과 시간의 제한을 넘어서는 형이상학적 보편성을 강조하거나, 우주의 운행법칙이요 진실성의 근원이라는 의미에서 '태극'·'이'(理·天理)·'도'(道·天道)로 일컬어지고 있는 것이 사실이다. '도'·'천도'는 '천'이 운행하는 방법과 원리이면서, 동시에 인간 행위의 규범이 되는 정당성의 근거이다. 『주역』(說卦傳)에서는 "하늘의 '도'를 세워 음(陰)과 양(陽)이라 하고, 땅의 '도'를 세워 유(柔)와 강(剛)이라 하고, 사람의 '도'를 세워 인(仁)과 의(義)라고 한다"[7]고 하였다. '도'는 하늘과 땅과 사람에 따라 나타나는 양상이 다르지만 그 바탕에서는 하나로 두루 통행하는 근원적 원리가 있음을 말해주고 있다. 그렇다

---

[7] 『周易』, '說卦傳', "立天之道曰, 陰與陽, 立地之道曰, 柔與剛, 立人之道曰, 仁與義."

면 '천도'는 '천'이 운행되는 원리이면서, 동시에 모든 '도'의 기준이 되는 근본원리임을 확인할 수 있는 것이다.

『주역』(繫辭上)에서는 "'역'(易)에 '태극'이 있으니, '태극'이 '양의'(兩儀: 陰·陽)를 생성한다"(易有太極, 是生兩儀)고 하여, '태극'이 '천도'의 기본형식인 '음'·'양'이 발생해 나오는 근원임을 밝히고 있다. 곧 '태극'과 '천도'를 동일한 것으로 인식하는 것이다. 주렴계(周濂溪)는 「태극도설」(太極圖說)에서 우주의 생성근원을 "무극이면서 태극이다"(無極而太極)라고 하였는데, 주자(朱子)는 이를 해석하여 "상천(上天)의 운행은 소리도 없고 냄새도 없지만 실로 조화(造化)의 중심축이요 만물의 근원이다. 그러므로 '무극'이면서 '태극'이다 라고 하였다"8)고 정의하였다. 곧 '태극'은 '천'과 동일한 존재로서 우주와 만물의 생성근원임을 확인하고 있는 것이다. 또한 퇴계(退溪)는 "'천'은 '이'(理)요, …'이'는 '태극'이다. …'천'은 하나의 '이'로서 만물에 명령하며, 만물은 각각 하나의 '이'를 간직하고 있다"9)고 하여, '천'·'태극'·'이'를 일치시키고 있다. 곧 '천'을 명령하는 주체라 한다면, '이'는 '천'이 명령하여 부여하는 근거로 인식하고 있는 것이다. '이' 내지 '천리'는 모든 현상세계의 존재근거이며 행위의 당위규범으로 제시된다. '태극'과 '이'는 '천'의 보편성과 근원성을 가리키는 개념이라면, '도'·'천도'는 '천'의 운행으로서 유통성과 규범성을 가리키는 것이라 할 수 있다. 따라서 '천'·'상제'는 주재자로서 신앙적 대상이라면, '태극'·'이'(천리)·'도'(천도)는 근원성과 보편성의 원리로 이해될 수 있는 것이다. 이러한 명칭들은 '천'·'상제'라는 유일한 존재가 실현

---

8) 朱熹, 「太極圖說解」(『性理大全』, 권1), "上天之載, 無聲無臭, 而實造化之樞紐, 品彙之根柢也, 故曰無極而太極."
9) 『退溪先生續集』, 권8, 12-13, '天命圖說', "天卽理也, …理太極也, …天以一理命萬物, 而萬物之各有一理者此也."

되는 양상에 따르는 다양한 명칭들로서, 결코 대상에 따라 구분될 수 있는 것이 아니다.

2) '천'의 기본성격― 영명(靈明)·조화(造化)·주재(主宰)

유교전통에서 '천'·'상제'는 형상화시켜 표현되지는 않으나 숭배되고 본받으며 제사드려지는 신앙적 대상으로서 확고한 위치를 지니는 것이다. 유교경전이나 유교전통에서 가장 일반적으로 일컬어지는 명칭으로서 '천'은 지극히 높고(至高) 유일(唯一)하며, 지극히 큰(極大)의 존재를 의미한다. 또한 '천'의 성격을 '천'(天)이라는 글자를 구성하는 획으로 설명하여, 유일성을 의미하는 '일'(一)자와 극대성을 의미하는 '대'(大)자의 결합으로 보는 설명도 있다. 곧 조선 초의 유학자 권근(陽村 權近)은 '천'의 성격을 '一'과 '大'의 두 글자에서 분석하여, '一'은 상대가 없는 절대적 존재로서 '무대'(無對)요, 단절이 없이 영속하는 영원한 존재로서 '무식'(無息)의 두 성격을 내포하는 것이라 하고, '大'는 그 바깥을 생각할 수 없는 극대의 존재로서 '무외'(無外)요, 한계를 설정할 수 없는 무한한 존재로서 '무궁'(無窮)의 두 성격을 내포하는 것으로 제시하고 있다.[10] 이처럼 '천'은 한 가지 양상이나 성격으로 서술하거나, 구체적으로 한정시켜 서술할 수 없기 때문에 상대가 없다(無對), 단절됨이 없다(無息), 바깥이 없다(無外), 한계가 없다(無限)는 등 부정의 방법을 통해 그 초월

---

10) 權近, 『入學圖說』, '天人心性分釋之圖',

$$天 \begin{cases} \text{'}一\text{'} \begin{cases} 無對(絶對性) \\ 無息(永遠性) \end{cases} \\ \text{'}大\text{'} \begin{cases} 無外(極大性) \\ 無窮(無限性) \end{cases} \end{cases}$$

적 성격을 가리키고 있는 사실을 볼 수 있다. 그만큼 '천'은 인간이 감각으로 경험할 수 없는 초월적 존재이며, 그 초월성은 세계를 벗어나 세계와 단절되는 것이 아니라, 세계를 남김없이 내포하고 있는 세계와 분리될 수 없는 관계를 맺고 있는 내재적 존재이기도 하다.

'천'은 머리위의 '푸르고 형체가 있는 하늘'(蒼蒼有形之天)이 아니라 신앙대상이 되는 '신령하고 밝게 알아 만물을 주재하는 하늘'(靈明主宰之天)로 확인되고 있다.11) 이러한 '천'개념에서는 지각능력으로서 '영명'함과 지배하는 지위로서 '주재'의 역할을 '천'의 대표적 성격으로 표출시킨 것이다. 유교에서 '천'의 기본성격은 크게 보면 지각활동이 있다는 '영명'(靈明)한 능력, 인간이나 만물을 생성한다는 '조화'(造化)의 작용, 및 인간과 만물을 지배한다는 '주재'(主宰)의 역할이라는 세가지 측면을 중심으로 파악해볼 수 있다. '천'개념에서 확인할 수 있는 '영명'·'조화'·'주재'의 성격들은 모두 우주의 근원적 원리이면서 동시에 인격적 존재임을 공통의 기반으로 하고 있는 것이다.

①'영명'한 능력은 '천'이 자연적 존재가 아니라 인격성을 지닌 존재임을 가장 잘 보여주는 조건이다.

『시경』(大雅·文王)에서는 "상천(上天)의 일은 소리도 없고 냄새도 없다"12)(上天之載, 無聲無臭)고 하여, '천'이 아무런 형상이 없어서 감각

---

11) 마테오 리치(M.Ricci)는 형체가 있는 '天'과 형체가 없는 주재자인 '上帝' 내지 '天主'를 엄격히 구별하였으며,(『天主實義』, 第2篇, "蒼蒼有形之天, 有九重之析分, 烏得爲一尊也, 上帝索之無形, 又何以形之謂乎, …視此天地高廣之形, 而遂知有天主主宰其間, 故肅心持志, 以尊無形之先天.") 천주교의 교리를 비판하던 조선후기 실학자 安鼎福의 경우에서도 主宰로서의 天과 形氣로서의 天을 구별하였다.(『順菴集』, 권17, 21-22, '天學問答', "人之稱天有二, 一是主宰之天, 曰天命之性, 曰畏天命之類, 是天卽理也, 一是形氣之天, 是天卽物也.") 그렇다면 '天'을 '蒼蒼有形之天'과 '靈明主宰之天'으로 구별하는 것은 유교나 천주교의 공통된 입장이라 할 수 있다.

경험의 대상이 될 수 없음을 밝히고 있다. 따라서 '천'·'상제'는 보이지도 않고 들리지도 않아 감각으로 경험될 수 없는 초월적 존재이지만, 귀먹고 눈먼 존재가 아니라 가장 밝게 볼 수도 있고 들을 수도 있는 지각능력을 지닌 인격적 존재로 인식되고 있는 것이다. 『서경』(說命中)에서는 "하늘이 총명하시니, 임금께서 이를 본받아야 한다"[13]는 언급에서도 '천'은 모든 것을 가장 잘 듣고 볼 수 있는 영명한 존재로 확인하고 있다.[14] 또한 『시경』(小雅·小明)에서 "밝고 밝은 하늘(上天)은 땅(下土)을 비추고 살피신다"[15]라고 하여, 저 높은 위에서 '천'이 세상을 살펴보고 환하게 알고 있다는 '천'의 영명함을 제시하였다. '천'은 사람처럼 눈으로 보고 귀로 듣는 것은 아니지만, 보고 듣지 않음이 없어서 모르는 것이 없다(無所不知)는 것이다.

송대 성리학에서 "'천'은 이치이다"(天卽理)라고 하여, 자연적 법칙이나 원리로 설명되는 것이 사실이지만, 그렇다고 '천'·'상제'의 인격성이 거부되는 것은 아니다. 여전히 '천'·'상제'는 지각능력이 있는 영명한 존재이며, 사랑하고 분노하는 감정이 있는 인격성을 지니고 있는 존재로 이해되고 있다.

②'조화'의 작용은 '천'이 인간과 만물을 생성하는 근원이요 주체가 되는 존재임을 의미한다.

『주역』(繫辭下)에서는 "천지의 큰 덕을 생성이라 한다"(天地之大德曰

---

12) 『詩經』, '大雅·文王', "上天之載, 無聲無臭."
13) 『書經』, '說命中', "惟天聰明, 惟聖時憲."
14) 元 陳悅道는 『書義斷法』에서 "天之聰明, 無所不聞, 無所不見, 皆至公之理, 流行乎其間"이라 하여, 天의 총명한 지각능력이 至公한 理와 일치하여 드러나는 것임을 지적하고 있다.
15) 『詩經』, '小雅·北山·小明', "明明上天, 照臨下土."

生)고 하여, '천'이 만물을 낳고 살리어 생성해가는 '조화'의 능력을 지니고 있음을 확인하였다. 또한 이 생성의 '조화'작용은 일회적인 것이 아니라 만물의 모든 변화현상에서 실현되는 지속적인 활동이다. 공자는 "'천'이 무슨 말을 하겠는가. 사시(四時)가 운행되고 만물이 생성되는데 '천'이 무슨 말을 하겠는가"[16]라고 하였다. '천'은 계절의 변화와 생명의 순환이라는 자연현상을 통해 그 생성의 조화활동을 행하고 있는 것이며, 생성현상에서 드러나는 조화작용은 인간의 말로 규정되는 것이 아니라 자연현상으로 드러나는 것이다. 이러한 자연현상을 통한 '천'의 조화활동은 언어로 서술되는 불안정하고 불확실한 것이 아니라, 언어를 넘어서 조화롭고 확실하게 실현되는 것이다. 따라서 '천'이 말을 하지 않는다고 하여, 말을 할 수 없는 존재로 규정하는 것은 적절하지 않다. 오히려 '천'이 생성하고 조화하는 활동은 언어로 표현되는 약속이나 의지를 넘어서 그 실현의 필연성을 드러내는 것으로, 언어와 행위가 일치된 진실함(誠)의 상태라 할 수 있다. 곧 유교에서 '천'은 말을 못하는 존재요, 언어능력이 결핍된 비인격적 자연으로서의 존재가 아니다. 그것은 '천'의 조화작용에서 확인할 수 있는 것처럼, 언어가 지니는 불안정성과 불확실성을 넘어서 필연성을 지닌 진실함을 확보하고 있음을 보여주는 것이다.

유교에서 '천'·'상제'의 핵심적 기능은 자연의 생성·변화를 통해 조화활동을 하고, 조화활동을 통해 인간과 만물을 지배하는 주재하는 존재로서 '조화'와 '주재'를 두 가지로 파악해 볼 수 있다. 우선 '천'의 조화활동은 자연적 변화과정과 생성현상으로 드러나는 점이 주목된다. 이런

---

16) 『論語』, '陽貨', "天何言哉, 四時行焉, 百物生焉, 天何言哉."

의미에서 주자는 "이른바 생성하는 이치는 자연으로 중단함이 없다"[17]고 하여, 조화작용은 '천'의 의지에 따른 행위가 아니라 자연적인 작용현상으로 이해하였다. 따라서 '천'의 조화작용에 대한 유교적 이해의 특징은, 우선 지각이나 의지를 지닌 주체에 의해 실행되는 것이 아니라, 자연의 변화과정을 통해 드러나는 것이라는 점이요, 이와더불어 '무'(無)에서 부터 개체를 만들어 내는 창조의 행위가 아니라 무한한 변화의 운동과정에서 실현되는 생성현상으로 보는 점이다.

먼저 '조화'활동이 자연의 변화과정으로 드러난다는 것은 '천'이 의지를 지닌 인격적 존재가 아니라 필연적 자연법칙으로서 비인격적 존재로 이해될 수 있다는 점을 유의할 필요가 있다. "'건'(乾)은 만물을 발생시키는 큰 주재이며, '곤'(坤)은 만물을 성취시켜 간다. …변하고 변하여 되어가고 되어가며, 낳고 낳음이 다함이 없다. 그러나 그 변화하는 근거는 모두 자연으로 그렇게 되는 것이니, 어찌 일찍이 털끝만큼의 조작을 빌리며, 털끝만큼의 기력을 첨가하였겠는가. 그 지각이란 자연의 지각이니 '쉽게 안다'(易知)하고, 그 능력이 자연의 능력이니 '간략하게 할 수 있다'(簡能)고 한다"[18]고 언급하는 데서도, '천'의 생성·조화활동은 의지나 조작이 개입되지 않는 자연의 작용으로 보고 있다.

물론 성리학에서 '천'의 '조화'활동이란 지각능력이 없는 물질적 생성·변화의 자연현상이요, '무'에서 부터 개체를 창조하는 것이 아니라 자연적 원리나 법칙에 따르는 무한한 변화과정으로 인식되고 있는 것은

---

17) 『朱子語類』, 권95, '程子之書(1)', "所謂生生之理, 自然不息也."
18) 吳桂森, 『周易像象述』, 권9, '繫辭上傳', "乾是始萬物底大主宰, 坤是去做成萬物底, …變變化化, 生生而不窮, 然其所以變化者, 都是自然而然, 何嘗假一毫造作, 添一毫氣力, 其知是自然之知, 曰易知, 其能是自然之能, 曰簡能."

사실이다. 그러나 '천'의 '조화'활동은 사물의 생성·변화로만 나타나는 것이 아니라 인간의 성품과 도덕성을 생성하는 근원이라는 점에서 물질적 자연의 차원에 머무는 것이 아니다. 곧 '천'은 물질과 정신의 생성·변화를 전체적으로 담당하고 있으며, 그만큼 자연현상으로 드러나지만 결코 자연현상에 한정되거나 예속된 것이 아니라, 자연현상을 초월하는 궁극적 존재임을 밝혀주고 있다. '태극'·'이'(理·天理)·'도'(道·천도) 등으로 일컬어지는 '천'의 원리적 내지 법칙적 양상도 결코 물질적 존재에 예속된 원리나 법칙이 아니라, 이 물질적 자연현상을 결정하고 주도하는 초월적 근원이라 할 수 있다. 이러한 '천'·'상제'는 세속적 인격성과 자연적 법칙성을 넘어서서 더욱 근원적이고 초월적인 지각과 의지로 이해되어야 할 것이다. 이런 의미에서 '자연'은 인간적인 것에 반대되는 영역으로서의 자연이 아니라, 인간과 사물의 영역을 포괄하는 '천·'상제'의 초월적 인격성을 내포하는 자연이라 하겠다.

다음으로 유교에서 '천'의 '조화'활동은 자연의 생성·변화과정을 의미하는 것이지, 결코 '무'에서 창조하는 것과는 다르다는 점이다. 그러나 유교에서 '천'은 만물의 생성에서 시원이 되는 존재요, 이런 의미에서 '천'을 '조물주'(造物主) 또는 '조화옹'(造化翁)이라는 호칭으로 쓰이기도 한다.[19] 따라서 '조화'는 '무'에서의 창조가 아니라 형기(形氣)의 바탕에서 생성하는 것이지만 역시 창조의 활동으로 볼 수 있을 것이다.

③'주재'의 역할은 '천'이 인간과 만물을 낳고 살리는 '조화'작용을 바탕으로 만물의 운행과 더불어 인간의 선악에 대해 상벌을 내려 세상을

---

19) '造物主'는 明末 서양의 천주교 선교사였던 艾儒略(Julius Aleni)이 『職方外紀』에서 創造主로서의 '天主'를 가리키는 말로 쓰고 있지만, 이미 宋의 林希逸도 『莊子口義』(권9, 寓言)에서 '造物主'라는 말을 썼으며, '造物主'와 같은 뜻으로 '造化翁'도 조선초 金馹孫의 『濯纓集』(권3, 癡軒記)에서 보인다.

지배하는 존재라는 것이다. '천'이 세상을 '주재'하는 양상은 인간과 만물을 생성하는 '조화'의 활동과 분리되는 것이 아니다.

『시경』(大雅·板)에서는 "상제가 번복하신다", "하늘이 고난을 내리신다", "하늘이 포악하시다", "하늘이 노하신다", "하늘이 백성을 열어주신다"20)라고 하여, '천'·'상제'가 감정과 의지를 지닌 인격적 존재임을 생생하게 묘사하고 있다. 또한 이 시에서는 "'호천'이 밝으시니 너의 가고 옴에 미치며, '호천'이 밝으시니 너의 멋대로 노는데 미친다"21)고 하여, '상제'가 인간의 모든 행위를 빠짐없이 지각하고 있음을 보여준다. 이처럼 '천'은 단지 원리나 법칙이 아니라 지각과 감정과 의지를 지닌 인격적 존재로서 인간과 만물을 명령하고 지배하는 주재자로 인식되고 있는 것이다.

'천'은 만물과 인간을 초월하여 존재하면서 천체의 운행과 기후의 변화나 계절의 순환에서 부터 인간의 운명에 이르기까지 모든 현상세계를 관장하고 지배하는 '주재자'로서의 지위를 지니고 있다. 주자는 "'상제'란 '천'의 주재이다"22)라 하여, 특히 '천'의 주재로서 성격을 '상제'라 일컫고 있음을 보여준다. 또한 '천'의 주재로서 '상제'에 대응시켜 인간의 주재로서 '심'(心)을 제시하는 사실을 유의할 필요가 있다.23) 인간과 천

---

20) 『詩經』, '大雅·生民·板', "上帝板板, …天之方難, …天之方虐, …天之方懠, …天之牖民."
21) 같은 곳, "昊天曰明, 及爾出王, 昊天曰朝, 及爾遊衍." 『시경』의 이 구절에 대해, 朱子의 『詩經集傳』에서는 "無一物之不體"라 하여 '상제'가 모든 사물에 체현되고 있음을 지적하였고, 조선후기의 李獻慶은 "可見上帝之無不在也"(『艮翁集』, 권23, '天學問答')라고 하여, '상제'가 안계시는 곳이 없다는 遍在性을 지적하고 있다.
22) 朱子, 『詩集傳』, '大雅·文王', "上帝, 天之主宰也."
23) 元代 史伯璿은 『管窺外篇』에서 "帝爲天之主宰, …心爲一身之主宰"라 하였으며, 許謙은 『讀書叢說』(說命)에서 "心爲人身之主宰, 帝則天之主宰

의 주재가 '심'과 '상제'로 대응되고 있다는 것은, '주재'의 작용이 자연적 변화현상이 아니라, 의지가 작용하는 인격성을 지닌 것임을 엿볼 수 있다. 『서경』(伊訓)에서 "'상제'께서는 일정하지 않으시니, 선을 행하면 온갖 상서로움을 내리시고, 선하지 않음을 행하면 온갖 재앙을 내리신다"[24]고 언급한 데서도, '상제'는 필연적 자연법칙이 아니라, 스스로 인간의 선·악을 지각하고 판단하며 그에 상응하는 복과 재앙을 내려주는 심판자요 주재자로서의 역할과 지위를 보여주고 있다. 또한 『서경』(湯誥)에서 "'천도'는 선행에 복을 내리고 문란함에 재앙을 내린다"(天道福善禍淫)는 언급에서 밝혀지고 있는 것처럼, '천'·'상제'는 인간의 도덕적 가치의 근원이 되고 이에 따라 인간에게 복과 재앙이라는 상과 벌을 내리는 주재자로서 확인되고 있다.

공자도 "하늘에 죄를 지으면 빌 곳도 없다"[25]고 하여, '천'은 인간의 기도를 들어주고 용서해주기도 하는 최고의 주재자요 인격신적 존재임을 제시하였다. 또한 공자는 "하늘이 미워할 것이다. 하늘이 미워할 것이다"[26]라 하거나, "하늘이 나를 망쳤구나. 하늘이 나를 망쳤구나"[27]라고 하여, '천'이 감정과 의지를 지닌 인격적 주재자임을 분명하게 인식하고 있었던 것이다. 그러나 유교전통에서 '천'의 주재작용은 언제나 인격적 주체의 의지로만 이해되고 있는 것은 아니다. 송대 성리학의 사유에서는 '천'의 작용에서 이치의 필연적 법칙성을 중시하였던 것이 사실

也"라 하였고, 韓末의 李震相도 『寒洲集』(主宰圖說)에서, "帝者天之主宰, 而天理之尊號"라 하였다.
[24] 『書經』, '伊訓', "惟上帝不常, 作善降之百祥, 作不善降之百殃."
[25] 『論語』, '八佾', "獲罪於天, 無所禱也."
[26] 『論語』, '雍也', "天厭之, 天厭之."
[27] 『論語』, '先進', "天喪予, 天喪予."

이다. 그렇다고 성리학에서 '천'의 인격성이 완전히 배제되었던 것은 아닌만큼, '천'은 '상제'로 일컬어지는 감정과 의지를 지닌 인격적 주재자라는 측면과 더불어 '이'·'태극'으로 일컬어지는 보편적 필연성의 법칙이라는 양면성으로 파악되고 있는 것이 사실이다.

'천'의 주재자로서 역할은 인간과 만물에 대해 위에서 명령하고 안에서 기준을 제공하고 있다. 곧 '천'은 현상세계 위에서 지배하는 초월자로서의 측면과 동시에, 현실세계 안에서 존재와 규범의 근거가 되는 내재적 원리의 측면을 지니고 있는 것이다. 따라서 유교에서 '천'에 대한 인식은 섬김과 순종의 대상이 되는 초월적 타자(他者)로서 주재성이 중시되는 '천'·'상제'·'신'의 양상이 있고, 이와 더불어 보편적 원리요 규범으로서 내재적 법칙성이 중시되는 '태극'·'이'·'도'의 양상이 병행하는 사실을 확인할 필요가 있다. 바로 이러한 초월적 주재의 양상과 내재적 법칙의 양상이 균형을 이루고 있는 점에 유교적 '천'·'상제'의 인식이 지닌 특성을 확인할 수 있는 것이 사실이다.

3. '천-인'(天人)관계의 인식

1) 하늘과 인간의 만남

『시경』(烝民)에서는 "하늘이 뭇 백성을 낳으신다"(天生烝民)고 하여, '천'을 인간생명의 원천으로 인식하고 있음을 보여준다. 또한 공자는 "하늘이 나에게 덕을 낳으셨다"(天生德於予)고 하여, '천'이 인간존재의 도덕적 성품을 부여해준 원천으로 밝히기도 하였다. 이처럼 '천'이 인간

존재의 근원이며 생명의 원천이라는 인식에서 나아가, 『주역』(說卦傳)에서는 "건(乾)은 하늘이니, 그러므로 아비라 칭하고, 곤(坤)은 땅이니, 그러므로 어미라 칭한다"[28]라 하여, '천'(天·天地)과 인간의 관계를 부모와 자식의 가족적 관계로 제시하였다.

유교에서 '천'과 인간이 부모와 자식의 관계로 인식된다면, 인간으로서는 '천'의 명령을 공순히 받들고 따르는 순천(順天)의 태도가 마땅하지만, 동시에 인간은 자신의 사정과 요구를 '천'에 알리고 호소할 수도 있어야 한다. 이처럼 '천'과 인간의 만남은 일방적인 것이 아니라 상호적인 것이다. 그러나 공자는 "하늘을 원망하지 않고 남을 허물하지 않으니, 아래로 현실에서 배워 위로 천명을 안다. 나를 아는 자는 하늘이로다"[29]라고 하여, 인간은 함부로 '천'을 원망하지 않는 것이 올바른 태도임을 강조하고 있다. 인간이 자신의 요구를 하늘에 기원하면서 이루어지지 않으면 원망하는 태도가 아니라, 하늘의 뜻 곧 '천명'(天命)을 깨닫고 받들어감으로써 '천'과 일치하는 길을 찾도록 제시하고 있는 것이다.

유교에서 인간은 '천'을 경건하게 마주 대하는 자세가 요구된다. 주자는 "의관을 반듯하게 하고, 바라보는 눈길을 존엄하게 하며, 마음을 깊이 가라앉혀서, '상제'를 마주 대하라"[30]고 하여, '상제'와 얼굴을 마주 대하는 자세로 만나기를 강조하였다. 이렇게 '상제'를 마주 대함(對越上帝)은 '상제'의 말씀을 듣고 '상제'에게 말씀을 올리는 대화의 자세를 제시하는 것이라 할 수 있다. 물론 이 대화는 언어를 통한 대화일 수도 있고, 침묵하는 가운데 고요히 서로 알아가는 '묵이식지'(默而識之)의 말

---

28) 『周易』, '說卦傳', "乾, 天也, 故稱乎父, 坤, 地也, 故稱乎母."
29) 『論語』, '憲問', "不怨天, 不尤人, 下學而上達. 知我者其天乎."
30) 『朱熹集』, 권85, '敬齋箴', "整齊衣冠, 尊其瞻視, 潛心而居, 對越上帝."

없는 대화일 수도 있을 것이다.

'천'은 소리도 없고 냄새도 없으니 감각으로 경험할 수 없는 초월적 존재이지만, 유교전통에서는 인간이 '천'과 만나는 체험에는 하늘과 마주 대하여 말을 주고 받는 태도가 있음을 보여준다. '천'을 마주하여 묻고 대답하는 대화를 통해 인간은 '천'과 가장 절실하게 만날 수 있는 것이다. 고려말(1375)에 정도전(鄭道傳)은 「심문」(心問)편에서 인간이 마음속에 천명을 받았지만 정욕과 갈등을 일으키고 있는 현실을 '천'에 호소하였으며, 천명에 배반하는 악한 자가 오래 살고 천명에 순응하는 착한 자가 일찍 죽어, '천'이 내리는 상과 벌이 고르지 못함에 의문을 제기하였다. 또한 「천답」(天答)편에서는 이에 대한 '천'의 대답으로서, 하늘의 역할은 덮어주지만 실어줄 수 없으며, 낳아주지만 이루어주지 못함을 지적하여, 인간의 역할과 책임을 제시하는 말씀을 들려주고 있다.31) 또한 조선초의 김시습(金時習)도 굴원(屈原)의 「천문」(天問)편에 견주어 「의천문」(擬天問)을 지어 재앙과 상서로움이 고르지 않은 점, 조화로움이 오래가지 못하는 점, 사물이 가지런하지 않는 점을 들어 묻고, '상제'가 대답하는 내용을 시로 읊었다.32) 이러한 '천'과 인간의 문답으로서 대화는 인간과 '천' 사이에 의사소통의 요구를 절실하게 표현하는 것이라 할 수 있다.

인간은 먼저 '천'을 초월적 대상으로 만난다. 따라서 영명한 지각능력

---

31) 『三峯集』, 권10, 「心問」, "及至其報, 事多反復, 背者壽考, 順者夭折, 從者貧窮, 逆者富達." 같은 책, 「天答」, "以吾之大, 能覆而不能載, 能生而不能成, 寒暑災祥, 猶有憾於人情, 吾如彼, 何哉, 汝守其正, 以待吾定."
32) 金時習의 「擬天問」詩는 『梅月堂集』(권14, 5, '溟州日錄')에 수록되어 있으며, 굴원(屈原)의 『離騷』에 들어 있는 「天問」편에 견주어 지은 것으로 보인다. 「天問」편의 내용은 朱子의 『楚辭章句』(권3)에 보인다. 晉의 傅玄도 「擬天問」이라는 글을 남기고 있다.

이 있고 주재하는 '천'에 대해 인간은 우러러 존중하여 하늘을 공경하고 (敬天), 하늘을 두려워하며(畏天), 하늘을 받들고(奉天), 하늘을 섬기며(事天), 하늘에 짝이 되고자 하고(配天), 하늘에 제사를 드린다(祭天). 『시경』(大雅·大明)에서는 "상제께서 너에게 내려와 계시니, 네 마음에 의심이 없어야 한다"[33]고 하여, '상제'를 믿고 의지하는 신앙적 대상으로 만남을 보여준다. 이와더불어 인간과 '천'의 관계는 '천'이 인간의 내면에 성품(性)으로 내재화되어 있다는 사실에서 '천'-'인'의 일치성을 확인하기도 한다. 『중용』에서는 "하늘이 명령한 것을 성품이라 한다"(天命之謂性)라고 하여, 인간의 성품이 하늘에서 부여된 것임을 밝혀준다. 그렇다면 성품은 마음 속에 있는 것이고, 마음(心)과 성품(性)은 인간이 '천'을 인식할 수 있는 통로라 할 수 있다. 맹자는 인간의 '심·성'(心性)과 '천'의 관계를 해명하여, "마음을 다하는 자는 성품을 알 것이요, 성품을 알면 하늘을 알 것이다. 마음을 간직하고 성품을 배양하는 것은 하늘을 섬기는 방법이요, 일찍 죽고 오래사는 것에 차이를 두지 않고, 자신을 닦아서 기다리는 것은 천명을 수립하는 방법이다"[34]라고 하였다. 그것은 인간이 '천'을 알고 섬기는 길은 자신의 마음에서 성품을 인식하고 배양하여 실현하는 것임을 밝혀주는 것이다. 곧 바깥으로 하늘을 우러러 바라보며 기도하는 방법보다 안으로 마음과 성품을 통해 '천'을 깨닫고 실현하는 방법을 더욱 소중히 여기고 있음을 보여준다.

주자학에서는 '천·상제'의 초월성을 주목하면서도 언제나 인간의 마음과 성품 속에 내재된 사실의 인식에 초점을 맞추고 있음을 유의할 필

---

33) 『詩經』, '大雅·文王·大明', "上帝臨汝, 無貳爾心."
34) 『孟子』, '盡心上', "盡其心者, 知其性也. 知其性, 則知天矣. 存其心, 養其性, 所以事天也. 殀壽不貳, 修身以俟之, 所以立命也."

요가 있다. 곧 '천·상제'를 '태극'·'이'·'도'의 우주론적 보편적 개념으로 이해하지만, 마음과 성품이 바로 '태극'이요, '이'요, '도'임을 확인함으로써, '천'개념의 이해를 확장시키면서 심화시켜주는 특징을 드러내준다. '천'이 이 세계(大宇宙)를 주재하듯이 사람의 마음도 그 자신의 한 몸(小宇宙)를 주재하는 점에서 서로 닮고 서로 소통할 수 있는 것으로 본다. 인간의 마음이란 아주 작은 것이라는 뜻으로 '방촌'(方寸)이라고도 하지만, 동시에 하늘처럼 주재하는 지위를 가졌다는 의미에서 '천군'(天君)이라 일컫기도 한다. 이처럼 인간의 마음은 하늘의 명령을 받아 성품으로 간직하고 있는 사실에서, 하늘을 담을 수 있는 그릇으로 이해하는 것이다.

인간이 하늘의 명령을 그 마음 속에 성품으로 간직하고 있다는 '인간'과 '천'의 관계에 대한 인식은 유교의 '천-인'관계를 가장 잘 드러내주는 종교적 특성을 이루는 것이다. 조선말의 주자학자 이항로(李恒老)는 "한 점의 구름도 보내지 말라/ 맑은 빛을 얼룩지우게 되리라/ 지극히 비게 하고 지극히 밝게 하여/ 태양에 짝이 되리라"[35]고 하였는데, 여기서 태양과 짝이 되는 맑게 개인 달(霽月)은 하늘에 짝이 되는 인간 마음의 본래 모습을 비유한 것이다. 곧 '천'을 태양에 비유하고, 달이 태양의 빛을 받아서 밤을 비추듯, 인간의 마음도 마치 달처럼 '천'의 명령인 성품을 간직하여 자신과 세상을 비쳐주는 사실에서 '천'과 인간 마음이 짝을 이루는 관계로 보았다. 이처럼 유교에서 인간의 마음은 '천'의 명령을 받아야 하는 존재이지만 동시에 '천'에 짝이 되어 '천'의 명령을 실현하는 주체로서 자율성을 지닌 존재로 중시되고 있음을 보여준다. 그것은 인

---

35) 李恒老, 『華西集』, 권27, 15, '霽月臺銘', "莫見微雲, 點綴練光, 極虛極明, 以配太陽."

간 마음이 '천'을 흡수하여 '천'을 인간이 만들어낸 관념의 하나로 해소시키는 것도 아니요, '천'이 인간 마음을 조종하고 지배하여 예속시키는 것도 아니다. 유교에서 '천'과 인간의 관계(天人之際)는 순자(荀子)의 경우 처럼 '천'과 인간이 서로의 분별됨 곧 '천인지분'(天人之分)을 강조하는 입장과, 맹자처럼 '천'과 인간의 일치 곧 '천인합일'(天人合一)을 제시하거나 동중서(董仲舒)처럼 '천'과 인간이 서로 상응함 곧 '천인감응'(天人感應)을 제시하는 입장의 차이가 있다. 그러나 이러한 견해들 사이의 차이가 바로 유교의 '천-인'관계에서 드러나는 사유의 폭을 보여주는 것이기도 하다.

인간은 만물 가운데 하나의 존재에 불과하지만 영명한 지각능력을 지닌 마음을 가져서 자신을 주재할 수 있는 능력을 가짐으로써 만물 가운데 가장 빼어난 존재라 한다. 따라서 인간은 자신의 마음 속에 '천명'인 성품을 간직함으로서, 마음과 성품 속에 내재된 '천'존재를 밝혀낼 수 있다고 본다. 또한 인간은 감각적 지각대상에서 뛰어넘은 초월적 존재인 '천'의 의지(天意·天命)와 자신의 심성을 일치시킬 수 있는 가능성과 능력을 가진 존재로 본다. 이항로는 "천지에서는 주재를 '상제'라 하고, 만물에서는 주재를 '신'이라 하고, 인간에서는 주재를 '심'(心)이라 하는데, 그 실지는 하나의 '태극'이다"36)라고 하여, 주재의 다양성을 '상제'·'신'·'심'으로 구분하면서 근원적 일치성을 재확인하고 있다. 조선

---

36) 李恒老, 『華西雅言』, 권1, 10, '理氣', "在天地則主宰謂之帝, 在萬物則主宰謂之神, 在人則主宰謂之心, 其實一太極也." 李恒老는 같은 맥락으로 "在天言命物之主, 則曰天, 曰帝, 在人言命物之主, 則曰心, 曰天君, 在物言命物之主, 則曰神, 曰神明, 其實一理也."(『華西雅言』, 권1, 4, '理氣') 라고 하여, 하늘과 인간과 사물의 세 존재영역에서 주재의 존재인 天·上帝와 心·天君과 神·神明이 하나의 '理'로서 일치하는 것이라 밝히기도 하였다.

후기의 이헌경(李獻慶)도 "사물에서 마땅히 행해야할 이치는 '상제'이고, 인간 마음에서 부여된 성품은 '상제'이다. 『대학』에서 '지극한 선에 머무른다'는 것은 '상제'에 순응하는 방법이고, 『중용』에서 '성품을 따른다'는 것은 '상제'를 섬기는 방법이다"37)라고 하여, 인간에 내재된 성품이 바로 '상제'와 일치한다는 근원적 존재구조와 인간이 '상제'를 따르고 섬겨야 한다는 당위적 실천구조를 함께 밝히고 있는 것이다.

'하늘의 명령'(天命)이 성품(性)이라면, 사람이 가진 성품(人性)은 하늘이 부여해준 성품(天性)과 동일한 것이니, 성품을 통해 인간과 하늘은 일치하는 통로를 확보할 수 있게 된다. 이러한 '천-인'관계의 이해는 『서경』(湯誥)에서도 "'황상제'께서 백성들에게 속 마음을 내려 주셨다"38)라 하고, 『시경』(大雅·烝民)에서 "하늘이 뭇백성을 내심에 사물이 있으면 법칙이 있다"39)라 하여, 인간 심성에서 '천'의 내재성을 밝힘으로써 '천-인'의 일치를 확인하고 있다. 그것은 경전에 근거하는 것이요, 동시에 성리학을 포함한 유교전통의 기본입장이라 할 수 있다.

'천-인'관계의 일치성은 특히 성리학에서 우주론의 근본전제로 강조되었다. 곧 장횡거(張橫渠)는 "천지에 가득찬 것은 나의 몸이요, 천지를 거느리는 것은 나의 본성이다"40)라고 하여 우주와 인간은 신체적 기질이나 성품에서 일치하고 있음을 강조하였다. 또한 주자도 "'인'(仁)이란 천지가 만물을 낳는 마음으로, 사람이 태어나 얻어서 자기 마음으로 삼은

---

37) 李獻慶, 『艮翁集』, 권23, 41, '天學問答', "在事物則當行之理, 是上帝也, 在人心則所賦之性, 是上帝也, 大學之止至善, 乃所以順上帝也, 中庸之率性, 乃所以事上帝也."
38) 『書經』, '湯誥', "惟皇上帝, 降衷于下民."
39) 『詩經』, '大雅·蕩·烝民', "天生烝民, 有物有則."
40) 張載, 『張子全書』, 권1, '西銘', "天地之塞, 吾其體, 天地之帥, 吾其性."

것이니, 그 실체는 천지에 소통하고 만물에 관철하며, 그 이치는 사단(四端)을 포괄하고 온갖 선(善)을 거느린다"[41]라고 하여, '인'(仁)을 통해 천지와 인간의 덕이 일치함을 확인하고 있다. 성리학에서 '천-인'의 합일을 주장하는 입장은 조선초 권근(權近)의 「천인심성합일지도」(天人心性合一之圖)나 정지운(鄭之雲)의 「천명도」(天命圖)에서 도상(圖象)의 방법으로 그 일치의 구조를 분명하게 제시하였으며, 이러한 사유가 조선시대 성리학사를 관통하는 철학적 핵심과제를 이루었던 사실이 주목된다.

'천-인'의 합일은 그 본체의 구조에서 인식하는 것이라면 현실에서는 여전히 '천'과 인간 사이에 차이가 분명하며 명령하고 순종하는 상하의 질서를 이루고 있는 것이다. 그렇다면 현실에서 '천-인'관계의 문제는 이 차이를 해소하고 어떻게 일치시켜가야 하느냐의 문제가 실천적 근본과제를 이룬다. 인간은 '천'의 명령을 따르며 '천'과 일치를 실현함으로써, 자신을 완성시킬 수 있고, 이러한 인간의 인격적 완성이란 그 과정에서 보면 유교체계의 핵심과제인 수양론(修養論)이라면, 그 실현에서 보면 유교적 구원론(救援論)이라 할 수 있다.

『중용』에서는 "진실함은 하늘의 도(天道)요, 진실하려는 것은 사람의 도(人道)이다"[42]라고 하였다. 천도(天道)는 '진실함'(誠)을 성취한 상태로서 힘쓰지 않아도 적절하게 이루어지는 것이요 성인의 실현단계에서 가능한 것이라면, 인도(人道)는 '진실하고자 함'(誠之)으로 선을 선택하여 굳게 지켜가는 것으로 '천'과 일치를 향한 현실의 실천과정을 보여준다.

유교에서 인간이 '천'이나 '신'과 만나는 태도에서 가장 중요한 조건으

---

41) 『朱熹集』, 권57(2894쪽), '答陳安卿(淳)1', "夫仁者, 天地生物之心, 而人生所得以爲心者, 其體, 則通天地而貫萬物, 其理, 則包四端而統萬善."
42) 『中庸』, "誠者, 天之道也, 誠之者, 人之道也."

로 강조되고 있는 것은 진실함 곧 '성'(誠)과 공경함 곧 '경'(敬)이다. 정명도(程明道)는 "진실함 하늘의 도(天道)이고, 공경함은 사람도리(人事)의 근본이니, 공경하면 곧 진실하게 된다"[43]라고 하여, '성'과 '경'을 '천도'와 '인도'로 대비시켜 보고 있다. '성'은 진실하여 거짓됨이 없는 것(眞實無妄)으로서 '천도'라 한다면, 그 진실함을 지향하는 인간의 자세는 '경'으로서 '인도'라 할 수 있다는 것이다. 곧 정성스러움을 통해 진실을 실현함으로써 인간은 '천'과 일치하고 '신'(神)과 감응할 수 있는 길이 열리게 된다. 유교에서 믿음(信)은 인간과 인간 사이에서 결합을 이루어주는 원리라고 한다면, 정성과 진실함은 '천'과 인간의 일치를 이루어주는 원리라 할 수 있다. 또한 공경함은 마음을 오로지 하여 한결같이 지키는 경건한 자세이니, 공경함은 바로 진실함을 이루기 위한 기본 방법이 되는 것이다. 이런 의미에서 유교적 삶은 모든 동작이나 모든 생각에서 경건하고 정성스러움을 지킴으로써 '천'과 일치를 추구해 가야 할 것을 요구한다.

'경'과 '성'은 오랜 수련을 통해서 점점 익어가는 유교적 수양공부의 기본과제요 방법이다. 특히 '경'은 유교의 수양공부에서 시작부터 끝을 관통하는 조건으로 제시된다.[44] '경'은 진실을 지향하는 마음의 집중으로서, 해이됨이 없는 각성된 마음의 상태이다. 유교의 수양공부는 아침 일찍 일어나서 밤 늦게 잠들 때까지와 일상생활 속의 모든 일에서 나태하거나 방탕함을 이겨내고 경건함으로 자신을 단속함으로써 '천'과 일치를 이루어갈 수 있는 것으로 본다. '경'은 인간의 마음을 순수화시키고

---

43) 『二程全書』, 권11, 10, '明道語錄·師訓', "誠者天之道, 敬者人事之本, 敬則誠."
44) 『朱子語類』, 권12, '學6·持守', "敬字工夫之妙, 聖學之所以成始成終者, 皆由此."

집중시키며(主一無適) 항상 각성시킴(常惺惺)으로써, '천'을 지향하는 신앙적 태도라 한다면, '성'(誠)은 '천'과의 일치를 실현하고 유지하는 신비적 체험이라 할 수 있다. 곧 '경'을 통하여 인간은 '천'을 초월적 대상으로 만난다면, '성'을 통하여 인간은 '천'과의 일치를 실현함으로써 '천'을 내재적 존재로 만나는 것이다. 여기서 '성'은 인간의 이상적 실현의 상태이면서 동시에 '천'이 스스로 발현하는 양상으로 파악될 수 있다. 따라서 '성'은 '경'의 실천기준을 가리키는 동시에 '경'의 완성을 가리킨다. 곧 '성'은 인간이 '천'과 일치를 이룬 덕성으로서 '경'의 완성을 의미한다.

『중용』에서 "천하의 지극한 진실함은 자기 성품을 다할 수 있고, 자기 성품을 다할 수 있으면 남의 성품을 다할 수 있고, 남의 성품을 다할 수 있으면 사물의 성품을 다할 수 있으니, 사물의 성품을 다할 수 있으면 천지가 생성하고 양육함을 도울 수 있으며, 천지가 생성하고 양육함을 도울 수 있으면 천지와 더불어 참여할 수 있다"[45]고 하였다. 그것은 진실함의 실현을 지극히 높은 차원까지 끌어올리게 되면 자신에게 부여된 하늘의 명령인 성품을 온전히 실현하여 하늘과 일치를 이룰 수 있으며, 그것은 모든 다른 인간이 지닌 성품과 나아가 사물의 성품까지 실현함으로써, '천'·'천지'의 생성과 조화활동에 참여할 수 있다는 것이다. 이처럼 『중용』에서는 진실의 실현을 통해 인간이 '천'과 온전하게 일치하는 체험을 드러내주며, 동시에 인간을 통해 '천'·'천지'의 생생한 활동이 드러남을 보여주고 있다. 이렇게 진실의 극진한 실현을 통해 인간은 '천'·'천지'와 더불어 함께 활동하면서 하나의 공동체를 이룬다는

---

[45] 『中庸』(22장), "惟天下至誠, 爲能盡其性, 能盡其性, 則能盡人之性, 能盡人之性, 則能盡物之性, 能盡物之性, 則可以贊天地之化育, 可以贊天地之化育, 則可以與天地參矣."

것은 성인의 인격이지만, 모든 인간이 지향하는 인격실현의 이상이다.

2) 천명(天命)의 사회적 실현

『중용』의 첫머리에서는 "하늘이 명령한 것을 성품이라 한다"(天命之謂性)고 하여, '천명'을 부여받지 않은 인간이 없음을 밝히고, 또 『논어』의 마지막 구절에서 "천명을 알지 못하면 군자가 될 수 없다"[46]고 하여, '천명'을 아는 것이 인격실현의 필수적 조건임을 강조하였다. '천명'은 근원에서 보면 누구에게나 부여된 보편적 실재이지만 현실에서 보면 각성하여 실현하지 않으면 안되는 당위적 과제이기도 하다. 공자도 "나이 50에 이르러 천명을 알았다"(五十而知天命.《『논어』,爲政》)고 하였으니, 인간은 '천명'을 깨우쳐 알게 되기 까지 상당한 연륜과 공부가 축적되어야 한다. 공자도 제자들에게 '천명'과 '성품'에 관해서는 좀처럼 말씀하지 않았다 한다.[47] 곧 한 인간으로서 성숙한 단계에 들어와야 '천명'을 알 수 있고, '천명'을 실현할 수 있음을 말하는 것이다.

군자(君子)는 '천명'을 제대로 알고 따라서 '천명'을 두려워하는 소수의 지도자라면, 소인(小人)은 '천명'을 제대로 몰라 두려워하지도 않고 사는 대중들이다.[48] 이처럼 인간의 사회를 구성하는 계층과 그 질서가 '천명'

---

46) 『論語』, '堯曰', "不知命, 無以爲君子也."
47) 『논어』에서는 "공자께서 성품과 천도를 말씀하는 것을 얻어 들을 수 없다"(夫子之言性與天道, 不可得而聞也.〈公冶長〉)라 하고, "공자께서 이익과 천명과 인(仁)을 말하시는 일이 드물다"(子罕言利與命與仁.〈子罕〉)라고 하였던 것은, 공자가 天命과 性에 대해 말씀하지 않았다는 것이 아니라, 가볍게 말씀하지 않아서 좀처럼 얻어듣기가 어렵다는 뜻이다.
48) 『論語』, '季氏', "君子有三畏, 畏天命, 畏大人, 畏聖人之言. 小人不知天命而不畏也, 狎大人, 侮聖人之言."

을 통해 정립되는 것임을 주목할 필요가 있다. 인간의 성품으로 주어진 '천명'은 초월적 존재인 '천'과 내재적 근거인 성품을 하나로 연결시켜주는 조건이다. 여기에 '천'과 인간을 맺어주는 두 방향의 연결고리가 확인된다. 곧 '천'에서 인간에로 부여되는 것이 '천명'이라면, 인간에서 '천'으로 지향하는 것이 '덕'(德)이라 할 수 있다. '천명'은 '덕'에만 비춰지는 것이요, 또한 '덕'은 '천명'을 받아서 간직하고 이를 실현할 수 있는 인간의 바탕이다. 인간의 욕심(人心)은 멋대로 분출되어 위태롭기만 하고 진리(道心)는 은폐되기 쉽고 희미하기만 하다. 그러니 나날이 덕을 닦고 새롭게 하여 향상시키지 않으면 덕은 쇠퇴되고 천명도 희미해지고 말게 된다. 그렇다면 먼저 덕을 닦고 천명을 깨우친 선구적 인물은 아직 제대로 덕을 닦지 못하고 천명도 알지 못하는 대중을 이끌어주는 역할을 해야 한다. 이러한 선각자가 바로 한 사회에서 성현(聖賢)이나 군자요 한 나라에서 군왕이 바로 대중을 이끌어가는 역할을 담당한다고 본다.

『서경』(泰誓上)에서는 "하늘이 백성들을 도우셔서 임금을 세우고 스승을 세우니, 능히 '상제'를 도와 사방을 위무한다"[49]고 하여, '천'은 백성을 직접 다스리지 않고 임금을 세워 백성을 양육하며, 백성을 직접 가르치지 않고 스승을 세워 백성을 교육하게 하는 것은 바로 '천'이 세상을 주재하는 방법임을 제시하고 있다. 곧 '천'은 세상을 직접 다스리기 보다는 임금을 세워 '천'의 주재를 돕게 하여 간접적으로 다스리는 방법을 취한다는 것이다. 여기서 임금은 스승의 역할을 겸하기 때문에 '군사'(君師)라 일컬어지며, 임금의 이상적 인격이 바로 '성왕'(聖王)이다. 따라서 임금이나 스승은 '천'과 대중들 사이에 놓여서, '천'의 명령과 주

---

[49] 『書經』, '泰誓上', "天佑下民, 作之君, 作之師, 惟其克相上帝, 寵綏四方."

재활동이 대중에 실현되도록 하는 역할을 맡고 있는 것이다.

또한 『서경』(泰誓上)에서는 "천지는 만물의 부모요, 사람은 만물 가운데 영명한 자이며, 성실하고 총명한 이를 임금으로 삼으니, 임금은 백성의 부모가 된다"50)고 하여, '천'·'천지'가 만물을 생성하는 부모요, 인간 가운데서도 가장 빼어나고 영명한 자를 임금으로 세워 '천'의 역할에 상당하는 백성의 부모노릇을 하게 한다는 것이다. 따라서 임금은 '천지'가 인간과 만물의 부모되는 마음을 미루어 백성의 부모노릇을 해야 하는 것이요, 이러한 임금의 역할을 '천지의 부모노릇'(天地父母)이라 하고 있다.51)

요(堯)·순(舜)이래 유교의 성왕(聖王)들은 덕을 갖춘 인물로서 '천명'을 받아 제왕의 자리에 오를 수 있었던 것으로 본다. 이에 따라 유교사회에서 군왕은 '천명'을 받음으로써 가능하다는 '왕권수천명설'(王權受天命說)이 정립되었다. 그렇다면 군왕은 '천명'을 받아 '천'의 대리자로서 백성을 다스리는 존재이다. 이러한 유교의 정치원리는 이른바 양계초(梁啓超)에 의해 '간접적 천치주의'(間接的天治主義)라 지적되기도 하였다. 그러나 '천'은 어떤 인물을 사사롭게 사랑하여 군왕으로 삼는 것도 아니요, 한 번 군왕으로 삼았다고 하여 전적으로 맡겨두는 것도 아니다. 『서경』(蔡仲之命)에서는 "'황천'은 별달리 친애함이 없고 오직 덕이 있는 이를 도우시며, 백성의 마음은 일정함이 없고 오직 은혜로운 이를 그리워

---

50) 『書經』, '泰誓上', "惟天地萬物父母, 惟人萬物之靈, 亶聰明作元后, 元后作民父母."
51) 조선시대의 많은 유학자들이 임금에게 올린 상소문에서 임금이 '천지의 부모노릇'(天地父母)을 해야 할 것으로 제시하였으며, 특히 조선후기 유학자인 윤증(明齋 尹拯)은 상소문에서 '천지부모'(天地父母)라는 말을 84회나 사용하였던 사실이 확인된다.

한다"52)라고 하여, '천명'을 받아 군왕이 되었더라도 덕을 잃으면 '천명'이 떠날 수 있음을 보여주며, 백성도 군왕이라 하여 순응하는 것이 아니라 은혜롭게 해주는 덕이 있는 이를 따르는 것임을 강조하였다. 그렇다면 군왕의 지위는 언제나 '천'의 감시를 받는 처지에 놓여 있는 것이라 하겠다.

'천'은 백성을 다스리도록 '천명'을 내려 군왕으로 삼았지만, 그 군왕이 '천명'에 맞게 덕에 따라 백성을 다스리는지 감시하는 방법은 바로 '천'이 백성을 통하여 보고 듣기 때문이라 본다. 『서경』(泰誓中)에서는 "하늘은 우리 백성이 보는 것에 말미암아 보고, 하늘은 우리 백성이 듣는 것에 말미암아 듣는다"53)라고 하여, 백성의 눈과 귀를 통해 군왕이 백성을 잘 다스리는지 살피고 있음을 밝히고 있다. 여기서 '천'은 세상을 주재하는 일을 군왕에게 맡겼다 하더라도 언제나 백성의 호소에 귀기울이고 있음을 보여준다. 장횡거는 "'천'이 직접 만물을 양육하지만, '천'을 대신하여 만물을 다스리는 자는 곡진하게 이루고 그 곧음을 해치지 않는 것이 '도'를 다하는 것이다"54)라고 하여, '천'을 대신하여 사물을 다스리는 자는 결코 그 자신이 다스리는 것이 아니라, '천'의 다스림이 실현되도록 돕는 것임을 밝히고 있다. 이처럼 군왕이 '천명'을 받아 백성을 다스리는 것도 '천명'을 실현해야 하는 것이지, 결코 자신의 뜻대로 다스리는 것이 아님을 의미한다.

군왕이 '천'을 대신하여 백성을 다스리는 책임을 맡고 나서도 자신의 뜻을 내세워 '천명'의 실현에 어긋난다면, '천'은 '천명'을 바꾸어 덕이 있

---

52) 『書經』, '蔡仲之命', "皇天無親, 惟德是輔, 民心無常, 惟惠之懷."
53) 『書經』, '泰誓中', "天視自我民視, 天聽自我民聽."
54) 張載, 『張子全書』, 권3, '正蒙·至當', "天以直養萬物, 代天而理物者, 曲成而不害其直, 斯盡道矣."

는 다른 인물에게 '천명'을 다시 내리게 된다. 이것이 바로 '혁명'의 의미이다. '혁명'은 인간사회에서 '천명'의 실현이 단절되었을 때, '천'과 인간의 소통을 회복시키기 위한 방법이다. 따라서 '혁명'은 본질적으로 인간의 올바른 삶과 사회적 질서의 실현을 위한 방법이라 할 수 있다. 『주역』에서는 항구적 지속성을 형상하는 '정'(井)괘에 뒤따라 변혁을 형상하는 '혁'(革)괘가 제시되었다. 우물은 끊임없이 솟아나는 것이기에 불변의 덕을 가리키는 것이지만 때때로 퍼내어 바꾸지 않으면 더러워지기 마련이다. 따라서 우물의 맑음을 지속시키기 위해서는 개혁이 필연적으로 요구되고 있음을 보여준다. 『주역』 혁괘(革卦)의 단사(彖辭)에서는 "천지가 변혁하여 사시(四時)가 이루어지고, 탕왕(湯王)·무왕(武王)은 혁명을 하여 하늘에 순응하고 인간에 호응한다"[55]고 하여, '혁명'은 '천명'을 실현하기 위한 자연적 조건이요 필연적 과정임을 말해주고 있다. 인간은 '천명'으로서 자신의 성품을 실현하기 위해 날마다 새로워져야(日新·日日新) 하는 것처럼, 한 사회도 끊임없이 변혁을 해야 하는 것이요, 이 변혁의 실현이 내재적 자율성에 따라 이루어지면 '경장'(更張)이라 할 수 있지만, 외재적 타율성에 따라 일어나면 '혁명'이라 할 수 있는 것이다.

---

55) 『周易』'革卦·彖', "天地革而四時成, 湯武革命, 順乎天而應乎人."

4. '신·귀신'(神·鬼神)존재와 '신-인'(神人)관계의 인식

1) '신·귀신'에 대한 인식

'신'·'귀신'의 존재는 중국 고대의 신앙적 의식에서부터 송대 성리학의 합리적 사유에 이르기까지 다양한 견해가 제기되었으며, 유교전통에서 깊은 관심으로 끊임없이 논의되어 왔던 중요한 문제의 하나이다. 여기서 먼저 '신'과 '귀신'이 같은지 다른지 관계를 확인할 필요가 있다. 또한 '신'·'귀신'의 존재는 인간의 죽음에 따르는 사후존재로서 어떻게 연관되고 어떤 양상을 갖는 것인지 이해하는 것이 중요한 문제의 하나일 것이다.

『주례』(春官·大宗伯)에서는 대종백(大宗伯)의 직책을 "나라의 '천신'·'인귀'·'지기'에 대한 의례를 관장하는 것"[56]이라 하였다. 제사의 대상이 되는 '신'의 존재는 존재영역인 하늘·땅·사람에 따라 '천신'(天神)·'지기'(地示)·'인귀'(人鬼)로 일컬어지고 있음을 보여준다. 곧 하늘에 있는 것을 '신'(神)이라 하고, 땅에 있는 것을 '기'(示·祇), 사람에 있는 것을 '귀'(鬼)라 일컫고 있는 것이다. 이렇게 존재영역에 따라 명칭이 다르지만 이 명칭들을 서로 통용하거나 결합시켜 쓰고 있는 사실을 볼 수 있다. '귀신'은 바로 '신'과 '귀'를 결합시켜 일컫는 것이요, 땅의 '기'를 '신'으로 일컬어 '천지신명'(天地神明) 또는 '지신'(地神)이라 일컫기도 한다. 따라서 '신'·'기'·'귀'는 존재양상에서 약간의 차이가 있다 하더라도 본질적으로는 하나의 존재로 통하는 것이라 할 수 있다. 그렇다면

---

56) 『周禮』, '春官·大宗伯', "掌建邦之天神人鬼地示之禮)

'신'과 '귀신'의 명칭도 소통하여 쓸 수 있는 것이다. '신'은 '심'(心)·'령'(靈)·'혼'(魂)과도 소통하여 쓰일 수 있는 것으로 보기도 한다.[57]

『중용』에서는 '귀신'의 덕이 성대함을 말하면서, "보아도 보이지 않고, 들어도 들리지 않고, 만물에 체현되어 빠뜨림이 없으며, 천하의 사람들로 하여금 재계하고 옷을 차려입고서 제사를 받들게 하니, 가득하여 위에 있는 듯 하고, 좌우에 있는 듯 하다"[58]고 하였다. '귀신'의 존재는 감각적 대상을 넘어선 존재로서 '천'·'상제'와도 소통하는 존재로 인식되기도 한다. 곧 '천'·'상제'가 작용하여 나타나는 양상을 '신'·'귀신'이라 일컫기도 하는 것이다. 이처럼 '신'·'귀신'은 위로 '천'·'상제'와 일치하는 존재로 인식되기도 하고, 아래로는 인간의 '심'·'혼'과 일치하는 존재로 인식되거나 자연의 사물 속에서 확인되기도 한다. 그만큼 유교에서 '신'·'귀신'은 '천'이나 인간 마음의 작용이 신묘하고 영명함을 가리키는 것이라면, 그 유일한 존재를 가리키는 것이 아니라 여러 실체의 작용에서 매우 다양하게 드러나는 것임을 엿볼 수 있다.

송대 성리학의 체계에서도 '귀신'의 문제는 핵심적이고 매우 중요한 문제의 하나를 이루는 것이다. 성리학에서는 '귀신'의 존재를 이기론(理氣論)의 체계 속에서 자연적 실재로서 해명하는데 깊은 관심을 기울여 왔다. '귀신'을 특히 '기'(氣)의 작용으로 설명하고 있는 사실이 주목된

---

57) 정약용은 인간존재에서 텅비고 신령하며 지각능력이 있는 것(虛靈知覺者)을 가리키는 말도 한 글자로 오로지 일컬을 수가 없고, '心'·'神'·'靈'·'魂'으로 빌어다 말하고 있음을 지적하여, '心'·'神'·'靈'·'魂'의 용어가 동일한 존재의 다른 명칭으로 쓰일 수 있음을 보여준다. 『與全』[2], 권2, 25, '心經密驗·心性總義', "其所謂虛靈知覺者, 未有一字之專稱, 後世欲分而言之者, 或假借他字, 或連屬數字, 曰心, 曰神, 曰靈, 曰魂, 皆假借之言也."
58) 『中庸』(16장), "鬼神之爲德 其盛矣乎, 視之而弗見, 聽之而弗聞, 體物而不可遺, 使天下之人, 齊明盛服, 以承祭祀, 洋洋乎如在其上, 如在其左右."

다. 곧 '귀신'의 존재를 정의하면서, 정자(程子)는 "조화의 자취"(造化之 迹)라 하고, 장횡거(張橫渠)는 "음·양 두 '기'의 타고난 능력"(二氣之良能) 이라 하였다.59) 이처럼 '귀신'은 음·양의 두 '기'가 유행하는 현상으로 보며, 특히 음·양 두 '기'의 작용으로서 굽혀들거나 펼쳐지며 가거나 오는 자연현상으로 파악하는 것임을 보여준다. 같은 맥락에서 주자도 "'귀신'이란 음·양이 소멸하고 성장하는 것일 뿐이다"라 하고, "'귀신'이 란 '기'(氣)일 따름이요, 굽혀지고 펼쳐지며(屈伸) 가고 오는(往來) 것이 '기'(氣)이다"60)라고 하였다. 이처럼 '귀신'을 형상이 없는 초월적 존재로 서 인식하는 것이 아니라, '기'의 작용 속에 흡수하여 자연현상으로서 인식하는 입장을 관철하고 있다.

    진순(北溪 陳淳)은 "귀신이란 다만 음·양 두 '기'가 굽혀지고 펼쳐지 며 가고 오는 것을 주장하는 것을 말한다"61)고 하여, 단순한 '기'의 작 용현상과 달리 '기'의 작용을 주재하는 존재를 가리켜, 다소 실체로서 의식하고 있음을 보여주기도 하였다. '귀신'을 음·양 두 '기'의 작용현 상으로 설명하는 것은 이미 『주역』에서 시작되고 있다. 『주역』(繫辭上) 에서는 "음·양을 헤아릴 수 없는 것을 '신'이라 한다"(陰陽不測之謂神)고 하였는데, 이러한 '귀신'개념의 정의는 분명히 '귀신'을 음·양의 작용현 상으로 보는 것이기는 하지만, 그보다 '헤아릴 수 없다'(不測)는 부분에 더 중요한 의미가 담겨 있는 것으로 주목해야 할 것이다. 곧 '귀신'은 음·양의 작용현상이지만 인간의 지각능력으로는 헤아릴 수 없는 신령

---

59) 『性理大全』, 권28, 4-5, '鬼神', "北溪陳氏曰, 程子云, 鬼神者, 造化之迹, 張子云, 鬼神者, 二氣之良能, 皆精切."
60) 『朱子語類』, 권3, '鬼神', "鬼神, 不過陰陽消長而已, …鬼神只是氣, 屈伸往來者, 氣也."
61) 『性理大全』, 권28, 5, '鬼神', "大抵鬼神, 只是陰陽二氣主屈伸往來者言之."

하고 미묘한 존재를 가리키고 있는 것이 사실이다. '신'(神)이라는 글자는 '신'(申)은 발음이요 '시'(示)에 의미가 있는 형성(形聲)문자인데, '시'(示)는 내가 보는(見) 것과 달리 저쪽에서 드러내 보여주는(示: 啓示) 것이다. 그만큼 '신'은 나의 지각능력을 초월한 존재임을 유의할 필요가 있다.

'귀신'을 음·양 두 '기'의 작용을 합하여 가리키는 견해와 더불어, '귀신'을 '귀'와 '신'으로 나누어 '귀'(鬼)를 음으로, '신'(神)을 양으로 분별해 보거나, '귀'(鬼)를 돌아간다는 뜻의 '귀'(歸)라 하고, '신'(神)을 펼쳐진다는 뜻의 '신'(伸)이라 하여,[62] '기'의 상반된 두 작용으로서 돌아감(歸·屈·往)과 펼쳐나옴(伸·來)을 각각 '귀'와 '신'으로 나누어 보기도 한다. 그렇다면 자연의 모든 작용현상은 그 자체로서 '귀'나 '신'의 양상으로 드러나는 것이라 할 수 있다. 장식(南軒 張栻)은 "'귀신'의 설은 합하여 말하면, 오는 데 헤아릴 수 없는 것을 '신'이라 하고 가서 돌아오지 않는 것을 '귀'라고 하며, 나누어 말하면 천지·산천·풍우의 무리로 '기'가 접할 수 있는 것은 모두 '신'이라 하고, 조상으로 사당에서 제사받는 것을 '귀'라고 한다"[63]고 하여, '기'의 두가지 작용양상으로 '귀'·'신'을 나누어 보는 것은 모든 자연현상에서 공통적 인식으로 사실상 합하여 보는 것이라면, '귀'와 '신'을 나누어 보는 것은 자연적 대상의 '신'과 인간의 조상인 '귀'로 그 실체에서 구분해 볼 수도 있음을 제시하였다.

'천'과 '신'의 관계는 일치시켜보는 견해와 엄격히 구별해보는 견해가

---

62) 『性理大全』, 권28, 7, '鬼神', "鶴山魏氏曰, …宇宙之間, 氣之至而伸者爲神, 反而歸者爲鬼."
63) 『性理大全』, 권28, 3, '鬼神', "南軒張氏曰, 鬼神之說, 合而言之, 來而不測謂之神, 往而不返謂之鬼, 分而言之, 天地山川風雨之屬, 凡氣之可接者, 皆曰神, 祖考祠饗於廟曰鬼."

복합되어 있다. '천신'(天神)도 '천'과 일치되는 경우와 '천'과 차별화되는 경우가 있다. '천'존재가 '신'으로 드러난다는 의미에서 '천신'은 '천'과 일치하지만, 일(日)・월(月)・성신(星辰)의 천체나 풍사(風師)・우사(雨師)의 기상현상을 '천신'이라 일컬을 때는 분명히 '천'과 '천신'이 구별된다. 이처럼 '천'・'상제'는 스스로 신령하여 '신'으로 드러나지만, '신'으로 드러나는 것은 '천' 만이 아니라 천지의 만물과 인간존재도 '신'으로 드러날 수 있기 때문에 '천'과 '신'은 동일한 경우와 구별되는 경우가 있다. 그것은 '천'이 실체적 존재를 가리키는데 비해 '신'은 어떤 실체가 작용으로 드러난 경우를 가리키기 때문이다. 곧 기독교에서 '신'과 '상제'를 일치시켜 '유일신관'(唯一神觀)을 내세우는데 비해, 유교에서는 '천'・'상제'의 유일성을 확인하니 '유일천관'(唯一天觀) 내지 '유일상제관'(唯一上帝觀)을 주장할 수는 있지만 '신'은 다양한 존재의 작용에서 드러나니 '다신관'(多神觀)이라 할 수 있다. 그것은 궁극존재의 유일성에 대한 인식에서는 공통되지만, '신'개념의 인식에서 서로 달라지기 때문이라 하겠다.

이진상(寒洲 李震相)은 「주재도설」(主宰圖說)에서 '상제'와 '신'과 '천군'(天君)의 연관성을 밝히면서, '상제'를 '하늘의 주재로서 하늘의 이치에 대해 높이는 호칭'이라 정의 하고, '신'을 '하늘의 명령이 널리 퍼지는 것으로서 이치의 오묘한 작용'이라 정의하였으며, '천군' 곧 마음(心)을 '사람의 주재로서 사람의 이치에 대해 높이는 호칭'이라 정의하였다.[64] '상제'가 '천'과 일치하는 존재라면 '신'은 '상제' 또는 '천'에 속하는 작용을 가리키는 것임을 보여주고 있다. 여기서 '신'은 '천'으로 나타나는 동시

---

64) 李震相, 『寒洲集』, 권34, 1-2, '主宰圖說', "帝者, 天之主宰, 而天理之尊號也, …神者, 天命之流行, 而理之妙用也, …天君者, 人之主宰, 而人理之尊號也."

에 인간의 마음으로 드러나기도 하는 사실을 밝히고 있다. 곧 천지의 '신명'(神明)이 있는 것과 더불어 인간의 마음(天君)도 '신명'으로 인식된다. 살아있는 인간의 마음도 '신명'일 뿐만 아니라, 죽은 조상의 혼(魂)도 '신'·'귀신'이다.

이항로(華西 李恒老)는 "하늘에 있으면서 사물에 명령하는 주재는 '천'이라 하고 '상제'라 하며, 사람에 있으면서 사물에 명령하는 주재는 '심'이라 하고 '천군'이라 하며, 사물에 있으면서 사물에 명령하는 주재는 '신'이라 하고 '신명'이라 하지만, 그 실지는 하나의 이치이다"[65]라고 하여, '상제'와 '심'과 '신'을 하늘·인간·사물이라는 각 존재영역에서 주재자를 가리키는 것으로 확인하고, 그 존재양상에 따른 명칭은 다르지만 그 본질은 동일한 이치임을 밝히고 있다. 이항로의 '신'개념은 단순한 작용만을 가리키는 것이 아니라, 사물에 있는 주재자로서 '상제'나 '심'에 상응하는 하나의 실체를 가리키는 것으로 제시하고 있다. 이처럼 '신'개념은 작용의 측면을 중심으로 언급되기도 하고, 실체의 측면을 중심으로 언급되기도 하는 매우 복합적이고 다양한 양상을 드러내고 있는 것이 사실이다.

인간의 죽음과 '귀신'의 문제는 특히 인간 자신의 이해에 중요한 의미를 지니고 있다. '귀신'에서 '귀'와 '신'의 두 양상은 인간의 사후존재로서 '혼'(魂)과 백(魄)의 두 양상과 긴밀하게 관련되어 있다. 장식(張栻)은 '귀신'개념을 해명하면서, "인간의 한 몸에 나아가 말하면 '혼기'(魂氣)는 '신'이 되고, '체백'(體魄)은 '귀'가 된다"[66]라고 하였다. 또한 주자는 '정'

---

65) 李恒老, 『華西雅言』, 권1, 4, '形而', "在天言命物之主, 則曰天, 曰帝, 在人言命物之主, 則曰心, 曰天君, 在物言命物之主, 則曰神, 曰神明, 其實一理也."
66) 『性理大全』, 권28, 3, "南軒張氏曰, 鬼神之說, …就一身而言之, 魂氣爲

(精)과 '기'(氣)를 대비시키면서, "'정'(精)은 '백'(魄)이요, '백'은 '귀'(鬼)가 왕성함이며, '기'(氣)는 '혼'(魂)이요, '혼'은 '신'(神)이 왕성함이다"67)라 정의하였다. 여기서 '귀신'과 '혼백'의 개념은 '귀신'이 인간과 만물을 포함한 자연현상 속에 드러나는 일반적 양상이라면, '혼백'은 인간의 경우에서 드러나는 특수한 양상이라 구별할 수 있다. 따라서 주자도 "굽혀지고 펴지며 가고 오는 것으로 말하면 '귀신'이라 하고, 영명하여 지각이 있는 것으로 말하면 '혼백'이라 한다"68)고 하여, 자연적 작용의 현상인 '귀신'과 인간의 지각능력을 지닌 '혼백'을 대비시키기도 한다.

'귀신'·'혼백'의 문제는 인간존재에서 '사생'(死生)의 문제와 연결되어 있다. 성리학에서는 인간의 살고 죽음은 자연 현상으로서 '기'가 모이고 흩어지는(聚散) 현상으로 본다. 『주역』에서는 "시초에 근원하고 끝으로 돌아가니 '사생'의 설을 알 수 있다. '정'(精)과 '기'(氣)가 모이어 사물이 되고 '혼'이 흩어져 변하니 귀신의 정상(情狀)을 알겠다"69)라고 하여, '귀신'과 '사생'의 문제에 대한 정의를 내리고 있다. 주자는 이에 대한 해석으로, "'시·종'(始終)과 '사·생'은 순환(循環)으로 말한 것이요, '정기'와 '귀신'은 취산(聚散)으로 말한 것이나, 그 실지는 '음·양'의 두 단초에 불과할 뿐이다"70)라고 하였다. 곧 '사생'은 음양의 '순환'현상이라면, '귀신'은 음양의 '취산'현상으로서, 관점에 따라 달리 인식되지만, 그 실지

神, 體魄爲鬼."
67) 『朱子語類』, 권3, '鬼神', "精是魄, 魄者鬼之盛也, 氣是魂, 魂者 神之盛也."
68) 『朱熹集』, 권44(2102쪽), '答梁文叔4', "以其屈伸往來而言, 故謂之鬼神. 以其靈而有知有覺而言, 故謂之魂魄."
69) 『주역』, '繫辭上', "原始反終, 故知死生之說, 精氣爲物, 遊魂爲變, 是故知鬼神之情狀."
70) 『朱子語類』, 권74, '易·上繫上', "始終死生, 是以循環言, 精氣鬼神, 是以聚散言, 其實不過陰陽兩端而已."

는 동일한 음·양의 작용현상일 뿐임을 밝히고 있다. 이처럼 성리학에서는 '사생'과 '귀신'·'혼백'을 모두 '기'의 모이고 흩어지는 작용현상으로 파악하고 있는만큼, 인간의 사후에 '귀신' 내지 '혼백'이 소멸되지 않는다는 '혼불멸설'은 받아들여질 수 없는 것이다.

이에 따라 서경덕(花潭 徐敬德)은 "'사생'과 '인귀'(人鬼)는 단지 '기'가 모이고 흩어지는 것일 뿐이다. 모이고 흩어짐(聚散)이 있으며, 있고 없음(有無)은 없는 것은 '기'의 본체가 그러한 것이다. …모이고 흩어지는 형세에는 미약한지 뚜렷한지 장구한지 급속한지가 있을 뿐이요, '태허'(太虛)에서 크고 작은 모이고 흩어짐이 있을 뿐이다"71)라고 하였다. 그것은 '귀신'과 '사생'을 '기'가 모이고 흩어지는 '취산'현상으로 본다면 '귀신'과 '사생'은 본래의 고유한 실체가 아니라 단지 '기'의 작용현상일 뿐이라는 것이다. 율곡(栗谷 李珥)도 "살아서는 펼쳐져 '신'이 되고 죽어서는 굽혀져 '귀'가 된다. '혼기'(魂氣)는 하늘로 올라가고, '정백'(精魄)은 땅으로 돌아가니, 그 '기'가 흩어진 것이다. 그 '기'는 비록 흩어지지만 갑자기 소멸되는 것은 아니다"72)라고 하여, '기'의 펼쳐지고 굽혀짐 내지 모이고 흩어짐에 따라 '신'과 '귀'가 변하는 것이지만, '귀'나 '신'이 일시적이지만 동일한 상태로 지속되는 사실을 인정하고 있다. 그러나 율곡도 "사람이 죽은 '귀'는 있다고도 할 수 없고 없다고도 할 수 없으니, 그 까닭이 무엇인가? 정성이 있으면 그 '신'이 있으니 있다고 할 수 있으며, 정성이 없으면 그 '신'이 없으니 없다고 할 수 있다. 있고 없는 계기는

---

71) 『花潭集』, 권2, 15, '鬼神死生說', "吾亦曰死生人鬼, 只是氣之聚散而已, 有聚散而無有無, 氣之本體然矣, …聚散之勢, 有微著久速耳, 大小之聚散於太虛."
72) 『栗谷全書』, 拾遺권4, 21, '死生鬼神策', "其生也, 伸而爲神, 其死也, 屈而爲鬼, 魂氣升于天, 精魄歸于地, 則其氣散矣, 其氣雖散而未遽泯滅."

어찌 사람에 달려 있는 것이 아니겠는가?"[73]라고 하여, '귀'나 '신'의 근원적 실체를 인정하는 것이 아니라, 단지 사람 마음 속에 정성이 있는지 여부에 따라 '신'의 존재여부가 달려있다고 보았다. 그것은 '신'·'귀'의 존재가 '기'의 현상으로 드러나는 것이지만 지속성과 실체성이 없다고 보며, 죽은 사람의 '귀'·'신'이 있다는 것은 살아 있는 사람의 정성스러운 마음에 투영되어 나타나는 것일 뿐이라 보는 것이다. 그렇다면 성리학에서 '귀신'의 존재는 단지 심리적 현상일 뿐인가? '기'가 모이고 흩어지는 과정에서 '기'의 작용현상으로서 일시적이지만 실체를 갖는 것으로 보는 입장은 여전히 유효하다. 다만 불멸하는 '귀신'의 실체를 설정하는 것은 제사를 드리는 후손의 정성된 마음 속에 심리적 상태로서 실재할 수 있을 뿐이라는 것이다. 그러나 '기'가 항구적으로 모이고 흩어지는 만큼 '귀'나 '신'의 존재도 끊임없는 변화과정 속에 지속적으로 나타나고 있음을 인정하지 않을 수 없는 것이 사실이다.

16세기말부터 중국에 서학(西學: 天主學)이 전래하여 '영혼'개념을 제시하고 영혼불멸설을 주장하면서 유교의 서학에 대한 비판이 일어났고, 18세기 조선사회에서는 유교지식인들 사이에 서학의 영혼론에 대한 비판이 활발하게 제기되었다. 안정복(順菴 安鼎福)은 마테오 리치(Matteo Ricci)가 제시한 혼3품설(魂三品說: 生魂·覺魂·靈魂)에 대해 순자(荀子)가 말하는 생(生)·지(知)·의(義)에 상응하는 것으로 인정하였지만, 영혼이 죽지 않는다는 견해에 대해서는 불교의 주장과 다름이 없다는 한 마디로 거부하였다.[74] 그는 성리학의 입장을 계승하여 '혼'은 '기'의 모이고

---

73) 같은 곳, "惟人死之鬼, 則不可謂之有, 不可謂之無, 其故何哉, 有其誠, 則有其神, 而可謂有矣, 無其誠, 則無其神 而可謂無矣. 有無之機, 豈不在人乎."
74) 『順菴叢書』, 권17, 24, '天學問答', "荀子云水火有氣而無生, 草木有生而

흩어지는 과정에서 오래 유지되는 것(久)과 급히 소멸되는 것(速)으로 정도의 차이는 있지만 끝내 소멸되는 것으로 보기 때문에 영혼불멸설은 받아들일 수 없음을 분명히 하였던 것이다.

서학의 영혼론을 제시한『영언려작』에서 영혼이 자립하는 실체(自立之體)라고 규정한데 대해, 신후담(愼後聃)은 "'혼'이란 형체에 의지하여 있다가 형체가 없어지고 나면 흩어져 없는 데로 돌아가는 것이니, 어찌 자립하는 실체가 될 수 있겠는가?"[75]라고 하여, '혼'이 형체가 있는 존재를 벗어나 독립적으로 존재할 수 있음을 부정하였다. 곧 서학에서 말하는 '신'이나 '혼'은 형체가 있는 사물을 넘어서는 초월적 존재를 가리키는 것이라면, 성리학에서 말하는 '신'이나 '혼'은 '기'의 작용현상으로서 형체가 있는 사물에 의지하여 존재한다는 것으로, 그 인식의 근거가 다르고, 이에 따라 가리키는 대상도 사실상 달라지고 있는 사실을 주목할 필요가 있다.

2) '신-인'(神人)관계의 인식

『예기』(表記)에서는 중국고대에 인간이 '신'을 대하는 태도가 시대에 따라 변하였던 사실을 제시하고 있다. 곧 "하(夏)나라의 도(道)는 천명을 높여서, '귀'를 섬기고 '신'을 공경하되 멀리하고, 인간을 가까이 하여 충직하다. …은(殷)나라 사람은 '신'을 높여서, 백성을 이끌어다 '신'을 섬기고, '귀'를 앞세우며 '예'(禮)를 뒤로 돌린다. …주(周)나라 사람은 '예'

無知, 禽獸有知而無義, 人有氣有生有知有義, 故最爲天下貴也, …西士之言與此大同但靈魂不死之言, 與釋氏無異, 吾儒之所不道也."
75) 李晚采,『闢衛編』, 권1, 16, '西學辨·靈言蠢勺', "魂者, 乃依於形而爲有, 形旣亡則消散而歸於無者也, 烏得爲自立之體乎."

를 높여서 항상 베풀며, '귀'를 섬기고 '신'을 공경하되 멀리하고, 인간을 가까이 하여 충직하다"[76]고 하였다. 여기서 하나라 시대와 은나라 시대의 인간이 '귀신'을 대하는 태도가 극단적으로 대비되는 두가지 유형을 보여준다면, 주나라 시대는 하나라 시대의 원래 모습을 회복하고 있음을 보여준다. 다만 하나라 때는 천명을 높이는 건강한 신앙적 자세로 귀신을 공경하되 멀리하였지만, 주나라 때는 예법을 높이는 규범적 문화를 확보함으로써 귀신을 공경하되 멀리하였다는 차이점을 확인할 수 있다.

'귀신을 공경하되 멀리한다'(敬鬼神而遠之)는 것은 귀신을 공경하고 섬기지만 '귀신'을 섬기는데 빠지지 않고 일정한 거리를 두는 태도이다. '귀신'을 공경하지만 거리를 두는 인간의 '귀신'에 대한 태도는 유교적 신앙행위의 이상형을 제시하는 것이라 할 수 있다. 공자도 "백성의 마땅함에 힘쓰며, 귀신을 공경하되 멀리한다면 '안다'고 할 수 있다"[77]고 언급하여, 백성의 일을 앞세우고 '귀신'은 공경하지만 거리를 두어야 할 대상으로 밝히고 있다. 공자는 "사람을 섬길 수 없는데 어찌 귀신을 섬길 수 있겠는가"[78]라고 하여, 귀신을 섬기는 일도 먼저 사람을 섬김으로써 가능한 것임을 분명히 하였다. 그만큼 인간을 섬김으로써 귀신을 섬기고, 귀신을 섬기는데 몰입되어 인간적 가치질서를 외면하는 태도를 경계하고 있는 것이다. 은나라 때의 '귀신'을 섬기는 태도로서, "백성을 이끌어다 '신'을 섬기고, '귀'를 앞세우며 '예'(禮)를 뒤로 돌린다"고 지적

---

76) 『禮記』, '表記', "夏道尊命, 事鬼敬神而遠之, 近人而忠焉, …殷人尊神, 率民以事神, 先鬼而後禮, …周人尊禮尙施, 事鬼敬神而遠之, 近人而忠焉."
77) 『論語』, '雍也', "務民之義, 敬鬼神而遠之, 可謂知矣."
78) 『論語』, '先進', "未能事人, 焉能事鬼."

한 것은 '귀신'을 섬기는데 몰입하여 인간의 삶이나 규범질서를 소홀히 하는 태도, 곧 광신적 태도를 깊이 경계하고 있는 것이다.

고대인의 신앙의식 속에는 '귀신'의 존재가 인간의 생활 속에 광범하게 자리잡고 있으며, '귀신'은 인간생활의 전반을 지배하고 있었던 것이 보편적 현상이다. 그러나 중국에서는 주대에 들어오면서부터 합리적 의식과 인륜적 도덕질서가 발달함에 따라 '귀신'에 대한 신앙에 빠져들었던 의식에서 점차 벗어나 자연질서와 도덕규범을 일차적으로 중시하기 시작하였으며, 이에 따라 '귀신을 공경하되 멀리한다'는 유교적 신앙자세의 기본양식이 정립되었던 사실을 엿볼 수 있다. 이에 따라 유교의 신앙적 성격은 다른 종교에서 흔히 볼 수 있는 것처럼 '천'·'상제'나 '신'·'귀신' 등 초월적 존재를 높이면서 자기 자신을 부정함으로써, 인간이 일방적으로 예속적 관계 내지 헌신적 태도를 취하는 것이 아니다. 이와는 달리 유교에서는 '신'이 인간보다 우위에 있음을 인정하면서도 '신'과 인간의 두 세계가 대응하는 위치에 자리잡게 함으로써, 상호 의존적 관계 내지 교류적 태도를 취하는 것이다. 춘추시대 계량(季梁)은 환공(魯 桓公)에게 "백성은 '신'의 주인이니, 그래서 성왕(聖王)은 먼저 백성을 이루어주고 다음에 '신'에게 힘쓴다"[79]고 말했다. '신'이 백성의 주인이 아니라, 백성이 '신'의 주인이라는 인식은 백성을 희생하고 '신'을 섬기는 일이 잘못된 것이며, 백성을 잘 보살피면 '신'도 따라서 섬겨진다는 것이다. 따라서 유교적 신앙에서는 백성을 섬김으로써 '신'을 섬기는 길을 열어두고, 백성을 끌어다 '신'을 섬기는 도구로 삼는 것을 거부하고 있다.

---

79) 『春秋左傳』, 桓公6年, "夫民, 神之主也, 是以聖王先成民而後致力於神."

5. '천'(天)·'신'(神)의 존재와 유교의 종교적 의미

인간은 '천'의 명령을 알고 '천명'을 받들어야 비로소 유교적 인격의 기본방향이 확보될 수 있다. 이처럼 '천'은 인간존재의 근원이요 기준이 되는 것이다. '천'은 영명한 지각능력을 가졌고, 인간과 만물을 주재하는 존재로서 '상제'로 일컬어지고 받들어졌다. '천'이 곧 '상제'이지만, '상제'가 계신 자리를 가리켜 '상제'를 대신하는 호칭으로 이해되기도 한다. 따라서 유교에서 '천'·'상제'는 인격신적 성격을 분명하게 지니고 있다.

'천'·'상제'는 형상이 없는 초월적 존재라는 측면이 강조되면서, 유교 전통에서는 '천'·'상제'를 인간의 모습으로 형상화하기를 기피하고 신화화하기를 거부하여 왔다. 단지 하늘의 형상에 따라 원형(圓形)으로 형상화할 뿐이다. 이런 점에서 유교의 '천'은 경전에서 드러내고 있는 선명한 인격신적 성격이 쉽게 약화될 수 있는 원인을 그 자체에서 지니고 있다고 하겠다. 송대이후 성리학의 발전과정에서 '천'은 형상이 없는 생성과 변화의 근원으로서 '이'(理)·'태극'과 일치되면서, 인격신적 성격은 더욱 희미하게 되었던 것이 사실이다. 그럼에도 불구하고 주자의 사유 속에서도 '천'·'상제'는 원리적 측면과 주재자적 측면의 두 요소는 언제나 병행되어 왔으며, 결코 주재자로서 인격신적 측면이 부정되었던 일은 없었다. 퇴계는 선조(宣祖)에게 올린 상소문에서 "진실하게 수신하고 성찰함으로써 하늘의 사랑을 이어받을 것"[80]을 강조하였다. 하늘이 재난을 내리는 것은 임금이 도리를 잃은 과오를 미리 경계하게 해주는 것

---

80) 『退溪集』, 권6, 53, '戊辰六條疏', "誠修省以承天愛."

으로 임금을 사랑하는 하늘의 마음을 드러내는 것이라 제시하였다. 따라서 하늘로부터 재해의 견책을 만나면 더욱 공경하고 정성을 다하여 자신의 허물을 성찰하고 근신함으로써 하늘의 뜻(天意)을 감동시켜야 할 것을 역설하였다. 이처럼 성리학자의 의식 속에서도 '천'은 일치하면서 동시에 인격적 주재자의 모습을 선명하게 인식하고 있음을 보여준다.

유교에서 '신'의 존재는 매우 다양한 의미를 지니는 것이므로 그 복합적 의미와 양상에 주의를 기울일 필요가 있다. '신'은 신앙대상으로서 실체를 가리키는 경우가 있고, '기'의 신묘한 작용양상을 가리키는 경우가 있어서 뚜렷한 차이를 드러낸다. 또한 모든 존재의 근원적 주재자로서 '천'·'상제'와 일치되는 경우가 있고, 자연적 사물이나 인간존재의 모든 개체에서 드러나는 경우도 있으니, 결코 하나로 단순화시켜 파악할 수 없다. 이런 의미에서 유교적 사유는 '천'·'상제'가 유일한 존재임을 확인하는 '유일상제론'이지만 '신'·'귀신'을 유일한 존재로 보는 '유일신론'이 아니다. 그것은 '신'이란 신묘한 작용이나 신령한 지각능력이라는 드러난 현상에서 일컫는 명칭이기 때문에, 독립된 실체를 가리키기에 앞서서 일차적으로 어떤 실체가 드러내는 작용이나 현상을 가리키는 측면이 강하기 때문이다. 따라서 성리학에서처럼 '신'·'귀신'을 '기'(음·양)의 작용양상에 초점을 맞추고 보면, '신'·'귀신'이 독립된 실체가 아니게 되고, '신'·'귀신'을 독립된 실체로 보는 일상적 인식은 부정되기도 한다. 그렇다고 성리학에서 '신'존재의 실체적 성격을 전면적으로 부정하는 것이 아니라, '신'을 실체로 인식함에 따른 미신적 폐단을 벗어나기 위해 자연적 작용현상으로 해석하려는 의도가 강한 것이 사실이다. 따라서 성리학의 '신'·'귀신'개념은 작용현상으로 인식하는 것을 기준으로 삼으면서 실체로서 인식하는 시야를 조심스럽게 간직하는 것이라 할 수 있다.

　유교에서 인간이 '천'과 '신'을 만나는 태도는 공경하고 섬기는 자세를 분명하게 밝히고 있지만, 결코 인간존재를 부정함으로써 '천'과 '신'을 높이는 예속적 태도가 아니라, 인간자신을 통해서 '천'·'신'의 뜻을 실현하고자 하는 참여적 태도를 드러내고 있다. 바로 이 점에서 유교에서 '천' 내지 '신'은 초월적 대상이면서 내재적 존재요, 그 초월성과 내재성이 강하게 대립하는 긴장관계를 이루는 것이 아니라, 일체 속에서 양면성의 조화를 추구하는 균형관계를 이루는 것으로 보인다. 곧 유교에서 '천명'을 실현하는 길은 자신을 전면적으로 버리고 '천명'을 따르는 것이 아니라, 자신 속에서 이미 내재되어 있는 '천명'을 발견함으로써 자신의 다른 일면을 통제하고 조절하는 것이 '천명'을 실현하는 방법이라는 것이다. 성리학에서 '천리를 간직하고 인욕을 막는다'(存天理, 遏人欲)고 강조하더라도, '인욕'을 제거하여 '천리'를 실현한다는 것이 아니라, 오히려 '인욕'을 '천리'에 순치시킴으로써 '천리'를 실현한다는 입장이다.

　'천'·'상제'와 '신'·'귀신'의 존재에 대한 인식을 통해서 확인할 수 있는 유교의 종교적 성격은 유교에는 인격신적 신앙과 합리적 도덕질서의 이해가 대립적이고 선택적으로 주어지는 것이 아니라, 두 가지 상반된 사유가 일치와 조화를 지향하고 있다는 사실을 주목할 필요가 있다. 바로 이 점에서 유교는 초월적 신비적 신앙이 미약하다고 보일 수 있고 인륜적 현실적 질서가 중심역할을 하는 것으로 보일 수 있다. 그러나 대립적이고 선택적인 논리에서는 초월적 신앙이나 현실적 규범질서의 어느 한 쪽을 취할 수 밖에 없겠지만, 유교가 지닌 일치와 조화의 논리에서는 한 극단을 내세우면 이미 진리로부터 벗어나게 되는 것이라 본다. 유교의 '중용'은 바로 "두 극단을 잡아서 그 중도를 백성에 쓰는 것"81)이라 할 수 있다. 이런 의미에서 유교의 종교적 성격도 '조화와 포용'의 사유 및 '일치와 균형'의 논리를 기반으로 하는 것이라 하겠다.

---

81) 『中庸』, "執其兩端, 用其中於民."

2 제사의 구조와 의미

1. 유교에서 제사의 문제

　유교의 핵심 가르침은 '인'(仁)이나 '도'(道) 혹은 '덕'(德) '중용'(中庸) 등 여러 가지로 파악할 수 있다. 그 가운데 유교의 핵심정신이 '예'(禮)를 통해 제시되고 있다는 인식이 있고, 이에 따라 '예교'(禮敎)라는 말은 '유교'와 거의 같은 의미로 쓰이기도 한다. 그런데 『예기』(祭統)에서는 "사람을 다스리는 도에는 '예'보다 급한 것이 없으며, '예'에는 다섯가지 기준이 있는데, '제사'(祭)보다 중요한 것이 없다"[1]라고 하였다. '예'를 통한 다스림 가운데서도 '제사'가 가장 비중이 큰 것임을 강조한 것이다.

　유교에서 제사는 인간이 '천'(天·上帝) 또는 '신'(神·鬼神)에게 정성과 제물을 바침으로써 '천' 또는 '신'과 교류하는 종교적 의례이다. 유교에서 제사의 대상으로서 유일한 궁극존재인 '천'·'상제'와 다양한 존재에서 드러나는 '신'과는 일치되는 경우도 있지만 상당한 차이가 있는 것이

---

1) 『禮記』, '祭統', "凡治人之道, 莫急於禮. 禮有五經, 莫重於祭."

사실이다. 이 점에서는 기독교에서 유일한 궁극존재(God)를 '신'이라 일컬어 일치시키는 것과는 뚜렷한 차이를 보이고 있다. 유교에서 '신'은 어디에서나 드러날 수 있는 것이다. '천'도 '신'으로 드러나지만, 오히려 '천'이 지배하는 다양한 천상의 존재이거나 사물이나 인간에도 '신'이 드러나는 것으로 본다. 이런 의미에서 유교는 '유일신론'(唯一神論)이 아니라 '유일상제론'(唯一上帝論)이면서 '다신론'(多神論)이라 할 수 있다. 유교에서 '신'은 지각능력이 있는 '신령'(神靈) 내지 '신명'(神明)으로서 천(天)·지(地)·인(人)의 어디에서나 작용능력으로 드러나는 것으로서, 실체로 보기도 하지만 실체에 연결된 작용양상으로 보기도 한다. 따라서 '신'이 있는 곳에 제사가 드려져야 한다는 유교적 인식에서는 '천'과 천체나 기상을 주재하는 '천신'(天神), 산·천·초·목 등 모든 자연적 사물을 주재하는 '지기'(地示), 인간의 사후존재로서 '인귀'(人鬼)가 모두 '신'으로서 제사의 대상이 되고 있다.2)

제사의 대상으로서 '신' 존재가 다양하다면, 이에 따라 제사가 드려지는 장소로서 제장(祭場: 壇·廟)이 달라지고, 제사가 드려지는 시기로서 제기(祭期)가 달라지면서 제사의 명칭도 다양하게 드러난다. 크게 보면 국가의례(王朝禮·邦國禮)로서 드려지는 제사, 학교의례(學禮)로서 드려지는 제사, 지역공동체의례(鄕禮)로서 드려지는 제사, 및 가정의례(家禮)로서 드려지는 제사가 구분되면서 명칭이 매우 다양한 것이 사실이다. 이렇게 제사의 종류가 다양하면서 시기·장소·제관·제물·절차 등에도 상당한 차이가 드러나고 있지만, 그 차이를 넘어서 유교 제사의례가 지니는 공통적 구조와 절차 및 의미를 이해할 필요가 있다. 가장 중요한

---

2) 『周禮』, '春官·大宗伯', "大宗伯之職, 掌建邦之天神·人鬼·地示之禮."

것은 제사가 '신'과 인간의 교류방법이라는 근본성격을 전제로 제사의례에 대한 유교적 인식과 상징적 의미 및 기능을 해명하여야 할 것이다.

유교에서 제사의례는 유교적 '신'존재에 대한 인식 내지 '신'과 인간의 관계에 대한 인식에 기반하고 있다. 그렇다면 유교적 제사의례의 다양성을 넘어서 공통의 성격을 파악하는 것은 바로 제사를 통해 '신'과 인간이 교류하는 유교적 방법의 특성을 파악하는데 초점을 맞출 필요가 있을 것이다. 또한 유교적 제사의례는 유교전통의 봉적적 신분사회 체제와 깊은 연관을 지니고 있다. 그렇다면 현상으로서 옛 제사의례의 제도를 확인하면서 동시에 신분적 질서를 넘어선 유교적 제사의례의 보편적 성격을 밝혀내는 것이 더욱 중요한 과제가 될 수 있을 것이다.

유교의 제사의례를 이해하기 위해서는 세 단계의 해명이 필요한 것으로 보인다. 먼저 제사 대상으로서 '천' 또는 '신' 존재에 대한 인식이 전제되어야 하고, 그 위에 제사 대상과 제사를 드리는 시기나 장소에 따르는 제사의 종류를 확인하는 것이다. 다음은 제사의 구체적 구성요소로서 제관과 제물과 의례절차를 확인하는 것이 중요하다. 그리고 나아가 '신'과 인간의 교류방법으로서 제사의례의 구성과 절차가 내포하는 상징적 의미를 해명하고, 제사를 통해 추구하는 사회적 기능을 이해할 필요가 있다.

2. 제사의 의미와 제사의례의 종류

1) 제사의 의미

　유교에서 제사는 자기 조상의 '신' 만이 아니라 인간의 생명과 삶의 근원이 되는 모든 '신' 존재에 드려진다. 궁극존재인 '천'을 비롯하여 일(日)·월(月)·성(星)·신(辰)·운사(雲師)·우사(雨師) 등 천상의 '신'존재가 제사 대상이고, '지'(地)를 비롯하여 산(山)·림(林)·천(川)·곡(谷)·해(海) 등 자연 사물의 '신'존재도 제사 대상이며, 공자(孔子)를 비롯한 선현(先賢) 및 돌아가신 군왕(君王)과 국가에 공훈이 높은 인물 및 조상의 '신'에게도 제사가 드려진다.3) 곧 제사 대상이 되는 '신' 존재는 '천'·'지'·'인'의 모든 존재영역에 걸치는 '신'(天神·地示·人鬼)이지만, 이렇게 다양한 '신'들은 무질서하게 뒤섞여 혼란스러운 것이 아니라 역할과 위계에 따르는 질서를 이루고 있는 것이다. 곧 '천'은 모든 '신'들의 위에서 주재하는 궁극존재이며, 모든 '신'들은 '천'이 주재하는 조정(朝庭)의 관료체계처럼 각각 일정한 역할을 담당하여 충돌 없이 하나의 세계를 이루고 있다.

　유교에서 제사의 근본목적은 생명의 원천에 대한 보답으로 이해된다. 곧 『예기』(郊特性)에서는 "만물은 '천'에 근본하고, 인간은 조상에 근본하니, 이는 '상제'에 배향되는 까닭이다. '교'(郊)제사는 크게 근본에 보답하고 시원으로 돌이키는 것이다"4)라고 하여 '상제'에게 '교'제사를 드

---

3) 『禮記』, '祭法', "夫聖王之制祭祀也, 法施於民則祀之, 以死勤事則祀之, 以勞定國則祀之, 能禦大菑則祀之, 能捍大患則祀之, … 及夫日月星辰, 民所瞻仰也, 山林川谷丘陵, 民所取財用也, 非此族也, 不在祀典."
4) 『禮記』, '郊特性', "萬物本乎天, 人本乎祖, 此所以配上帝也, 郊之祭也,

리는 것은 생명의 근본에 보답하고 시원으로 돌이킨다는 '보본반시'(報本反始)를 제사의 목적으로 제시하였으며, 만물과 인간조상의 '신'이 모두 '상제'에 배향된다면, 모든 제사는 인간이 자기 생명의 근원에 보답하고 그 근원과 일치를 추구하는 것임을 보여준다. 제사는 '천' 이하 모든 '신'을 인간 생명의 원천으로 인식하고 이 생명의 원천에 보답하기 위해 드려지는 것임을 확인한다면, 유교에서 제사의 목적은 일차적으로 생명의 근원에 대한 감사와 보답(報本)에 있는 것이요, 제사의 목표는 생명의 근원인 '신'과 일치를 이루는 것(反始)이라 할 수 있다. 또한 『예기』(祭義)에서는 천하의 예법으로 '시원에 돌이킴'(反始)에 이르는 것, '귀신'에 이르는 것 등 다섯가지를 열거하면서, "시원에 돌이킴에 이르는 것은 그 근본을 두터이 하는 것이요, 귀신에 이르는 것은 위를 높이는 것이다"5)라고 하여, 생명의 원천인 '신'에 돌이키는 것을 방법으로 삼아 생명의 근본에 보답하는 목적을 성취할 수 있는 것이요, 귀신에 이른다는 것도 제사를 통해 '신'과 일치함으로써 생명의 원천인 '신'을 높이는 것임을 보여준다.

제사는 제사의례와 더불어 유교의 기본의례를 이루고 있는 상례(喪禮)에 대비되었을 때 그 특징이 잘 드러난다. "상례는 슬픔이 부족하고 의례가 넉넉하기 보다는 의례가 부족하고 슬픔이 넉넉한 것이 낫고, 제례는 경건함이 부족하고 의례가 넉넉하기 보다는 의례가 부족하고 경건함이 넉넉한 것이 낫다"6)고 하여, 의례의 형식적 표현보다 중요한 것은

大報本反始也."
5) 『禮記』, '祭義', "天下之禮, 致反始也, 致鬼神也, …致反始, 以厚其本也, 致鬼神, 以尊上也."
6) 『禮記』, '檀弓上', "子路曰, 吾聞諸夫子, 喪禮, 與其哀不足而禮有餘也, 不若禮不足而哀有餘也, 祭禮, 與其敬不足而禮有餘也, 不若禮不足而敬

그 본질로서 상례는 슬픔(哀)이 중심이요 제례는 경건함(敬)이 중심임을 강조한 것이다. 『예기』(曲禮下)에서 "군자는 비록 가난하더라도 제기(祭器)를 팔지 않으며, 비록 춥더라도 제복(祭服)을 입지 않는다"[7]고 하여, 제사에 쓰는 제기나 제복을 일상의 도구와 구별하여 어떤 어려움을 견디면서도 소중히 간직해야 하는 것은 바로 '신'에게 드리는 제사에 대한 경건한 자세를 보여주는 것이라 하겠다. 또한 "상례는 죽은 자를 따르고, 제례는 산 자를 따른다"[8]라는 언급에서, 상례는 죽은 자가 중심이 되어 죽은 자를 위한 의례라면, 제례는 살아있는 후손이 중심이 되어 후손이 '신'에게 자신의 정성과 제물을 바치는 의례임을 보여준다.

2) 제사의례의 종류

제사의례의 종류는 제사가 드려지는 대상에 따라 제사가 드려지는 장소(祭場)가 달라지고 제사가 드려지는 방법(祭法) 및 제사의 시기(祭期)가 달라지는데 따라 명칭이 구별된다. 『주례』(春官,大宗伯)에서는 국가의례의 제사(吉禮)에 속하는 종류를 제시하고 있다. 먼저 '천신'(天神)에 드려지는 제사(祀)로 호천상제(昊天上帝)에 드리는 제사인 '인사'(禋祀)와, 일·월·성·신(日月星辰)에 드리는 제사인 '실시'(實柴)와, 사중·사명·풍사·우사(司中司命飄師雨師)에 드리는 제사인 '유료'(槱燎)를 들었고, 다음으로 '지기'(地示)에 드려지는 제사(祭)로 사직·오사·오악(社稷五祀五嶽)에 드리는 제사인 '혈제'(血祭)와, 산림·천택(山林川澤)에 드리는 제

　　有餘也."
7) 『禮記』, '曲禮下', "君子雖貧, 不粥祭器, 雖寒, 不衣祭服."
8) 『禮記』, '王制', "喪從死者, 祭從生者."

사인 '이침'(貍沈)과, 사방·백물(四方百物)에 드리는 제사인 '벽고'(疈辜)를 들며, 그 다음으로 '인귀'(人鬼)에 드려지는 제사(享)로 선왕(先王)에 드리는 제사인 '사'(肆)·'헌'(獻)·'관'(祼)·'궤'(饋)·'식'(食) 및 봄의 '사'(祠), 여름의 '약'(禴), 가을의 '상'(嘗), 겨울의 '증'(烝)을 들었다.9) 이러한 제사의 명칭들은 제사 대상에 따라 구분되면서, 제사의 대상에 따라 제사를 드리는 방법이 달라지는 것을 보여준다.

하늘에 높이 계신 '천신'에게 제사를 드리는 방법은 희생을 불에 태우는 제사의례를 행하였다. 곧 '인사'(禋祀)는 희생을 태워 연기를 올리는 제사이며, '실시'(實柴)도 섶 위에 희생 소를 올려 놓는 것을 말하며, '유료'(槱燎)도 쌓아놓은 섶 위에 희생의 제물을 태우는 제사의례의 방법을 말한다. 땅 위 만물의 '지기'에게 드리는 제사는 희생을 직접 바치는 것이다. '혈제'(血祭)는 희생의 피를 바치는 의례이고, '이침'(貍沈)은 산·림(山林)의 '신'에게 제물을 땅에 묻어서 바치는 방법(貍)과 천·택(川澤)의 '신'에게 제물을 물에 빠뜨려 바치는 방법(沈)이 쓰이고 있음을 보여준다. '벽고'(疈辜)는 희생의 가슴을 가르고 고기를 갈라 바치는 방법을 말한다. 선왕의 '인귀'(人鬼)에 드리는 종묘제사의 의례는 여섯가지 절차가 있다. 그 가운데 분할된 희생육을 올리는 '사'(肆)와, 예주(醴酒)를 올리는 '헌'(獻)과, 울창주를 부어 강신(降神)하는 '관'(祼) 및 익힌 음식을 올리는 '궤'(饋)·'식'(食)의 절차가 있다. '사'(祠)·'약'(禴)·'상'(嘗)·'증'(烝)은 사시(四時)의 시기에 따라 드리는 종묘제사의 명칭이다. 이처럼 제사의 명칭이 제사의 대상이 되는 '신'존재의 성격이 달라지면 이에 따

---

9) 『周禮』, '春官·大宗伯', "大宗伯以吉禮事邦國之鬼神示, 以禋祀祀昊天上帝, 以實柴祀日月星辰, 以槱燎祀司中司命飌師雨師, 以血祭祭社稷五祀五嶽, 以貍沈祭山林川澤, 以疈辜祭四方百物, 以肆獻祼享先王, 以饋食享先王, 以祠春享先王, 以禴夏享先王, 以嘗秋享先王, 以烝冬享先王."

라 희생과 제물을 드리는 방법이 달라지며, 그 차이가 제사의 명칭으로 쓰이기도 하고 있음을 보여준다. 그러나 제사의 명칭은 사직(社稷)·악독(嶽瀆)처럼 기본적으로 제사대상이 되는 '신'존재의 명칭을 따르거나 교(郊)·종묘(宗廟)처럼 제사가 드려지는 장소에 따르는 명칭과 '상'(嘗)·'납'(臘)처럼 제사가 드려지는 시기에 따르는 명칭, 및 기우(祈雨)·기년(祈年)처럼 제사를 통해 기원하는 내용에 따르는 명칭 등 다양하게 나타나고 있는 것이 사실이다.

국가의례에서 제사의 종류는 그 밖에도 많다. 조선왕조의 국가의례를 규정한 『국조오례의』(國朝五禮儀)에 제시된 제사의 명목을 보면 '상제'에 드리는 제사는 없지만, 사직(社稷)·종묘(宗廟)·중류(中霤)와 여러 전(殿)·묘(廟)·능(陵)에 드리는 제사가 있고, 풍·운·뇌·우(風雲雷雨)와 악·해·독(嶽海瀆)과 주·현(州縣)의 명산·대천(名山大川)에 드리는 제사가 있으며, 선농(先農)·선잠(先蠶)·우사(雩祀)·문선왕(文宣王: 孔子)·역대시조(歷代始祖)에 드리는 제사가 있고, 영성(靈星)·선목(先牧) 및 주·현의 포제(酺祭), 국문(國門)에서 드리는 영제(禜祭)와 사한(司寒)·둑제(纛祭)·여제(厲祭) 및 사중월시향(四仲月時享)의 제사들이 열거되고 있다.[10] 이처럼 제사의 종류가 다양한 것은 정해진 숫자가 있는 것이 아님을 보여주는 것이다. '신'의 종류가 무수히 많을 수 있으니, 인간의 생활 속에 필요가 제기되면 제사의 종류도 얼마든지 늘기도 하고 줄기도 할 수 있음을 의미한다.

---

10) 『國朝五禮儀』, 권1-2에 수록된 吉禮에는 儀禮의 차이까지 포함하여 56항목이 수록되어 있다.

3. 제사의례의 구성과 절차

1) 제관과 제물

제사의례의 구성요소를 보면 제사대상인 '신'존재로서 '신위'(神位)와 제사를 드리는 인간으로서 '제관'(祭官)이 상하로 축을 이루고 있다면, 제사에서 '신'존재에 따라 결정되는 요소로서 제사의 장소인 '제장'(祭場)과 제사가 드려지는 시기인 '제기'(祭期)가 정해져 있으며, 제사에서 인간이 결정하고 실행하는 요소로서 '신'에게 드리는 희생(犧牲)이나 폐백(幣帛) 등 '제물'(祭物)이 갖추어져야 하고, 인간이 제사의례를 실행하는 과정으로 '제의'(祭儀)의 절차가 규정되어야 하는 것이다. 이를 도표화하면 다음과 같이 제시될 수 있다.

여기서 '제장'과 '제기'는 제사 대상인 '신위'에 따라 이미 결정되어 있는 것이기 때문에 비교적 단순하다. 『예기』(祭義)에서는 '천'에게 '교'(郊) 제사가 드려지는 장소인 제단(祭壇)에 대해, "'교'제사는 '천'에 두루 보답하는 것이요, '일'(日)을 주장으로 삼고 '월'(月)을 짝으로 삼았다. …'일'은 단(壇) 위에서 제사하고 '월'은 감(坎: 구덩이)에서 제사하여 어둡고 밝음을 구별하고 아래와 위를 규제한다. '일'은 동쪽에서 제사하고 '월'은 서쪽에서 제사하여 안과 밖을 구별하고 그 자리를 바르게 한다. '일'은 동쪽에서 나오고 '월'은 서쪽에서 생기니 음·양과 장·단은 끝과 시작이 서로 순환하여 천하의 조화로움을 이룬다"11)고 하였다. 곧 '교'제사에서 배향되는 '일'과 '월'의 '신'을 제사드리는 장소는 쌓아올린 단(壇)과 푹패인 감(坎)으로 대비시켜 어둠(幽)과 밝음(明) 곧 음·양을 상응시키며, 동쪽과 서쪽을 대비시켜 안(內)과 밖(外)이 상응하게 하고 있음을 보여준다.

또한 『예기』(郊特牲)에서도 '교'제사의 제단에 대해 "남쪽 교외에 제단을 설치하는 것은 양(陽)의 자리로 나아가는 것이요, 땅을 쓸고 제사하는 것은 그 질박함을 따르는 것이요, 제기를 질그릇과 바가지로 쓰는 것은 천·지의 성질을 형상한 것이다"12)라고 하였다. '교'제사의 제단은 제사대상인 '천'이 '지'(地)에 대비되면 양(陽)에 해당하기에 남쪽 교외에 자리잡게 하였음을 말한다. 그렇다면 '지'를 제사하는 제단은 음(陰)에 해당시켜 북쪽 교외에 자리잡게 할 것임을 보여준다. '교'는 궁극의 유일한 존재로 상대가 없으므로 그 제단을 아무 것으로 꾸밀 수가 없어서 다만 땅을 쓸기만 하여 제단을 이룸으로써 '천'의 순수하고 질박함을 드러내려고 하였음을 말해준다. 또한 '교'제사의 제기(祭器)도 천지의 자연이 지닌 질박한 성질을 따라 가장 자연에 가까운 질그릇과 바가지를 쓴다는 것이다. 그만큼 제사의 장소나 시기 및 제기 등이 모두 제사 대상의 '신'에 상응하여 정해지는 것임을 확인할 수 있다.

제사의 장소와 시기가 제사의 대상에 따라 정해지는 것이라면, 이에

---

11) 『禮記』, '祭義', "郊之祭, 大報天而主日, 配以月, …祭日於壇, 祭月於坎, 以別幽明, 以制上下, 祭日於東, 祭月於西, 以別外內, 以端其位, 日出於東, 月生於西, 陰陽長短, 終始相巡, 以致天下之和."
12) 『禮記』, '郊特牲', "郊之祭也, 迎長日之至也, 大報天而主日也, 兆於南郊, 就陽位也, 掃地而祭, 於其質也, 器用陶匏, 以象天地之性也."

비해 제사를 드리는 인간과 관련된 요소로서 '제관'·'제물'·'제의'는 매우 다양한 구성과 복합적 의미를 내포하고 있는 것이 사실이다. 먼저 '제관'과 '제물'을 중심으로 보면, 제사에서 '신'에게 제사를 드리는 주체인 제주(祭主)는 '헌관'(獻官)이지만 이를 돕는 여러 제관들이 따른다. 다만 여러 제관들 가운데 '헌관'과 더불어 가장 중요한 의미를 지니는 제관은 '축관'(祝官)이다. '헌관'은 '신'에게 제사를 드리는 주체라고 한다면, '축관'은 '신'과 '헌관' 사이에 매개역할을 하는 존재로 주목된다. 이런 의미에서 유교전통에는 전문적 사제직(司祭職)이 없지만, 제사가 진행되는 과정에서는 '축관'이 사제직의 역할을 담당하는 것으로 볼 수 있다. 또한 제사의례에서 제관은 부부가 함께 참여하는 것이 요구되고 있다. 『예기』(祭義)에서는 "제사란 반드시 부부가 몸소 하는 것이니, 안과 밖의 제관이 갖추어지는 까닭이요, 제관이 갖추어져야 제대로 갖추어지는 것이다"[13]라고 하였다. 실제로 유교전통에서는 국가의례의 제사의 경우 부부가 참여하지 않는 경우가 당연시 되었고, 현실적으로 곤란함도 있다. 그러나 가정의례의 제사에서도 부부가 함께 제사를 드리지 않는 경우가 많았던 것이 사실이다. 여기서 특히 조상에 드리는 제사의례에서는 부부가 제관이 되어야 하는 것이 유교의례의 본래 정신임을 확인할 수 있다.

  제사는 '제관'으로서 제주(祭主)의 신분에 따라 여러 조건들이 결정되는 사실이 주목된다. 곧 제사의례는 제주의 신분이 높은지 낮은지에 따라 많고 적음(多少)과 크고 작음(大小)과 높고 낮음(高下)과 문채나고 질박함(文素)의 차이가 결정된다는 것이다. 제사드려지는 선조의 사당도

---

[13] 『禮記』, '祭義', "夫祭也者, 必夫婦親之, 所以備外內之官也, 官備則具備."

천자는 7묘(廟), 제후는 5묘, 대부는 3묘, 사(士)는 1묘로 하는 것은 신분이 높을 수록 많아지는 경우요, 천자에게는 빈객의 의례가 없고, '천'에 드리는 제사에는 희생을 한 마리만 쓰는 것은 신분이 높을 수록 적어지는 경우이다. 종묘의 제사에서 신분이 귀하면 작(爵)으로 술을 올리고, 신분이 낮으면 산(散)으로 술을 올리는 것은 신분이 높을 수록 작은 것을 취하는 경우이고, '교'제사의 지극히 공경함에는 제단을 쌓지 않고 땅을 쓸기만 하고 제사지내는 것은 낮은 것을 귀하게 여기는 경우이고, 지극히 공경함에는 문채로 꾸밈이 없는 것은 질박함을 귀하게 여기는 것임을 말한다.[14] 이처럼 예법에서 많은 것을 귀하게 여기는 것은 바깥으로 마음을 써서 덕을 발양시키는 것이고, 적은 것을 귀하게 여기는 것은 안으로 마음을 써서 덕을 정밀하게 이루는 것이라 한다.[15] 여기서 드러나는 것은 제사에서 제주의 신분이 높은지 낮은지에 따라 의례의 여러 가지 조건들이 결정되고 있다는 사실이다. 그만큼 제사의례는 제사를 받는 '신'에 따라 결정되는 요소와 더불어 제사를 드리는 인간에 의해 더 많은 경우가 결정되는 것임을 보여주고 있다.

인간은 '신'에게 자신의 정성을 표현하기 위한 수단으로 제물을 바친다. 『예기』(祭義)에서는 "물에서 나는 풀의 김치나 땅에서 나는 고기의 절임은 자잘한 것을 갖춘 것이요, 세가지 희생(소·양·돼지)을 담은 조(俎: 祭器)와 여덟 궤(簋: 祭器)에 담은 결실들은 아름다운 것을 갖춘 것

---

14) 『禮記』, '禮器', "禮有以多爲貴者, 天子七廟, 諸侯五, 大夫三, 士一, …有以少爲貴者, 天子無介, 祭天特牲, …有以小爲貴者, 宗廟之祭, 貴者獻以爵, 賤者獻以散, …有以下爲貴者, 至敬不壇,埽地而祭, …有以素爲貴者, 至敬無文."
15) 같은 곳, "禮之以多爲貴者, 以其外心者也, 德發揚, …禮之以少爲貴者, 以其內心者也. 德産之致也精微."

이다. 곤충의 특이한 것과 초목의 결실은 음·양의 사물을 갖춘 것이다"16)라고 하여, 가장 미미한 사물에서 가장 소중한 사물에 이르기 까지 모든 것이 제물로 올려질 수 있으며, 동물과 식물이 함께 제물로 드려져서 음·양이 갖추어지게 하는 것이 중요한 조건임을 제시하였다.

이어서 제물을 드리는 인간의 자세에 대해, "무릇 하늘이 낳아주고 땅이 자라게 한 것은 진실로 올릴 만한 것은 모두 있지 않음이 없으니 사물을 다함을 보여준다. 밖으로 사물을 다하고 안으로 뜻을 다 이르게 하니, 이것이 제사를 드리는 마음이다. …몸은 정성과 믿음을 이루니, 정성스럽고 미더우면 다하였다 하고, 다하면 경건하다 하며, 경건함을 다한 다음에 신명을 섬길 겨를이 있으니, 이것이 제사의 도리이다"17)라고 하였다. 인간이 가질 수 있는 모든 것을 '신'에게 바치는 마음을 강조한 것이며, 정결한 것이라면 '신'에게 바치는 제물이 될 수 없는 것이 없음을 보여준다. 바로 이렇게 모든 것을 제물로 바치는 것은 동시에 마음을 '신'에 이르게 하는 것이요, 정성되고 미더움의 마음을 다한 공경스럽고 경건함이 갖추어져야 '신'을 섬길 수 있는 것임을 밝혀주고 있는 것이다. 그래서 천자도 남교(南郊)에서 몸소 경작하여 제수(祭需)에 이바지하며, 왕후도 북교(北郊)에서 몸소 양잠하여 제복(祭服)에 이바지 하는 것이며, 제물을 드리는 것은 단지 제물일 뿐이 아니라 제사를 드리는 사람의 정성을 드리는 것임을 보여준다.

제물이란 반드시 제사드리는 사람의 정성을 갖추어야 하는 것임을

---

16) 『禮記』, '祭義', "夫祭也者, …水草之菹, 陸産之醢, 小物備矣, 三牲之俎, 八簋之實, 美物備矣, 昆蟲之異, 草木之實, 陰陽之物, 備矣."

17) 같은 곳, "凡天之所生, 地之所長, 苟可薦者莫不咸在, 示盡物也, 外則盡物, 內則盡溱志, 此祭之心也, …身致其誠信, 誠信之謂盡, 盡之謂敬, 敬盡然後暇以事神明, 此祭之道也."

강조하여, 『춘추곡량전』(成公17년)에서도 "궁실(宮室)이 세워지지 않으면 제사를 지낼 수 없고, 의복이 마련되지 않으면 제사지낼 수 없고, 거마(車馬)와 기계(器械)가 갖춰지지 않으면 제사지낼 수 없고, 유사(有司: 祭官) 한 사람이라도 그 직분을 갖추지 않으면 제사지낼 수 없다. 제사는 그 때(時)에 올리는 것이며, 그 공경함을 올리는 것이며, 그 아름다움을 올리는 것이지, 그 맛을 받는 것이 아니다"18)라고 하였다. '신'이 제물의 맛을 즐기는 것이 아니라, 그 제물이 때에 맞는지 정성스러운지 아름다운지를 받아들이는 것이라는 지적은 '신'이 제물을 먹는다는 의식에서 탈피하도록 하기 위한 것이라 보인다. '신'을 모실 궁실과 제관의 제복과 여러 역할을 담당하는 제관을 한 사람도 빠짐없이 다 갖추는 것은 '제물'을 드리는 마음과 동일한 정성과 믿음의 경건함에 있음을 강조하는 것이다.

2) 제사의례의 절차

제사의례의 절차는 제사대상인 '신'에 따라 다소간의 차이가 있지만, 조상제사를 중심으로 제사의례의 공통된 기본절차를 살펴보면, 대체로 다음의 세 단계와 절차를 확인할 수 있다.19)

---

18) 『春秋穀梁傳』, '成公17년' "宮室不設, 不可以祭, 衣服不脩, 不可以祭, 車馬器械不備, 不可以祭, 有司一人不備其職, 不可以祭, 祭者, 薦其時也, 薦其敬也, 薦其美也, 非享味也."
19) 『朱子家禮』(祭禮)에서는 '四時祭'의 절차로, 卜日/ 齊戒/ 設位·陳器/ 省牲·滌器·具饌/ 設蔬果酒饌/ 奉主就位/ 參神/ 降神/ 進饌/ 初獻/ 亞獻/ 終獻/ 侑食/ 闔門/ 啓門/ 受胙/ 辭神/ 納主/ 徹/ 餕의 순서를 제시하고 있다.

1 준비과정
   ① 재계(齊戒)
   ② 진설(陳設) — 설위(設位) · 진기(陳器)
2 본과정
   ① 영신(迎神) — 참신(參神) · 강신(降神) · 분향(焚香)
   ② 진찬(進饌) — 헌폐(獻幣)
   ③ 헌작(獻酌) — 삼헌(三獻) · 독축(讀祝)
   ④ 흠향(歆饗) — 유식(侑食) · 합문(闔門)
   ⑤ 강복(降福) — 계문(啓門) · 하사(嘏辭)
   ⑥ 음복(飮福) — 수조(受胙)
   ⑦ 송신(送神) — 사신(辭神)
3 마침과정
   ① 납주(納主) · 철조(徹俎)
   ② 망료(望燎) · 예매(瘞埋)
   ③ 분준(分餕)

먼저 제사의 준비과정에서 ①'재계'는 제사를 드리기 위해 제관이 갖추어야할 마음의 준비요, ②'진설'은 '신'에게 드릴 희생과 음식을 갖추어 제상에 베풀어 놓는 제물의 준비로서 대비된다. 제관은 이 마음과 제물을 정결하고 정성스럽게 하여 '신'에게 바치는 것이다. '재계'에서는 제사드릴 '신'에 대해 마음을 집중하여 정성스럽고 경건한 마음을 갖추는 것이고, 이 마음의 정성에 신이 감응할 수 있는 것이다. '재계'는 『예기』(坊記)에서는 "7일동안 '계'하고, 3일동안 '재'한다"(七日戒, 三日齊)고 하여, '계'(戒)와 '재'(齋·齊)로 나누어 제시되기도 하고, 『예기』(祭義)에서는 "안으로 마음에서 '치재'하고, 밖으로 행동에서 '산재'한다. 재계하는 날에는 그(조상신의) 거처하심을 생각하고 그 웃음과 말씀을 생각하며, 그 의지와 생각을 생각하고, 그 좋아하셨던 것을 생각하니, 3일을 재계하면 재계가 됨이 드러난다. 제사드리는 날 사당 안에 들어가면 반드시 그 신위에서 어렴풋이 보이는 것이 있고, 사당 문을 돌아나올 때는 반드시 그 모습과 소리가 숙연하게 들리는 것이 있다. 사당 문을 나오면 반드시 그 탄식하는 소리가 한숨쉬는 듯 들리는 것이 있다"[20]라고 하여, 산재(散齊)와 치재(致齊)로 나누기도 한다. 이처럼 '재개'가 정성스럽게 이루어지면 '신'의 모습이 눈에 보이고 목소리가 귀에 들리는 상태에 이르게 되는 것이요, 이러한 '신'과의 만남 속에서 제사가 드려져야 하는 것임을 제시하고 있는 것이다.

또한 '진설'에서 제물은 인간이 먹을 수 있는 모든 음식물을 포함하며, 제물은 그 해 처음 수확된 것으로 가장 품질이 좋은 것을 골라 정갈하게 준비한다. 그러나 모든 음식물을 다 제상에 진설할 수 없으므로 대표적인 것을 선택한다. 곧 곡식과 채소에서는 열매·잎·줄기·뿌리가 갖추어지고, 동물에서는 날짐승(닭·꿩)과 길짐승(소·양·돼지)과 물고기 중에서, 날 것, 삶은 것, 구운 것이 갖추어지고, 제물의 색깔에도 붉은 색, 흰 색, 푸른 색 등이 갖추어 진다. 이처럼 모든 음식물의 종류와 빛깔과 맛과 조리법 등에서 각각의 대표적인 것을 선택하여 진설하고 있다. 이렇게 제사에서 '신'에게 온갖 음식물을 제물로 바침으로써, '신'의 승인을 받은 정당한 음식물로 인정받게 된다는 의미가 있다. '진설'에서는 제상(祭床) 위에 제물이 색깔에 따라 배열되고(紅東白西), 길짐승과 물고기의 자리가 정해지며(魚東肉西), 물고기에서도 머리와 꼬리의 방향이 정해지는 것(東頭西尾)은 음·양의 구조에 따라 우주적 질서에

---

20) 『禮記』, '祭義', "致齊於內, 散齊於外, 齊之日, 思其居處, 思其笑語, 思其志意, 思其所樂, 思其所嗜, 齊三日, 乃見其所爲齊者, 祭之日, 入室, 僾然必有見乎其位, 周還出戶, 肅然必有聞乎其容聲, 出戶而聽, 愾然必有聞乎其嘆息之聲."

일치시켜 배열하고자 하는 것이다.

　중심부분인 제사의 본과정은 크게 일곱 단계의 절차로 나누어 볼 수 있다. 이 절차의 단계마다 '제관'이 '신'에게 고하는 말씀이나 '신'이 제관에게 알리는 말씀은 '축관'(祝)이 축문(祝文)을 읽거나 하사(嘏辭: 神이 祝福을 내리는 말씀)를 전해주는 형식으로 '신'과 인간(祭官) 사이의 대화가 이루어지게 한다.

　①'영신'(迎神)은 '신'을 맞이하는 의례로서 사당에서 참신(參神)하는 의례와 강신주(降神酒)를 모사(茅沙)에 뿌려 땅에 내려가 있는 체백(體魄)을 불러오고 분향(焚香)하여 하늘에 올라가 있는 신혼(神魂)을 부르는 상징적 의미를 갖는다. 곧 혼(魂)과 백(魄)이 합하여져 강신(降神)이 이루어진다. ⑦'송신'(送神)은 제사를 마치고 '신'을 전송하는 사신(辭神)의 절차이다. '신'은 제사를 통하여 인간과 현실 세계에서 만나지만 제사가 끝나면 현실 세계 밖으로 돌아간다는 저 세상이 설정되어 있다. 물론 저 세상은 어떤 구체적 공간의 형태로 제시되는 것은 아니지만, 음·양(陰陽) 내지 유·명(幽明)으로 이 세상과 대비되어 이해되고 있는 것이 사실이다. '귀''(鬼)를 돌아간다(歸)는 뜻이 있다면, '귀' 내지 '신'의 세계는 태어나기 이전의 근원적 세계를 의미하는 것으로 볼 수도 있다. 여기서 ①'영신'과 ⑦'송신'은 제사의례에서 본과정의 시작과 끝으로, 제사의 본과정은 '신'을 모셔와서 전송할 때까지 '신'과 제관의 상응관계로 이루어지고 있음을 보여준다.

　②'진찬'(進饌)은 제상 위에 제물을 '신'에게 올리는 의례요, 이와 더불어 폐백을 올려놓는 헌폐(獻幣)의 절차도 있다. ③'헌작'(獻酌)은 가정의례에서 주인과 주부와 형제의 연장자가 차례로 술잔을 '신'에게 올리는 삼헌(三獻)의례로서, '진찬'과 '헌작'은 제관이 '신'에게 제물을 바치는 의

례이다. 이 때 '독축'(讀祝)하여 '신'에게 제물을 바치는 말씀을 올린다. ②'진찬'과 ③'헌작'은 인간이 주체가 되어 '신'에게 제물을 바치는 절차이다.

④'흠향'(歆饗)은 '신'이 제물을 받는 절차로서 이 때 제관은 '신'에게 제물을 받도록 권하는 '유식'(侑食)과 문을 닫고 바깥에서 '신'이 흠향하기를 기다리는 '합문'(闔門)의 절차를 행한다. '흠향하는 것은 '신'이 제물을 받는 행위이다. 다만 이때 '신'이 제물을 먹는 것이라고 보는지 먹는 것이 아니라 보는지는 중요한 문제이다. 인간은 '신'(祖上)을 살아 계실 때의 부모와 똑같이 섬겨서 풍성한 제물을 올린다. 그리고 수저를 사용하여 실제로 먹는 의례절차를 행한다. 여기서 '신'이 제물을 먹는다고 보고 사실상 '잡숫는다'는 표현을 하는 것도 사실이다. 그러나 인간이 신에게 바치는 제물을 '신'이 받는 방법은 잡숫는다는 의미가 아니라 받아들인다는 의미로 이해하는 것이 중요하다. 『예기』(郊特性)에서는 "지극히 공경하는 데서는 맛(味)으로 드리지 않고 기운(氣)과 냄새(臭)를 귀중하게 여긴다"[21]고 언급하고 있다. 더구나 신은 제물만 드리면 자동적으로 흠향하는 것이 아니라 "지극한 정성에 흠향한다"[22]라고 하여, 인간의 정성스러운 마음을 받아들이고 있음을 강조하기도 한다. 제사에서 제물은 '신'과 인간의 결합을 매개하는 도구이다. '신'이 제물에 흠향하는 것은 일상생활에서 음식을 먹는 것과는 다르다. 또한 유교인들 사이에 '신'의 흠향을 먹는 것으로 믿는 사람들이 있다 할지라도 그것은 유교적 신앙의 넓은 폭에서 대중적 저변에 속하는 부분이라 할 것이다.

⑤'강복'(降福)은 '신'의 흠향이 끝나면 다시 문을 열고(啓門), '신'은 축관

---

21) 『禮記』, '郊特性', "至敬不饗味而貴氣臭也.".
22) 『書經』, '太甲下', "鬼神無常享, 享于克誠."

의 입을 빌어 제물이 정결하고 정성스러움을 말하며 축복하는 말씀으로 하사(嘏辭)를 내려 강복(降福)한다. '신'은 제물에 담겨 있는 인간의 정성에 흠향하고, 그 대신에 제물에 복을 담아 내려주고 있는 것이다. '신'이 내려주는 복은 '신'이 흠향한 제물에 깃들게 되니, '진찬'·'헌작'의 절차 이전의 제물은 인간의 정성이 담긴 것이라면 '흠향'의 절차 다음의 제물은 '신'이 그 제물에서 인간의 정성을 가져가는 그 대신 복을 남겨준 것이라 할 수 있다. ④'흠향'과 ⑤'강복'은 '신'이 주체가 되어 제물을 받고 인간에게 응답하는 절차이다.

⑥'음복'(飮福)은 '신'이 흠향하고 강복한 제물을 제관이 받는 수조(受胙)의 절차이다. 인간은 제물에 정성을 담아 '신'에게 드리고 '신'은 제물에서 정성을 받아들인 다음 다시 제물에 복을 담아 인간에게 돌려준 것임을 의미한다.

끝으로 제사의 마침과정은 먼저 ①'납주'(納主)·'철조'(徹俎)는 '신주'(神主)를 사당 안에 되돌려 놓고 제기(祭器)와 제물을 제상(祭床)에서 치우는 절차이다. 다음으로 ②'망료'(望燎)·'예매'(瘞埋)는 제사가 끝난 뒤에 '신'에게 속하는 것을 '신'에게 돌려보내는 일이다. 곧 '신'에게 올리는 말씀을 적은 축문(祝文)이나 '신'의 호칭을 종이에 적은 지방(紙榜) 및 '신'에게 바친 예물인 폐백은 불살라 하늘에 올리고 남는 재는 땅에 묻는다. 마치 '신'(조상신)의 혼(魂)과 백(魄)이 각각 귀속하는 하늘과 땅에 되돌리는 것이다. ③'분준'(分餕)은 제주(祭主)를 비롯한 모든 제사 참여자들이 '신'의 강복을 받은 제물을 나누어 먹는 것이다. 의례의 절차에서는 제주(祭主)만이 제사의 본과정에서 '음복'을 하였지만, '송신'의 절차가 끝난 뒤에 모든 참사자(參祀者) 및 친족과 이웃까지 '음복'을 하는 것이다. 제물은 '신'의 강복을 통해 질적으로 완전히 변화된 '복'으로 신성성을 지니게 된다. 따라서 공자도 제사가 끝난 뒤에 받게 되는 제육(祭肉)에 대해서는 공경하여 절하고 받았다고 한다.[23]

4. '신-인'(神人)의 감응과 제사의례의 기능

1) '신'(神)과 인간의 감응

유교에서 '신'과 인간의 관계를 맺는 방법은 제사 의례를 통하여 치밀하게 규정되고 있다. 제사에 대한 공자의 태도에 대해, "(조상)제사를 지낼 때에는 선조가 살아 계신 듯이 하고, '신'을 제사 지낼 때는 '신'이 계신 듯이 하였다"라 하여, 제사에서 '신'과 생생한 만남의 경험을 주목하였으며, 공자 자신도 "내가 제사에 참여하지 않으면 제사를 안 지낸 것과 같다"[24]라고 하여, 제사는 다른 사람을 대신시켜 지낼 수 있지만 자신이 직접 제사를 통해 '신'과 만남의 경험이 없다면 제사를 지내는 의미가 없음을 강조하였다. 이처럼 제사에서 인간과 '신'의 생생한 만남의 경험이 중시되고 있는 것이다.

『중용』에서는 '귀신'의 존재에 대한 생생한 경험을 서술하면서, "귀신의 덕은 성대하도다. 보아도 볼 수 없고, 들어도 들을 수 없지만, 만물의 본체가 되어 빠뜨릴 수 없으며, 천하의 사람들로 하여금 재계(齋戒)하고서 제복(祭服)을 성대하게 차려입고 제사를 받들게 하니, 가득 차서 위에 있는 것 같고 좌우에 있는 것 같다. 『시』에서는 '신이 내려오심을

---

23) 『論語』, '鄕黨', "朋友之饋, 雖車馬, 非祭肉, 不拜."
24) 『論語』, '八佾', "祭如在, 祭神如神在, 子曰, 吾不與祭, 如不祭."

헤아릴 수도 없는데, 하물며 싫어할 수 있겠는가'라고 하였다. 무릇 은미한 것이 뚜렷이 드러남이니, 진심함은 가리울 수 없음이 이와 같구나"25)라고 감탄하여 서술하고 있다.

이처럼 유교의 제사에서 '신'·'귀신'의 존재는 감각적 경험을 초월한 것이지만 모든 만물 속에 그 본체로서 만물의 존재근거가 되고 있으며, 인간으로 하여금 제사를 받들도록 이끌어가는 주체가 바로 '신'임을 확인하고 있다. 이 '신'의 존재가 '위에 있는 것 같고 좌우에 있는 것 같다'는 것은 어렴풋하고 불확실함의 느낌을 표현하려는 것이 아니라, 오히려 '신'은 어디에나 존재하며 인간을 압도하고 있는 생생하고 강력한 신앙경험을 표현하고 있는 것이다. 제사를 통해 인간은 '신'과 만남의 체험을 절실하게 할 수 있으며, '신'과 만남의 절실한 경험이 바로 제사의 례의 생명이라 할 수 있다.

특히 유교의 조상제사는 살아 있는 후손인 제주(祭主)와 돌아가신 조상인 '신'(귀신)과의 관계요 만남의 행위 양식이다. 여기에 제사의 핵심은 인간과 '신'의 만남이며, 제물이나 절차는 그 도구가 되는 부차적 조건들이라 할 수 있다. 따라서 인간과 '신'의 관계가 바로 제사의 핵심적 요소를 이루는 것이다. 곧 살아 있는 인간의 마음에는 '신명'이 깃들어 있고 사후의 인간존재는 그대로 '귀'(鬼) 내지 '신' 또는 '귀신'으로 일컬어진다. 인간은 살아있는 동안이나 죽은 뒤의 어느 때에도 '신'으로부터 단절된 것이 아니라, 그 자신이 '신'을 내포하고 있으며, 동시에 '신'을 받들어야 하는 존재라 하겠다.

---

25) 『中庸』(16장), "子曰, 鬼神之爲德, 其盛矣乎, 視之而弗見, 聽之而弗聞, 體物而不可遺, 使天下之人, 齊明盛服, 以承祭祀, 洋洋乎, 如在其上, 如在其左右, 詩曰, 神之格思, 不可度思, 矧可射思, 夫微之顯, 誠之不可揜, 如此夫."

유교의 입장에서 인간은 '천'과 통하고 '천'의 명령을 받는 존재로 인식되지만, 인간이 곧 '천'일 수는 없다. 인간이 '천'과 하나가 된다는 것은 '천'이 되는 것이 아니라 '천'과 소통함으로써 결합될 수 있는 가능성을 확보하고 있는 것이다. 이처럼 '신'을 자신 속에 지니고 있지만 '신'을 받들어야 하는 인간존재의 조건은 '천'·'상제'나 '신'·'귀신'과 소통할 수 있는 근거로서 자신의 '신' 내지 '신명'을 지니고 있음을 의미한다. 인간은 자신의 '신명'을 지녔기 때문에 모든 '신'과 소통할 수 있고 '천'을 받들 수 있는 존재요, 따라서 그 자신이 죽은 뒤에는 '귀신'이 되어 살아 있는 후손의 '신명'과 소통할 수 있는 것이다. 조상의 '귀신'은 바로 '신'의 세계에서 '천'·'지'의 신명과 인간의 신명을 소통시켜주는 매개의 역할을 하는 것으로 인식되기도 한다. 곧 유교에서 죽은 조상이나 부모는 도덕적 존경의 대상에 그치지 않고 제사의례에서 '천'과 소통하는 첫 단계로 자리잡고 있다. 따라서 가정은 하늘의 뜻을 실현하고 하늘을 공경하는 신앙적 생활의 공동체로 받아들여질 수 있는 것이다. 이런 의미에서 유교는 '가족중심주의' 종교라고 지적되기도 한다.[26] 그만큼 가정은 유교에 있어서 '신'(조상)을 중심으로 제사의례를 통한 신앙생활의 기본조직단위를 이루고 있는 사실을 주목해야 할 것이다.

인간은 '신'에게 정성으로 제사를 드리지만, 제사를 드리는 동기는 인간이 '신'과 교류하고자 하는 요구에서 성립하는 것이니, 제사의 주체는 '신'이 아니라 인간이라는 사실이 주목되고 있다. 『주례』(天官·大宰)에서는 봉지(封地)를 다스리는 여덟가지 조목을 제시하면서, 그 첫 조목에

---

26) 유교를 포함한 중국의 전통종교에서는 가족과 국가가 두 초점을 이루고 있는 것으로 보아, 유교를 '가족중심주의'의 종교라 지적하기도 한다. J. Kitakawa, Religions of the East(강위조·김관석 譯, 『근대화와 동양종교』, 1967), 87쪽.

서 "제사로 '신'을 다스린다"²⁷⁾고 하였다. 제사는 바로 인간이 '신'을 통제하는 방법이라는 인식을 보여준다. 또한 『좌전』(僖公19년)에서는 사마자어(司馬子魚)가 사람을 제사에 희생으로 바치는 것을 반대하면서, "제사란 사람을 위해 하는 것이니, 백성은 '신'의 주인이다"²⁸⁾라고 언급하기도 하였다. 백성이 '신'의 주인이란 말은 백성이 '신'을 지배하는 주종(主從)관계의 주인이라는 의미가 아니라, 백성이 '신'을 모셔다가 섬긴다는 주빈(主賓)관계의 주인이라는 의미이다. 제사에서 '신'과 인간의 관계는 대등한 것이 아니라 '신'이 더 높은 지위를 지니는 것은 사실이다. 그러나 '신'이 제사의 주체가 되는 것이 아니라 인간이 주체가 되어 '신'을 대접하는 것이라 할 수 있다. 또한 제사에서 인간과 '신'의 만남은 인간의 지위에 따라 합당한 관계가 설정되어 있다. 따라서 공자는 "그 (제사드려야 할) 귀신이 아닌데 제사를 드리는 것은 아첨이다"²⁹⁾라고 하였다. 제사를 드릴 수 있는 합당한 지위에 있지 않은 사람이 함부로 제사를 드리는 것은 '신'과 정당한 교류를 할 수 있는 것이 아니라, '신'에게 어떤 혜택을 받기 위해 아첨하는 행위로 비판받게 된다. 인간이 정당한 관계가 없는 '신'에게 제사드리는 것이 '음사'(淫祀)이다. 『예기』(曲禮下)에서는 "제사드릴 곳이 아닌데 제사드리는 것을 '음사'라 한다. '음사'에는 복이 없다"³⁰⁾고 하여, 예법에 맞지 않는 잘못된 제사를 드리는 목적은 '신'으로부터 복을 받고자 하는 것이지만 이러한 '음사'에는 제사를 드려도 복을 받을 수 없음을 분명히 밝히고 있다.

제사는 인간이 '신'을 맞이하여 받드는 의례이기 때문에 인간의 마음

---

27) 『周禮』, '天官·大宰', "以八則治都鄙, 一曰祭祀以馭其神. …"
28) 『左傳』, '僖公19년', "祭祀以爲人也, 民, 神之主也."
29) 『論語』, '爲政', "子曰, 非其鬼而祭之, 諂也."
30) 『禮記』, '曲禮下', "非其所祭而祭之, 名曰淫祀, 淫祀無福."

가짐이 가장 중요한 조건이라 본다. 『예기』(祭統)에서는 "제사란 밖으로부터 사물이 이르는 것이 아니라 마음 속으로부터 생겨나오는 것이다. 마음이 슬퍼져 예법으로 ('신'을) 받든다"[31]고 하여, 가장 먼저 갖추어야 할 조건으로 마음의 자세를 강조하였다. 바로 이 마음가짐이 공경함 내지 경건함으로 '경'(敬)이다. 따라서 『예기』(檀弓下)에서는 "제사의 예법은 주인이 스스로 다하는 것이다. 어찌 '신'이 흠향함을 알겠는가? 다만 주인이 장엄하고 공경한 마음을 가지는 것이다"[32]라고 하였다. 곧 '신'이 제물에 흠향하는지를 확인하는데 초점이 있는 것이 아니라, 제사를 드리는 인간의 마음가짐이 장엄하고 공경하는지 여부가 제사의 핵심적 조건임을 강조한 것이다. 바로 이 점에서 재계를 정성스럽게 하는 것이 제사를 의미있게 성립시켜주는 전제조건임을 보여준다.

제사를 경건하게 지내기 위한 방법은 제사를 지내는 주기를 적절히 해야 할 필요가 제기된다. 『예기』(祭義)에서는 "제사를 자주 지내고자 해서는 안된다. 자주 지내면 번거로워지고 번거로우면 공경하지 못한다. 제사는 드물게 지내려 해서는 안된다. 드물어지면 태만해지고, 태만해지면 잊어버리게 된다"[33]고 하여, 제사를 지내는 주기는 너무 번거롭지도 않고 너무 태만하지도 않아서 제사드리는 사람의 마음가짐을 가장 경건하게 유지할 수 있는 주기(周期)를 찾도록 요구하고 있다. 곧 가을에 서리가 내리면 쓸쓸한 마음이 일어나고, 봄에 비와 이슬이 젖어들

---

31) 『禮記』, '祭統', "夫祭者, 非物自外至者也, 自中出生於心也. 心怵而奉之以禮."
32) 『禮記』, '檀弓下', "唯祭祀之禮, 主人自盡焉爾, 豈知神之所饗, 亦以主人有齊敬之心也."
33) 『禮記』, '祭義', "祭不欲數, 數則煩, 煩則不敬, 祭不欲疏, 疏則怠, 怠則忘."

면 서글픈 마음이 일어나는 자연적 주기로서 봄과 가을이 제사를 드리는 주기로서 가장 적절한 예법임을 제시하기도 한다. 따라서 『서경』(說命中)에서도 "제사를 함부로 행하면 이를 공경하지 못한다 하고, 의례가 번거로우면 어지러워져 '신'을 섬기기 어려워진다"[34]고 하여, 제사에서 경건성을 잃고 방자하거나 의례의 형식절차에만 빠져 있으면 사실상 제사의 목적인 '신'을 섬기는 바른 길을 잃고 있는 것임을 경계하였다. 그것은 인간의 정성스러움과 경건함이 인간과 '신'을 맺어주는 근거요, 제물이나 제단이나 의례절차는 이를 돕기 위한 도구임을 분명하게 인식하고 있는 것이다.

제사를 통해 인간이 '신'과 교류함으로써 누릴 수 있는 성과는 '신'으로부터 복(福)을 받는데 있다. 은(殷)의 임금 반경(盤庚)은 도읍을 박(亳)에서 은(殷)으로 옮길 때에 백성들에게 고유(告諭)하는 말에서, "백성들의 조상이 은의 선왕(先王)과 더불어 제사에 흠향하며 복이나 재앙을 내려준다"[35]고 하였다. 이러한 표현 속에는 이미 죽은 조상이 살아 있을 때처럼 임금을 모시고 있을 뿐만 아니라 살아있는 사람들에게 '화'(禍)와 '복'(福)을 내려줄 수 있는 능력을 가진 것으로 의식하고 있음을 보여준다.

『예기』(祭統)에서는 제사에서 '복'의 의미를 음미하면서, "어진 이의 제사는 반드시 그 복을 받지만, 세상에서 말하는 복이 아니다. 복이란 갖추는 것이요, 갖춘다는 것은 모든 일에 순응함의 명칭이다. 순응하지 않음이 없는 것을 갖추었다하니, 안으로 자신을 다하고 밖으로 도리에 순응하는 것이다. …위로 귀신에 순응하고 바깥으로 임금에 순응하며,

---

34) 『書經』, '說命中', "黷于祭祀, 時謂弗欽, 禮煩則亂, 事神則難."
35) 『書經』, '盤庚上', "玆予大享于先王, 爾祖其從與享之, 作福作災."

안으로 부모에게 효도하니, 이렇게 하는 것을 갖추었다고 한다. 오직 어진 이 만이 갖출 수 있고 갖출 수 있은 다음에 제사드릴 수 있다"36)고 하였다. 이런 의미에서 복은 어떤 이익이나 만족을 얻는 세속적 복의 의미와 전혀 다르다. 복을 갖추는 것이라 해석함으로써, 자신의 내면적 심성을 다 발휘하고 부모와 군왕, 내지 친족적 질서와 사회적 질서에 순응하며 위로 귀신에 순응하는 것이 갖추는 것이요 이것이 복이라면, 복은 결코 밖으로부터 어떤 것을 얻으려는 것이 아니라 자신의 인격적 완성을 실현하고 사회적 규범을 실현하는 도덕적 완성을 추구하는 것이라 할 수 있다. 이러한 발언은 현실에서 유교의 제사는 세속적 복을 추구하는 의미가 있지만, 근원적으로 제사에서 받아야할 복이 도덕성에 어긋난다면 의미가 없는 것임을 확인시켜주고 있는 것이라 하겠다.

따라서 제사를 드리면 필연적으로 복이 내려지는 것이 아니라, '신'은 선한 자에게 복을 내려주고 방탕한 자에게는 재앙을 내려준다는 '복선화음'(福善禍淫)의 의식이 정착되었던 것이다. 『좌전』(成公5년)에서 사정백(士貞伯)은 "'신'은 어진 이에게 복을 주고 방탕한 이에게 재앙을 준다. 방탕하면서 벌을 받지 않은 것은 복을 받은 것이니, (이러한) 제사에 어찌 재앙이 없겠는가?"37)라고 하여, 제사를 의례절차에 맞추어 정성스럽고 경건하게 드린다는 것만으로 복을 받도록 보장되는 것이 아니라, 제사를 드리는 인간의 도덕적 정당성이 갖추어져 있어야 복을 받을 수 있

---

36) 『禮記』, '祭統', "賢者之祭也, 必受其福. 非世所謂福也, 福者, 備也, 備者, 百順之名也, 無所不順者謂之備, 言內盡於己而外順於道也, …上則順於鬼神, 外則順於君長, 內則以孝於親, 如此之謂備, 唯賢者能備, 能備然後能祭."
37) 『좌전』, '成公5년', "神福仁而禍淫. 淫而無罰, 福也, 祭, 其得亡乎."

음을 역설하였다. 그만큼 유교에서 제사를 통한 '신'과 인간의 교류와 감응에는 인간의 마음가짐이 정성스럽고 경건해야 하는 것과 더불어 인간 자신의 삶이 도덕적으로 정당할 때만이 '신'으로부터 사랑을 받고 복을 받을 수 있다는 인식을 분명하게 밝혀주고 있는 것이다.

2) 제사의례의 기능

유교에서는 근원적으로 '천'이 인간에게 생명을 부여해준다고 하지만, 육신을 낳아주고 길러준 '부모'와 마땅한 도리를 밝히고 가르쳐 주는 '스승'과 질서있고 안정되게 살도록 사회를 관리해 주는 '군왕'도 자신의 생명에 필수적인 근거로서 제시해왔다. 따라서 '천'을 궁극적 주재자로서 공경하고 높이지만, 부모·스승·군왕을 일체로 섬겨야 하며, 이들이 모두 제사의 대상이 되고 있다. 그렇다면 인간은 제사를 통하여 우주와 가정과 학교와 국가라는 세계를 만나고, 이 세계를 신성한 공동체로 정립하고 있는 것이다. 이러한 유교의 제사의례가 지닌 기능은 인간의 도덕적 교화기능과 사회적 질서의 통합기능의 두 가지로 파악해볼 수 있다.

『예기』(祭統)에서는 제사에 '귀신'을 섬기는 도리(鬼神之道), '군신'의 의리(君臣之義), '부자'의 인륜(父子之倫), '귀천'의 등급(貴賤之等), '친소'의 차등(親疎之殺), '작상'의 시행(爵賞之施), '부부'의 분별(夫婦之別), '정사'의 균평(政事之均), '장유'의 차례(長幼之序), '상하'의 경계(上下之際)라는 열 가지 도리(十倫)가 있다고 한다. 그것은 인간과 '신'의 만남 만이 아니라, 인간의 도덕규범과 다양한 사회적 질서가 모두 제사를 통해 반영되고 있다는 것이다. 그렇다면 제사는 인간의 세속적 사회질서를 '신'과 만남의 세계 속에서 신성화하고 합법화하는 기능을 하고 있음을 의미한다. 제사는 바로 인간의 세속적 삶의 질서를 '신'과 소통하는 신성한 세계의 질서로 끌어 올려주고 있는 것이다.

제사는 '신'과 감응하여 만남을 통해 인간의 삶이 지닌 도덕적 가치를 확보하고 실현하게 하는 도덕적 교화(敎化)의 기능을 발휘한다. 인간이 제사에서 공경함(敬)을 실현하는 것은 자신의 욕심을 억제하고 생명의 원천인 '신'에게 순응하고자 하는 자세라 할 수 있다. 부모에 대한 경우를 보면 살아 계실 때는 자기 생명의 원천이 되는 부모에게 감사하고 자신의 욕망을 억제하면서 부모를 받드는 순종의 행동규범, 곧 '효'를 생활규범으로 교육받고 실행하여 왔다. 이러한 공경과 순종의 규범은 바로 제사에서 인간이 '신'에 대해 지켜야할 자세이다. 제사를 통해 돌아가신 조상인 '신'을 받드는 것은 또한 살아있는 부모를 받드는 '효'의 실행과 일치하는 것이요, 따라서 제사에서 '신'에게 순종하며 '신'을 받드는 것은 '효'의 도덕규범을 '신'과 만남의 규범으로 확장시킨 것이며, 동시에 부모에 대한 '효'의 규범을 신성화시키는 것이라 할 수 있다.

『효경』에서는 "효자가 부모를 섬김이란 거처함에는 그 공경함을 이루고, 봉양함에는 그 즐거움을 이루고, 병이 들면 그 근심을 이루고, 돌아가시면 그 슬픔을 이루고, 제사지내면 그 엄숙함을 이루니, 다섯가지가 갖추어진 다음에 부모를 섬길 수 있다"[38]고 하였다. 이처럼 부모를 섬기는 효도의 실현은 제사를 엄숙하게 지내는 데까지 이르게 되어야 하는 것이다. 곧 '효'의 도덕규범은 제사를 통하여 완성되는 것이라 할 수 있다. 또한 『예기』(禮器)에서는 "교(郊)에서 '상제'에 제사함은 공경의

---

[38] 『孝經』, '紀孝行章', "孝子之事親也, 居則致其敬, 養則致其樂, 病則致其憂, 喪則致其哀, 祭則致其嚴. 五者備矣, 然後能事親."

지극함이요, 종묘(宗廟)의 제사는 인(仁)의 지극함이다"39)라고 하여, 경(敬)과 인(仁)의 도덕규범은 그 극치가 제사를 통하여 드러나는 것임을 확인하고 있다. 그만큼 제사는 인간의 도덕규범을 극진하게 실현시켜주는 이상적 기준을 제공하고 구현하는 역할을 하고 있는 것이다.

제사를 통해 인간이 만나는 '신'의 세계는 인간사회의 조직이나 제도에 상응하여 규정되고 있는 것이 사실이다. 유교전통에서는 '천'에 대한 제사는 천자의 고유한 제사 대상이었고, 토지의 '신'과 곡물의 '신'인 사직(社稷)은 천자와 제후 만이 제사를 드릴 수 있었다. 공자를 비롯한 선성(先聖)·선사(先師)는 국가가 세운 학교의 문묘(文廟)에서 제사드려지고, 선유(先儒)는 그 지방의 사묘(祠廟)에서 제사드려진다. 다만 조상신은 모든 인간의 제사 대상으로 가정마다 가묘(家廟)에서 제사드려진다. 곧 유교전통에서는 봉건계급적 제도에 근거한 인간의 신분계급에 따라 제사를 드릴 수 있는 '신'존재의 범위가 엄격한 제한을 받게 되었다. 따라서 조상신에 대한 제사는 서민에까지 허용되었지만, '천'을 비롯하여, '천신'과 '지기'의 거의 전부에 대한 제사가 서민에게 허용되지 않았던 것이 사실이다.

또한 봉건계급제도에 따라 조상의 제사에서도 천자는 7묘(廟), 제후는 5묘, 대부는 3묘, 사(士)는 1묘가 허용되고, 서인(庶人)은 묘(廟)가 없이 침(寢)에서 제사를 드리는 것으로 허용되고 있다.40) 이러한 제약은 바로 제사의례가 유교적 신분질서를 정립하고 지탱하는 기능을 하고 있음을 보여준다. 물론 신분질서는 제사의례의 차등적 질서에 의해 뒷받

---

39) 『禮記』, '禮器', "祀帝於郊, 敬之至也, 宗廟之祭, 仁之至也."
40) 『예기』, '王制', "天子七廟, 三昭·三穆, 與大祖之廟而七, 諸侯五廟, 二昭·二穆, 與大祖之廟而五, 大夫三廟, 一昭·一穆, 與大祖之廟而三, 士一廟, 庶人祭於寢."

침되고 있는 것이지만, 제사의례는 가정, 향촌, 국가의 단위로 신분질서 위에 사회적 통합을 이루어주는 통합기능을 하고 있는 것도 사실이다.

유교전통에서 신분질서에 따라 제사의례의 범위가 제한되고 있지만, 모든 인간은 '천'을 비롯한 모든 '신'존재와 연관되는 통로를 지니고 있음을 유의할 필요가 있다. 곧 서민 대중의 경우에 '천'이나 '사직' 등 국가적 제사의례에 직접 참여할 수 있는 길은 봉쇄되어 있지만, 군왕이 제사를 드리는 것은 모든 백성을 대표하여 사제(司祭)로서 제사드리는 의미를 지니고 있으므로, 군왕이 드리는 국가적 제사의례는 조상제사에서 장자(長子)가 여러 형제를 대표하여 제사의례를 주관하는 것과 같은 성격을 지니는 것으로 볼 수 있다. 또한 서민들은 조상신에 제사를 드림으로써, 조상신을 통하여 모든 '신'존재에로 연결될 수 있는 간접적 통로를 확보하고 있는 것이다. 봉건계급제도 아래서 조상신은 '신'의 세계 속에 매개자로서 역할을 갖고 있다. 나아가 봉건질서를 넘어서도 유교적 '신'존재의 체계 속에서 조상신은 '천'과 소통하는 존재이므로, 제사는 가정과 국가와 천하로 사회를 통합시켜주는 사회통합 기능을 발휘하고 있는 것이 사실이다.

5. 제사의례의 종교적 의미

제사의례는 인간과 '신'의 만남이요, 유교에서 제사의 대상이 되는 '신'존재의 양상을 본다면, 우주의 기본적 존재영역인 하늘·땅·인간(天·地·人)의 어디에도 '신'(神·示·鬼)이 없는 곳이 없다. 그렇다면 이러한 '신'들에 드리는 제사의례(祀·祭·享)를 통해 유교인은 이 세계 속에 사는 존재인 동시에 '신'들에 둘러싸여 살아가는 존재임을 보여준다. 그만큼 제사의례는 유교인의 삶이 바로 '신'들과의 교류를 통한 신앙적 세계 속에서 숨쉬고 있는 것이라 하겠다.

제사의례의 절차는 '신'을 맞이하는(迎神) 시작부터 '신'을 전송하여 보내는(送神) 끝까지 '신'과 인간의 만남이요 교류를 통한 감응의 양상을 보여준다. 제사의 의례과정으로 인간은 심신을 정결하게 하고(齊戒) 정성스럽게 제물을 준비하여 올리며(陳設·進饌), '신'은 내려와서(降神) 인간이 바친 제물을 받아들이고(歆饗) 인간에게 복을 내려준다(降福). 인간은 신이 내려주는 복을 받고(飮福) 복을 나누는(分餕) 모든 과정이 인간과 '신'의 감응으로 이루어지는 것이다. 주기적으로 반복되는 제사를 통해 인간이 '신'과 만남을 실현한다는 것은 인간의 삶이 '신'과의 교류에서 활력과 의미를 확보하는 신앙적 삶임을 보여준다. 유교의 종교적 양상은 우주론이나 도덕규범이나 사회질서의 다양한 양상에서 나타나지만, 그 근원은 제사를 통한 '신'과 만남에 있고, 바로 제사는 유교의 모든 삶의 양상을 신성화(神聖化)시켜주는 신앙적 중추가 되고 있는 것이다.

유교의 제사가 지닌 중요한 특성 가운데 하나는 제사를 통한 '신'과 인간의 만남에서 '신'이 받들어지고 인간은 순응하는 상하적 질서를 확립하고 있지만, 여전히 제사의 주체는 인간이고 '신'은 빈객(賓)처럼 모셔진다는 점이다. 바로 이 점에서 '신'은 두려움의 대상이요 섬기고 받들어야 할 대상이지만, 동시에 인간이 '신'에 예속된 것이 아니라 인간이 제사의 주체로서 '신'을 모셔와 '신'과 감응한다는 사실이다. 그만큼 제사의 종교적 의례는 인간의 것이요, '신'의 권위가 극도로 높여지는 사실만이 아니라 인간의 태도가 끊임없이 성찰되고 있는 점이 주목된다. 따라서 제사의 핵심적 전제조건은 제사를 드리는 인간의 정성스럽고 경건한 자세로서 재계(齊戒)가 강조되고, 나아가 인간의 일상적 삶에서 도덕적 정당성을 갖추도록 요구하고 있는 것이다. 곧 유교의 제사에서 '신'과 인간은 그 역할이 다르지만 함께 참여하고 서로 보완하는 빈객과 주인의 관계를 보여주는 것이 특성이라 할 수 있다.

유교는 인간의 사후존재인 혼백(魂魄)이 항구하게 지속하는 것이 아니라, 시간이 경과함에 따라 소멸하여 우주의 '기'(氣)로 돌아간다고 인식한다. 그러나 '천'과 자연의 '신'존재 만이 아니라 죽은 이의 혼백에 제사를 드리는 것은 그 사후존재에 대한 인식을 명확하게 보여주는 것이다. 인간의 사후존재인 '신'(귀신)은 일정한 기간이 지나면 소멸한다고 보았지만 선성(先聖)·선사(先師)의 '신'이나 조상 가운데 시조(始祖)와 공적이 큰 인물의 경우에는 아무리 오랜 세월이 지나도 제사가 지속된다. 이러한 '신'은 사당에서 내보내지 않는 '신'으로 '불천위'(不遷位)라 한다. 살아 있는 인간의 마음 속에 지속적으로 기억되고 영향을 줄 수 있는 경우라면 소멸되지 않고 지속적으로 제사를 받을 수 있다는 것이다. 바로 이 점에서 제사는 유교가 지닌 '신'의 세계에 대한 인식과 더불어 인간의 사후존재에 대한 인식을 명확하게 정립시켜주고 있는 것이다.

유교의 제사에는 인간 내면의 도덕적 가치와 외면의 사회적 질서가 모두 흡수되어 통합되고 있다. 가족질서의 도덕규범은 제사에서 '신'에 대한 인간의 규범으로 정립되었고, 봉건시대의 신분질서는 그 시대 제사의 질서를 이루었다. 그것은 제사가 시대적 내지 사회적 문화의 제약을 받고 있다는 면을 보여주는 것이지만, 동시에 제사를 통해 그 시대의 도덕규범과 사회질서가 '신'의 권위에 의해 정당화됨으로써, 세속적 가치와 질서를 신성화시키는 사회정당화의 기능을 하는 것이라 할 수 있다. 바로 제사는 인간의 삶을 정당화시켜주고 사회를 통합시켜주는 기능을 지니고 있는 것이다.

  한국사회에서 오늘의 유교는 서양의 종교문화로부터 큰 충격을 받고 현대의 새로운 사회질서에 적응하기 위해, 전통의 폐쇄성을 탈피하고 현대화를 시도하여 왔다. 1985년 최근덕(崔根德) 성균관장은 유교의 현대화 과업을 위한 지침으로서 ①종교화, ②공맹화(孔孟化), ③한국화, ④대중화를 제시하였다.[41] 그 가운데 가장 먼저 '종교화'를 표방하였던 것은 우리 시대에서 유교의 활력을 회복하기 위해 가장 시급한 과제로 유교의 종교적 각성을 제시한 것이라 하겠다. 유교의 종교적 각성을 실현하기 위한 과제는 다양하게 접근될 수 있지만, 무엇보다 중요한 것은 형식적 관습에 젖은 제사에서 '신'과 인간의 만남의 경험을 생생하게 되살려내는 일이 가장 시급한 과제요 또 효과적인 방법이라 할 수 있을 것이다.

---

41) 최근덕, '儒敎의 現代化, 그 前提와 指標', 『儒敎學會報』, 1985년 5월 1일 창간호.

3 조상숭배의 유교적 의미

1. 문제의 성격

유교는 우리의 사상·제도·의례·규범·생활양식 등 우리문화의 모든 분야에서 가장 깊고 광범한 영향력을 끼쳐왔던 전통의 기반이다. 그 가운데서도 '조상숭배'의 의례는 전통사회의 기본적 규범으로 군왕에서 서민 대중에 이르기까지 가장 광범하게 실행되어 왔던 의례이다. 사실상 오늘날에도 우리 생활 속에 가장 뿌리 깊게 남아 있는 유교문화적 요소를 든다면 제사의례를 중심으로 하는 조상숭배 의식을 꼽아볼 수 있다.

유교에서 조상숭배가 지닌 의미를 밝히는 것은 바로 유교이념의 핵심 근거에서부터 유교적 사회제도의 기반을 확인하는 것이요, 유교적 행동규범의 중추를 해명하는 문제가 될 수 있을 것이다. 또한 유교전통에 의식적으로나 무의식적으로 영향을 받고 있는 우리 자신의 의식 내면을 이해하는 과제로서도 매우 의미 있는 시사를 던져줄 수 있다.

여기서는 조상숭배의식의 유교적 기반을 이해하기 위해 크게 네가지

방향에서 해명하고자 한다.

　첫째는 유교가 지닌 인간존재에 대한 생명관을 확인함으로써, 조상숭배의 근거를 해명하는 과제이다.

　둘째는 조상숭배의 관념이 발생하는 기반에는 인간 생명의 근원인 하늘(天·上帝)과 인간 생활의 토대인 땅(地·地示)을 포함하는 우주론을 이해하는 과제이다. 사후존재로서 조상의 존재양상은 '신'(神·鬼神)이요, 조상을 숭배하는 의례로서 제사의 대상도 '신'(神)존재이다. 그렇다면 유교적 '신'개념의 체계속에서 '조상신'은 어떤 위치를 갖는 것인지를 이해할 필요가 있다. 곧 '조상신'이란 살아있던 인간의 사후존재인 만큼, 사후존재로서 '조상신'의 이해는 바로 모든 인간의 사후존재에 대한 이해요, 인간의 사후존재에 대한 이해는 바로 인간존재의 '생명관'에 대한 인식의 문제로 연결된다. 또한 사후존재로서 '조상신'은 하늘의 '신'으로서 '천신'(天神)이나 땅의 '신'으로서 '지기'(地示)와 어떤 관계에 놓여 있는지의 문제는 '신'존재의 양상과 연관된 '우주론'의 문제로 해명되어야 할 필요가 제기된다.

　세 번째는 조상숭배는 인간의 일상생활 속에서 마땅히 실천해야할 인간관계의 도덕규범과 연결되는 양상을 인식하는 과제이다.

　네 번째는 조상숭배의 의례가 가족공동체를 결속시킬 뿐만 아니라, 사회적으로 지역공동체나 국가공동체의 형성과 통합에 어떤 기능을 발휘하는지 이해하는 과제이다.

　이러한 문제들을 이해함으로써 조상숭배의 의례가 지닌 유교적 특성을 확인해보고자 한다. 다만 조상숭배 의례의 기본적 실천양상인 '제사의례'의 구체적 문제는 별도로 다루어질 것이다.

2. 조상숭배의 근거 - 유교적 생명관

　유교의 인간존재에 대한 이해는 먼저 인간이 심성(心)과 신체(身)의 양면으로 구성되어 있다는 일반적 이해를 전제로 하고 있다. 유교전통에서도 시조(始祖)신화를 통해 최초의 시조가 되는 인간이 탄생하는 과정을 신화적으로 설명하여 보여주기도 하지만,1) 사실상 큰 의미를 부여하지는 않는다. 일차적 관심은 시원에서 내려오는 단일한 연속적 계승의 방향만 있는 것이 아니라, 나를 중심에 두고 위로 거슬러 올라가는 방향과 아래로 흘러 내려 가는 방향으로 보는 양방향의 시각이 제시되어 왔다. 그렇다면 유교의 인간존재에 대한 이해는 현재 '나'의 존재가 중심에 놓여 있는 구체적 현실의 인간존재에 대한 이해에서 출발하는 것이라 할 수 있다.

　이러한 인간존재의 생명은 궁극존재인 하늘이 부여해 준 성품(性)을 타고나며, 부모로부터 부여받은 육신(身)을 타고난다. 마음(心)은 성품을 간직할 뿐아니라 육신과도 연결되어 있는 인간의 주체로서 자리잡고 있다. 곧 인간은 하늘로부터 받은 성품 만큼이나 부모로부터 받는 신체가 중요한 것이며, 따라서 부모는 하늘과 더불어 함께 인간생명의 근원으로 일컬어진다. 하늘은 아버지로 땅은 어머니로 인식되는 것은 『주역』의 건괘가 하늘이면서 아버지의 형상을 지니고, 곤괘가 땅이면서 어머니의 형상을 지녀서, 두 가지를 상징하는 표상으로 쓰이고 있는 사실에서도 확인될 수 있다.2)

---

1) 高辛氏의 妃로 陳鋒氏의 딸은 赤龍의 精에 감촉되어 堯를 낳고, 簡狄은 제비알(鳦卵)을 삼키고 契(설)을 낳았으며, 姜嫄은 大人의 발자국을 밟고서 后稷을 낳았다 한다.(詩陽脩, 『時本義』, 권13)
2) 『周易』, '說卦傳', "乾, 天也, 故稱乎父, 坤, 地也, 故稱乎母." 같은 맥락에

유교에서 하늘이 인간에게 성품을 부여한다는 것은 한 인간의 개체성을 부여해주는 것이 아니다. 이 성품은 하늘로부터 모든 인간에게 동일하게 부여된 보편적 성품이요 본질이라 할 수 있다. 근원적인 의미로는 인간의 성품만 서로 같을 뿐만 아니라, 인간과 사물의 성품도 동일하다는 주장이 제기된다.[3] 인간을 중심으로 본다면, 하늘은 인간에게 성품을 인간적 가치의 보편적 조건으로 부여해주고, 인간의 개체적 조건은 부모로부터 부여받는 신체에 의하여 결정된다고 할 수 있다. 이처럼 인간의 신체를 소중하게 여기는 의식은 유교적 생명관 속에서 깊이 뿌리 박혀 있다. 물론 마음이 그 인간의 주체로서 개체성을 갖는 것이지만, 그 마음의 개체성도 육신과 관련 속에서 가능하다.

　인간이 죽은 다음에 '성품'이야 하늘에서 부여된 보편적 조건이니 소멸될 수 없겠지만, 인간의 '신체'와 '마음'[4]은 완전히 사라지는 것인지, 사라지지 않고 어떤 형태로 남는 것인지가 문제이다. 죽은 뒤의 '신체' 곧 '백'(魄)은 땅에 묻혀 일정한 기간은 형태를 유지하겠지만 세월이 지나면서 흙으로 돌아가니 언젠가는 완전히 사라진다고 할 수 있다. 죽은 다음의 '마음' 곧 '혼'(魂: 鬼·鬼神)도 마치 굴뚝에서 나온 연기가 얼마동

　　서 張橫渠는「西銘」에서, "乾稱父, 坤稱母."라 하였다.
3) 주자는『孟子集注』(告子上)에서 "性者, 人之所得於天之理也"라 하여, '性'을 人性으로 해석하고,『中庸章句』에서 "性卽理也, 天以陰陽五行化生萬物, 氣以成形, 而理亦賦焉, 猶命令也, 於是人物之生, 因各得其所賦之理, 以爲健順五常之德, 所謂性也"라 하여, 人性과 物性을 합하여 말하기도 하였다. 조선후기 성리학에서도 인간의 성품(人性)이 사물의 성품(物性)과 같다는 人物性同論(洛論)과 다르다는 人物性異論(湖論) 사이에 격렬한 논쟁이 벌어지기도 하였다.
4) 인간의 신체는 사후에 魄(體魄)이 되고, 마음은 사후에 魂(神魂)이 되니, 유교에서 인간의 마음(心)은 대체로 보면 기독교의 '영혼'(anima)개념에 가장 가깝다고 할 수 있다.

안 허공에 남아 있다가 서서히 사라지듯이 일정한 기간 남아 있지만 끝내는 사라진다고 본다. '조상신'에게 제사를 드린다는 것도 '혼'이 남아 있는 기간동안 드린다는 것이 일반적 생각이라 할 수 있다. 그렇다면 '신체'나 '마음'이 결국 완전히 소멸하는 것이라 보는 것인데, 유교에서 인간이 죽은 다음 '신체'나 '마음'이 소멸한다는 것은 그 개체성이 상실되는 것이요, 근원의 전체적 존재에로 수렴되는 것이라는 뜻이다. 마치 죽은 뒤 나의 '신체·백'은 대지의 흙으로 돌아가고, 나의 '마음·혼'은 우주의 기운으로 돌아가니, 나의 것이라 할 수는 없게 되었지만, 그렇다고 없어졌다기 보다는 나의 것이 전체의 것으로 변했다고 해야 할 것 같다. 따라서 신체와 더불어 유지되어 왔던 인간의 개체는 죽은 뒤에 신체의 소멸과 함께 그 개체성은 사라지는 것이다. 그러나 이와 동시에 자신의 신체에서 분렬되어 나온 자손의 신체는 자신의 또 하나의 분신으로서, 자손의 생명을 통하여 그의 개체성이 유지된다고 할 수 있다.

유교전통에서는 후손이 끊어지는 것을 가장 큰 염려로 삼고 있으며, 오직 자신의 혈연적 연속성을 강조한다. 맹자도 "불효에는 세가지가 있는데, 후손이 없는 것이 가장 크다"[5]라고 하였다. 따라서 유교전통의 사회에서는 이성양자(異姓養子)를 허용하지 않고, 혈연적 유대가 어느 정도라도 있다고 확신할 수 있는 혈족 안에서만 양자를 들여온다. 이러한 사실도 유교적 생명관에 따른 것이다. 이처럼 인간자신의 개체성이 신체의 혈연적 연속성 속에 유지되는 것이라 한다면, 조상은 바로 나 자신의 생명의 원천으로 나의 개체성의 근원이 되는 것이다. 조상은 자신에게 생명을 이어주었고, 그만큼 자신과 일체를 이루는 존재이며, 후

---

5) 『맹자』, '離婁上', "不孝有三, 無後爲大."

손으로 끝없이 번성해가는 연속성의 선구라고 할 수 있다. 이러한 조상은 바로 자기 자신에게는 생명의 뿌리로서 소중하게 받들어지는 것이 마땅하다는 것이다. 조상은 내가 소중히 지켜가야 할 나의 생명의 존재근원이요, 따라서 조상의 존중은 바로 자기 생명의 존중으로서 의미를 지닌 것이라 할 수 있다.

3. 조상신의 존재양상 – 유교적 신(神)존재의 체계와 조상신의 지위

유교적 우주론에서 존재의 기본영역은 하늘・인간・땅의 세가지 양상으로 구별될 수 있고, 이것이 이른바 '삼재'(三才)이다. 이에 따라 '신'존재의 영역도 하늘의 '신'인 '천신'(天神)과, 땅의 '신'인 '지기'(地示)와, 사람의 '신'인 '인귀'(人鬼)로 나뉘어진다.6) 일(日)・월(月)・성신(星辰)을 비롯하여 비를 맡은 '신'인 '우사'(雨師)나 바람을 맡은 '신'인 '풍사'(風師) 등은 '천신'이고, 산을 맡은 '신'이나 강을 맡은 '신'은 '지기'이며, 문화를 일으킨 성인의 '신'이나 자신의 혈연적 선조의 조상신은 '인귀'이다. 이들 모든 '신'들은 유일한 존재인 '천'(상제)의 명령을 받으며, '신'들 끼리도 서로 교류를 하고 있는 것으로 이해한다. 그것은 마치 인간이 하나의 임금을 모시고 살면서, 동시에 자연의 현상이나 사물을 접촉하거나 사물과 영향을 주고 받으며 생활하는 것과 같다.

하늘과 땅과 인간의 신들은 무수하게 많을 것이고 이러한 '신'들 사이에도 지위가 높은 '신'과 낮은 '신'의 차별이 있을 수 있다. 그러나 모든

---

6) 『周禮』, '春官・大宗伯', "大宗伯之職, 掌建邦之天神人鬼地示之禮以佐王建保邦國."

'신'들은 최고의 '신'인 '상제'(上帝·天)의 아래에서 그 지배를 받는 위치에 있다. 인간은 제사를 통하여 '상제'와 교류할 수 있고, 다른 여러 '신'들과 교류할 수 있다. 그러나 인간은 조상신을 통하여 자신이 직접 '신'들과 교류를 맺는 것 보다 더욱 효과적인 관계를 맺을 수 있을 것으로 본다. 인간은 자신이 제사를 통하여 '천신'이나 '지기'에게 제사드리기도 하고, '상제'에게 제사드리지만, 자신의 조상은 인간들 보다 더욱 깊은 사려와 후손에 대한 사랑으로 다른 '신'에게 후손의 요구를 대신 전해줄 수 있는 힘이 있다고 본다. '친속을 사랑하고, 지위 높은 이를 높인다'(親親而尊尊)는 원칙은 바로 조상신이 지닌 친족의 가까운 친밀성을 앞세운다는 뜻이라 하겠다.

유교에서 제사를 드리는 '신'존재의 위계적 질서에서 보면 조상신은 비록 하위의 한정된 위치를 갖고 있지만, 조상신은 인간에게 '천'을 정점으로 하는 '신'의 세계로 소통시켜주는 중요한 매개의 통로 역할을 해주는 존재이다. 따라서 대중들의 경우에는 후손으로서 조상신에게 제사를 드려 감사하고 보답하는 마음을 밝히는 조상 제사만으로도 모든 '신'에게 소통할 수 있는 길을 얻게 되는 것이다.

조상의 '신'은 자연의 '신'과 달리 영속적으로 존재하기 어렵다. 곧 인간이 살아있을 때의 마음은 죽은 다음에 '혼'(魂)이요, 곧 '신' 내지 '귀신'이 되는데, 신체로부터 분리된 '혼'은 신체(魄)의 소멸과 병행하여 일정한 시간이 지나면 서서히 사라진다고 본다. 『예기』를 비롯한 유교경전에서는 '인간의 신'(人鬼)은 봉건적 신분에 따라 죽은 다음에도 사라지는 기간의 차이가 있다고 이해하였다. 그것은 신분계급에 따라 후손들이 조상에 드리는 제사의 기간이 달랐던 사실에서 나타난다.[7]

그러나 후대의 관행을 이룬 것은 『주자가례』(朱子家禮)에 근거하여 '4

대봉사(四代奉祀)하는 것이 일반화 되었다. '4대봉사'란 고조부까지는 조상신이 존속한다고 보아 제사를 받든 것이다. 매우 인위적으로 기간을 규정한 것이지만, 심리적으로도 고조부에 관해서는 직접 만나거나 그렇지 않더라도 그 행적을 친숙하게 전할 수 있는 사람이 주위에 있을 수 있기 때문에 소홀히 하기가 어렵다고 보았던 것으로 여겨진다. 여기서 몇 대(代)의 기간이 지나면 소멸되는 조상신과 달리 조상신 가운데 시조의 신이나 사회적으로 공로가 큰 조상신은 제사를 폐지 않고 계속하여 드려지는 경우가 있다. 이러한 '불천위'(不遷位)의 신은 완전히 소멸되어 없어지지 않는 것이라 본다.

조상신의 그 신체(魄·體魄)는 소중하게 다루어 분묘(墳墓)에 모시고, 그 '혼'은 사당의 신주(神主·木主)에 의빙(依憑)시켜 모신다. 신체와 영혼이 분리는 되는 것이 죽은 자의 존재양상이지만, 제사를 통하여 강신주(降神酒)를 땅(茅沙)에 뿌리면 신체인 '백'(魄)이 감응하고, 분향(焚香)하여 연기가 하늘로 오르면 마음인 '혼'이 감응하여 함께 모이고 결합하여 '강신'(降神)할 수 있는 것으로 본다. 조상신 곧 조상의 '혼'이 사당의 '신주'에 의지해 있다고 한다면, 조상신은 사후의 존재이지만 후손이 살고 있는 집과 같은 담장 안에 있는 사당에 머물면서 후손과 가까이서 함께 살아가고 있다고 할 수 있다. 조상의 '신'이 계신 이 사당은 언젠가 그 자신이 들어가 살 곳이기도 하다.

---

7) 『禮記』, '王制'편에서는 "天子七廟, …諸侯五廟,…大夫三廟, …士一廟, 庶人祭於寢."라고 하였는데, 이에 비해 『禮記』 '祭法'편에서는 "王立七廟, …諸侯立五廟, …大夫立三廟, …適士二廟, …官師一廟, …庶士庶人無廟."라 하여, 약간의 차이를 드러내고 있다.

4. 조상숭배의 도덕적 의미

인간은 조상을 존중함으로써 자신의 현재 만을 소중하게 여기는 것이 아니라, 자기 생명의 근원과 후손으로 영원히 이어져갈 생명의 지속성을 확인하게 되는 것이다. 그것은 인간이 감각과 욕망에 끌려가는 현재적 시간의 한계에 얽매임으로부터 벗어나서 시간을 넘어 영원한 '신'의 세계와 만나고, 현실의 조건을 넘어 생명의 근원으로 이어지는 길을 열어 준다.

한 인간은 자기 생명을 가치 있고 긍정할만한 것으로 자각한다면, 그 생명을 자신에게 부여해준 부모와 조상에게 감사하는 것이 당연하다. 더구나 부모는 그를 낳고 기르며 가르치는 과정에서 많은 희생을 치렀던 만큼 모든 인간은 부모에게 더 멀리는 조상에게 커다란 은혜를 입었으며, 그 은혜를 다 갚지 못하여 빚을 지고 있다고 할 수 있다. 인간이 조상과 부모로부터 생명을 부여받은 큰 은혜를 지고 있다는 자각이 있으면, 그 은혜에 보답하는 것이 정당한 도리라 할 수 있다.

인간이 조상을 섬기는 조상제사와 하늘을 섬기는 '교'(郊)제사는 바로 자신의 생명의 근본에 보답하는 것이요 근원의 시초를 돌이켜 보는 '보본반시'(報本反始)의 도리를 실천하는 방법이다.[8] 유교의 기본적 덕목인 '효'(孝)는 바로 이러한 은혜에 대한 보답으로서의 의미를 갖는 것으로 본다. 『예기』(曲禮上)에서는 "복을 빌거나 복을 받은 것에 보답하는 제사를 드리며, 귀신에게 제물을 바칠 때에도 예법을 지키지 않으면 정성스럽지도 못하고 엄숙하지도 못하다"[9]라고 하여, 모든 제사는 '신'에게

---

[8] 『禮記』, '郊特牲', "萬物本乎天, 人本乎祖, 此所以配上帝也, 郊之祭也, 大報本反始也."

기원하거나 보답하는 제사요, 정성스럽고 경건하게 제사를 드리는 방법은 제사에서 형식적 절차인 예법에 따라 드려져야 하는 것임을 강조하고 있다.

부모는 자식을 기르면서 헌신적인 사랑을 베푼다. 인간이 태어나고 자라며 가르침을 받는 동안 부모의 사랑을 받으면서 하나의 인격체로 성장할 수 있는 것이다. 이처럼 인간이 사랑을 배우는 것은 근원적으로 부모로부터라 할 수 있다. 따라서 인간의 가장 본질적인 성품인 '인'(仁)도 사랑을 통하여 배양되는 것이라 할 수 있으며, 부모에게 받은 사랑을 다른 인간에게 베푸는 것은 '인'의 실천이 되는 것이다. 조상을 받드는 것도 조상으로부터 내려 받은 사랑을 배워 '인'의 덕을 배양해서 조상에게 '인'의 실천형식인 친애를 실현하는 것이며, 그것이 인간의 기본적 도덕성을 배양하는 길이 되다.

조상숭배는 인간이 '신'에 대해 공경함을 다하는 실천행위이다. 그 공경함의 기본적인 자세는 인간의 오만함이나 나태함을 극복하고 가장 집중된 마음으로 경건하고 정성스러움을 실천하는 것이다. 인간이 경건함(敬)과 정성스러움(誠)을 인격의 조건으로 확립한다면, 그것은 모든 덕이 배양되는 토대를 확보하는 것이라 할 수 있다. 유교적 사유체계에서 보면 인간이 '신'을 잘 섬길 수 있는 신앙심을 간직한다면, 그것은 바로 인간의 모든 도덕적 조건에 확고한 바탕을 확보하는 것이 된다. 바로 '조상숭배'를 통해, 인간은 도덕성을 배양하고, 이 도덕성은 '신'과의 교류를 통해 신성성으로 더욱 높이 고양될 수 있음을 가장 잘 보여준다.

부모를 공경하는데 소홀히 한다면 조상에게 제사를 드려도 그 제사

---

9) 『禮記』, '曲禮上', "禱祠祭祀, 供給鬼神, 非禮不誠不莊."

가 합당하게 이루어질 수 없을 것이고, 조상에 제사를 정성스럽게 드리지 않는다면 '천'에 제사를 아무리 성대하게 드린다 하더라도 제사의 진실한 의미가 실현될 수 없다고 본다. 낳아주고 양육해준 사랑을 가장 생생하게 경험할 수 있는 부모에 대해 공경과 보답을 소홀히 한다면 '천'에 대한 공경과 순종의 마음도 절실하게 일어날 수 없다는 것이다. 그렇다면 유교적 신앙에서는 조상신은 '천'에 이르기 위한 사다리의 가장 중요한 첫 단계라 할 수 있다. 따라서 부모를 섬김으로써 '천'을 섬길 수 있다는 '사친이사천'(事親而事天)의 길이 제시되고 있음을 확인하게 된다.10)

유교제사를 통해 나타나는 가장 기초적인 도덕규범도 첫째 감사와 보답의 '효경'(孝敬)이요, 동시에 생명의 원천적 존재인 '천'이 사랑으로 낳아주는 공덕(生生之德)을 체현하는 '체인'(體仁)인 것이다. 이런 의미에서 제사는 부모와 하늘로부터 부여받은 사랑(仁·恕)과 그 사랑에 대한 보답(孝·敬)으로서 유교의 근본적 도덕규범을 실현하는 근거가 되고 있다.

5. 조상숭배의 사회적 기능

유교사회는 기본적 사회조직으로서 가족을 중시하고 있다. 국가도 가족의 확장이며 천하도 가족관계로서 이해되기도 한다.11) 이러한 가족의식의 기초는 사회구성을 유교적 가족중심주의로 특징지워 준다. 곧 가

---

10) 『禮記』, '哀公問', "仁人之事親也如事天, 事天如事親."
11) 『禮記』, '禮運', "聖人耐以天下爲一家."

정에 부모가 있고 조부모가 있는 것처럼, 공동체의 전체를 거느리는 어른이 중심으로 모셔지는 것이다. 후손의 입장에서 보면 서로가 촌수가 멀어지면서 당내(堂內)의 유복친(有服親)에서 벗어나 점차 멀어져 가지만, 조상의 입장에서 보면 모든 후손은 아무리 후대로 내려가도 자신의 직접 혈손으로 인정되며, 후대로 내려오면서 횡적으로 넓게 벌어진 거리가 조상의 입장에서 보면 차이가 없어진다. 곧 조상은 모든 후손의 정점으로서 그 혈통의 근원이면서 동시에 혈통을 통합시켜주는 중심으로 받아들여지는 것이다.

유교사회에서는 친족의 질서를 규정하는 데는, 자신을 중심으로 친족관계의 멀고 가까움을 판단하여 가까운데서 먼 곳으로 배열되는 친등(親等)질서가 있고, 시조로부터 세대가 연속되어 전개되어 나오는 계보(系譜)질서가 있다고 할 수 있다. '친등'질서 속에서는 인간관계가 혈연적 가까움으로부터 멀리까지 촌수로 친소(親疎)관계를 측량할 수 있게 된다. 자기를 중심으로 하는 '친등'질서에서는 자신의 복상(服喪)의례에서 단계를 결정하는 '오복'(五服)제도가 제시된다. 특히 상례때 상복의 차이를 절도에 따라 차등적으로 규정함으로서 친족 속에서도 친밀성의 정도에 계층적 구성체계가 성립된다. 이것은 가족 속에 결속의 정도를 결정하여 줌으로써 친족관계 사이에 통합력에서 원심력(遠心力)과 구심력(求心力)의 질서를 확립시켜주는 것이라 할 수 있다.

'친등'질서가 자기를 중심으로 확산되어 퍼져 나오는 것이라고 한다면, '계보'질서에서는 시조를 중심으로 파생된 후손 사이에 자신의 친족적 관계를 시조에로 소급시켜 수렴하는 인식의 방법이기도 하다. '계보'에서는 시조로부터 몇 대가 되는지를 판단함으로써 친족적인 지위의 상하관계를 파악하기도 한다. 계보 속에서 세대의 수에 따른 상하관계가 밝혀지면 마치 피라미드처럼 질서있게 모든 친족이 통합체계를 확보하게 되는 것이다. '계보'질서를 확인하기 위하여 '족보'(族譜: 世譜·大同譜)가 만들어진다. 이 족보는 바로 친족의 혈연적인 친족관계의 질서에 따라 통합의식을 확보해주며, 혼인관계에 의한 씨족간의 유대의식을 확인하는데 매우 큰 기능을 발휘하였다고 할 수 있다.

'계보'질서에 따라 시조로부터 조상의 연속적 계보가 확인되면 조상으로부터 후손에로 이어가는 계승의식이 강화될 수 있다. 혈통상의 조상들이 이룬 업적과 삶의 목표가 인식됨으로써 후손들에게 행동해야할 여러 가지 준칙이 제시될 수 있게 된다. 조상을 받들고 숭배해야 하는 더 깊은 동기에는 한 인간이 추구하는 삶의 목표가 후손들에게 이어갈 수 있기를 추구하는 의지가 들어 있다. 그것은 유교적 의미에서 인간의 생명이 후손을 통하여 지속적으로 이어갈 수 있다는 혈연적 연속성의 생명관을 의미한다. 조상을 존숭하고 부모를 공경하는 덕목인 '효'의 뜻으로도 부모의 뜻이 후손에 계승되고 부모의 사업이 후손에서 완성되어 간다는 '계지술사'(繼志述事)의 정신은 이미 세상을 떠난 조상을 받든다는 과거지향적 태도를 넘어서 앞으로 올 후손으로 이어져 가야한다는 미래지향적 의식을 밝혀주고 있는 것이기도 하다.12) 『열자』(湯問)에서 제시한 '우공이산'(愚公移山)의 이야기는 생명의 혈연적 연속성에 대한 신념을 가장 잘 보여주는 것이라 하겠다.

---

12) 『중용』(19장), "夫孝者, 善繼人之志, 善述人之事者也."

6. 현재와 장래의 문제

　전통사회가 근대로 넘어오면서 유교의 권위가 매우 위축되고 유교적 생활양식의 변혁과 더불어 조상숭배의 비중과 의미도 급격한 쇠퇴를 겪고 있다. 조상을 아는 일은 현재의 생활에 아무런 유용성이 없는 것으로 생각하게 되면서, 농촌사회에서 전통적 관습을 비교적 잘 지켜가는 경우를 제외한다면, 도시에서는 거의 조상을 잊어가고 있는 것이 현실이다. 더구나 서양종교가 널리 퍼져가고 서구적 가치관이 일반화되면서 '대가족' 중심에서 '핵가족'으로 변하여 가족의 비중도 매우 축소된 형식으로 밖에 남지 않았다.

　가족의식의 쇠퇴와 조상숭배의식의 위축에 따라 전통의 파괴가 가속화되며, 넓은 범위로 퍼져가고 있다. 또한 인간관계도 친족적인 공동사회적 성격이 축소되며 이익사회적 비중이 매우 커져가고 있는 형편이다. 이러한 변화가 너무 급격하게 또는 너무 깊이 일어난다면 우리의 전통은 전면적으로 붕괴하거나 폐지될 위험에 놓여 있다. 자기 문화의 전통을 시대의 변화에 따라 능동적으로 개혁해 가면서 계승할 수 없다면, 문화적으로나 사회적으로 뿌리가 없이 표류하는 불안정 상태에 빠질 위험이 크다. 우리는 오랜 역사와 문화전통을 지닌 민족으로서 자기 존재의 자각이 필요하고, 이를 위해서는 전통의 가치와 의미를 되살려가야 할 필요가 크다. 바로 여기서 전통의 중요한 양상으로 조상숭배가 지니는 의미를 재인식하고 되살리는 것이 필요함을 각성해야할 이유가 있다고 생각한다.

　오늘의 한국사회에서 조상제사는 아직도 관습적으로나마 광범하게 퍼져 있고 소중하게 실천되는 생활양식이라는 점이 주목된다. 조상제사는 한편으로 혈연의 연속적 유대에 대한 강한 요구를 충족시켜주는 방법이며, 한 인간이 죽은 뒤에까지 그 자손의 마음속에 깊은 애정으로 남아 있을 수 있는 유대감은 인간에게 삶의 의미를 더욱 풍부하게 해준다. 다른 한편으로 전통사회와 연속성을 확보하여 전통의 정신적 고향을 지켜주는 역할을 하고 있다. 조상제사가 소멸되면 친족이 하나의 공동체로서 만나고 친화할 수 있는 방법을 잃게 될 것이다. 제사를 통한 조상과 후손의 직접적 교류와 감응의 관계가 사라지고 한 인간은 죽음과 더불어 후손의 마음에서 너무나 빨리 사라져버리게 될 것은 당연하다. 그렇다면 인간은 죽은 뒤에도 후손들의 가슴 속에 남아 후손들과 함께 생활한다는 자기 생명의 지속성에 대한 안정감과 신뢰를 얻을 길이 없어지고 말게 된다. 살아있는 인간으로서도 제사의 번거로운 절차나 '신'들로부터 해방감을 느끼는 것이 아니라, 오히려 '신'들의 세계와 단절되어 제도와 법률에만 구속되는 세속적 사회 속에 갇혀 버리는 제약을 벗어나기 어려울 것이다.

전통적 조상숭배가 내포한 의미를 우리시대에 새롭고 의미 있는 가치로 인식하고 전달하는 것이 우리시대의 시급한 과제의 하나이다. 제사의례를 전통적 관습에 따라 지속해 가려고 한다면 언젠가 소멸될 수밖에 없는 위기에 부딪치지 않을 수 없다. 조상숭배의 의례에 대해서도 명확한 의미의 인식이 있어야만 개혁의 방향을 찾을 수 있을 것이다. 조상숭배가 현대적 가치로 우리생활 속에 다시 살아날 충분한 이유가 확인되고, 이런 의미 있는 조상숭배의 의식과 의례가 활기있게 다시 살아나는 길이 있다고 본다. 그럴 수 있다면 우리사회는 자신의 전통을 변혁하고 폐기시켜야할 수치스러운 것으로 여기고, 외래의 문화형식을 무조건 선진적인 것으로 삼아 모방해야할 최상의 기준으로 받아들이는 변방의식을 씻고, 자신의 당당한 중심의식을 회복할 수 있을 것이다. 이런 가치로 조상숭배를 진실한 가치로 재정립하는 것은 바로 우리 자신의 정신적 뿌리를 확인하고 문화적 주체성을 정립하는 일이다. 곧 조상제사를 우리 시대에 맞게 재정립하는 것은 바로 가장 깊은 의미에서 우리의 정신문화를 뒷받침해줄 수 있는 길을 열어갈 수 있을 것이라 본다.

4 주자학의 종교적 성격

1. 주자학의 종교성 문제

송대(宋代)이후 정립된 주자학(朱子學: 程朱學·道學)은 세계와 인간의 존재를 이기론(理氣論)의 사유체계로 해명함으로써, 형이상학적 이론으로 무장된 철학적 성격을 매우 강하게 드러내고 있다. 따라서 주자학을 철학으로 파악하고 선진유교에 내포되어 있던 종교적 성격을 탈피하여 합리화하고 이론화한 철학적 체계로 받아들이고 있는 것도 사실이다. 실제로 주자학을 넘어서 유교전통 자체에 대해서조차 종교인지 아닌지에 대한 해묵은 쟁점이 아직도 해결되지 않은 과제로 남아 있는 형편이다.

이케다 슈조(池田秀三)교수는 '유교종교론'과 '유교비종교론'의 온갖 견해와 이론들을 면밀하게 검토하면서 양쪽 입장에 내포된 의미와 문제점들을 차분하게 음미하고나서, 고심 끝에 내린 결론적 입장으로 "나는 '유교는 종교가 아니라'고 주장하려는 것이 아니라, '종교라고까지는 말할 수 없다'라고 말하고 있는 것이다"라고 언급하였다. 그것은 유교에 종교성이 있음을 인정하지만 종교로서 확인하기에는 부족함을 지적하고 있는 것이다. 이케다교수는 이렇게 유교의 종교성을 논의하면서 판단의 기준으로 삼아야 할 종교의 요건으로 ①초월적 존재에 대한 신앙, ②교단조직의 존재, 혹은 성·속(聖俗)의 구별을 제시하고 있다.[1]

'종교'라는 용어가 일본에서 19세기중반 명치유신(明治維新)때 서양의 용어인 'religion'을 번역한 말이니, '종교'라는 말은 태생적으로 서양종교인 기독교를 모델로 삼아 개념내용을 형성하였던 것은 사실이다.[2] 그러다보니 기독교를 기준으로 삼아 '완전한 종교'와 '불완전한 종교'의 평가도 나오게 되는 것이다. 그러나 이제 서양중심의 사유에서 벗어나 지구적 전체를 지향하면서 '종교'개념도 매우 넓어지고 다양해졌다.[3] 초월적 존재나 교단조직을 기준으로 온전한 종교를 판단하는 조건으로 삼는 관점은 상대적으로 매우 약화되었다. 어떤 종교는 초월적 존재를 신앙대상의 중심으로 강조하지만, 선(禪)불교의 경우처럼 어떤 종교는 그렇지 않을 수도 있고, 어떤 종교는 교단조직과 성직집단의 제도가 발달하였지만, 원시종교나 무속(巫俗)의 경우처럼 어떤 종교는 그렇지 않을

---

1) 池田秀三, 『自然宗教の力-儒教を中心に』, 岩波書店, 1998.(金志炫의 飜譯原稿本을 이용함)
2) 『康南海先生遺著彙刊』, 19책, 58쪽, '孔教會敍(2)'. 康有爲는 'religion'의 飜譯語는 '宗'자를 떼어내고 중국에서 써오던 '敎'라는 한 글자만으로도 'religion'의 뜻을 담을 수 있음을 주장하였다.
3) W.C.Smith는 "인간은 언제 어디서나 오늘날 우리가 '종교적'이라 부르는 삶을 살아왔다"고 단언하면서도 '종교'라는 용어의 효용성을 부정하며, '종교'는 내적인 다양성과 역사적인 유동성을 지니고 있어서 포괄적이고 범주적인 정의를 내리기 어려울뿐더러, '종교'라는 말이 여러 의미로 사용되어 혼동을 유발할 수 있다는 것을 강조하면서, 그대신 우리가 '종교'라고 부르는 대상을 '신앙'과 '축적된 전통'으로 나누어 생각하고 부르자고 제안하였다.(W.C.Smith, 『종교의 의미와 목적』, 길희성譯, 분도출판사, 1991). 종교에 관한 다양한 정의들은 유요한교수의 곧 간행될 저술인 『호모 심볼리쿠수-종교상징을 통해 이해하는 인간과 문화』에서 잘 정리되고 있다.

수도 있다. '종교'란 원래 일정한 실체가 있는 것이 아니요, 인간의 삶에서 성스러움에 연관된 '경험'의 양상을 의미하는 것이라고 한다면, 유교에 대해 "'종교성'은 있는데 '종교'라고까지 말할 수 없다"는 말에서 보여주는 것처럼 '종교성'과 '종교'를 나누어 개념적으로 구별하는 것은 다시 생각해볼 필요가 있을 것이다. '종교'라는 것은 어떤 실체가 있는 것이 아니라, 인간의 삶에 '종교성' 내지 '종교적 양상'이 드러나고 있는 것일 뿐이라 볼 수도 있다. 나아가 유교 내지 주자학은 종교성을 지니고 있을 뿐만 아니라, 초월적 존재에 대한 신앙과 교단조직의 형태를 발견할 수 있다는 점으로서 종교로서의 위치도 확인할 수 있다고 생각한다.

'유교' 혹은 '주자학'이라는 문화전통은 여러 시각에서 이해할 수 있다. 종교적 성격의 이해도 여러 접근방향 가운데 중요한 시각의 하나라고 본다. 틸리히(Paul Tillich)가 종교를 포괄적으로 정의하여 "궁극적 관심(ultimate concern)에 사로잡힌 상태"[4]라 규정한 견해를 받아들인다면, '주자학'의 경우에서도 천(天)·이(理)·태극(太極)의 개념을 인간과 세계의 근원으로 인식하는 강력하게 '궁극적 관심'을 지니고 있으니, 종교적 성격의 이해가 없으면 주자학을 정치·도덕·사회·역사·교육 등 여러 영역에서 조명해본다 하더라도 '주자학'의 전체적 면모와 생동력을 균형있게 파악할 수 없을 것이다. 주자학이 아무리 형이상학의 체계로 합리화되었고, 인간중심의 도덕질서를 확립하고 있으며, 세속적 정치를 통해 그 이상을 구현하고자 하는 현실중심주의에 사로잡혀 있다고 하더라도, 그 바닥의 심층에 두텁게 깔려 있는 '궁극적 관심'의 신념체계를 통찰하지 못한다면, 옥·백(玉帛)만으로 '예'(禮)를 말하고, 종·고(鐘鼓)

---

4) Paul Tillich, *Christianity and the Encounter with the World Religions*, Chicao, University of Chicago, 1960, P.6.

만으로 '악'(樂)을 말하는 것처럼 그 본질을 망각하거나 그 영혼을 놓지고 마는 것이 될 수 있다고 본다.

'주자학'의 종교적 성격을 밝히는 과제는 주자학을 통해 드러나는 '궁극적 관심'의 표출양상을 기본영역에서 짚어 보고자 하는 것이다. 곧 ①천(天)·상제(上帝)의 존재나 천명(天命)·천리(天理)의 개념에 대한 인식과 태도를 통해 주자학의 신앙대상으로서 궁극존재의 성격을 해명하고, ②제사의례를 중심으로 신(神: 鬼神)과 인간의 교감(交感)을 통해 주자학의 사생관(死生觀)과 신앙의례를 확인하고, ③성인(聖人)을 지향하여 인격완성을 추구하는 수양의 실천주체인 '선비'가 지닌 수도자로서의 성격을 이해하며, ④다른 종교를 이단(異端)·사설(邪說)로 비판하고 유교의 근원적 진실성에 대한 확신을 정립하고자 하는 주자학의 도통론(道統論) 내지 정통의식에 따른 이단비판론을 점검하고자 한다.

이 네가지 과제를 비교종교학의 이론을 체계화한 요아힘 바하(Joachim Wach)가 종교경험이 표현되는 분야로 제시한 세가지 양상인, (a)사상적 표현, (b)행위적 표현, (c)공동체적 표현5)에 대비시켜 볼때, 그 내용의 실제에서는 중첩되는 부분이 있지만 대체로 보면, ①천(天)·상제(上帝)의 존재에 대한 인식은 (a)종교경험의 사상적 표현에 해당하고, ②제사의례는 (b)종교경험의 행위적 표현과 (c)공동체적 표현에 상응하며, ③수양의 실천은 (b)종교경험의 행위적 표현에 상응하며, ④이단비판론은 (a)종교경험의 사상적 표현과 (c)종교경험의 공동체적 표현에 연관된 것으로 볼 수 있다. 이러한 '주자학'의 종교적 양상을 점검함으로써, '주자

---

5) 요아힘 바하, 『비교종교학』, 김종서 역, 민음사, 1988, 참조. 여기서 바하는 종교경험의 기준을 ⓐ궁극적 실재로서 경험되어지는 것에 대한 반응, ⓑ총체적 인간과 관계, ⓒ강렬함, ⓓ행위에서 나옴의 네가지 항목으로 제시하고 있다. (같은 책, 85-93쪽)

학'이 지닌 종교성을 확인해보고자 한다.

2. 궁극존재로서 천(天)·상제(上帝)에 대한 신앙

주자학에서는 궁극적 존재로서 "'천'이 곧 '이'(理)이다"(天卽理也)라 하고, "'이'는 '천'의 본체요, '명'(命)은 '천'의 작용이다"(理者, 天之體, 命者, 理之用)라고 정의한다.〈『朱子語類』, 卷5, 性理2〉그만큼 궁극적 존재인 '천'과 '천명'을 '이'의 본체와 작용이라는 합리성 내지 법칙성으로 인식하고 있는 것이 사실이다. '천'이나 '천명'과 더불어 '상제'(上帝)·'성'(性)·'도'(道)·'태극'(太極) 등 여러 궁극적 존재의 개념들은 모두 '이'로 인식되고 있다.6) 아무 감정도 작용도 없는 '이'로서 온갖 궁극존재의 양상을 인식한다는 것은 인격성을 제거하고 합리성으로 관철하는 것이요, 이성적 사유에 의한 통제를 보여주는 것이다.

그러나 합리적이고 이성적인 것은 비종교적인 것이라는 판단을 잠시 보류해놓는다면, 합리적이고 이성적인 것은 진실성을 확보하는 사유방법인 만큼, 합리적 내지 이성적 해석을 통해 궁극존재의 진실성을 확보하고 극대화시킬 수 있다는 입장이 주자학의 '이(理)철학'이라 할 수 있다. 더구나 주자학의 '이철학'은 회의적이고 비판적인 '탐색'의 이성적 사유가 아니라, 통합적이고 일관적인 '신념'의 이성적 사유라 한다면, 주자학은 '이철학'으로서 종교성을 벗어난 것이 아니라, 도리어 '이철학'에 의해 나름대로 종교적 신념체계를 확고하게 정초시키고 있는 사실을 주

---

6) 『朱子語類』, 권1, '理氣上', "太極只是天地萬物之理." 같은 곳, "帝是理爲主."

목할 필요가 있다. 철학적이기 때문에 비종교적인 것이 아니라, '비종교적 철학'과 '종교적 철학'이 가능하며, 이런 의미에서 주자학은 '종교에 관한 철학'(philosophy of religion)이 아니라, '철학적 종교'(philosophical religion)라 할 수 있을 것이다.

주자학이 경전을 이기설(理氣說)에 기반한 '이철학'으로 해석하더라도 결코 경전의 가르침을 이기설로 해소시키는 것이 아니라, 경전의 가르침을 이기설로 해명함으로써 보편적 진실성을 강화하고 확보하고자 하였던 것이다. 그만큼 주자학의 '이철학'은 경전을 계승하는 중요한 전통의 하나로서 자리잡고 있다. 따라서 주자학은 경전 속에 내포되어 있는 선진(先秦)유교의 신앙적 세계를 벗겨내고자 추구하는 것이 아니다. 오히려 경전 속의 신앙적 세계를 합리적 사유로 끌어올리고자 추구하였던 것으로 볼 수 있다.

정이천(程伊川)은 궁극존재로서 '천'을 '도'와 일치시키면서, 형체·주재(主宰)·공용(功用)·묘용(妙用)·성정(性情)으로 드러나는 여러 양상에 따라, '천'·'제'(帝: 上帝)·'귀신'·'신'(神)·'건'(乾)의 다양한 명칭으로 일컬어지고 있음을 확인하였다.7) 곧 '천'이 '이'라고 하여, 원리나 법칙으로만 인식되는데 머무르는 것이 아니라, 인간과 만물을 생성하고 주재하는 궁극적 실재로서 '상제'요 '신'임을 밝히고 있는 것이다. 또한 주자는 '천지의 마음'(天地之心)을 정의하면서, "마음은 곧 천지가 주재하는 자리이니, '천지는 만물을 낳는 것으로 마음을 삼는다'('仁說」)고 하였던 것이다"8)라고 하였다. 그것은 '천' 내지 '천지'에 만물을 낳고(生) 살리는

---

7) 程頤, 『易傳』, '乾', "夫天, 專言之, 則道也, …分而言之, 則以形體謂之天, 以主宰謂之帝, 以功用謂之鬼神, 以妙用謂之神, 以性情謂之乾."
8) 『朱子語類』, 卷1, '理氣上', "心便是他箇主宰處, 所以謂天地以生物爲心."

(生) 마음이 있음을 분명하게 인정하는 것이다.

'천지의 마음'이란 인간의 마음에서 드러나는 사사로운 의도나 욕심이 있는 것은 아니지만, 만물을 주재하고 생성하는 의지로서 마음이 있는 실재임을 밝히고 있다. 바로 이 점에서 '마음이 없다'(無心)고 말하는 것도 사사로운 마음이 없다는 것이요, '마음이 있다'(有心)고 말하는 것과 상반된 개념으로 나무나 돌처럼 지각도 의식도 없다고 보는 것이 아니다. 같은 맥락으로 유교전통에서 하늘이 '말이 없다'(無言)고 언급하는 것도 하늘이 말을 할 줄 모른다는 언어능력의 결핍을 지적하는 것이 아니다. 비록 인간의 목소리로 말하는 존재는 아니지만 하늘은 자신의 뜻을 자연의 변화현상을 통해서도 풍부하게 표현하고 있기 때문에 목소리로 말하는 것 이상으로 강력한 의사소통 능력이 있다는 것이니, 하늘의 '말이 없음'은 '말이 있음'(有言)과 상반되는 것이 아니라 하겠다.

나아가 주자는 "천지의 마음은 영명하지 않다고 말할 수 없다. 다만 사람이 생각하는 것과는 다르다"[9]고 언급하여, '천'의 마음이 영명함을 제시하였다. 곧 '천'에 대해 지각능력이 없다고 보는 견해에 반대하는 입장임을 확인하는 것이다. 또한 주자는 "마음은 진실로 주재한다는 뜻이다. 그러나 이른바 주재라 함은 곧 '이'이다. 마음 바깥에 따로 '이'가 있거나, '이' 바깥에 따로 마음이 있는 것이 아니다"라 하고, 사람(人)과 마음(心)의 관계를 '천'과 '상제'의 관계에 상응하는 것이라 하였다.[10] '천'의 마음과 '이'를 일치시킴으로써, '이'는 아무런 감정도 사려작용도 없는 법칙의 측면을 넘어서 만물을 주재하고 생성하는 '천'의 마음과 연

---

9) 같은 곳, "天地之心不可道是不靈, 但不如人恁地思慮."
10) 같은 곳, "心固是主宰底意, 然所謂主宰者, 卽是理也, 不是心外別有箇理, 理外別有箇心. …人字似天字, 心字似帝字."

결되어 있음을 확인한다. 이런 의미에서 주자학의 '천'개념에는 인격신(人格神)으로서의 일면이 여전히 살아있는 것이라 하겠다.

조선시대 주자학의 대표적 학자인 퇴계(退溪)는 1568년 선조(宣祖)임금에게 올린 상소문인 「무진육조소」(戊辰六條疏)의 여섯 번째 조목에서 '수양과 성찰을 정성스럽게 하여 하늘의 사랑을 받을 것'(誠修省, 以承天愛)을 강조하였다. 여기서 그는, "하늘과 땅 사이에 생명을 지닌 온갖 무리는 …하늘이 불쌍히 여겨 덮어주고 사랑하는데, 하물며 하늘의 모습을 닮고 가장 영명하여 '천지의 마음'을 행하는 우리 백성들에 대해서는 더 말할 것이 있겠습니까"11)라고 하였다. 이처럼 퇴계는 하늘이 모든 만물을 사랑하여 낳고 길러주지만 특히 하늘의 모습을 닮고 하늘의 마음을 받들어 행하는 인간에게는, 가장 깊은 사랑을 베푸는 존재로서 하늘의 인격성을 확인하고 있다.

여기서 퇴계는 '천'의 정감적(情感的) 인격성을 주목하여, 한층 더 구체적으로 제시하고 있다. 곧 '천'은 '화락한 은총'(晏然之寵)을 내려주는 존재요, 이와 더불어 '진노하는 위엄'(赫然之威)을 내려주는 존재라 제시한다. 이처럼 그는 '천'이 사랑과 노여움의 감정을 드러내는 존재임을 강조하면서, "임금이 하늘을 대함은 자식이 부모를 대하는 것과 같습니다. …원컨대 임금께서는 부모를 섬기는 마음을 미루어 하늘을 섬기는 도리를 다하여, 무슨 일에나 수양하고 성찰하지 않음이 없으며, 어느 때에나 두려워하지 않음이 없어야 합니다"12)라고 강조하였다. 부모가 자식에게 노여워하면 자식이 반성하고 효도를 극진히 하여 부모의 마음

---

11) 『退溪集』, 권6, 54, '戊辰六條疏', "凡天地之間, 含生之類, …皆天所悶覆而仁愛, 而況於吾民之肖象而最靈, 爲天地之心者乎."
12) 『退溪集』, 권6, 56, '戊辰六條疏', "君之於天, 猶子之於親, …伏願殿下推事親之心, 以盡事天之道, 無事而不修省, 無時而不恐懼."

을 기쁘게 해드려야 부모의 노여움을 풀 수 있는 것처럼, 인간은 하늘이 노여워 하여 재앙을 내리게 되면, 하늘을 두려워하여 자신을 닦고 성찰하기를 정성스럽게 하여 하늘의 사랑을 회복하여야 한다는 것이다.13) 이처럼 주자학자로서 퇴계는 하늘과 인간의 관계를 부모와 자식의 가족적 관계로 인식하고, 부모를 섬기는 '사친'(事親)의 마음을 미루어 하늘을 섬기는 '사천'(事天)의 도리를 행할 수 있는 것임을 밝히고 있다. 곧 나라를 다스리는 정치도 그 근원에 하늘을 두려워하고 하늘을 섬기는 신앙적 자세가 요구되고 있음을 보여주고 있는 것이다.

3. 제사의례를 통한 신(神)과 인간의 교류

주자학은 유교전통이 지닌 의례를 사상체계의 중심에 확고하게 자리 잡게 하였다. 조선후기 주자학자이면서 실학자인 이익(星湖 李瀷)이 "유술(儒術)은 이학(理學)이 반이요, 예학(禮學)이 반이다"(『星湖僿說』, 권19, '儒術')라고 언급한 말에서, 성리설과 예설이 유교사상체계에서 지니는 비중이 얼마나 큰지를 잘 드러내주고 있다. 곧 성리설은 우주와 인간의 근원이나 구조를 사유의 체계로 제시하는 것이라면, 예설은 이를 실천하는 행동양식을 제시하는 것이다. 비유하자면 주자학에서 성리설이 사

---

13) Rudolf Otto, 『성스러움의 의미』, 길희성 역, 분도출판사, 1987. 이 책에서 루돌프 오토는 神관념의 비합리적 성격으로 '성스러움'(Numinose)을 제시하고, '성스러움'의 요소들로서 피조물 감정, 두려운 신비, 누멘적 찬송들, 매혹성, 어마어마함 등을 들고 있다. 여기서 두려움(tremendum)과 매혹성(fascinans)의 감정은 바로 유교에서 하늘에 대한 두려움의 감정이나 하늘이 사랑함에 대한 믿음과 통하는 것이라 할 수 있다.

람의 머리에 해당한다면, 예설은 사람의 팔다리에 해당하는 것으로 서로 단절될 수 없는 유기적 연관성을 지는 것이라 할 수 있다.

주자는 『의례경전통해』(儀禮經傳通解)에서 가례(家禮)·향례(鄕禮)·학례(學禮)·방국례(邦國禮)의 4영역으로 의례체계를 제시하였다. 이러한 의례체계에 따르면 의례공동체로서 가정(家)·향촌(鄕)·학교(學)·국가(邦國)의 네 영역은 단지 세속적 사회구성 단위로 이해되고 있는 것이 아니라, 바로 유교의 종교공동체를 이루고 있는 것임을 보여준다.

'가례'에서는 조상신을 모시는 가묘(家廟)가 있고, '향례'에서는 향촌의 례나 제사를 행하는 향단(鄕壇: 例 鄕射壇)이 있으며, '학례'에서는 선성(先聖)·선사(先師)를 모시고 제향하는 문묘(文廟)나 사우(祠宇)가 있고, '방국례'에서는 천신(天神)·지기(地示)·인귀(人鬼)의 여러 신들을 모시고 제사 드리는 여러가지 제단(祭壇: 例 天壇·地壇·日壇·月壇·社稷壇·先農壇·先蠶壇 등)이나 선왕(先王)을 모시는 종묘(宗廟)가 있다. 이러한 단(壇)·묘(廟)·사(祠)는 유교의례의 중심공간이 되는 지성소(至聖所)로 자리잡고 있는 것이다. 유교의례에서 전문 성직(聖職)의 제도는 없다고 하지만, 유교의례의 공동체에서는 어디에서나 예관(禮官) 내지 제관(祭官)의 역할이 엄격히 규정되고 있으며, 의례를 행할 때 추대되거나 선발되고 있다. 그렇다면 유교에서는 적어도 의례과정에서 한시적이지만 성직이 확보되고 있는 것이 사실이다.

의례, 특히 제사의례가 행해지는 단(壇)과 묘(묘)에는 제사를 드리는 대상으로서 '신'(神: 鬼神)을 모시고 있다. 그런데 주자학에서는 이러한 '신' 내지 '귀신'의 존재를 이기설로 설명하여, "귀신은 '음'과 '양'이 줄어들고 늘어나는 것에 불과할 뿐이다"[14]라고 하여, '귀신'을 '기'(氣)의 음·양(陰陽)으로서 줄거나 늘며(消長), 굽혀지거나 펼쳐지는(屈伸) 작용현상으로 설명한다. 그렇다고 하여 '귀신'의 존재가 다른 사물에서 처럼 '기'의 작용현상으로 해소되는 것은 아니다. "귀신은 곧 다만 이 '기'일 뿐인가?"라는 질문에 대해, 주자는 "또한 이 '기'의 속에 있는 '신령'(神靈)과 같다"15)고 대답하여, '귀신'을 '신령'한 존재로서 확인하고 있다. 또한 주자는 "귀신은 주재로 말하는 것이요, 그러니 사물로서 말할 수는 없다"16)고 하여, '귀신'을 사물과 차별화하고 있다. 따라서 '귀신'은 사물과 같은 등급의 대상으로 볼 수 있는 것이 아니라, 주재하는 존재로서의 역할과 지위를 지닌 것으로 인정하고 있음을 보여준다.17)

주자가 '귀신'을 굽혀지고 펼쳐지며 가고 오는(屈伸往來) '기'의 작용으로 설명하는 것은 '귀신'과 인간이 소통할 수 있는 근거를 밝히고자 하는데 초점이 있는 것으로 보인다. 곧 주자는 "천지 사이에 '기' 아닌 것이 없다. 사람의 '기'는 천지의 '기'와 항상 서로 이어져 있어서 끊어짐이 없지만, 사람은 스스로 (귀신을) 보지 못한다. 사람의 마음이 움직이기만 하면 반드시 '기'에 전달되니, 곧 저 굽혀지고 펼쳐지며 가고 오는 것(귀신)과 서로 감응하여 통한다"18)고 하여, 천지의 '귀신'과 인간존재는 같은 '기'로 연결되어 있어서, 감통(感通)하는 것임을 강조하고 있다. 그렇다면 주자학의 입장에서는 유교인들이 '신'의 뜻을 물어서 일을 결정하려는 복서(卜筮)의 행위나 '신'에게 자신의 소망이 이루어지도록 비는

---

14) 『朱子語類』, 卷3, '鬼神', "鬼神不過陰陽消長而已."
15) 같은 곳, "問, 鬼神便只是此氣否, 曰, 又是這氣裏面神靈相似."
16) 같은 곳, "鬼神以主宰言, 然以物言不得."
17) 박성규는 주자의 귀신론을 정밀하게 분석하면서, 귀신의 존재가 있는지 없는지의 문제에 대해, "'귀신은 있다', 그러나 '귀신과 생사의 이치는 결코 불교적 설명이나 세속의 소견과 같은 것이 아니다.' 이것이 주자 귀신론의 대전제이다"라고 밝히고 있다. 박성규, 『주자철학의 귀신론』, 한국학술정보, 2005, 58쪽.
18) 같은 곳, "天地間無非氣. 人之氣與天地之氣常相接, 無間斷, 人自不見, 人心才動, 必達於氣, 便與這屈伸往來者相感通."

기도(祈禱)의 행위 등 신앙적 행위들이란 모두 인간이 '귀신'과 감통함을 전제로 하고 있는 것이라 본다. 여기서 인간과 '귀신'이 감응하고 소통할 수 있다는 것은 인간과 '귀신'이 같은 '기'로 연결되어 있기 때문에 가능하다는 것이다.

나아가 인간이 조상에게 제사를 드리는 경우에도 조상의 '귀신'으로 '기'가 감응하여 제사를 드리는 후손에게 이르게 되는 것이라 한다. 주자는 "사람이 죽으면 끝내는 ('기'가) 흩어지지만, 그러나 곧바로 흩어져 없어지는 것이 아니므로, 제사에 (조상의 '귀신'이) 감응하여 이르는 이치가 있다. 세대가 먼 선조의 경우에서는 그 선조의 '기'가 아직도 남아 있는지 벌써 없어졌는지 알 수 없지만, 제사를 받드는 자는 이미 그의 자손이요, 필경에는 (조상과 자손이) 단지 동일한 '기'이니, 감응하여 통하는 이치가 있는 까닭이다"19)라고 하였다. 곧 조상의 '귀신'과 자손이 동일한 '기'를 가지고 있으므로, 자손이 제사를 드리면 비록 여러 세대가 지나간 먼 조상의 '귀신'이라 하더라도 같은 '기'로서 감응하여 이르고(感格), 조상과 자손 사이에 감응하여 통하는(感通) 이치가 있다는 것이다.

주자학에서는 사람이 죽은 이후에도 '기'가 서서히 흩어져 하늘로 돌아가는 것이라 하여, 사후에도 조상의 '귀신'이 일정한 기간 동안 존재한다는 사후존재를 받아들임으로써, 사실상 사후세계에 대한 인식을 보여주고 있다. 조상의 '귀신'만 아니라, '천'의 '신'(神)이나 '지'의 '기'(示)나 인간의 '귀'(鬼)에 해당하는 여러 '귀신'의 존재들이 제사의 대상이 되고 있다. 유교의 경전과 국가의 예법에서는 이러한 여러 '귀신'에 대한 제

---

19) 같은 곳, "人死雖終歸於散, 然亦未便散盡, 故祭祀有感格之理, 先祖世次遠者, 氣之有無不可知, 然奉祭祀者旣是他子孫, 必竟只是一氣, 所以有感通之理."

사를 신분계급에 따라 제사의 대상을 차별화하여 규정하고 있다. 이 때 여러 '귀신'의 존재는 제사를 드리는 제관(祭官)의 지위에 상응하여 합당한 제사가 드려지면 '신' 내지 '귀신'이 감응하여 이른다는 인식을 분명하게 제시하였던 것이다. 따라서 제사에서 '귀신'이 감응하는 것은 제사드리는 후손과 같은 '기'(同氣)로 상응하는 경우와 더불어 같은 '기'는 아니지만 의리에 합당하면 감응하는 것임을 보여준다.

같은 '기'의 감응이거나 의리에 따른 감응이거나 모든 제사는 '신'과 인간의 감응으로 성립되는 것이다. 따라서 모든 제사의 절차에는 인간이 '신'을 맞이하는 영신(迎神)의 의례로 '신'을 모셔다 놓고서 제물을 바치는 헌작(獻爵)·진찬(進饌)의 과정이 있으며, 이에따라 제단에 강림한 '신'은 인간이 바치는 정성과 제물을 받아들이는 흠향(歆饗)을 하고 그 제물에 복을 내려주는 강복(降福)을 한다. 그리고 나서 인간은 '신'이 내려준 복을 받아 간직하는 음복(飮福)을 하고, '신'을 전송하는 송신(送神)의 의례를 행함으로써 제사를 마치는 것을 보여준다. 이러한 제사의 과정을 통해 인간은 '신'과 감통하고 교류하는 종교적 경험을 드러내고 있는 것이다. 특히 유교전통의 제사에서 인간이 '신'(귀신)에게 말씀을 드리는 고축(告祝) 또는 독축(讀祝)과 '신'이 인간에게 축복의 말씀을 내려주는 '하사'(嘏辭)는 '신'과 인간 사이에 이루어지는 대화의 형태라 할 수 있고, 또한 인간이 '신'에게 정성스럽게 제물을 올리면 '신'은 그 제물에 '복'을 내려준다는 '강복'(降福) 의식은 주자학에서도 확고하게 계승되고 있음을 보여준다.

4. 인격실현의 수양과 선비(士君子)

주자학에서는 『중용』을 '사서'(四書)의 하나로 표출시키면서 '하늘의 명령'(天命)으로 인간의 마음에 부여된 '성'(性)을 받아들이고, 이 '성'을 오상(五常: 仁·義·禮·智·信)의 덕목으로 확인하고 있다. 여기서 인간의 본질을 실현한다는 것은 바로 하늘이 부여해준 도덕적 본성을 실현하는 것임을 강조하고 있는 것이다. 곧 도덕성을 하늘이 인간에게 부여한 지상(至上)의 명령으로 받아들임으로써, '도덕종교'(moral religion)로서의 유교전통을 정립하고 있는 것이다. '도덕종교'라는 말의 의미는 유교에서 도덕규범이 이미 현실의 경험적 도덕률이나 행위의 당위적 법칙에 그치는 것이 아니라, '하늘의 명령'으로 주어지는 절대적 규범으로 받아들여 신봉되고, 도덕률이 하늘의 필연적 법칙으로서 '천리'로 인식되고 있는 사실을 가리킨다.

주자학에서 '성'(性)과 '천'(天)은 '이'(理)로 일치시키면서 '성리학'이라는 형이상학적 체계를 구축하였다. 또한 '성'이 인간에게 부여되어 있는 자리로서 마음(心)과 그 마음의 발동 양상으로서 감정(情)을 정밀하게 분석하여 '심성론'을 성리학의 기본과제로 제시하고 있다.

인간의 '심성'에 관한 주자학의 정밀한 분석은 이론적 인식의 과제에 그치는 것이 아니라, '심성'의 도덕성을 실현함으로써 인격의 완성을 추구하는 실천적 행위의 과제로 확립되고 있다. 심성의 도덕적 가치를 실현하는 과제는 심성을 본래 모습을 올바르게 간직하고 배양하는 '존양(存養)과 잘못된 발동을 반성하고 바로잡는 '성찰'(省察)의 '수양론'으로 제시된다. 주자학의 수양론은 인간의 한 몸을 주재하는 마음을 바로잡는 것이요, 동시에 마음을 주재하는 '경'(敬)을 지키는 것이라 한다. 여기서 '경'은 마음의 자기 통제력으로서, '경'을 지키는 것은 마음에서 '천리'를 간직하고 '인욕'을 막아내는(存天理, 遏人欲) 공부이다. 결국 주자학의 수양론은 인간의 마음에서 '천리'를 확보하고 실현하는 실천과제이다. 주자는 이처럼 '경'의 수양론적 실천을 중시하여, "'경'이란 한 마음의 주재이며, 모든 일의 근본이다. …'경'이라는 한 글자가 어찌 성학(聖學)을 시작하고 끝맺는 요령이 아니겠는가?"[20]라고 하여, 사실상 '경'의 수양방법이 마음을 다스리는 주재로서의 작용이요, 모든 일을 처리하는 근본방법이며, 유교의 시작과 끝을 관통하는 핵심과제임을 역설하고 있는 것이다.

경자는 '경'의 실천방법을 제시하여, '마음을 오로지 하나로 집중하여 헷갈리게 하지 않는 것'(主一無適)이라 하며, 또 '몸가짐을 단정하게 하고 마음가짐을 엄숙하게 하는 것'(整齊嚴肅)이라 언급하고 있다. 그러나 '경'의 수양방법은 인간이 마음을 다스리고 일을 처리하는 행위에 머무르는 것이 아니다. 주자는 「경재잠」(敬齋箴)의 첫머리에서 "의관을 반듯하게 하고 눈매를 존엄하게 하며, 마음을 침잠하여 '상제'를 우러러 마주하라"[21]고 언급하여, '경'의 실천과정에서는 그 출발점에서 '상제'를 마주 대하고 있는 신앙적 경건함을 요구하고 있는 것이다. 그만큼 주자학에서 학문체계나 수양의 실천체계는 결코 궁극존재로서 '천' 내지 '상제'를 배제한 합리적 지성의 범위에 한정하는 것이 아니다. 그것은 '천명'・'천리'의 근원성을 전제하고 있으며, '천명'・'천리'를 지향하여 일치를 추구하고 있는 궁극적 신념체계라 할 수 있다.

---

20) 朱熹, 『大學或問』, '經一章', "敬者, 一心之主宰, 而萬事之本根也, … 敬之一字, 豈非聖學始終之要也哉."
21) 『朱子大全』, 卷85, 7, '敬齋箴', "正其衣冠, 尊其瞻視, 潛心以居, 對越上帝."

퇴계는 '경'의 수양론적 실천을 강조하면서, "노력을 오래하면, 자연히 마음과 천리가 서로 젖어들어 모르는 사이에 융합하고 관통하게 되며, …두려워하고 공경함이 일상을 떠나지 않아서 감정이 '중화'(中和)를 이룸으로써, 천지를 자리잡게 하고 만물을 양육하는 공적이 이루어질 것이며, …덕행이 인륜을 벗어나지 않음으로써 하늘과 인간이 합일하는 신묘함을 얻을 수 있을 것이다"22)라고 하였다. 여기서 그는 수양의 실천과제는 먼저 하늘에 대해 두려워하고 공경(畏敬)함으로써, 이에 근거하여 인간 사이에서 도덕적 실행(德行)을 병행시키는 것이요, 그 실현 목표는 바로 '마음과 천리'가 머금어 융합하고(心與理相涵) 마침내 하늘과 인간이 하나로 일치하는 천인합일(天人合一)을 이루는데 있음을 제시하였다.

'천인합일'을 이룬 인격이 바로 유교적 인격실현의 이상인 '성인'(聖人)이라 할 수 있다. 주렴계(周濂溪)는 『통서』(通書)에서 '성인'은 배워서 이룰 수 있는 것(聖可學)이라 강조 하였고, "성인은 하늘을 바라고, 현인은 성인을 바라고, 선비는 현인을 바란다"23)고 하였다. 곧 인격실현의 계층적 단계로서 선비 → 현인 → 성인으로 향상을 추구하는 것이요, 궁극적으로 하늘과 일치를 추구하는 것임을 보여주고 있다. 수양을 통한 '천인합일'의 인격실현을 통해, 인간이 모든 과오나 갈등과 혼란에서 벗어나 완전하고 충만함이 이루어지는 것이요, 그것은 바로 주자학에서 드러나는 구원론의 의미를 지니는 것이기도 하다.

유교사회에서 인격의 모범으로 제시되는 '선비'(士: 士君子)는 결국 '성

---

22) 『退溪集』, 卷7, 8-9, '進聖學十圖箚幷圖', "用力之久, 自然心與理相涵, 而不覺其融會貫通, …畏敬不離乎日用, 而中和位育之功可致, 德行不外乎彝倫, 而天人合一之妙斯得矣."
23) 周敦頤, 『通書』, '志學', "聖希天, 賢希聖, 士希賢."

인'을 본받아 배워서 '성인'을 이루고자 하는 인간이다. 퇴계와 더불어 조선시대를 대표하는 주자학자인 율곡은 20세때 지은 「자경문」(自警文)에서 "먼저 모름직이 뜻을 크게 하여야 하며, 성인을 표준으로 삼아서 털끝만큼이라도 성인에 미치지 못하면 나의 일은 마쳐지지 않은 것이다"24)라고 역설하여, 한 사람의 선비로서 '성인'을 인격실현의 이상과 표준으로 확인하고 '성인'을 이루기를 기약하는 엄숙한 모습을 보여준다. '선비'가 '현인'을 이룬 경우는 사실상 매우 드물다. 더구나 선비가 '성인'을 이룬 경우는 유교의 역사 속에서도 공자나 맹자 정도에서 그치는 극히 소수에게 만이 인정될 뿐이다. 그러나 유교사회의 '선비'는 '성인'을 인격실현의 표준으로 삼으며, 하늘과의 일치를 추구하는 수도자의 모습을 보여주는 것이라 할 수 있다.

주자학에서는 한편으로 우주와 인간의 본질과 그 구조를 분석하면서, 다른 한편으로 인간의 실천적 당위규범을 제시하여 방대하고 정밀한 이론체계를 이루고 있다. 그러나 성리학의 합리적 체계도 '천'개념에서 본다면, 비종교적 합리주의의 관철에 목표가 있었던 것이 아니라, '천·상제'에 대한 유교적 신앙의 인식과 체험을 합리적으로 해명하는 것이라 할 수 있다.

5. 도통의식과 이단(異端)비판론

주자학의 경전체계는 주자에 의해 '사서'(四書)로 정립되고, 한(漢)나라

---

24) 『栗谷全書』, 卷14, '自警文', 40, "先須大其志, 以聖人爲準則, 一毫不及聖人, 則吾事未了."

때 복원된 '오경'(五經)과 결합시켜 '사서-오경'의 체제로 이루어져 있는 것이 사실이다. 우선 '사서'의 성립은 주자학의 도통(道統)의식에 따른 경전체계로 지적된다. 곧 공자의 '도'(道)는 제자 가운데 증자(曾子)에 의해 계승되어 『대학』이 저술되었고, 증자의 재전(再傳)제자로 자사(子思)가 그 '도'를 계승하여 『중용』을 저술하였으며, 자사의 재전제자로 맹자에 까지 이어졌다고 보았다. 따라서 '사서'는 『논어』→『대학』→『중용』→『맹자』의 순서로 성립되었다고 주장하는 것은 공자의 '도'가 공자 → 증자 → 자사 → 맹자로 계승되었다는 '도통'의식을 밝히는 것이다. 이러한 '도통'의 인식은 경전의 문헌고증적 연구에 근거하여 이끌어내어진 결론이 아니라, 주자학의 도통론적 신념으로서 확인되는 것이라는 사실을 주목할 필요가 있다.

주자는 「중용장구서」(中庸章句序)에서 요(堯) → 순(舜) → 우(禹)로 이어오며 옛 성왕이 전해주고 계승한 '도'는 "그 중용을 잡을 수 있어야 한다"(允執厥中)는 말에서 제시되는 '중'(中: 中庸)에 있고, 그 후의 성왕(聖王)이나 현신(賢臣)들이 이 '도통'을 전승하였으며, 공자가 바로 이 '도통'을 계승하여 가장 잘 밝혔음을 확인하고 있다. 곧 공자가 제시한 '시중'(時中)이 바로 요임금의 '도'인 '집중'(執中)을 계승한 것이라 한다. 또한 자사는 '이단'이 일어나 진리를 은폐시키는 시대를 살면서 진리가 사라질까 두려워하여 바로 요임금에서부터 전해지고 공자가 계승한 '도통'의 핵심인 '중'으로서의 '도'를 밝혀 『중용』을 저술하였음을 역설하였다.[25] 이처럼 주자학에서 유교전통은 그 자체가 '도통'의 계승이라는 인

---

25) 朱熹, 『中庸章句』, '中庸章句序', "中庸何爲而作也, 子思子憂道學之失其傳而作也, , 蓋自上古聖神繼天立極, 而道統之傳有自來矣, 其見於經, 則允執厥中者, 堯之所以授舜也, …自是以來, 聖聖相承, …若吾夫子, 則雖不得其位, 而所以繼往聖開來學, 其功反有賢於堯舜者."

식과 더불어, 특히 자사가 '도통'의 핵심이념으로서 '중'(중용)을 표출시키게 된 것은 '이단'이 성행하게 되는 때, 곧 제자백가가 등장하였던 전국시대임을 주목한다면, 유교의 역사 속에서 안으로 '도통'을 밝히는 과제는 밖으로 '이단'의 비판이라는 과제와 서로 표리관계를 이루고 있는 것임을 엿볼 수 있게 한다.

주자와 여조겸(呂祖謙)이 함께 편찬한 저술로 주자학의 교과서적 체계를 제시한 것이라 할 수 있는 『근사록』(近思錄) 14편에서는 마지막에 '이단'의 변별(辨異端)과 '성현'의 도통(觀聖賢)의 두 편으로 마무리를 짓고 있다. 또한 율곡이 『성학집요』(聖學輯要)를 5편의 체제로 구성하여 저술하면서, '수기'(修己)·'정가'(正家)·'위정'(爲政)을 본론으로 삼고, 서론에 해당하는 '통설'(統說)은 본론의 내용을 전체로 밝히는 것이요, 결론에 해당하는 '성현도통'은 본론의 내용을 실천하는 모범으로 제시하였다. 이러한 사실에서도 '도통'을 밝히는 문제가 바로 주자학의 이념을 실현하는 기준이 되고 있음을 분명하게 보여준다. 조선시대의 주자학자들에게서 '도통'의식은 가장 확고한 신념으로 자리잡으면서, 공자에서 맹자까지 계승되고나서 끊어졌다가 송나라때 주렴계·정명도·정이천·장횡거·주자로 다시 이어진 '도통'을 엄격하게 확인하였다. 이에따라 박세당(朴世堂)이나 윤휴(尹鑴)의 경우처럼 주자의 경전주석이나 이론에 어긋나는 경전해석에 대해서는 '사문난적'(斯文亂賊)으로 단죄하고, '이단사설'(異端邪說)로 배척하였던 것이 사실이다.

'이단'은 '정도'(正道) 내지 '정통'에 상반되는 사상 내지 신념체계로서, '정통'의식에 따라 엄격히 배척되었다. 맹자는 위아설(爲我說)을 주장한 양주(楊朱)에 대해 '임금을 임금으로 여기지 않는다'(無君) 하고, 겸애설(兼愛說)을 주장한 묵적(墨翟)에 대해 '부모를 부모로 여기지 않는다'(無

父)고 하여, 임금과 부모도 알아보지 못하는 금수(禽獸)로 규정하고, 인간의 심성과 예법을 해치는 사설(邪說)로 배척하면서, "양주와 묵적을 거부하여 말할 수 있으면 성인의 무리이다"라고 밝혔다.26) 맹자의 양주·묵적에 대한 비판은 주자학에서 '이단'에 대한 배척론의 선구로 받아들여지고 있다. 정명도(程明道)는 "양주·묵적의 해독은 신불해(申不害)·한비(韓非) 보다 심하고, 불교와 노장(老莊)의 해독은 양주·묵적 보다 심하다"27)라고 하여, 시대가 내려가고 이치에 더욱 가까운 듯이 보일 수록 '이단'의 해독이 더욱 심해지는 것임을 강조하였다. 주자도 "'이단'의 이론이 나날이 새로워지고 성해가는데, 노장과 불교에 이르면 이치에 더욱 가까운듯 하지만 진리를 크게 어지럽힌다"28)라고 하였다. 특히 노장과 불교의 이론은 심오하여 이치에 가깝게 보이지만, 그 근원에서 유교이념과 미세한 차이를 일으키면서, 그 결과로 중대한 오류를 초래하고 더욱 심각한 해독을 미치는 것임을 강조하였던 것이다.

조선시대 주자학은 중국에서 보다 더욱 엄격하게 불교와 노장을 '이단'으로 배척하였을 뿐만 아니라, 유교전통 안에서 주자학을 비판하였던 육상산·왕양명에 대해서도 단호하게 '이단'으로 비판하여 주자학의 '정통성'을 확보해갔다. 나아가 서양종교로서 천주교가 전래해 왔을 때에도 '이단'으로 비판하여, 강력한 정통주의적 신념을 밝힘으로써, 주자학에 의한 사회통합을 확고하게 형성하여 왔던 것이 사실이다. 이처럼 주자학이 '도통'의식의 확립을 기반으로 다른 종교에 대응하는 엄격한 비

---

26) 『맹자』, '離婁下', "楊氏爲我, 是無君也, 墨氏兼愛, 是無父也. 無父無君, 是禽獸也. …能言距楊墨者, 聖人之徒也."
27) 『近思錄』, 卷13, '辨異端類', "楊墨之害甚於申韓, 佛老之害甚於楊墨."
28) 朱熹, 『中庸章句』, '中庸章句序', "異端之說日新月盛, 以至於老佛之徒出, 則彌近理而大亂眞矣."

판의식을 강조하였던 것은 주자학 이념의 궁극적 진실성에 대한 확고한 신념을 밝히는 것이다. 그만큼 '절대신념의 체계'로서 종교적 확신을 보여주는 것이요, 그것은 주자학이 유교공동체의 정체성을 확립하는 방법이라고도 할 수 있다. 특히 주자학이 다른 종교를 '이단'으로 비판하고 배척하였던 사실은 그만큼 다른 종교를 주자학의 유교이념에 맞서는 가장 강력한 경쟁대상으로 받아들이고 있다는 사실을 말하는 것이요, 뒤집어 보면 같은 종교로서 '동류'(同類)의식을 반영하고 있었던 것으로 보이기도 한다.

6. 주자학의 종교적 성격

유교에서도 특히 주자학에 대해서는 종교성이 결여된 철학체계나 윤리체계 내지 정치사상으로 보는 견해가 우세한 것은 사실이다. 주자학의 이념이 조선왕조의 통치이념으로 5백년 동안을 강력하게 이끌어 왔던 한국사회에서도 오늘에 와서 유교를 종교로 받아들이는 사람은 그다지 많지 않다. 한국의 유교교단이라 할 수 있는 성균관에서 제시한 유교인 숫자는 1982년까지 전국민 인구에서 각 종파의 신도수를 빼고 남는 수를 전부 유교인으로 보고, 그 수를 5로 나누어 5인 1가족의 기준으로 세대수를 산출한 다음, 이 세대수와 같은 가장(家長)의 숫자를 유교인 숫자로 추정하여, 1982년에는 6,909,960명으로 밝혔던 일이 있다. 그것은 다른 종교인이 아니면 모든 한국인이 유교인이라는 인식을 표출하고 있는 것이다.

그러나 한국정부의 인구조사에서 소속 종교를 조사한 결과를 보면,

유교를 자신의 종교라고 확인한 한국인은 1983년에 786,955명이었고, 1985년에 483,366명으로 2년만에 절반 가까이 줄었고, 다시 1995년에는 210,927명으로 나타나 10년만에 절반이하로 급격히 감소하고 있음을 보여준다. 이러한 감소추세는 날이 갈 수록 더욱 심화되고 있는 형편이다. 오늘날 한국의 유교인들은 유교전통을 존중하고 있는 경우라 하더라도 전통의 형식적 답습에 안주하여 유교적 신념의 종교성을 잃어가는 실정이다. 조상제사를 드리는 경우에서도 조상신과 감응하여 교류하는 신앙적 태도가 아니라, 제사의 형식적 절차만 수행하고 있는 것이 그 사례라 할 수 있다. 그렇다면 유교 내지 주자학에 종교성이 있느냐 없느냐에 문제가 있는 것이 아니라, 그 종교성을 상실해간다는데 문제의 심각성이 있다. 다만 1984년 윤이흠(尹以欽)교수가 한국갤럽조사연구소와 공동으로 조사한 『한국의 종교와 종교의식』에 의하면, 자신을 유교인으로 확인한 사람은 조사 대상의 0.5% 뿐이었으나, 유교적 가치를 수용한 사람은 조사 대상 전체의 91.7%요, 그 중에 불교인의 100%, 천주교인의 90%, 개신교인의 76.4%라는 사실을 확인할 수 있다. 그만큼 유교인으로 확인하지 않는 한국인도 그 의식의 기반에는 유교를 광범하게 받아들이고 있음을 보여준다.

  1899년 대한제국의 고종황제는 '존성윤음'(尊聖綸音)을 선포하여, "우리나라의 종교는 공자의 '도'가 아니겠는가?"라 하여, 우리나라의 종교는 유교임을 확인하고, "짐(朕)과 동궁(東宮)은 한 나라 유교의 종주(宗主)가 될 것이다"라고 선언하였다.[29] 고종과 세자가 우리나라 유교의 종주가 되겠다고 밝혔던 것이다. 당시 주자학자들은 고종의 '존성윤음'

---

29) 許佺·郭漢一 編, 『大東正路』, 권5, 8-9, '尊聖綸音', "我國之宗敎, 其非吾孔夫子道乎, …朕與東宮, 將爲一國儒敎宗主."

에 매우 고무되었던 사실은 이들이 아무런 의심없이 당연하게 유교를 종교로 받아들이고 있었음을 잘 드러내 주고 있다. 또한 한말(韓末) 주자학자인 유인석(毅菴 柳麟錫)은 「우주문답」(宇宙問答, 1913)에서 '중국'(중화문명)을 구성하는 4가지 기본조건으로 제왕도통(帝王道統)·성현종교(聖賢宗敎)·윤상정도(倫常正道)·의발중제(衣髮重制)를 들었다. 여기서 그는 '성현종교'에 대해, "중국의 '교'(敎)는 공자를 '종'(宗)으로 삼는다"라고 밝혔으며, "중국으로서 그 '교'(유교)를 '종'으로 삼지 않으면 중국이 아니요, 인류로서 그 '교'를 '종'으로 삼지 않으면 인류가 아니다"라고 강조하였다.30) 곧 인류문명과 중화문명의 기준은 유교요, 이 유교를 '성현의 종교'로 확인하고 있는 것이다. 이처럼 19세기 말과 20세기 초 조선의 주자학자들은 '종교'라는 말을 접하면서 유교를 종교로 인식하는데 전혀 주저함이 없었던 사실을 돌아볼 필요가 있다.

　유교 내지 주자학의 전통에 교단조직이 없다는 점을 들어서 종교라고 볼 수 없다는 견해가 많이 제시된다. 사실 불교의 '승가'(僧伽)제도나 기독교의 '교회'(敎會)제도와 같은 교단조직이 유교에 없다는 것을 부인하기는 어렵다. 그러나 유교전통에서 가정과 향촌과 학교와 국가는 의례공동체로서 교단조직의 기능을 해왔던 점을 주목할 필요가 있다. 특히 가정과 국가는 제사의례를 정기적으로 거행하는 유교공동체의 가장 공고한 조직으로서 자리잡고 있었던 것이다. 다만 세속조직과 종교조직이 분리된 불교나 기독교의 경우와 달리, 유교는 세속조직과 종교조직이 일체를 이루고 있다는 점이 유교적 공통체조직의 기본특성이라 할 수 있다. 바로 이 점 때문에 유교의 공동체조직은 종교조직으로서 고유

---

30) 『毅菴集』, 권51, 5-6. '宇宙問答', "中國之爲敎, 宗孔子, …中國而不宗其敎, 則非中國也, 人類而不宗其敎, 則非人類也."

한 성격이 약하게 드러나는 것도 사실이지만, 그렇다고 교단조직의 기능이 없었던 것이 아니다. 오늘날에는 유교교단이 성균관·향교의 관리조직과 '유도회'(儒道會)의 회원조직의 두가지 체계로 조직화되어, 비록 종교의식의 각성에서는 극심하게 쇠퇴하였지만 제도적 조직은 분명하게 드러내고 있는 사실을 볼 수 잇다.

또한 근대화과정에서 유교사회는 가정과 국가라는 유교공동체가 유교적 신념을 상실하면서 급격히 쇠퇴하게 되고, 따라서 종교성도 상실하게 되었다는 사실도 유의할 필요가 있다. 그러나 키타가와(Joseph M. Kitagawa)가 "다양한 인간관계 중에서도 가족과 국가는 중국 종교의 두 핵심을 이룬다"[31]라고 지적한 점을 염두에 두면, 전통사회에서 유교 내지 주자학은 '가족종교'요 '국가종교'라고 일컬을 수 있을 것이다. '가족종교'란 가족을 신앙생활의 범위로 삼는 종교라는 의미가 아니라, 가족공동체가 의례의 기본구성 단위를 이루고 있는 종교라는 뜻이다. 또한 '국가종교'란 국가의 권위로 종교적 통합을 이루고 있는 '국교'(國敎)라는 뜻이 아니라, 국가공동체가 유교의례의 중심축이 되고 있는 종교라는 의미이다.

유교는 가족과 국가를 중심으로 윤리적 내지 정치적 문제에 관심을 두고 있는 현실중심적 사상체계라 하여 종교성을 부정하기도 한다. 유교 내지 주자학의 종교성을 논의할 때는 바로 이 현실중심적 사유와 궁극존재에 관한 사유가 분리되지 않고 일체를 이루고 있다는 점을 언제나 유의할 필요가 있다. 주자가 장횡거의 「서명」(西銘)을 해석하면서, "부모를 섬기는 일에 나아가서 하늘을 섬기는 도리를 밝힌다"[32]고 말한

---

31) Joseph M. Kitagawa, 『동양의 종교』(Religions of the East), 이진구·신광철·이욱 역, 사상사, 1994, 80쪽.

것처럼, 가족관계의 일로서 '사친'(事親)이 바로 하늘을 섬기는 '사천'(事天)의 기반이요, '사친'과 '사천'이 결코 분리될 수 없는 하나의 이치임을 인식하는 것이 주자학적 종교성의 특징을 드러내주는 중요한 대목이다. 그렇다면 정치·사회·교육 등의 현실중심적이고 인간중심적인 모든 일들이 '사천'의 신앙적 태도와 분리되지 않음을 확인할 수 있으며, 바로 여기에 유교 내지 주자학의 종교성을 확인할 수 있고, 또한 유교 내지 주자학의 종교적 특성을 발견할 수 있을 것이라 본다.

---

32)『朱子語類』, 卷98, '張子之書', "卽事親以明事天."

5. 『춘추고징』春秋考徵과 정약용丁若鏞의 교郊·사社제사 인식

1. 『춘추고징』과 제사의례 해석의 과제

정약용(茶山 丁若鏞, 1762-1836)의 학문체계는 경전연구인 '경학'과 국가경영론인 '경세론'이 두 개의 중심축을 이루고 있으며, 이 두 가지는 뿌리(本)와 가지(末)의 관계로서 서로 연관된 것임을 밝히고 있다. 1930년대에 편찬하여 간행된 그의 저작전집인 신조선사본(新朝鮮社本)『여유당전서』(與猶堂全書)에는 '경집'(經集, 제2집)과 '예집'(禮集, 제3집)이 구분되어 있지만, 정약용이 자신의 학문체계를 서술한「자찬묘지명-집중본」(自撰墓誌銘集中本)에서는『상례사전』(喪禮四箋)·『상례외편』(喪禮外編) 등 현재 '예집'에 수록된 내용을 경학의 일부분으로 언급함으로써, 예학(禮學)을 경학 속에 포함시키고 있음을 보여준다. 특히 그의 예학에 관련된 저술들은『상례사전』등 '상례'(喪禮)의 문제와『제례고정』(祭禮考定) 등 '제례'(祭禮)의 문제를 기본과제로 다루고 있으며,『춘추』에 관한 저술인『춘추고징』(春秋考徵)도 춘추시대의 국가의례로서 길례(吉禮) 곧 '제례'와 흉례(凶禮) 곧 '상례'의 문제를 해명하는데 초점을 맞추고 있다.

의례는 영역에 따라 국가의례(王朝禮·國朝禮)·향촌의례(鄕禮)·학교의례(學禮) 분야와 가정의례(家禮)로 분류되는데, 국가의례와 가정의례가 가장 큰 비중을 지니는 것이 사실이다. 정약용은『춘추고징』에서 주(周)나라 때의 국가의례에 관한 연구에 관심을 집중하고 있다. 그가『춘추고징』을 통해 국가의례에 관심을 기울이게 된 동기는 그 자신이 실학자로서 국가제도의 개혁을 추구하고 새로운 질서를 탐색하는 과제로서 유교의례의 전통 속에 착오와 혼란을 씻어내고 옛 성왕(聖王)이 제시한 국가의례의 기준을 재정립하고자 하는 것이다. 그것은 옛 성왕이 제시한 의례와 제도의 이상적 표준을 확인함으로써 국가질서의 새로운 기준을 확보하는 데에 관심을 지녔던 것이라 하겠다.

　정약용이『춘추고징』에서 보여준 제사의례에 관한 해석의 과제는 크게 보면 두가지로 집약될 수 있다. 먼저 제사의 대상이 되는 '신'(神)존재의 양상을 검토하였다. 그는 음양오행설(陰陽五行說)에 의해 왜곡된 유교의 '신'개념의 인식을 극복함으로써, 유교의 제사의례가 지닌 진실한 의미를 밝히고 제사의례의 올바른 체제를 재정립하는 작업을 추구하였다. 또한 그는 제사의례의 구성요소로서 장소와 시간, 및 제물(祭物)과 천헌(薦獻)의 방법에 대한 정밀한 고증을 함으로써, 옛 성왕(聖王)이 제정한 주(周)나라때 제사의례의 원형(原型)을 확인하고자 하였다. 그가『춘추고징』에서 보여준 제사의례의 해석방법은『주례』(周禮)를 기준으로 삼고『춘추』를 증거로 삼아 다양한 경전주석과 역사서를 종횡으로 검토하는 문헌고증적 방법이다. 그는 이러한 고증적 방법을 통해 여러 경전들의 기록이나 후세의 이론과 해석에서 나타나는 온갖 오류들을 비판적으로 재검토하여, 유교의 국가의례로서 제사의례의 올바른 형식과 진실한 의미를 밝혀내기 위한 과제를 수행하였던 것이다.

『중용』에서는 유교를 하늘(天)에 근원을 두고, 성품(性)에 바탕하며, 도리(道)로 기준을 삼고, 교화체계(敎)를 이루는 것으로 제시하였으며,1) 또한 『예기』 '제통'(祭統)편에서는 바로 이 유교의 가르침에 근본이 되는 것을 '제사'라 지적하고 있다.2) 그만큼 인격수양과 도덕규범과 통치질서를 포괄하는 유교의 교화(敎化)체계에서 제사가 근본과제임을 인식하고 있는 것이다. 이런 의미에서 제사는 유교의 종교적 실행과 도덕적 의식과 정치적 제도의 전반을 규정하고 표현하는 기능을 지니는 것이라 하겠다.

 또한 제사는 '신'과 인간이 교류하는 방법이다. 바로 이 점에서 제사의례의 문제는 유교의 종교적 성격을 가장 잘 드러내주는 현장이라 할 수 있다. 정약용의 제사의례에 대한 해석은 '신'과 인간이 교류하는 방법의 진실성을 확인하는데 초점을 맞추고 있으며, 그만큼 유교의 종교성이 지닌 진정한 면모를 생생하게 밝혀주고 있음을 주목할 필요가 있다. 또한 제사의례는 국가의 통치체제와 긴밀하게 연관되어 있다는 점에서, 그의 국가의례로서 제사의례의 해석은 제사가 지닌 통치원리로서의 기능을 이해하는 것이 또 하나의 핵심적 과제라 할 것이다.

 정약용은 『춘추고징』에서 '교'(郊)와 '사'(社: 社稷)제사 등 제사의례에서 '신'존재와 의례제도에 관한 해석을 전개하면서, 전통적 해석의 뿌리깊은 오류들을 그 근원에서부터 전면적으로 검토하고, 정밀한 비판과 논증을 통해 자신의 예학적 인식의 기본 체계를 제시하고 있다. 이러한 비판적 인식의 기초에는 우선 제사의 본질적 의미와 그 제사의 대상인 '신'개념에 대한 종교적 신성성의 인식을 전제로 확보하며, 이를 통해

---

 1) 『예기』, '祭統', "祭者, 敎之本也已."
 2) 『중용』, "天命之謂性, 率性之謂道, 修道之謂敎."

제사에 관한 기존의 온갖 주장들을 일관하게 평가할 수 있는 기준을 확립하고 있는 것이다. 따라서 정약용은 제사에 대한 전통적 해석이나 제도의 권위를 전면적으로 부정하고, 선진시대 옛 성인에 의해 제시되고 시행되었던 제사 의례의 원형(原型)을 고증적으로 재구성하기 위해 용의주도한 시도를 하고 있다.

제례연구를 통해 정약용이 보여주는 기본 방법은 고증학적 분석이라 할 수 있다. 그러나 그 구체적 방법은 대체로 다음의 세 가지 형식으로 확인된다.

①기존이론의 비판적 성찰 : 해당 제사에 대한 전통적 이해에 나타나는 다양성을 총체적으로 분석한다. 이에 따라 정약용은 기존 이론들 사이에서 나타나는 상호모순과 개념적 혼란을 드러내고, 동시에 각각의 전통적 이론이 지닌 모순을 정밀하게 분석하여 비판하였다.

②기본 구조의 파악과 합리적 논증 : 제사를 구성하는 본질적 의미에 따른 '신'개념이나 의례제도의 기본구조를 드러냄으로써 그 제사에 대한 해석에서 쟁점이 되는 주제를 선명하게 제기한다. 나아가 그는 이 주제의 정당성을 구체적이고 실증적으로 검토함으로써 합리적 논증을 하고 있다.

③비교 검토와 연관성의 확인 : 해당 제사의 쟁점과 연관된 문제들과 문헌들을 다양하게 이끌어 낸다. 여기서 그는 쟁점의 주제에 대해 더욱 폭넓게 비교하고 그 검토 범위를 확장시키면서 그 제사의 기본 성격을 더욱 선명하게 드러내었던 것으로 보인다.

여기서는 『춘추고징』의 '길례'편에서 제시하고 있는 제사로서 '교'(郊)·'사'(社: 社稷)·'체'(禘)·'묘'(廟: 時享·朔祭·廟制 포함)의 제사 가운데서, '교'와 '사'의 제사의례에 관한 이해에 초점을 맞추어 정약용의

'신'(神)개념과 의례제도에 대한 인식을 해명하고자 한다.

2. 『춘추고징』의 체제와 제사의례의 유형

정약용의 『춘추고징』은 『춘추』라는 경전의 재인식에 근거하고 있다. 그는 『춘추』를 주(周)나라의 의례와 제도를 제시한 『주례』가 '춘추시대'라고 일컬어지는 한 시대에 실제로 시행된 증거로서 파악하였다. 따라서 그는 주(周)나라의 의례와 제도로서 『주례』를 알고자 한다면 반드시 『춘추』를 연구하여야 할 것임을 강조하고 있다.3) 이처럼 그는 『춘추』를 『주례』가 시행된 현장의 기록으로 받아들이고 있는 것이다.

여기서 그는 『춘추』와 『주례』의 경전으로서 지닌 성격과 비중을 새롭게 조명하고 있다. 먼저 『춘추』에 대해, 그는 동주(東周)시대의 전반부에 해당하는 이른바 '춘추시대'의 역사적 사실을 기록한 것에 그치는 것이 아니라, 그것은 동시에 주나라의 의례(곧 '주례')가 시행되었던 사실들이 기록된 증거로서 주목하자는 것이다. 또한 그는 『춘추』도 공자가 노(魯)나라의 역사기록을 편찬하여 '춘추'라 이름붙이기에 앞서서, 이미 주(周)나라의 역사기록이 '춘추'라는 명칭으로 일컬어져 왔음을 고증하였다.4) 이러한 견해는 『춘추』와 『주례』가 표리관계처럼 긴밀하게 연결되

---

3) 『與全』[2], 권33, 1, '春秋考徵'(題辭), "春秋者, 周禮之所徵也, 欲知周禮者, 其不考之於春秋乎."
4) 같은 곳, "此諸文春秋者, 明是周史之舊名, 不唯魯史而後乃名春秋也." 여기서 정약용은 '春秋'가 周나라 역사기록임을 확인하는 근거로 『左傳』(昭公2年)・『公羊傳』(莊公7年)・『晉語』・『楚語』・『坊記』・『經解』・『春秋感精符』 등을 인용하고 있다.

어 있음을 확인하고자 하는 것이라 하겠다. 다음으로 『주례』에 대해, 그는 3대(夏·殷·周)의 이상정치를 회복하고자 한다면 반드시 『주례』에서 착수할 수 밖에 없음을 강조하였다. 곧 그는 『주례』를 주공(周公)이 직접 기록한 경전으로 확인하여 말할 수는 없다 하더라도, 주나라가 동쪽으로 천도한 동주(東周) 이후에 나왔다는 논증은 결코 받아들일 수 없음을 강조하였다.5) 따라서 그의 『춘추고징』은 『춘추』를 통해 『주례』의 국가의례 체계를 확인하고 고증하는 작업으로서, 이를 위해 여러 경전과 문헌들을 종횡으로 비교 분석함으로써, 주나라 시대에 제시된 국가의례의 기준을 밝혀내는데 관심을 집중하고 있다.

『춘추고징』은 주나라때 국가의례로서 길례(吉禮: 祭禮)와 흉례(凶禮: 喪禮)의 실상을 확인하는 작업의 과정에서 『춘추』와 『주례』를 기준으로 삼고 있으며, 『춘추』의 3전(三傳: 左傳·公羊傳·穀梁傳)과 『예기』 등의 여러 경전과 한대(漢代)에서 청대(淸代)에 이르는 주석들을 비판적으로 검토하였으며, 『대대례』(大戴禮)·『국어』(國語) 등과, 『사기』(史記) 등 역사서, 및 두우(杜佑)의 『통전』(通典), 진혜전(秦蕙田)의 『길례통고』(吉禮通考) 등 예서(禮書)를 비롯한 다양한 문헌들을 비판적으로 검토하거나 인증하여 기존의 잘못된 해석과 의례의 변형양상을 드러냄으로써, 치밀한 고증학적 논증을 수행하고 있다.

『주례』(春官 大宗伯)에서는 국가의례의 체제를 '5례'(五禮: 吉禮·凶禮·賓禮·軍禮·嘉禮)로 제시하고 있는데, 『춘추고징』에서는 군례(軍禮)·빈례(賓禮)·가례(嘉禮)의 세가지를 제외하고 길례(吉禮)와 흉례(凶禮)의 문제만을 다루었다.6) 그가 길례와 흉례의 두가지 영역에 관심을 집중하

---

5) 『與全』[1], 권20, 15, '答仲氏', "心以爲三代之治, 苟欲復之, 非此書無可著手, 其爲元聖之手筆, 雖未可十分質言, 其出於東遷以後之證, 斷無可執.".

였던 사실은 그 자신이 나머지 의례들에 대해서는 다음 시대에 누가 완성시켜 주도록 맡겨 둔다고 밝힌 바 있다.[7] 이런 의미에서 『춘추고징』은 주나라때 국가의례의 체계에 대한 해석을 완성한 것이 아니라 할 수 있지만, 동시에 국가의례에서 세속적 일에 관련된 의례들(軍禮·賓禮·嘉禮)을 제외하고, 초월적 신에게 드리는 제사와 인간의 죽음에 관련된 의례의 경우처럼 종교적 경건성이 가장 잘 드러나는 의례에 관심의 촛점을 맞추고 있는 의도를 엿볼 수 있게 한다.

『춘추고징』에서는 길례(제례)와 흉례(상례)가 두 축을 이루고 있지만, 국가의례의 체계에서는 길례를 앞세우고 또 흉례보다 더 큰 비중을 보여주는 사실이 하나의 중요한 특징이라 할 수 있다. 실제로 정약용의 의례연구에서도 가정의례의 영역에서는 『상례사전』(喪禮四箋)을 비롯하여 상례에 관한 저술이 『제례고정』(祭禮考定) 등 제례에 대한 저술에 비교하면 분량에서도 압도적 비중의 차이를 드러내고 있는 사실과 대비시키본다면, 가정의례에서는 상례를 앞세우고 제례를 뒤에 두며, 상례의 비중이 훨씬 더 큰 사실과 뚜렷한 대조를 보여주는 것이 사실이다.[8]

---

6) 『春秋考徵』(新朝鮮社本 『與猶堂全書』 4권)의 구성내용은 다음과 같다.
   권1 吉禮-郊 9편.
   권2 吉禮-社 3편/ 禘 12편/ 時享 7편/ 朔祭 3편/ 廟祭 5편.
   권3 凶禮-違制 12편/ 謬義 15편/ 駁義 5편/ 卽位 12조/ 書葬 4조/
        葬小君 3조..
   권4 凶禮-葬小君 10조/ 葬天王 4조/ 葬諸侯 1조/ 賵遂 2조.
        附錄-鄭氏六天之辨/ 先儒論辨之異/ 鄭氏禘祭之辨/ 雜禮/
        左傳小箋.
7) 『與全』[2], 33, 1, '春秋考徵'(題辭), "先執吉凶二禮, 別其大綱, 以正歸趣, 略其零碎, 以示推通. 至於賓軍嘉三禮, 擧一可以反三, 苟有同好, 庶其補成, 今不論也."
8) 정약용의 禮學관련 저술을 年代順(初稿기준)으로 열거하면 다음과 같다. 여기서 정약용의 禮學관련 저술은 祭禮와 喪禮가 중심을 이루고 있으며, 喪禮의 비중이 가장 크다는 사실을 확인할 수 있다.

길례(제례)는 '신'(神)에게 제물을 바치는 의례이므로 '신'존재의 성격에 대한 인식이 핵심의 주제가 될 수 있다. 『주례』(大宗伯)에서는 제사의 대상으로서 '신'(神)존재를 크게 천신(天神)·지기(地示)·인귀(人鬼)의 세 영역으로 구분하여 제시한다. 정약용은 『주례』(大宗伯)에 따라 천신·지기·인귀의 세 영역의 '신'(神)존재 구분을 받아들인다. 그러나 그는 '지기'를 사물의 '신'으로서 자연신(自然神)이라 보는 전통적 관점을 거부하였다. 곧 그는 '지기'란 자연적 대상물인 지(地)를 주재하는 '신'존재로서 '천신'을 가리키거나, 자연적 대상물을 다루는데 큰 공적을 이룬 '인귀'로 해석하는 자신의 독자적 견해를 밝히고 있다. 따라서 그는 '지기'의 실체를 '천신'이거나 '인귀'의 어느 한 쪽에 속하는 존재로 파악하였던 것이다. '지기'가 실제로 '천신'이거나 '인귀'에 속하는 것이라면, '신'존재는 제사의 대상에 따라 '천신'·'지기'·'인귀'로 구별되지만, '신'존재의 본질에서 보면 '천신'과 '인귀'의 두 유형만 존재하는 것으로 볼 수 있게 된다.

정약용이 『춘추고징』의 길례(제례)에서 다루고 있는 제사는 '교'(郊)·'사'(社: 社稷)·'체'(禘)·'시향'(時享)·'삭제'(朔祭)·'묘제'(廟制)의 여섯 가지이다. 이 여섯가지 제사의 유형이나 제도를 '신'존재의 실체에 따라 분류해보면, '교'제사는 '천신'에 대한 제사요, '사'(社稷)제사는 '지기' 곧

著述時期/ 書名 / 新朝鮮社本 編次 / 內容
①1803년/『喪禮外編』/ 禮集 권17-20 / 喪禮
②1804년/『喪禮四箋』/ 禮集 권 1-16 / 喪禮
③1805년/『禮疑問答』/ 禮集 권23(後) / 喪禮
④1808년/『祭禮考定』/ 禮集 권22(後) / 祭禮
⑤1808년/『春秋考徵』/ 經集 권33-36 / 祭禮·喪禮
⑥1810년/『嘉禮酌儀』/ 禮集 권23(前) / 冠禮·昏禮
⑦1815년/『喪禮節要』/ 禮集 권21-22(前) / 喪禮
⑧1825년/『風水集議』/ 禮集 권24 / 喪禮

'천신'과 '인귀'에 대한 제사이며, '체'제사를 비롯하여, '시향·삭제'의 제사와 종묘의 제도인 '묘제'는 모두 '인귀'에 대한 제사라 할 수 있다. '체'제사는 종묘에서 드러지기도 하지만 '상제'(上帝)에 배향되는 큰 제사로서 제사의 유형이 독특한 것으로 구분해본다면, 제사의 유형을 다시 다음의 네 가지로 집약하여 분류해 볼 수 있을 것이다.

①郊 － 郊(9편).　　　[부록] 鄭氏六天之辨/ 先儒論辨之異
②社稷－社(3편).
③禘 － 禘(12편).　　[부록] 鄭氏禘祭之辨
④宗廟－時享(7편)·朔祭(3편)·廟祭(5편).

3. '교'제사에서 '상제'의 인식과 '오방천제설'의 비판

1) '교'제사에서 '상제'의 인식

『춘추고징』을 통해 제기되는 정약용의 '교'(郊)제사에 대한 인식은 크게 두가지 과제를 기본 전제로 삼고 있는 것으로 보인다. 그 하나는 '교'제사의 대상인 '상제'(上帝)의 개념을 확인하는 것이요, 다른 하나는 '교'제사가 지닌 의례로서의 지위를 밝히는 것이라 할 수 있다. 먼저 그는 '교'제사의 대상인 '상제'의 존재에 대해, "천·지(天地)와 신·인(神人)의 밖에서 천지와 신인과 만물의 온갖 종류를 조화(造化)하며 주재(宰制)하여 배양(安養)하는 자이다. '상제'를 '천'이라 하는 것은 마치 임금을 '나라'(國)라 하는 것과 같다. 저 푸르고 형체가 있는 하늘을 가리켜 '상제'라 하는 것이 아니다"9)라고 정의하여, '상제'를 인간과 우주의 궁극적 주재자로 확인하고 있다.

　정약용이 '상제'를 천지와 귀신과 인간과 만물의 모든 것을 조화하며 주재하여 배양하는 존재라 정의하고 있는 것은 '상제'를 우주의 궁극적 주재자로 확인하고 있는 것이다. 이러한 그의 '상제'개념에 대한 인식은 마테오 리치(利瑪竇, Matteo Ricci)가 한문으로 펴낸 천주교교리서인 『천주실의』(天主實義) 제1편 제목에서 '천주가 천지와 만물을 창조하고 주재하여 배양함을 논함'(論天主始制天地萬物而主宰安養之)이라는 언급과 매우 유사하다. 또한 정약용은 '상제'가 본래 이름이요, '천'은 '상제'가 주재하는 대상의 하나인 형체가 있는 공간으로서 푸른 하늘을 가리키는 것이지만, 임금을 '나랏님'이라 일컫는 경우처럼, '상제'가 주재하는 가장 넓은 공간적 대상이 '천'이므로 '상제'를 비유하여 일컫는 호칭으로 '천'이라 할 뿐이요, 공간적 대상인 '천'이 궁극적 주재자인 '상제'를 일컫는 호칭으로 사용되고 있다 하더라도, '천'이 '상제'의 실체가 되는 것은 아니라는 분별의식을 명확히 밝히고 있다. 이러한 인식은 마테오 리치가 '천주'(天主, Deus)의 개념과 '천지'를 분별하면서, "누가 저 푸른 하늘을 가리켜 흠숭하겠는가? 군자가 혹시 '천지'라 일컫는다면 그것은 말투일 뿐이다. 비유하자면, 지부(知府)나 지현(知縣)이 맡아 있는 부나 현의 이름으로 자기의 호칭을 삼아, 남창 태수(南昌太守)는 '남창부'(南昌府)라 칭하고, 남창현 대윤(南昌縣大尹)은 '남창현'(南昌縣)이라 칭하는 것과 같다. 이에 견주어서 천지의 주인(天地之主)을 혹시 '천지'라 칭하니, 천지로 실체를 삼는 것이 아니다"10)라고 언급한 것과 똑같은 논리를 적용시키

---

9) 『與全』[2], 권36, 24, '春秋考徵: 先儒論辨之異', "上帝者, 何, 是於天地神人之外, 造化天地神人萬物之類, 而宰制安養之者也. 謂帝爲天, 猶謂王爲國, 非以彼蒼蒼有形之天, 指之爲上帝也."
10) 『天主實義』, 제2편, "孰指玆蒼蒼之天而爲欽崇乎, 君子如或稱天地, 是語

고 있는 것이다. 이처럼 정약용은 유교경전에서 제시한 '상제'의 개념을 인식하는데 그가 청년시절 심취하였던 천주교교리서에서 '천주'의 개념을 유일의 궁극존재요 주재자로 설명하는 관점으로부터 깊이 영향을 받고 있음을 보여준다. 그것은 그가 유교의 '상제'개념을 새롭게 해석하는데 천주교의 '천주'개념에 대한 이해를 하나의 빛으로 활용하는 것이지, '상제'와 '천주'의 존재를 동일시하는데 그의 의도가 있었던 것은 아니다.

유교경전에서는 '황천상제'(皇天上帝)·'호천상제'(昊天上帝)·'황황상제'(皇皇上帝)를 비롯하여, '황천'(皇天)·'호천'(昊天)·'민천'(旻天) 등 여러 가지 호칭이 나타나고 있다. 그는 "'황천상제'나 '호천상제'는 본래 '상제'의 아름다운 칭호(徽稱)요, '황천'이라 일컫기도 하고, '호천'이라 일컫기도 하고, '민천'이라 일컫기도 하는 것은 마치 제왕을 지극히 높여서 '국가'(國家)라 일컫기도 하고, '조가'(朝家)라 일컫기도 하고, '만승'(萬乘)이라 일컫기도 하는 것과 같으니, 그 가리키는 바가 각각 다른 것이 아니다. '황천상제'는 지극한 하나요, 둘이 없으며, 지극히 높아서 짝이 없다"[11]고 밝힘으로써, 호칭이 많은 것은 높이기 위해 아름답게 일컫는 존호(尊號)이거나, 직접 이름을 부르지 않고 대신하여 일컫는 호칭일 뿐임을 강조하였다. 이처럼 '상제'는 유일한 존재로서, 결코 호칭이 다르다고 서로 다른 존재를 가리키는 것이 아님을 강조하고 있다. 특히 그는 『주례』(大宗伯)에서 "'인'(禋)제사로 호천상제에 제사한다"(以禋祀, 祀昊天上帝)라고 하여 언급하고 있는 '호천상제'에서, '호천'은 '상제'의 여러

法耳, 譬若知府縣者, 以所屬府縣之名爲己稱, 南昌太守, 稱謂南昌府, 南昌縣大尹, 稱謂南昌縣, 比此, 天地之主, 或稱謂天地焉, 非其以天地爲體也."

11) 『與全』[2], 권27, 26, '尙書古訓', "皇天下帝·昊天上帝, 本是上帝之徽稱 或稱皇天, 或稱昊天, 或稱旻天, 如帝王至尊, 或稱國家, 或稱朝家, 或稱乘輿, 非其所指各殊也, 皇天上帝, 至一而無二, 至尊而無匹."

호(號) 가운데서도 대표적인 호칭인 정호(正號)라 지적하였다.[12]

그는 '상제'의 존재에 대해, "오직 '황황상제'는 형상도 없고 기질도 없으며, 어느 날이나 여기에 계시어 감시하고 천지를 거느리며, 만물의 시조가 되고 모든 '신'들의 근원이 되며, 환하고 밝아서 위에 내려와 계신다. 그러므로 성인은 이에 조심하여 부지런히 섬기니, '교'제사가 말미암아 일어나게 된 것이다"[13]라고 하여, '상제'는 천지와 만물을 주재하고 모든 '신'들의 근원이 되는 유일의 궁극적 주재자임을 확인하며, '교'제사는 바로 이러한 '상제'에게 드리는 제사임을 밝히고 있다. 따라서 그는 '교'제사의 대상인 '상제'를 유일한 궁극적 주재자로 확인함으로써, 그동안 경전이나 경전주석에서 궁극적 존재를 여러 가지로 나누어 설명한 사실에 대해 엄격하게 비판하고 있다. 『예기』 '제의'(祭義)편에서 "'교'제사는 '천'에 대한 큰 보답이며, '해'(日)를 주향(主享)으로 삼고 '달'(月)을 배향(配享)한다"(郊之祭, 大報天而主日, 配以月)고 언급한 구절에 대해, '상제'에게 드리는 제사의 대상은 '제천'(祭天)이라 하더라도 형체가 있는 푸른 하늘에 제사드리는 것이 하나요, 더구나 '해'를 주향으로 삼아 제사를 드리는 것이 아님을 밝혔다.

"제사가 지향하는 것은 제사에서 주향(主享)하는 바에 있다. 주향하는 바가 '해'라면 '해'에 대한 제사(祭日)이니, 어찌 '천'에 대한 제사(祭天)라 하겠는가? …'상제'를 '천'이라 말하는 것은 마치 임금을 '나랏님'이라 말하는 것과 같으며, 저 푸른 것으로 '천'이라 하는 것이 아니라 '상제'를 가리키는

---

12) 『與全』[2], 권22, 7, '尙書古訓', "周禮大宗伯禋祀上帝, 曰昊天上帝, 昊天, 乃上帝之正號也."
13) 『與全』[2], 권33, 15, '春秋考徵: 郊4', "惟其皇皇上帝, 無形無質, 日監在茲, 統御天地, 爲萬物之祖, 爲百神之宗, 赫赫明明, 臨之在上, 故聖人於此, 小心昭事. 此郊祭之所由起也."

것이다. 이제 '천'이 아무 작용이 없는 것이라 하여 '해'로 주향을 삼아, 천하의 백성들을 끌어다 영명(靈明)함이 없는 사물에게 머리를 숙이고 몸을 굽히게 하는 것이 어찌 옛 성왕의 법도이겠는가? …이제 '제천'(祭天)이라 이름붙이고서, 형체가 있는 '해'를 주향으로 삼고 형체가 있는 '달'로 배향을 삼는데, '천'이 지각이 없어 지향하여 빌 수 없다고 말하면 크게 어그러지는 것이 아니겠는가? …이러한 말들은 허망한 것이니, 모두 추연(鄒衍)·여불위(呂不韋) 등에게서 일어난 것이요, 우리 유교가 마땅히 말할 바가 아니다."14)

여기서 그는 '천'도 '상제'를 가리키는 호칭이 아니라 눈으로 볼 수 있는 푸른 하늘을 가리킨다면 영명한 지각능력이 없는 사물의 하나일 뿐이요, '해'나 '달'도 형체가 있는 사물의 하나일 뿐임을 지적하여, 결코 '해'가 '상제'를 대신하여 제사를 받을 수 없음을 역설하였다. 따라서 「제의」편의 이 구절은 전국(戰國)시대의 추연이나 진(秦)나라 때의 여불위 등이 그릇된 학설로 어지럽힌 것이라 비판하였던 것이다.

또한 정약용은 '별'(星辰)을 '상제'로 삼는 경우에 대해서도 비판을 하고 있다. 『주례』(大宗伯)에서는 "유료(熷燎)로 '사중'(司中)·'사명'(司命)·'풍사'(飌師)·'우사'(雨師)에 제사한다"15)고 언급한 구절이 있는데, 한(漢)의 정중(鄭衆)과 정현(鄭玄)은 이들을 모두 별자리의 명칭으로 해석하였다. 이에 대해 그는 위가(緯家: 讖緯家)들이 여러 별자리가 하늘에 빽빽

---

14) 『與全』[2], 권33, 13, '春秋考徵: 郊 3', "祭之所嚮, 在於所主, 所主是日, 則是祭日也, 何謂祭天? …謂帝爲天者, 猶謂王爲國, 非以彼蒼蒼者天, 指之爲帝也, 今也謂天無爲, 以日爲主, 擧天下黔首之民, 而稽首屈躬於無靈之物, 豈先王之法哉, …今也名曰祭天, 而主之以有形之日, 配之以有形之月, 謂天無知, 不可祈嚮, 非大悖乎, …此等誕妄, 皆起於鄒衍·呂不韋之等, 非吾儒之所宜言也."
15) 『周禮』, '春官·大宗伯', "以熷燎祀司中·司命·飌師·雨師."

하게 들어차 있는 것을 쳐다보고서 이를 하나의 조정(朝廷)으로 삼아, 그 가운데 하나의 별[耀魄寶]을 '상제'로 올리고, 다섯 별[太微垣]을 '오제'(五帝)로 올리며, 삼공(三公)·육경(六卿)과 백관(百官)의 관직에도 별들을 배당시킴으로써, 경전에서 말하는 '천신(天神)'을 모두 '별'로 해당시키고 있는 문제점을 지적하였다.16) 여기서 "우리 인간은 만물의 영명함이요, 저 푸른 하늘과 두터운 땅과 해·달·별과 산천·초목은 어느 하나 우리 인간이 가진 사물이 아닌 것이 없다. …그것들은 모두 기(氣)와 질(質)이 있는 것이요, 감정도 없고 영명함도 없는데, 어찌 우리 인간이 섬길 수 있겠는가? 오직 온갖 '신'들(百神)이 따라다니며 '상제'의 뜰에서 명령을 받아 혹은 해·달·별을 담당하고, 혹은 토지·곡물·산천을 담당하니, 성인이 제사의례의 전적(典籍)에 나열하여 부지런히 섬기는 의리를 넓혔던 것이다. 주석가들은 번번이 형체가 있는 사물을 가리켜 '신'으로 삼고 받드니 어찌 옳은 일이겠는가?"17)라고 하였다. 곧 그는 '상제'의 명령을 받은 '천신'이 해·달·별과 산천·초목 등 온갖 사물을 맡아서 다스리는 것이지, 해·달·별의 사물이 결코 '상제'나 '천신'으로 받들어져서는 안되는 것임을 밝힘으로써, 한대(漢代)이후 유교경전의 주석가들이 '상제'나 '천신'을 해·달·별 등 사물로 삼고 있는 오류를 엄격히 비판하였던 것이다. 따라서 그는 '사중'·'사명'·'풍사'·'우사' 등은 모두 '상제'의 명령을 받들어 각각 맡은 바를 다스리는 '천신'에 속하

---

16) 『與全』[2], 권33, 37, '春秋考徵: 郊 9', "緯家仰觀列星, 森羅滿天, 便欲以此闢一朝廷, 於是推一星以爲上帝[耀魄寶], 推五星以爲五帝[太微垣], 三公六卿·文武百官, 無所不備, 於是諸凡經文之言天神者, 悉以星當之."
17) 같은 곳, "吾人者, 萬物之靈, 彼穹天厚地·日月星辰·山川草木, 無一而非吾人之物, …彼皆有氣有質, 無情無靈, 豈吾人所能事哉, 惟其百神奔屬, 受命帝庭, 或司日月星辰, 或司土穀山川, 聖人列于祀典, 以廣昭事之義, 註疏之家, 每指有形之物, 奉之爲神, 惡乎可哉."

는 것이요, 어떤 특정한 별에 해당시킬 수 있는 것이 아님을 분명히 하였다.

같은 맥락으로 그는 『예기』「제법」(祭法)편에서 칠사(七祀)와 오사(五祀)를 '사명'이라 언급한 구절에 대해, 『주례』(大宗伯)에 근거하여 '사명'은 '천신'에 속하는 것이요, '오사'는 '지기'(地示)에 속하는 것이라 하여, '제법'편의 기록이 잘못된 것임을 지적하였다. 또한 『주례』(春官·天府)에서 '사민'(司民)·'사록'(司祿)을 언급한데 대해, 정현은 별자리로 해석하였으나, 그는 '사민'·'사록'도 '사중'·'사명'의 경우처럼 '천신'에 속하는 것이라 하여 정현의 견해를 비판하였다.18)

2) '오방천제설'의 비판

(1) 정현(鄭玄)의 '오방천제지설'(五方天帝之說) 비판

정약용은 후한 말기 정현에 의해 정립된 '오방천제설'의 내용을 검토하여 그 오류를 다각적으로 비판하고, 나아가 '오방천제설'에 연관된 정현 이후의 이론들에 대해서도 면밀하게 검토하여 비판해 갔다. 『주례』(小宗伯)에서는 "네 곳의 '교'에 '오제'(五帝)의 제단을 둔다"(兆五帝於四郊)고 언급하였는데, 정현은 오행설(五行說)의 체계에 따라 이 구절을 해석하면서 '오제'를 '창제'(蒼帝: 靈威仰)·'적제'(赤帝: 赤熛怒), '황제'(黃帝: 含樞紐)·'백제'(白帝: 白招拒)·'흑제'(黑帝: 汁光紀)의 다섯 '천제'(天帝) 곧 '오방천제'라 하였으며, 태호(太昊)·염제(炎帝)·황제(黃帝)·소호(少昊)·전욱(顓頊)의 다섯 '인제'(人帝)는 다섯 '천제'에 드리는 '교'제사에서 각각

---

18) 『與全』[2], 권33, 38, '春秋考徵: 郊 9', "大宗伯, 司命明是天神, 五祀明是地示, 今以司命爲五祀之首, 可乎? 「祭法」之不可信如此. …司民·司祿, 亦司中·司命之類. 鄭又以星點當之, 惑之甚矣."

배식(配食)한다고 하였다. 이러한 정현의 '오방천제설'에 대해, 정약용은 『주례』에서 언급한 '오제'란 다섯 '천제'가 아니라 '인제'임을 분명히 밝혔으며, '오제'를 네 곳 '교'에 배당하면 남는 것이 생겨 불합리함을 들어서, 정현의 '오방천제설'을 비판하였다.[19] 정약용은 정현에 의해 '오방천제설'이 정착된 사실을 주목하고, 그 오류를 비판하여 '상제'의 존재에 대한 인식을 확고하게 정립하고 있으며, 이 '오방천제설'이 출현하고 정착하게 되는 과정을 확인하고, 또한 '오방천제설'을 둘러싼 쟁점과 다양한 견해들을 비판적으로 검토하였다.

정약용은 먼저 '오방천제설'이 출현하고 성립하게 된 과정을 확인하고 있다. 그는 '오방천제설'이 전국(戰國)시대 추연(鄒衍)에서 발생하여 진(秦)나라에서 성행하고, 진나라의 여불위(呂不韋)가 『여씨춘추』(呂氏春秋)에서 괴이한 이론을 뒤섞어 취하면서 진나라의 선공(先公)이 '오제'에게 두루 제사를 드렸다고 그릇되게 일컬었음을 지적하였다. 또한 한(漢)나라가 일어나 협서율(挾書律)을 제거했지만, 사승(師承)은 이미 끊어졌고 거짓된 말들이 어지럽게 일어나서, 예전(禮典)은 대개 진나라의 옛 제도를 이어갔다는 것이다. 이어서 신(新)왕조의 왕망(王莽)이 한나라의 국통(國統)을 바꾸려 하였고, 후한(後漢)의 광무제(光武帝)는 한나라의 왕업을 회복하려고 하면서, 모든 부록(符錄)과 참언(讖言)을 은근히 고취시켜 백성을 미혹시키면서 위서(緯書)가 크게 일어나고 귀도(鬼道)의 사설(邪說)이 날뛰었으며, 후한 말기에 이르러서는 정현이 참위설(讖緯說)을 받들고 믿으면서 그가 삼례(三禮: 周禮·儀禮·禮記)와 삼경(三經: 詩·書·

---

[19] 『與全』[2], 권33, 23, '春秋考徵: 郊 5', "五帝者, 人帝也, …以五配四, 終剩其一, 鄭乃以中央黃帝, 贅於南郊, 其當於理乎, 五帝之非五方天帝, 卽此可驗."

易)을 주석하면서 모두 위서(緯書)의 설로 어지럽혀 성인의 경전(聖經)을 왜곡시키고 선왕의 법전(王章)을 파괴하였는데, '천정의 오제설'(天庭五帝說)이 그 가운데서 더욱 큰 문제였다는 것이다.[20] 결국 정현이 정립한 '오방천제설'은 추연·여불위에 의해 제기된 오행설과 참위설에서 발단한 것이요, 진(秦)·한(漢)시대에 유행하게 되었으며, 정현이 이를 경전해석에 끌어들여 옛 경전과 제도를 어지럽히고 파괴하면서 표출하게 된 잘못된 이론이라는 것이다.

나아가 그는 진(秦)나라 때 제사의례의 실정을 검토하면서, 진나라 양공(襄公)이 처음 '백제'(白帝)를 제사했고, 선공(宣公)이 '청제'(靑帝)를 이어서 제사했는데, 마침내 250여년 동안 이르기까지 오직 '청제'와 '백제' 둘에 그쳤으니, 당시에는 '오제'의 명칭이 없었던 것이라 하였다. 여기서 '백제'나 '청제'는 곧 서번(西番)의 오랑캐들이 사사롭게 서로 받들어 모신 신(神)들이었을 뿐이라 보았다. 그 후세에 와서 '황제'(黃帝)와 '적제'(赤帝)의 둘을 또 늘렸으나, 그래도 '흑제'(黑帝)가 빠져 있었으므로 아직도 '오제'의 명칭은 갖추어지지 않았다는 것이다. 게다가 양공이 제사한 것은 소호(少昊)의 신으로 여겼으니, 이른바 '황제'(黃帝)와 '염제'(炎帝)는 헌원(軒轅)과 신농(神農)이요, 결코 정현이 말한 것처럼 '태미오성'(太微五星)을 가리켜서 상제(上帝)로 삼았던 것은 아니라 확인하였다. 또한 한나라에서는 문헌에 없었지만, 이 제사를 계승하였고, 그 후 왕망

---

20) 『與全』[2], 권33, 20-21, '春秋考徵: 郊5', "五方天帝之說, 起於騶衍, 盛於亡秦, 呂不韋著書, 雜取怪迂之說, 謬稱秦之先公, 歷祠五帝, 漢興百年, 始除挾書之律, 師承旣絶, 僞言棼興, 其間禮典槃襲秦舊, 王莽圖移漢祚, 光武思復漢業, 皆陰鼓符讖, 以惑民聽, 於是緯書大興, 鬼道駝騁, 及其末也, 鄭玄以博學鴻儒, 崇信讖緯, 其註三禮·三經, 悉以緯書之說, 交亂其間, 以誣聖經, 以壞王章, 若天庭五帝之說, 尤其大者也."

에 이르기까지 '오방천제'가 그 문장으로 크게 갖추어지게 되었음을 지적하고 있다.21) 그렇다면 진나라에서 '백제'나 '청제'에 제사하였던 것은 '오방천제'로서 제사한 것이 아니요, '황제'나 '적제'도 처음에는 인제(人帝)였지 천제(天帝)가 아니었으며, '오방천제'는 신(新)왕조의 왕망에 의해서 처음 갖추어지게 되었고, 그후 정현에 의해 이론을 정립하게 되었던 것임을 밝혀주고 있다.

정약용은 '오방천제설'의 구체적 내용을 분석하여 비판하면서, 청제(靑帝)·적제(赤帝)라는 설은 본래 위서(緯書)에서 나온 요사한 잡설임을 강조하면서, '상제'와 '오제'를 별자리로 인식하는데 대해, "별자리라는 것은 영명함도 없고 지각도 없는데, '자미'(紫微)의 별 하나를 '천황대제'(天皇大帝)로 높이고, '태미'(太微)의 별 다섯을 '오방천제'라 이름붙이고서, 횡설수설하여 받들어야 할 바를 속이니, 죄가 이에 이르르면 어떻게 용서할 수 있겠는가?『주례』에서 일·월·성신을 종백(宗伯)이 제사하는 것은 (일·월·성신의) 운행을 담당하는 '천'(天)의 명신(明神)이다. 어찌 저 것들(일·월·성신)에 영명함이 있다고 말하는 것이겠는가? 위로 진(秦)·한(漢)으로부터 아래로 명(明)·청(淸)에 이르기 까지 '교'제사의 의례는 이렇게 속여왔으니 '상제'가 흠향하였겠는가? 이 일에서 정현은 죄를 피할 길이 없을 것이다"22)라고 하였다. 진나라 이후 청나라 때까지

---

21) 『與全』[2], 권33, 22, '春秋考徵: 郊5', "秦襄公始祠白帝, 宣公繼祠靑帝, 遂至二百五十餘年, 惟靑·白二帝而止, 則當時無五帝之名, 或白·或靑, 卽西番戎狄私相崇奉之神, 及其後世, 又增黃·赤二帝, 而猶闕黑帝, 則五帝之名猶然未具, 然且襄公所祠, 自以爲少昊之神, 則所謂黃帝·炎帝, 亦是軒轅·神農, 非以太微五星指爲上帝, 如鄭玄所云也, …漢氏無文, 是沿是襲, 下逮王莽, 五方天帝, 其文大備."

22) 『與全』[2], 권37, 15, '春秋考徵: 鄭氏六天之辨', "列星爲物, 無靈無覺. 乃以紫微一星, 尊之爲天皇大帝, 以太微五星, 命之曰五方天帝, 橫說豎說, 以誣上尊. 罪至於此, 何以赦之. 周禮, 日月星辰, 宗伯祭之者, 爲天之明

중국에서 '제천'의례는 모두 '오방천제설'에 의해 왜곡되어, '상제'와 '오제'를 별자리로 이해해 왔던 사실은 근원적으로 잘못된 것임을 강조하고 있는 것이다. 바로 이 점에서 정약용이 '오방천제설'을 비판하고 경전에서 말하는 '상제'의 개념을 새롭게 제시하는 것은 유교사의 전통에 하나의 혁명적 변화를 추구하고 있는 것이라 할 수 있다.

정현은 『예기』(月令)에서 "계하(季夏)의 달에 '황천상제'를 받든다"(季夏之月, 以共皇天上帝)라는 구절에서 '황천상제'를 해석하면서, '황천'(皇天)은 북극성(北辰耀魄寶)라 하고, '상제'를 '태미오제'(太微五帝)라 구별하여 설명하였는데, 이에 대해 정약용은 "『주례』(大宗伯)에는 오직 '호천상제'의 한가지 호칭이 있으며, '황천상제'가 곧 '호천상제'이다. 나누어서 둘로 삼는 것은 이미 지극히 천박한 것이다. 하물며 '상제'의 본체는 형상도 없고 소리도 없으며 보아도 보이지 않고 들어도 들리지 않는데, 이제 자미(紫微)의 별 하나를 '천황대제'로 삼고, 태미(太微)의 별 다섯을 '오방천제'로 삼는다면, 영명함도 없고 형상이 있는 사물을 높여서 '상제'로 삼는 것이요, 다섯에 이르고 여섯에 이르면 '호천상제'의 유일무이한 지위는 이미 소멸되어 드러나지 못하게 된다. 죄가 여기에 이르면 어찌 용서할 수 있겠는가?"[23]라고 하여, '상제'를 형체가 있는 별자리에 해당시키는 것을 거부할 뿐만 아니라, 다섯으로 나누어 '오방천제'라 하거나 여기에다 '황천상제'까지 합하여 여섯으로 삼는 이른바 '육천설'(六天說)

神司其轉動也, 豈謂彼有靈哉, 上自秦・漢, 下逮明・淸, 其郊祀之禮, 誣罔如此, 上帝其享之乎, 鄭玄於此, 其無所逃罪矣."

23) 『與全』[2], 권37, 16, '春秋考徵: 鄭氏六天之辨', "周禮・大宗伯, 唯有昊天上帝一號, 皇天上帝, 卽昊天上帝, 分而爲二, 已極舛陋, 況上帝之體, 無形無聲, 視之而弗見, 聽之而弗聞, 今乃以紫微一星爲天皇大帝, 太微五星爲五方天帝, 則無靈有形之物, 推尊爲帝, 至五至六, 而昊天上帝, 唯一無二之位, 已泯晦而不章矣, 罪至於此, 何以赦矣."

은 '상제'의 유일무이한 존재를 어지럽히는 것이라 엄격하게 문죄하고 있다.

『예기』(大傳)에서는 "제왕은 그 선조가 나온 바에 '체'(禘)제사를 드리는데 그 선조를 배향한다"[24]는 구절이 있는데, 정현은 "큰 제사를 '체'라 하고, 그 선조가 나온 바에 드리는 큰 제사는 '교'에서 '천'에 제사드리는 것이다. 제왕의 선조는 모두 '태미오제'(太微五帝)의 정기에 감응하였다"[25]라고 해석하였다. 이른바 제왕의 선조가 '오방천제'인 '태미'의 다섯 별에 감응하였다는 '감생제설'(感生帝說)이다. 정약용은 이 '감생제설'에 대해, '체'제사가 '인제'(人帝)에 드리는 제사요 '상제'나 '천신'(天神)에게 드리는 제사가 아님을 지적하여, 선왕의 예법을 속이고 '상제'의 지위를 찬탈하는 거짓되고 이치에 어긋나는 것이라 엄격히 비판하면서, 그는 당시 청나라의 의례를 규정한 『대청례부칙례』(大淸禮部則例)에서 '교'제사의 예전(禮典)이 '감생제설'을 비롯한 정현의 견해를 따르지 않는 것이 없음을 확인하고 그릇된 의리가 세상을 주도하고 있는 현실을 개탄하고 있다.[26] 또한 '감생제설'에 연관하여 하(夏)나라 때 백제(白帝)가 세상을 주장하고, 은(殷)나라 때 흑제(黑帝)가 세상을 주장하고, 주(周)나라 때 청제(靑帝)가 세상을 주장하였다는 정현의 설명에 대해, 정약용은 지상에서 왕조가 바뀌면 하늘나라에서도 인간 세상처럼 군주가 바뀌어 차례로 일어났다가 멸망한다는 말이 되니 정현이 성품의 빛을 잃고 어둠에 빠져 전도와 착란을 일으키고 있는 것이라 비판하였다.[27]

---

24) 『禮記』, '大傳', "王者禘其祖之所自出, 以其祖配之."
25) 鄭玄, 『禮記』注, '大傳', "凡言大祭曰禘. 大祭其先祖所由生, 謂郊祀天也, 王者之先祖, 皆感太微五帝之精."
26) 같은 곳, "感生帝之說, 罔誕悖理, 而鄭玄偏信此說, …今考大淸禮部則例, 郊祀之典, 鄭義無一不行, 是知謬義之必主世如此矣."

정약용은 '오방천제설'이 선왕이 제시한 법도가 되는 말씀(法言)에 어긋남을 비판하면서, 논리적으로 재검토하여, '명칭의 오류'(名誤), '이치의 오류'(理誤), '제도의 오류'(法誤)의 세가지 오류로 분석하고 있다.

곧 "'상제'라는 명칭은 사람이 일컬은 것으로 그 유일무이함이 마치 지상에 하나의 제왕이 있는 것과 같기 때문에 '상제'라고 말한다. 지상의 제왕은 이미 사방의 제후들과 '제'(帝)라는 호칭을 나누어 가질 수 없는 법인데, 대축(大祝)을 맡은 신하가 어찌 감히 '상제'라고 높이는 호칭을 '상제'의 신하인 다섯 방위의 '천신'(天神)들에게 나누어 바칠 수 있겠는가?"28)라고 하여, '오방천제'라는 호칭 자체가 성립할 수 없다는 '명칭의 오류'를 지적하였다.

또한 "하늘에는 남·북만 있고, 본래 동·서나 중앙이 없으니, '오방'이란 땅에 앉는 자리의 명칭이지 하늘에 있는 것이 아니다"29)라고 하여, 다섯 방위란 지상에서 말하는 것이요, 천상에서는 성립할 수 없다는 '이치의 오류'를 지적하였다.

나아가 '오방천제'를 네 곳 '교'(郊)에 배치하자니 숫자가 맞지 않게 되자, 정현은 "'중앙 황제'도 '남교'(南郊)에 모신다"라고 하였는데, 이에 대해 "진실로 '남교'에 모시고서 제사한다면 어찌 '중앙 황제'라 할 수 있겠는가"30)라 하여, 동·서·남·북 네곳 '교'에 '중앙 황제'를 모실 곳이

---

27) 『與全』[2], 권37, 17, '春秋考徵: 鄭氏六天之辨', "夏之時, 白帝主世, 殷之時, 黑帝主世, 周之時, 蒼帝主世, 則凡下土鼎革, 卽天國亦替, 代興代減, 如人世之事乎, 鄭氏於此, 性光全晦, 迷昧顚錯."
28) 『與全』[2], 권33, 21, '春秋考徵: 郊5', "夫上帝之名, 人所謂也. 以其惟一無二, 如下土之有一帝, 故謂之上帝, 下土之帝, 旣不與四方侯伯, 分此帝號, 則大祝之臣, 亦豈敢以上帝之尊稱, 分獻於五方天神之爲上帝臣佐者乎."
29) 같은 곳, "天有南北, 本無東西, 亦無中央, 五方者, 坐地之所名, 非天之所能有也."
30) 같은 곳, "周禮曰, 兆五帝於四郊, 以五配四, 其數不合, 故鄭玄曰, 中央黃

없고, 정현의 주장처럼 '남교'에 모신다면 '중앙 황제'라 할 수 없게 되는 '제도의 오류'를 지적하였다.

『주례』(天官冢宰)에서는 '오제'에 제사하는 의례를 언급하고, 뒤이어 '대신・대기'(大神示)를 제사하는 의례도 이와 같다 하고, 또 뒤이어 '선왕'(先王)을 제사하는 의례도 이와 같다고 하여, '오제' → '대신・대기' → '선왕'의 순서로 언급하고 있다. 이에 대해 정현의 주(注)와 가공언(賈公彦)의 소(疏)에서는 '오제'를 '오방천제'로 '대신・대기'를 '천・지'로 해석하였는데, 정약용은 『주례』의 문장으로 서술하는 범례가 언제나 큰 예법을 먼저 제시하고 작은 예법을 그 뒤에 붙여서 서술하는 사실을 근거로 하여, 정현과 가공언의 해석에 따른다면 '오방천제'를 '천'(상제) 보다 앞세우는 오류에 빠지게 되는 문제점이 있음을 비판하였다. 여기서 그는 '오제'를 '오방천제'가 아니라 다섯 '인제'(人帝)라 보고, '대신'(大神)은 일(日)・월(月)・사명(司命) 등이요, '대기'(大示)는 사직(社稷)・오악(五嶽) 등이라 하여, '상제'의 신하인 '천신'과 '지기'는 제사의례의 비중에서는 다섯 '인제'인 '오제' 보다 서열이 낮은 것으로 제시하고 있다.[31] 곧 정약용의 해석에 따르면 『주례』의 제사의례에서 '신'의 지위는 '상제' → '오제'(五人帝) → '천신・지기' → '선왕'의 서열이 이루어진다고 보는 것이다. 여기서 그는 정현이 '상제'와 '오방천제'를 동등하게 보는 견해를 비판하면서 '오방천제'의 존재 자체도 부정하는 입장이지만, 설령 '오방천제'가 있다하더라도 '상제'의 신하인 '천신'의 부류에 속하는 것일 터이니, 다섯 '인제'로서 '오제'가 '천신'보다 제사의례의 비중에서 서열이 높

帝, 亦於南郊, 苟於南郊乎, 祀之, 何謂中央黃帝."
31) 『與全』[2], 권33, 25, '春秋考徵: 郊5', "大神者, 日・月・司命之等也, 大示者, 社稷・五嶽之類也, 其秩皆亞於五帝, 故附見其禮, 曰亦如之也."

다면 '오제'의 아래에 '오방천제'가 놓일 수 밖에 없는 것으로 보는 입장을 밝히고 있다.

정약용은 '오방천제'의 개념이 오행설에 맞추어 조작된 것임을 비판함으로써, '오방천제설'을 근원에서부터 부정하고 있다. 곧 '오제'는『대대례』(大戴禮; 五帝德)나 『사기』(史記; 五帝本紀)에서는 황제(黃帝)・전욱(顓頊)・제곡(帝嚳)・요(堯)・순(舜)을 들고 있는데, 그 가운데 제곡을 빼고 소호(少皥)를 넣어서 '오제'로 삼는 경우도 있다는 것이다. 여기서 그는 "반드시 '오제'를 '오행'에 배당시키는 것은 추연이나 여불위의 간사한 이론이지 옛 성인의 말씀이 아니다"라 하여, 우연하게 다섯 명의 옛 성왕을 열거하게 된 '오제'가 일정한 체계로 제시되는 '오행'의 구성과 아무런 상관이 없는 것임을 전제로 밝히면서, "무릇 오행설은 다섯 가지 가운데 한두 가지 흡사한 것을 얻으면 그 나머지 서너 가지는 억지로 끌어다 붙이는 것이 본래의 방법이다"32)라고 하여, '오행설'의 적용방법이 원래부터 무리한 것임을 지적하였다. 곧 '황제'(黃帝)나 '염제'(炎帝)의 명칭이 있으니 마치 토(土)나 화(火)와 흡사한 듯 한 것을 끌어들이고 나서, '복희'를 억지로 목(木)으로 삼고 '전욱'을 억지로 수(水)로 삼으며, 여기에다 '소호'(少皥)를 높이 올리고 '금천씨'(金天氏)라는 호칭을 올려서 '오행'의 숫자를 채우는 술법이라는 것이다. 그래서 '황제'의 '황'(黃)이라는 한 글자에 의거하여 청제(靑帝)・적제(赤帝)・백제(白帝)・흑제(黑帝)의 명칭이 생겨나는 것이요, '염제'의 '염'(炎)이라는 한 글자에 의거하여 목덕(木德)・토덕(土德)・금덕(金德)・수덕(水德)의 의리가 성립

---

32) 『與全』[2], 권33, 26, '春秋考徵: 郊5', "必以五帝配於五行者, 騶衍・呂不韋之邪說, 非先聖之言也, …大凡五行之說, 五者之中, 得其一二髣髴, 則其餘三四, 以力强之, 此本法也."

된다는 것이다. 이처럼 그는 '오행설'이 거짓되고 이치에 맞지 않음이 매우 심하지만, 2천년 동안 유학자들이 이 '오행설'을 받들고 따라가기만 하고 벗어날 줄 몰랐던 것이 바로 심한 미혹됨이라 역설하고 있다.33) 정약용은 '오행설'의 사유체계가 본래부터 이치에 맞지 않는 것이요 거짓되고 간사한 술수에 지나지 않음을 강조함으로써, '오행설'을 깨뜨림으로써, 경전을 한나라 때이후 당시까지 '오행설'에 따라 왜곡된 해석에서 해방시켜 경전 본래의 의미를 드러낼 수 있을 것임을 주장하고 있는 것이다. '오방천제설'도 바로 '오행설'의 주술에 걸린 거짓된 환상임을 밝힘으로써, '오제'의 본래 뜻을 밝히고, 나아가 '상제'의 진실한 존재도 드러낼 수 있음을 보여주고 있다.

(2) '오방천제설' 논의에 대한 비판적 검토

후한 말기에 정현이 '오방천제설'을 정립하면서 '오제'를 '천제'로 제시하였지만, 이에 앞서 후한 초기의 가규(賈逵)나 후한 중기의 마융(馬融)은 이미 '오제'를 '천제'가 아니라 지적하였으며, 그후 위(魏)의 왕숙(王肅)은 정현의 '오방천제설'을 본격적으로 비판하기 시작하였다.

먼저 왕숙은 "'천'은 하나일 뿐이니, 어찌 여섯이 있겠는가? '오행'이 나뉘어 사시(四時)를 주장하여 만물을 조화하고 양육하니, 그 '신'을 '오제'라고 하는데, 이는 '상제'의 신하이다"34)라고 하여, '오제'는 '천'을 보

---

33) 같은 곳, "黃帝·炎帝之稱, 自古有之, 若土·若火, 疑似髣髴, 於是屈犧爲木, 壓頊爲水, 又于是, 追尊少皞, 上號曰金天氏, 以充五行之數, 據一黃字, 而青帝·赤帝·白帝·黑帝之名生焉, 據一炎字, 而木德·土德·金德·水德之義立焉, 其罔誕無理, 莫此爲甚, 而二千年來, 欽此欽遵, 莫之知脫, 不亦惑之甚乎."
34) 衛湜, 『禮記集說』, 권108, '祭法', "王氏曰, …天唯一而已, 安得有六, 五行分主四時, 化育萬物, 其神謂之五帝. 是上帝之佐也."

좌하는 신하이지 '천제'라 칭할 수 없음을 밝혀, 정현이 '오제'를 '상제'와 동등한 '천제'로 보는 견해를 비판하였다. 정약용은 '천'을 유일한 존재로 확인하는 왕숙의 견해를 탁월하다고 높이 평가하였다. 그러나 그는 '오행'의 '신'이란 '오제'가 아니라 '오사'(五祀)로 일컬어지고 '지기'(地示)로 제사드려지는 것임을 강조함으로써, "'오행'이 '사시'를 나누어 주장한다"(五行分主四時)는 것은 본래 추연・여불위의 간사한 설이라 비판하고, 왕숙이 '오행'의 '신'을 천좌(天佐)라 일컫는 것도 헛된 것임을 지적하였다.35) 곧 왕숙이 정현의 '오방천제설' 내지 '육천설'을 비판하여 극복하였지만, 아직도 '오행설'의 사유틀을 제대로 벗어나지 못한 한계가 있음을 드러내주고 있는 것이다.

왕숙이 『성증론』(聖證論)에서 '천신'은 하나일 뿐이라 하여 정현이 '오방천제설'에 따라 '천'을 여섯으로 구분하는 것을 비판하였지만, 그후 당(唐)의 공영달(孔穎達)은 다시 왕숙을 비판하며 정현을 지지하고 나섰다. 곧 공영달은 정현이 '천'을 여섯이라 하는 것은 극진히 높으며 맑고 비어 있는 본체를 가리키면 그 실지가 하나이지만, 오시(五時)에 만물을 낳고 기르는 공덕을 구별하면 다섯이 있다는 것을 논한 것이라 해명하였다.36) 여기서 정약용은 『주례』(司服)에서 '오제'에 대한 제사의 제복이 '호천상제'에 대한 제사의 제복과 같다는 것으로 '오제'도 '천'(상제)이라는 증거를 삼는 공영달의 주장에 대해, '오제'는 '인제'(人帝)에 대한

---

35) 『與全』[2], 권37, 17, '春秋考徵: 先儒論辨之異', "王子雍謂天唯一, 其見卓越嚴正, 但五行之神, 本稱五祀, 領於宗伯, 祭之以地示, 安得天神之列, 而有五行之帝矣. …王氏却云五行分主四時, 可稱天佐, 亦勞矣, 分主四時, 本亦鄒・呂之邪說."
36) 『與全』[2], 권37, 14, '春秋考徵: 鄭氏六天之辨', "郊特牲孔疏云, …鄭以爲六者, 指其尊極淸虛之體, 其實是一, 論其五時生育之功, 其別有五."

제사인 '체'제사로 확인하면서 '상제'와 '오제'에 에 드리는 제사는 제복이 같다고 같은 '천제'라 볼 수 없다고 반박하였다.37) 한대(漢代)에서 당대(唐代)의 경학자들 사이에는 가규·마융·왕숙이 '천제'를 유일의 존재로 인식하였다면, 정현·공영달은 '상제'와 '오방천제'를 합하여 '육천설'을 주장함으로써 하나의 쟁점을 이루고 있었지만, '제천'의례의 실행에서는 정현의 '오방천제설'에 따른 의례가 우세하였던 현실이었다.

나아가 정약용은 송대(宋代)의 정자(程子)·주자(朱子)·양복(楊復)이 정현의 '오방천제설' 내지 '육천설'을 비판하는 다양한 견해들을 소개하면서, 그 비판이론을 검토하기도 하고, 송대의 진상도(陳祥道)·마단림(馬端臨)과 청대(淸代)의 방관승(方觀承)·진혜전(秦蕙田)의 경우 '육천설'의 틀을 벗어나지 못하고 있는 견해에 대해 엄격하게 비판하고 있다. 여기서 그는 '정현'의 '육천설'을 비판하면서도 '오행설'의 사유형식을 완전히 벗어나지 못하여 '상제'를 별자리에 배당하거나 '오제'를 '인제'로 인식하지 못하는 등 '상제'의 유일성과 궁극성을 확고하게 정립하지 못하는 문제점을 재비판하고 있는 것이다.

먼저 정자가 정현의 '육천설'을 비판하면서 '제'(상제)를 '이'(理)로 보아 '기'의 주재(氣之主)라 제시하고 있는 사실에 대해, 정약용은 "진실로 ('상제'를) '기'의 주재라 하면, '천'에는 여섯 '기'(六氣: 陰·陽·風·雨·晦·明)가 있으니 어찌 여섯 '천제'가 없다고 하겠는가?『주례』의 '오제'가 '인제'임을 밝히지 못하면 정현의 주장을 꺾을 수 없다"38)고 하여, '오제'가 '인제'임을 밝히지 못하고서 '상제'를 이기설(理氣說)로 인식하는 논리로

---

37) 같은 곳, "五帝之祭, 其名曰禘, 禘·郊之事, 其文本同, …自古以來, 禘者, 人帝之祭, …司服之同用裘冕, 何得爲五帝是天之明驗乎."
38) 『與全』[2], 권37, 17, '春秋考徵: 先儒論辨之異', "誠若氣之主爲帝, 則天有六氣, 庸得無六帝乎, 周禮五帝, 不明爲人帝, 則鄭角難折."

는 정현의 '육천설'을 극복할 수 없음을 강조하고 있다.

또한 주자도 "한 나라에 세 사람의 공(公)이 있는 것도 오히려 옳지 않은데, 하물며 하늘에 '제(帝)'가 열이나 있을 수 있겠는가"[39]라고 하여, 당시 '교'제사에 드려지는 '상제'가 열가지나 되는 사실에 대해 비판적 입장을 밝혔다. 여기서 정약용은 "별자리를 가리켜 '상제'로 삼고, 별자리를 가리켜 후비(后妃)·태자(太子)·재상(宰相)·집법(執法)으로 삼아 하늘에도 하나의 조정이 있다고 말하니, 또한 별자리에 각각 '신'이 있어서 지상의 제왕·후비·태자 등을 담당한다고 말하는 것인가? 요망한 사람들이 입에서 나오는 대로 지껄이는 것이다"[40]라고 하여, 사실상 주자가 비판이론을 명확하게 드러내지 않았던 점을 지적하면서 분명하게 짚고 넘어가는 입장을 보여주고 있다.

나아가 남송의 양복(信齋 楊復)은 '천'과 '제'가 하나임을 밝히면서, 정현 이전에 정중(鄭衆)과 공안국(孔安國)의 주석에서는 '육천설'이 없었는데, 정현이 나오면서 '육천설'이 제기되기 시작한 것임을 지적하고, 정현의 '육천설'을 비판하였다. 정약용은 양복의 '육천설'비판에 동의하지만, '오제'를 오방(五方)과 사시(四時)의 '신'으로 인식하고 있는 점에 대해 '오행설'을 벗어나지 못한 것으로 양복을 비판하였다. 곧 "'오행'이 비록 '지기'에 연결된 것이라 하더라도 '사시'는 마땅히 '천신'에 속한다고 말하면, 반드시 '사시'에 각각 두 '상제'가 갖추어져야 그 직무를 수행할 수 있고, 하나의 '상제'가 맡을 수 없게 된다"[41]고 하여, '사시'를 '천신'에

---

[39] 『朱子語類』, 권68, '易(4)·乾上', "一國三公, 尙不可, 況天而有十帝乎."
[40] 『與全』[2], 권37, 18, '春秋考徵: 先儒論辨之異', "指星爲帝, 指星爲后妃·太子·宰相·執法, 將謂碧落亦一朝廷, 抑謂星各有神, 以司下土之帝王·后妃·太子之等乎, 妄人妖客, 信口胡囐."
[41] 『與全』[2], 권37, 19, '春秋考徵: 先儒論辨之異', "若云五行雖係地示, 四時

소속시키는 견해를 부정하였다. '사시'를 '천신'으로 볼 수 없는 근거로는 '지구설'에 따라 적도 이북에서 봄이면, 적도 이남에서 가을이니, 하나의 '천제'로는 담당할 수 없게 된다는 것이다. 그것은 '오행'이나 '사시'가 모두 하나의 '상제'의 명령을 받은 '천신'이나 '지기'(정약용은 '지기'도 '천신'의 일종이라 본다)가 다스리는 것이지, 결코 '천제'가 될 수 없으며 '오제'에 연결시킬 수도 없는 것임을 밝히고 있다.

남송의 진상도(陳祥道)는 '천'(總名)·'호천상제'(最尊)·'오제'(次等尊)·'상제'(互稱)으로 여러 명칭의 차이를 제시하면서, '상제'는 하나가 아니라 '호천상제'와 '오제'를 가리키는 것이라 주장하였다. 이에 대해 정약용은 '천'과 '상제'를 둘로 나누는 진상도의 견해는 정현의 잘못된 이론에 현혹된 것이라 비판하였으며, '오제'는 '천제'가 아니라 '인제'임을 강조하면서 하늘에 두 '상제'가 있을 수 없음을 역설하였다.[42] 또한 『문헌통고』(文獻通考)의 저자인 남송의 마단림(馬端臨)은 '오제'가 오행의 주재로 하늘에 있는 것은 '오악'(五嶽)이 오행의 기지로서 땅에 있는 것과 같으며, '오제'를 '호천'이라 할 수 없는 것은 '오악'을 '후토'라 할 수 없는 것과 같다고 하여, '오제'를 '상제'와 구별되지만 '천제'로 보고 있는데 대해, 정약용은 '오행'이란 땅에 붙어 있는 물건으로 '오행'을 맡아 다스리는 존재는 '지기'가 되며, '오사'(五祀)라 일컬어지는 것임을 강조하였다.[43] 여기서 정약용은 '오제'를 '오행'과 관련시키는 것이나 '천신'으로 보는 입장을 전면적으로 거부하였다.

　　宜屬天神, 則必四時各具二帝, 總可修職, 非一帝之所能司也."
42) 『與全』[2], 권37, 20, '春秋考徵: 先儒論辨之異', "陳氏之意, 確以天與上帝, 分而爲二. 是眩於鄭玄之邪說, …五帝者, 人帝也, …天無二帝, 況於五六乎."
43) 『與全』[2], 권37, 20-21, '春秋考徵: 先儒論辨之異', "五行者, 地附之物, 故司五行者爲地示, 名之曰五祀."

청의 방관승(方觀承)은 '천'과 '제'를 일치시키면서, 유일성을 확인하지만, '오제'나 '육천'이 가능한 것을 마치 마음은 하나 뿐이지만 측은(惻隱)·수오(羞惡)·사양(辭讓)·시비(是非)의 마음이 구분되는 것과 같다고 비유하여, 하나의 존재가 드러내는 여러 양상으로 제시하였다. 이에대해 정약용은 "조상의 마음에 각각 '측은' 등의 네가지 마음이 갖추어져 있다고 신주를 넷으로 만들어 제사하는 것이다"[44]라고 하여, 존재가 하나라면 제사 대상도 하나일 뿐이요, 그 존재의 양상에 따라 구별할 수 없음을 분명히 하였으며, '오제'나 '육천'이 '상제'의 존재양상에 따른 차이라면 별개의 제사대상이 될 수 없음을 강조하였다.

또한 청의 진혜전(秦蕙田)은 하나의 '천제'로 '북신요백보'(北辰耀魄寶)·'천황대제'·'황천상제'·'호천상제' 등 여러 명칭이 있는 것이라 하고, 정현의 병통이 '천'을 여섯으로 구분하고 '천'과 '제'를 둘로 나누는데 있다고 지적한 사실에 대해 정약용은 대체로 정당하다고 인정하였다. 그러나 진혜전이 '오시'(五時)에 '기'(氣)를 맞이하여 '오제'에 제사하는 것을 언급한데 대해, 정약용은 '사시'에 '기'를 맞이한다는 것은 여불위의 그릇된 이론임일 지적하고, 요임금이 희씨(羲氏)와 화씨(和氏)로 하여금 해를 맞이하고 전송하게 하였지만 제사를 드렸다는 말을 듣지 못하였다고 언급하였다.[45] 곧 '오제'를 '인제'로 인식하는 입장에서 '사시' 혹은 '오시'의 '기'를 맞이하여 '오제'에게 제사드린다는 의례는 원래 성립될 수 없는 것임을 제시한 것이며, '오제'를 '천제'로 보는 '오방천제설'을 극복하지 못하면 제사의례의 온갖 혼란을 해결할 수 없는 것임을 강조하고

---

44) 『與全』[2], 권37, 21, '春秋考徵: 先儒論辨之異', "祖考之心, 各具惻隱等四心, 有作木主四座以祭之."
45) 『與全』[2], 권37, 22, '春秋考徵: 先儒論辨之異', "四時迎氣, 是呂不韋之邪說, 羲和賓餞, 未聞其有祭也."

있는 것이다.

4. '교'제사의 의례

1) '교'제사의 장소와 시기

(1) '교'제사의 장소

정약용은 '교'제사에 대해, "옛날에 '천'에 제사드리는 의례는 그 정식 제사(正祭)를 '교'라 한다"[46]고 하여, '천'(天)이라고도 일컬어지는 '상제'(上帝)에게 드려지는 여러 가지 제사들 가운데 가장 대표적인 제사로서 '교'제사의 지위를 밝히고 있다. 『통전』(通典)에 따르면 장손무기(長孫無忌) 등은 당나라 초기인 당시에 통용되던 신례(新禮)에는 정현의 '육천설'을 함께 써서 '원구'(圜丘)에서 '호천상제'에 제사하고, '남교'(南郊)에서 '태미감제'(太微感帝)에 제사하고, '명당'에 '태미오천제'(太微五天帝)에 제사하였다고 지적하여 비판하는 상주(上奏)를 올렸고, 이에 따라 '태미오제'를 '남교'에서 제사하도록 남겨두었지만, 정현의 '육천설'은 폐지하였다고 한다.[47] 여기서 '제천'의례의 정식제사는 '교'라 하더라도, '교'가 한 곳인지 여러 곳인지의 문제가 제기되고, '상제' 내지 '천신'에 제사드려지는 장소로 '교' 이외에 '원구'와 '명당'의 성격이 무엇인지가 가장 큰

---

46) 『與全』[2], 권36, 16, '春秋考徵: 鄭氏六天之辨', "古者祭天之禮, 其正祭曰郊."
47) 『與全』[2], 권33, 22-23, '春秋考徵: 郊5', "通典, 永徽二年, 長孫無忌等奏曰, 新禮並用鄭玄六天之義, 圜丘祀昊天上帝, 南郊祀太微感帝, 明堂祭太微五天帝, 臣等謹按鄭玄此義, 唯據緯書, … 詔從無忌等議, 存祀太微五帝於南郊, 廢鄭玄六天之義."

쟁점이 되고 있는 것이다.

①먼저 네 곳의 '교'(四郊)에 관해『주례』(小宗伯)에서 "네 곳의 '교'에 다 '오제'의 제단을 둔다"(兆五帝於四郊)고 언급하였는데, 정현은 '오제'를 '오방천제'로 보고 네 곳의 '교'에 하나씩 분배하고 남는 중앙의 '황제'를 '남교'에 배당하였으며, '사망'(四望)이나 '사류'(四類)의 제사도 네 곳의 '교'에 각각 분배하고, 시중(司中)·사명(司命)은 '남교'에, 풍사(風師)는 '서교'에, 우사(雨師)는 '북교'에 각각 배당하는 견해를 제시하였다. 여기서 정약용은 "'오제'는 함께 제사하며 원래 서로 떨어지지 않는 것이요, '사망'과 '사류'도 모두 이와 같다. '네 곳의 교에 제단을 둔다'는 것은 천자가 동쪽에 일이 있으면 '동교'에서 함께 제사하고, 천자가 서쪽에 일이 있으면 '서교'에서 함께 제사하는 것이요, 하나의 '신'이 각각 하나의 방위를 주장해야 하는 것은 아니다.···'천'에 '교'제사를 반드시 '남교'에서 드린다는 것은 옛 경전에 그런 글이 없다. [오직「교특생」편에서 '남교에 제단을 둔다'고 하였다]"48)고 하였다. 다만 일이 있는 곳에 따라 네 방위 가운데 어느 한 방위의 '교'를 선택하여 그 곳에서 제사를 드리는 것이지, 네 방위의 '교'에 '상제'와 '천신'들을 각각 배당해 놓는 것이 아님을 분명히 밝혔다. 곧 '교'는 방위에 따라 고정된 제사가 있는 것이 아니라, 어느 방위의 '교'에서도 '제천'의례를 비롯하여, 배향되는 의례를 행할 수 있다는 것으로, '오행론'에 근거하여 방위에 따라 제사의례의 체계를 규정하는 입장을 거부하였다. 따라서 정약용은 '남교'와 '북교'를 나누어 제사의례를 행하는 것도 옛 경전에 근거가 없는 것이라 하여 비

---

48)『與全』[2], 권33, 24, '春秋考徵: 郊5', "五帝合祭, 元不相離, 四望·四類, 亦皆如此. 其云, 兆於四郊者, 天子有事於東方, 合祭於東郊, 天子有事於西方, 合祭於西郊, 未必一神各主一方, ···郊天之必於南郊, 古經無文.[惟郊特牲云, 兆於南郊.]"

②다음으로 '교'제사의 대상을 '천'과 '지'로 인식하여 '남교'에서 '천'과 '지'를 함께 제사한다는 의례제도가 있고, 이와더불어 '남교'와 '북교'의 두 '교'를 양립시키면서 '천'과 '지'를 각각 제사드리는 의례제도가 제시되고 있다. 위굉(衛宏)은 『시소서』(詩小序: 周頌·昊天)에서 "천·지에 '교'제사를 드린다"(郊祀天地)라고 하였고, 공영달은 소(疏)에서 "'남교'에서 감응하여 나온 '천신'을 제사하고, '북교'에서 중원 땅의 '지기'에 제사한다"[49]라고 하여 '남교'에서 '천'에 제사하고 '북교'에서 '지'에 제사하는 '음·양'구조의 '교'제사 체계를 보여준다. 이에대해 정약용은 "정월 상신(上辛: 그달의 첫 辛日)에 '남교'에서 '천'과 '지'를 함께 제사지내는 것은 왕망(王莽)의 법도이다"[50]라고 하여, 유흠(劉歆)·왕망의 이론에 연원한 위굉이 『시경』의 해석을 왜곡시켰던 것으로 비판하였다. 한마디로 그는 '남교'에서 '천'과 '지'를 함께 제사한다는 것은 왕망에 의해 제시된 의례로 잘못된 것이라 부정하는 입장을 밝히고 있다.

정약용은 '남교'에서 '천'에 제사하고 '북교'에서 '지'에 제사하는 의례의 연원을 『통전』(通典)의 기록에서 검토하였다. 곧 한(漢) 무제(武帝)때 후토사(后土祠)를 분음(汾陰)땅의 못 가운데 세웠고, 성제(成帝)때 하동(河東)에 모셔졌던 '후토'를 장안(長安)의 '북교'에 옮겨 '남교'와 음양의 상응구조를 드러내게 하였다고 한다. 그후 평제(平帝)때 왕망이 제사의례를 개정하면서, '천'과 '지'를 '남교'에서 통합하여 제사하는 경우는 정월 상

---

49) 孔穎達, 『詩經疏』, '周頌·昊天有成命', "於南郊祀所感之天神, 於北郊祭神州之地示."
50) 『與全』[2], 권33, 20, '春秋考徵: 郊4', "正月上辛, 合祀天地於南郊者, 王莽之法也, 王莽以劉歆爲太師, 其學術本於劉氏, 而衛宏之學, 其淵源接於莽·歆."

신(上辛)에 선조(先祖)를 '천'에 배향하고, 선비(先妣)를 '지'에 배향하며, '천'과 '지'를 분별하여 제사하는 경우는 동짓날에 '남교'에서 '천'(皇天上帝)에 제사할 때 고제(高帝)를 배향하고, 하짓날 '북교'에서 '지'(皇地后祇)에 제사할 때 고후(高后)를 배향하였음을 확인하고 있다. 그는 이를 정리하여 "위(魏)·진(晉)이후로 모두 '북교'에 제사를 드렸으며, 모두 선제(先帝)를 '남교'에 배향하고 선후(先后)를 '북교'에 배향하였는데, 수(隋)·당(唐)에 이르러 '북교'에 제사를 드리지만 선비(先妣)를 배향하지 않고 모두 고조(高祖)를 배향하였다"[51]고 밝히고 있다. 『통전』에 의하면 '남교'와 '북교'를 대응시키면서 '북교'에서 '지'에 제사를 드렸던 것은 사실상 한나라 성제때부터 비롯되는 것인데, 그는 '남교'·'북교'의 제사가 위·진시대에 정착된 사실을 강조하고 있는 것으로 보인다.

여기서 그는 『예기』의 '곡례'(曲禮)편과 '왕제'(王制)편 등에서 "천자가 '천'과 '지'에 제사한다"고 언급한 구절에 대해, "여기서 '천과 지에 제사한다'고 말하는 것은 모두 '교'(郊)와 '사'(社)를 말하는 것이요, '북교'에서 '지'에 제사하는 것을 말하지 않는다"[52]라고 하여, '천'과 '지'에 드리는 제사를 '남교'와 '북교'의 제사로 대비시키는 것은 잘못된 것임을 분명히 밝히고, '교'와 '사'의 두 제사로 대비되는 것이라 해석하였다. 그러나 그는 공영달이 『좌전』에 붙인 소(疏)에서 "진(晉)의 무제(武帝)는 왕숙의 외손으로 태시(泰始: 265-274) 초년에 '남교'와 '북교'를 정하여 하나는 '지'에 하나는 '천'에 제사하였던 것은 왕숙의 의리를 쓴 것이다"라고 하였는데, 정약용은 이 구절에서 왕숙의 의리가 매우 정당하였지만 임금의

---

51) 『與全』[2], 권33, 17, '春秋考徵: 郊4', "魏晉以降, 皆祠北郊, 皆以先帝配南郊, 先后配北郊, 降及隋唐, 雖祭北郊, 不配先妣, 皆以其高祖配之."
52) 『與全』[2], 권33, 18, '春秋考徵: 郊4', "此云祭天地, 皆郊社之謂, 非謂北郊之祭地也."

권세를 얻고도 끝내 제대로 정립하지 못함을 안타까워하였다.[53] 왕숙의 견해를 받아들여 정현의 '육천설'에 따른 네 곳의 '교'제사를 개혁한 것은 인정할 수 있지만, 여전히 '천'과 '지'의 제사를 대응시킴으로써, 왕숙이 주장한 '천'의 유일성을 확립하지 못함을 비판한 것이다.

③'교'(郊)와 '원구'(圜丘: 圓丘)의 관계에 대해서 구별하는 입장과 일치시켜보는 입장의 차이가 드러나고 있다. 『통전』에 의하면 후위(後魏)에서 정월에 '남교'에서 '상제'에 제사하고, 동지에 '원구'에서 '상제'에 제사드렸다는 기록은 '교'와 '원구'를 구별하는 견해를 따른 것이고, 왕숙이 『성증론』에서 "'교'는 곧 '원구'요, '원구'는 곧 '교'다"(郊卽圜丘, 圜丘卽郊)라고 언급한 것은 '제천'의례를 행하는 장소로서 '교'와 '원구'가 동일하다는 견해를 밝혔다. 마단림도 "'교'란 '원구'의 자리요, '원구'란 '교'의 제단이다"(郊者, 圜丘之地. 圜丘者, 郊之壇)이라 하여, 동일한 제단의 다른 명칭으로 해석하였다. 진혜전은 '교'와 '원구'를 동일시하는 입장을 자세히 논증하면서, "'교'와 '구'(丘·圜丘)란 두 곳의 자리가 아니고, 두 가지 제사가 없다. …길(吉)한 땅은 반드시 높으므로 '구'라 하고, 제단을 쌓아 하늘의 둥근 모습을 형상하므로 '원구'라 하며, 또한 '태단'(泰壇)이라고 한다. 그러므로 '지극히 공경하는데는 제단을 쌓지 않는다'라고 하는데, 자연의 언덕을 제단으로 삼는 것은 높게 하려면 반드시 구릉을 이용하는 것이지 '제천'에는 제단이 없다고 말하는 것이 아니다. 하나의 '교'를 들어서 '원구'와 '태단'을 통합하니, 이것이 두가지 자리가 없다는 것이다"[54]라고 하였다. 여기서 정약용은 진혜전이 '교'와 '원구'의 일치

---

53) 『與全』[2], 권33, 27, '春秋考徵: 郊5', "[左傳疏], 孔云, …晉武帝, 王肅之外孫也, 泰始之初, 定南北郊祭, 一地一天, 用王肅之義, …鏞案, 王肅之義, 若是嚴正, 亦得人主之勢, 而竟不能立. 噫."
54) 『與全』[2], 권37, 22, '春秋考徵: 先儒論辨之異', "秦蕙田曰, 郊丘非二地,

를 주장하는 견해를 자세히 소개하고나서, "'교'와 '원구'가 하나인지 둘인지 비록 단정할 수는 없지만, 「대사악」(『주례』)에 '원구에서 음악을 연주한다'는 구절은 푸닥거리 의례이지 제사의례가 아니며. 두루 '천신'을 청해다가 재앙을 막고 환난을 제거하기를 비는 것이지 '호천상제'에게 인사(禋祀)로 제사드리는 것이 아니다"55)라고 밝혔다. 곧 '원구'의 의례는 장소에서 '교'와 일치하는지 다른 것인지 확정할 수 없음을 전제로 밝히고, 무엇보다 '원구'의 의례는 '상제'에게 드리는 '교'제사와 다른 것으로 '천신'에게 재앙을 막아달라고 비는 푸닥거리 의례임을 강조하였다. 따라서 정약용은 '교'와 '원구' 사이에는 의례 자체가 다른 것으로 함께 논의하는 것 자체를 잘못된 것으로 경계하는 입장을 제시하고 있는 것이다.

④『예기』(祭法)에서는 "'태단'(泰壇)에서 번시(燔柴)하는 것은 하늘에 제사하는 것이다"라고 하여, '제천'의 제단으로 '태단'을 제시하였는데, 정약용은 '태단'을 '교'의 제단으로 받아들이고 있다. 『교사지』(郊祀志)에 의하면 한나라 무제(武帝)때 무기(繆忌)가 옛날에 천자가 봄·가을에 '동남교'에서 '태일'(太一)에 제사하였다 하였고, 뒷 사람이 천자는 삼년에 한 번 태뢰(太牢)를 제물로 써서 '삼일'(三一)에 사(祠)제사를 드린다고 하였다는 언급이 있다. 이에 대해 정약용은 『노자』(42장)에서 "하나는 둘을 낳고, 둘은 셋을 낳고, 셋은 만물을 낳는다"는 구절에 근거하여 '삼

無二祭, …吉土必高, 故曰丘, 築壇象天之圜, 故曰圜丘, 亦曰泰壇. 故曰至敬不壇. 蓋以自然之丘爲壇, 爲高必因丘陵, 而非謂祭天無壇也, 擧一郊而圜丘·泰壇統之, 是無二地矣."
55) 『與全』[2], 권37, 23, '春秋考徵: 先儒論辨之異', "郊與圜丘, 是一是二, 雖不可定, 大司樂, 圜丘奏樂, 此是禬禮, 不是祭禮, 普請天神, 以祈禳災除患, 非以禋祀祭昊天上帝."

일'(三一)은 도가(道家)의 옛 글이라 하고, "'태일'과 '삼일'은 곧 옛날의 '교'제사이니, '태단' 이외에 별도로 그 제단을 세우는 것은 그릇되지 않은 것이 아니다"56)라고 하였다. 여기서 그는 '태일' 뿐만 아니라 『노자』에서 말하는 '삼일'도 '교'제사와 동일시하여, '상제'의 또 다른 명칭으로 받아들이고 있음을 보여준다. 따라서 '태단'과 '태일단'·'삼일단'이 별개가 아니라 동일한 '교'제사의 제단임을 확인하고 있는 것이다.

⑤'명당'(明堂)을 '제천'의례와 연관시키는 견해가 다양하게 제시되어 왔다. 이에 대해 정약용은 전반적으로 규정하여, "'명당'에 관한 설명은 옛 경전에 있는 것으로『주례』(考工記)와 『맹자』와 『좌전』이 가장 믿을 수 있는 글인데, 모두 '제천'이라는 설명이 없다. 나머지는 모두 위서(緯書)와 뒤섞여 서로 겉과 속을 이루는 것으로 의거할만 한 것이 못된다"57)라고 하여, '명당'을 '제천'의례와 관련시키는 설명은 잘못된 것임을 강조하였다. 그는 『주역』(說卦傳)에서 "밝은 곳을 바라보고 다스린다"(嚮明而治)라는 말에 근거하여 '명당'을 '밝은 곳을 향한 집'(嚮明之堂)이라 하고, 『주례』(考工記)에서 '명당'은 천자가 정치를 하는 '노침'(路寢)을 말하는 것이라 확인하였다. 그는 여불위가 『주례』(考工記)를 근거로 '명당구구'(明堂九區)의 법도를 내세운 것은 '노침'과 '태묘'(太廟)를 혼동하고, 사람과 귀신을 뒤섞어 놓았으며, '명당'의 안에서 '오방천제'를 제사하고자 하였으니 이미 망녕된 것이라 비판하였다.58) 또한 그는 "옛

---

56) 『與全』[2], 권33, 22, '春秋考徵: 郊5', "三一者, 道家之舊文也, 太一·三一, 卽古之郊祀, 乃於泰壇之外, 別立其壇, 非不謬矣."
57) 『與全』[2], 권33, 30, '春秋考徵: 郊6', "總之, 明堂之說, 其在古經, 唯考工記·孟子·左傳, 最爲信文, 而皆無祭天之說, 其餘皆與雜緯相爲表裏, 不足據也."
58) 『與全』[2], 권33, 29, '春秋考徵: 郊6', "太廟取夏殷之制, 路寢別剏新規, 謂之明堂, …而呂不韋者, 乃據此文, 倡爲明堂九區之法, 遂使寢廟混同, 人

사람이 집 안에서 '제천'하지 않았으니, '명당'에서 '제천'하였다는 것은 이런 이치가 없는 것이다"59)라고 하여, 제왕이 정치를 하는 '명당'은 결코 '제천'의례를 드릴 수 있는 장소가 아님을 분명하게 밝혔다.

『주례』(天官·掌次)에서는 임금이 '상제'에 '대려'(大旅)의 제사를 드릴 때 모직물을 깐 탁자(氈案)를 펼쳐놓고 깃털로 꾸민 병풍(皇邸)을 설치하며, '오제'에 제사할 때는 사방을 둘러친 큰 장막(大次)과 작은 장막(小次)을 펼쳐놓고, 겹으로 천장을 가리는 장막(重帝)과 겹으로 자리를 깐 탁자(重案)를 설치한다고 제사에 따라 제단을 설치하는 양상의 차이가 있음을 보여주었다. 여기서 정약용은 '상제'에 제사드리는 제단의 모습을 "'제천'의 의례는 아래로 땅을 쓸기만 하고 위로 하늘을 가리지 않는다. 그래서 모직물을 깐 탁자(氈案)를 펼쳐놓고 깃털로 꾸민 병풍(皇邸)을 설치한다"60)고 밝혔다. 그렇다면 '제천'의례에서는 병풍으로 가릴 뿐 위로 하늘을 가리는 장막을 설치하지 않는데, '오제'에 대한 제사에서는 장막으로 사방을 가리고 지붕을 덮는 사실에서, 바로 '오제'가 '천신'이 아니라 '인제'임을 확인할 수 있다고 보았다.

또한 그는 '인귀'(人鬼)로서 조고(祖考)나 선성(先聖)에 대한 제사는 그가 살았을 때 궁궐이나 방에 살던 모습대로 종묘(宗廟)나 학궁(學宮)의 건물 속에 모시고 있다는 것이다. 따라서 그는 "'천신'과 '지기'에 드리는 제사는 집 안에서 행하는 것은 구경(九經)에 그러한 글이 없다. 멸망한 나라의 '사직'은 집을 지어 폐지한다고 한 것은 천하의 지극히 욕된 일

神雜糅, 至欲於明堂之內, 祠祭五方天帝, 不旣妄乎."
59) 『與全』[2], 권33, 30, '春秋考徵: 郊6', "古人不於屋中祭天, 則明堂祭天, 亦無是理."
60) 『與全』[2], 권33, 25, '春秋考徵: 郊5', "蓋以祭天之禮, 下惟掃地, 上不蔽天. 故張氈案, 設皇邸而已."

인데, 어찌 '황황상제'를 집 안에서 제사드리는 일이 있겠는가? '상제'를 제사하는 의례는 아래로 땅을 높이지 않고, 위로 하늘을 가리지 않는다. 그래서 모직물을 깐 탁자를 펼쳐놓기만 하고 가리움이 없어서 장막을 설치하지 않으니 공경함의 지극함이다"[61]라고 하였다. 이처럼 그는 '상제'에 대한 제사만이 아니라, '천신'과 '지기'에 대한 제사도 그 제단에 장막이나 지붕으로 하늘을 가리는 일이 없음을 역설하였으며, 따라서 '명당'은 건물인 만큼 '상제'를 제사드리는 장소가 될 수 없음을 확인하고 있다.

(2) '교'제사의 시기

'교'제사의 시기도 '교'제사의 장소만큼이나 다양한 이설이 충돌하고 있는 사실을 보여준다. 정약용은 『춘추』의 기록을 검토하고 해석하면서, '교'제사의 시기를 주나라 책력(周曆: 周正)으로 '여름 4월'(夏四月)로 '묘월'(卯月)이요, '춘분'(春分)과 '계칩'(啓蟄: 驚蟄)의 절후에 해당하는 시기라 확인하였다.[62] '교'제사의 시기에 관한 가장 큰 쟁점의 하나는 '묘

---

61) 『與全』[2], 권33, 28, '春秋考徵: 郊'6', "神示之祭而行事屋中, 九經無文, 惟亡國之社屋而廢之, 此天下之至辱也, 豈有皇皇上帝而祭之於屋下者, 祭帝之禮, 下不增地, 上不蔽天. 故甎案無障, 帟幕不設, 敬之至也."
62) 月曆의 對照表를 만들어 보면 다음과 같다.

現陽曆	1/	2/	3/	4/	5/	6/	7/	8/	9/	10/	11/	12/
夏曆	12/	1/	2/	3/	4/	5/	6/	7/	8/	9/	10/	11/
殷曆		1/	2/	3/	4/	5/	6/	7/	8/	9/	10/	11/	12/
周曆		2/	3/	4/	5/	6/	7/	8/	9/	10/	11/	12/	1/
秦曆		3/	4/	5/	6/	7/	8/	9/	10/	11/	12/	1/	2/
四時	季冬/	孟春/	仲春/	季春/	孟夏/	仲夏/	季夏/	孟秋/	仲秋/	季秋/	孟冬/	仲冬/
12支	丑	寅/	卯/	辰/	巳/	午/	未/	申/	酉/	戌/	亥/	子/
12卦	臨/	泰/	大壯/	夬/	乾/	姤/	遯/	否/	觀/	剝/	坤/	復/
24節			春分/			夏至/			秋分/			冬至/

월'이 아니라 '자월'(子月: 周曆 1월)이나 '인월'(寅月: 周曆 3월)을 주장하는 견해가 제기되고 있는 것이요, 다른 하나는 '동지'(冬至)를 '교'제사의 시기로 주장하여 오랫동안 시행되어 왔다는 사실이다.

정약용은 『춘추』의 기록 가운데 네 곳(僖公31년, 成公10년, 襄公7년 및 11년)에 '교제사를 점쳤다'(卜郊)라고 기록하였으며, 애공(哀公)원년 한 곳에 '교제사를 지냈다'(郊)라고 기록되고 있음을 들면서, 이 기록들이 모두 주나라 책력의 '여름 4월'조에 수록되어 있다는 사실을 지적하여, '여름 4월' 곧 '묘월'(卯月: 建卯之月), '춘분'이 드는 달을 '교'제사의 정해진 시기라 논증하였다.63) 여기서 그는 『춘추』의 기록법이 '교'제사를 지내는 것이 합당한지 점을 쳐서 '길'(吉)하면 그 시기에 제사를 지내게 되니 일상적인 일이므로 기록하지 않고, 점을 쳐서 '흉'(凶)하면 시기가 지나도 제사를 못지내게 되므로 기록하였다는 것이다. 애공원년에 '교제사를 지냈다'고 기록한 것은 당시 생쥐가 희생소의 뿔을 갉아먹는 변고가 일어나 제사를 못지낼 위기에 처했다가 제사를 지내게 되어서, 다행스럽게 여겨 기록하였다는 것이다.

이에 비해 『좌전』과 『공양전』은 '인월'(寅月)을 '교'제사의 시기로 보았고, 『곡량전』은 '자월'(子月)을 '교'제사의 시기로 보았다. 정약용이 '교'제사의 시기에 대한 『춘추』의 3전(三傳)의 견해를 모두 비판하는 근거는 무엇보다 '교'제사를 점쳤던 기록이 모두 '여름 4월'(卯月)조에 수록되어 있는 사실에서 확인할 수 있다고 주장한다.64) 실제로 '교'제사를

---

63) 『與全』[2], 권33, 6, '春秋考徵: 郊2', "春秋書卜郊者四, 書郊者一, 皆在夏四月, 夏四月者, 建卯之月, 夏正之二月也[春分之月], 卯月爲郊之定期, 故卜郊必於卯月."
64) 같은 곳, "左氏·公羊以寅月爲郊期, 穀梁以子月爲郊期, 其義皆非也, … 春秋所書卜郊之事, 必皆卯月, …卯月之爲郊之本期, 明矣."

점치는 시기는 '인월'(寅月: 周曆3월)이지만, 그 제사의 정해진 시기가 '묘월'이기 때문에 점을 쳤지만 '길'하지 않아서 '교'제사를 지내지 못하였다는 사실을 '묘월'조에 기록하게 된다는 것이다. 또한 그는 『춘추』에서 '교제사를 점쳤다'(卜郊)라는 기록 네 가지가 모두 '묘월'조에 수록되어 있고, '희생소를 점쳤다'(卜牛)는 기록 네 가지(宣公3년, 成公7년, 定公15년, 哀公원년)가 모두 '자월'조에 수록되어 있는 사실을 주목하여, '교'제사에 쓸 희생 소를 정하는 방법이 '교'제사의 시기보다 3개월 앞서는 것이라는 사실을 지적함으로써, '교'제사의 시기가 '묘월'이라는 또 하나의 증거를 삼고 있다.65)

『좌전』(桓公5년)에 "계칩(啓蟄: 驚蟄)에 '교'제사를 하고, 창룡(蒼龍: 28宿 중 東方 蒼龍七宿)이 나타나면[巳月] '우'(雩)제사를 하며, 초목이 시들기 시작하면 '상'(嘗)제사를 하고, 벌레가 동면에 들어가면 '증'(烝)제사를 한다"66)고 언급하면서, '교'제사의 시기를 '계칩'의 절후로 밝혔다. 이에 정약용은 '계칩'을 '춘분'(春分)의 절후라 하여, 『대대례기』(大戴禮記) '하소정'(夏小正)편에서 '정월 계칩'(正月 啓蟄)이라 언급한 것이 잘못된 것임을 지적하고, '계칩에 교제사를 드린다'는 구절은 상고시대부터 전해온 글이라 중시하며, '교'제사의 시기를 '춘분'이 드는 달의 '계칩'절후로 확인하였다.67) 또한 그는 『좌전』(襄公7년)에 맹헌자(孟獻子)의 말로 인용되고 있는 "계칩에 '교'제사를 드리고 '교'제사가 끝난 다음에 경작한다"68)라

---

65) 『與全』[2], 권33, 7, '春秋考徵: 郊2', "前期三月者, 郊牛之本法也, 郊期本在卯月, 故郊牛之卜, 必在子月. 此又卯月郊之確證也, 不然, 何乃春秋之經書卜郊者四, 必皆在卯月, 書卜牛者四, 必皆在子月, 絶無他月之錯雜乎."
66) 『左傳』, 桓公5년, "啓蟄而郊, 龍見而雩, 始殺而嘗, 閉蟄而烝."
67) 『與全』[2], 권33, 8, '春秋考徵: 郊2', "啓蟄者, 春分之候, … 夏小正者, 戴氏私傳之書, 不足憑也, 然則自古相傳曰, 啓蟄而郊者, 是上古之遺文."
68) 『左傳』, 襄公7년, "啓蟄而郊, 郊而后耕."

고 말한 구절은 상고시대에서 전해진 글이요 후세 사람이 말할 수 있는 것이 아니라 하여 중시하고 있다. 나아가 『주역』(說卦傳)에서 "상제는 '진'(震)에서 나온다"(帝出乎震)라고 말하는 등 '진'(震)괘를 언급한 것은 '진'괘가 '2월'(夏曆) 춘분의 자리요, 동방의 정중(正中)에 해당하는 괘이며, '춘분'이 '진'괘 방위의 정중(正中)에 해당하는 것이라 하여, '춘분'의 절기가 바로 '교'제사의 시기임을 『주역』'진'(震)괘의 형상에서도 찾을 수 있음을 보여주고 있다.69) 곧 '여름 4월'(周曆), '묘월', '계칩'과 '춘분'의 절후가 같은 것이고, 바로 이 시기가 한 해에 한 번 '교'제사를 드리는 정해진 시기라는 것이다.

'교'제사를 지내는 시기는 달로 말하면 '묘월'(周曆 4월, 夏曆 2월)이요, '춘분'과 '계칩'의 절후가 드는 달이지만, 날자로 말하면 이 시기의 '상신일'(上辛日)이라 고증하고 있다. 『공양전』과 『곡량전』이 '교제'를 드리는 달을 각각 다르게 제시하였지만, 날짜만은 모두 '신일'(辛日)로 언급하고 있는 사실은 '교'제사의 날자가 '신일'임을 확인할 수 있는 증거로 삼는다. 또한 『춘추』의 성공 17년조와 정공 15년조 및 애공 1년조에서 각각 9월 신축, 5월 신해, 4월 신사로 달은 다르게 나타나고 있지만 날짜는 공통적으로 '신일'임을 주목하였다. 따라서 그는 '교'제사를 지내는 올바른 시기는 '춘분'이 드는 달 '신일'이라 확인하고,70) 또한 '교'제사는 '상신'(上辛)일을 쓰고, '사직'제사는 '상갑'(上甲)일을 쓰고, '학궁'(學宮: 文廟)의 제사는 '상정'(上丁)일을 쓰는 등, 공경하게 드리는 제사에서는 모두 '상일'(上日)을 쓰는 것이라 밝히고 있다.71) 결론적으로 정약용은 '교'

---

69) 같은 곳, "啓蟄而郊, 郊而後耕, 此二句八字, 必係三古之遺文, 非後世之人所能言也, …易曰, 帝出乎震, 又曰, 萬物出乎震, 震者, 二月春分之位, 東方正中之卦也, …[春分爲震方之正中], 郊期之必於春分之際."
70) 『與全』[2], 권33, 10, '春秋考徵: 郊2', "春分時辛日, 是郊之正期, 無可疑也."

제사의 정해진 시기를 '묘월'(周曆 4월), '춘분'과 '계칩'의 절후가 드는 달, '상신일'로 명확하게 고증하고 있는 것이다.

이에 따라 '교'제사의 시기를 달로서 '자월'이나 '인월'로 보는 견해를 비판하고, 날로서 '동짓날'로 보는 견해를 비판함으로써, '묘월 상신일'이 정당함을 밝히고 있다. 먼저 '자월'이나 '인월'을 '교'제사의 시기로 보는 견해에 대한 비판으로서, 『곡량전』(哀公원년)에서는 '여름 4월'을 '교'제사의 시기가 아니라 하고, "정월(子月)에서 3월(寅月)에 까지 이르는 것이 '교'제사의 시기다"[72]라고 하였는데, 이에 대해 정약용은 『춘추』에서 '여름 4월'에 '교'제사의 일을 기록한 네 곳이 모두 점을 쳤던 사실의 기록이고, '봄 정월'에 '교'제사의 일을 기록한 네 곳이 모두 희생소(牛)에 관한 기록이라는 사실을 주목하였다. 곧 '교'제사의 희생소는 '척'(滌: 희생소를 기르는 곳)에 석달동안 두기 때문에 소에 재난이 있으면 반드시 '자월'조에 기록한다는 것이요, '교'제사는 본래 춘분이 드는 달에 드려지기 때문에 점을 쳐저 '길'하지 않으면 반드시 '묘월'조에 기록한다는 것이다. 그런데 '자월'에 '교'제사를 지낸다는 근거는 『예기』의 「잡기」(雜記)·「명당위」(明堂位)·「교특생」(郊特牲) 3편의 글에 두고 있는데 공자가 친히 적어놓은 『춘추』의 경문처럼 믿을 수 없는 것임을 강조하였다.[73] 이처럼 정약용이 '교'제사의 시기를 '여름 4월'(묘월)로 입증할 수

---

71) 『與全』[2], 권33, 36, '春秋考徵: 郊8', "凡致敬之祭, 皆用上日. 故郊用上辛, 社用上甲, 學宮用上丁."
72) 『穀梁傳』, '哀公元年', "自正月至于三月, 郊之時也."
73) 『與全』[2], 권33, 9, '春秋考徵: 郊2', "春秋以夏四月而書郊事者四, 皆以卜也, 以春正月而書郊事者四, 皆以牛也, 郊牛在滌三月, 故牛之有災, 必記於子月, 郊祭本在春分, 故卜之不從, 必記於卯月也, …子月之郊, 何據也, 雜記·明堂位·郊特牲之三文, 其可信可徵, 必不如孔子親手之筆春秋正經之文, 何得引彼而亂此乎."

있는 것은 『춘추』 경문의 해석에 근거한 것이요, 이에 따라 『예기』의 여러 편들이 잘못된 기록임을 확인하고 있는 것이다. 여기서 그의 고증적 방법은 경전에서도 『춘추』나 『주례』를 기준으로 인식함으로써 경전들 사이에 서로 다른 기록들을 평가하고 논증하는 근거를 확보하고 있음을 보여준다.

또한 『공양전』(成公17년)에서도 "9월은 '교'제사의 시기로 쓰는 때가 아니다. '교'제사는 '정월 상신일'을 쓴다"[74]고 하였는데, 이에 대해 정약용은 『공양전』과 『곡량전』에서 모두 '정월 상신일'을 '교'제사의 시기로 삼고 있지만, 『공양전』에서 말하는 '정월'은 하력(夏曆)에 따른 것으로 '인월'이며, 『곡량전』에서 말하는 '정월'은 주력(周曆)에 따른 것으로 '자월'을 가리키는 사실을 지적하였다. 따라서 '자월'에 희생 소를 '척'에 두기 시작하니, 『공양전』에 의하면 희생 소를 '척'에 두달 동안 밖에 두지 못하게 되고, 『곡량전』에 의하면 희생 소를 '척'에 하루도 두지 못하게 되니, 희생 소를 석 달동안 '척'에 두고 기르는 예법에 양쪽 모두 어긋난다는 것이다.[75]

'교'제사의 시기에 관한 또 하나의 중요한 견해는 '동지'(冬至)로 보는 입장으로서, 가장 널리 인정을 받아왔으며, 실제로 시행되어 왔던 것이 사실이다. 곧 『좌전』(桓公 5년)에서 "'계칩'에 '교'제사를 지낸다"(啓蟄而郊)라고 하였는데, 공영달(孔穎達)은 『예기』의 「명당위」(明堂位)편에서 '정월에 교제사를 지낸다'(正月郊)고 언급한 구절을 대비시키면서, 「명당위」편의 기록자는 당시 천자가 '동지'에 '제천'의례를 하는 것을 보고서

---

74) 『公羊傳』, '成公17년', "九月, 非所用郊也, 郊用正月上辛."
75) 『與全』[2], 권33, 10, '春秋考徵: 郊2', "公羊·穀梁, 皆以正月上辛爲郊期, 然公羊所云正月者, 寅月也, 穀梁所云正月者, 子月也, 如公羊之說, 則郊牛在滌, 不過兩月, 非禮也, 如穀梁之說, 則郊牛在滌, 遂無一日, 非禮也."

'정월'에 '상제'에 제사드리는 것으로 잘 못 인식하였다고 보았다. 이에 대해 정약용은 공영달이 말한 '천자가 동지에 제천의례를 한다'는 사실이 어떤 경전에 근거한 것인지 문제를 제기하면서, 『예기』의 「교특생」편이나 「잡기」편에 근거를 둔다면 이 편들은 「명당위」편과 마찬가지로 신뢰할 수 없는 것이라 지적하였다. 여기서 그는 "'동지'에 '제천'한다는 것은 모두 『주례』를 근원으로 삼지만, 실지로 『주례』의 전편에는 '동지'에 '제천'한다는 글이 없다"고 밝혀, '동지'를 '교'제사의 시기로 보는 것은 『주례』를 잘못 해석한 데서 오는 오류로 확인하였으며, 또한 "무릇 제사의 시기는 천자나 제후가 본래 다름이 없다. …단지 하늘에 '교'제사를 드리는 의례에서 천자는 '동지'를 쓰고 제후는 '계칩'을 쓴다면 이런 이치가 있겠는가?"라고 하여, '동지'를 천자가 '제천'의례를 하는 시기로 보는 견해도 거부하였다.[76]

사실상 '동지'를 '교'제사의 시기로 보는 것은 경전에 믿을 만한 근거가 없음을 강조하고, 특히 『주례』(春官·大司樂)의 "'동지'에 지상의 '원구'에서 연주한다"[77]는 구절을 '교'제사로 잘못 해석하는 데서 발생한 오류임을 지적하는데 초점을 맞추고 있다. 정약용은 '교'제사의 시기를 '동지'로 왜곡시키는 과정을 밝히면서, "진(秦)나라 말기의 범속한 유학자들이 『주례』를 잘못 읽고서 드디어 「교특생」 한 편을 지어서 '교'제사는 '동지'에 지낸다고 잘못 말하였으며, 이에 맹헌자의 말 한 마디를 위조하여 「잡기」편에 끼워넣었다"[78]고 하여, 오류가 전개되면서 경전이

---

76) 같은 곳, "冬至祭天, 皆祖周禮, 其實周禮六篇, 無冬至祭天文, …凡祭祀之期, 天子·諸侯本無不同, …獨於郊天之禮, 天子用冬至, 諸侯用啓蟄, 有是理乎."
77) 『周禮』, '春官·大司樂', "冬日至於地上之圜丘奏之."
78) 『與全』[2], 권33, 11, '春秋考徵: 郊3', "秦末俗儒誤讀周禮, 遂作郊特牲一

조작되어 가는 과정을 추적하였다. 곧 「교특생」편에서 "'교'제사는 동짓날을 맞이한다"[79]고 하여, '동지'에 제사드리는 것으로 언급하고서, 뒤이어 "'교'제사는 신일(辛日)을 쓰는데, 주(周)나라에서 처음 '교'제사를 할 때 동짓날이었다"[80]고 하여 '신일'을 기준으로 제시하여 애매함에 빠져 있는 것은 전국시대 천박한 유학자의 기록이라 지적하였다. 따라서 그 자신은 '신일'이 맞다는 확고한 증거를 제시하면서도, "'동지'인지 '계칩'인지 꼭 수고롭게 다툴 필요는 없지만, '동지'라고 말하면 반드시 '하지'를 상대시켜 들게 되고, '남교'와 '북교'나 '부천'(父天)과 '모지'(母地) 등 많은 그릇된 의리가 모두 여기서 번잡하게 일어나는 것이니 변론하지 않을 수 없다"[81]고 밝혔다. 이처럼 '교'제사의 시기를 '동지'로 정하게 되면서 온갖 잘못된 유추의 해석체계가 적용되고 있음을 지적하였다. 또한 「잡기」편에 맹헌자의 말로 언급된, "정월 동짓날에 '상제'에 제사할 수 있다"[82]는 구절에서 '할 수 있다'(可以)는 말은 예법에는 그렇지 않지만 이치로는 옳다는 것을 말하는 것으로 그 이전에 '동지'가 '교'제사의 시기로 쓰여지지 않았다는 것을 뜻한다고 지적하면서, 맹헌자가 본래 이런 말을 하지 않았던 사실은 공영달도 이미 언급하였음을 밝히고 있다.[83]

정약용은 특히 정현이 『주례』(大宗伯)을 주석하면서 "'호천상제'는 동

篇, 謬謂郊祭在於冬至, 於是僞造孟獻子一語, 挿之雜記."
79) 『禮記』, '郊特牲', "郊之祭也, 迎長日之至也."
80) 같은 곳, "郊之用辛也, 周之始郊, 日以至."
81) 『與全』[2], 권33, 12-13, '春秋考徵: 郊3', "此戰國淺儒之所記也. 其說首鼠兩端, 蒙昧不明, …夫冬至・啓蟄, 不必苦爭, 然謂之冬至, 則必對擧夏至, 而南郊北郊, 父天母地, 許多謬義, 皆從此而蝟興, 是不可以不辨也."
82) 『예기』, '雜記', "正月日至, 可以有事於上帝."
83) 『與全』[2], 권33, 12, '春秋考徵: 郊3', "可以云者, 謂禮所不然而理則宜然也, …總之, 孟獻子本無此言, 孔穎達已言之."

지에 원구에서 제사지내는 '천황대제'이다"[84]라고 하여, '동지'에 '원구'에서 '호천상제'에게 제사드린다는 주장을 하고 있는데 대해, "'호천상제'는 오직 하나요 둘이 없는데, 정현이 진(秦)나라 때의 '오제'의 사특한 이론을 답습하고 위서(緯書)의 감생(感生)에 관한 요사스런 말을 믿어서, '계칩' 때의 '교'제사를 창제(蒼帝)에 돌리고, 따로 '동지'의 제사를 만들어서 '상제'에 제사하며, 스스로 '천황대제'라 축호(祝號)를 세우니 패역한 것이 아니겠는가"[85]라고 하였다. 그만큼 정현이 '동지'를 '제천'의 시기로 정착시키는데 책임이 컸던 경우로 가장 엄격하게 비판하고 있음을 엿볼 수 있다.

이와더불어 그는 두우(杜佑)의 『통전』을 인용하여 '교'제사가 드려지는 시기가 변천하였던 역사적 과정을 개괄하고 있다. 곧 한(漢)나라 문제(文帝)는 여름 4월(秦曆. 寅月)에 '상제'에게 '교'제사를 드렸으나, 무제(武帝)는 '정월 상신일'에 '원구'에서 제사를 드렸다. 왕망은 제사의례를 고쳐서, '정월 상신'에 천자가 직접 '남교'에서 '천'과 '지'를 함께 제사하며, '동지'에 '남교'에서 제사와 '하지'에 '북교'에서 제사는 유사(有司)를 보내 제사하였다 한다. 위(魏)나라 명제(明帝)때는 '동지'에 '원구'에서 제사하고, 남북조시대에는 대체로 '정월 상신일'에 '상제'에 제사를 드렸으며, 때로 '동지'에 '원구'에서 제사하기도 하였다. 수(隋) 문제(文帝) 때는 '동지'에 '원구'에서 '상제'를 제사하고, '맹춘 상신일'에 '남교'에서 감제(感帝: 感生帝)를 제사했으며, 당(唐)나라 고조(高祖) 때는 '동지'에 '원구'에서 '상제'를 제사하였고, 대종(代宗) 때는 '동지'에 '상제'를 제사하고, '맹

---

84) 鄭玄이 『周禮注』, '春官·大宗伯', "昊天上帝, 冬至於圓丘所祀天皇大帝."
85) 『與全』[2], 권33, 14, '春秋考徵: 郊3', "昊天上帝, 唯一無二. 鄭玄襲亡秦五帝之邪說, 信緯書感生之妖言, 乃以啓蟄之郊, 歸之於蒼帝, 別刱冬至之祭, 以祀上帝, 而自立祝號曰天皇大帝, 不亦悖乎."

춘'에 '상제'에게 기곡(祈穀)하는 제사를 드렸다는 변화의 양상을 확인하였다. 여기서 정약용은 개괄적으로 보아, "위(魏)·진(晉) 이래로 하늘에 '교'제사를 드리는 시기는 모두 '정월 상신일'을 써서 『공양전』의 의리를 따랐으며, 『좌전』에서 맹헌자가 말한 '계칩'에 제사한다는 설과는 끝내 서로 부합하지 않았으며, 이것은 왕숙의 설이다"[86]라고 하였다. 그는 '교'제사의 시기에 대한 왕숙의 학설이 '정월 상신일'을 내세워 '계칩' 절후의 '상신일'로 고증하는 정약용 자신의 입장과 차이가 있지만, 정현처럼 '동지'를 내세우는 전혀 그릇된 견해보다는 훨씬 나은 경우로 인정하고 있는 것이다.

또한 청나라의 진혜전이 옛날에 천자가 하늘에 드리는 제사로 '동지'에 '교천'(郊天)과, 봄에 '기곡'(祈穀)과, 여름에 '대우'(大雩)와, 가을에 '명당'에서 '대향'(大饗)의 넷이 있음을 제시하면서, 그러나 '기곡'과 '대우'는 기원하는 제사(祈祭)요, '명당'의 '대향'은 보답하는 제사(報祭)라 하여, '교천'의 정식 제사는 '동지'에 '원구'에서 드리는 하나의 제사에 그칠 뿐임을 강조하였다. 이에 대해 정약용은 "'동지'의 '교천'이란 『주례』에 그런 글이 없고, 『춘추』에 그런 글이 없다. '원구'에서 음악을 연주하는 것은 분명히 푸닥거리 의례이며, 맹헌자가 '동지에 제사드리는 일이 있다'(冬至有事)는 말이나, 「교특생」편에서 '동지의 제사에 신일을 쓴다'(冬至用辛)는 글은 모두 뒤에 나온 것으로 깊이 믿을 것이 못된다"[87]라고 하여, '동지'에 '교'제사를 드린다는 견해를 철저히 거부하고, 단지 '계칩'

---

[86] 『與全』[2], 권33, 15, '春秋考徵: 郊3', "魏晉以來, 郊天之期, 皆用正月上辛, 以遵公羊之義, 不與左氏孟獻子啓蟄之說, 汔然相合, 此蓋王肅之論也."
[87] 『與全』[2], 권37, 22, '春秋考徵: 先儒論辨之異', "冬至郊天, 周禮無文, 春秋無文, 圜丘奏樂, 明是襘禮. 孟獻子冬至有事之說, 郊特牲冬至用辛之文, 皆係後出, 未可深信."

에 드리는 '교'제사 만을 주장하였다. 이처럼 그는 '교'제사의 시기를 '계칩'의 절후 '상신일'에 한 번만 있는 것임을 확인함으로써, '동지'를 끌어들여 '하지'와 대응시키면서 '천'과 '지'를 상응시키는 사유 자체를 차단함으로써, '상제'의 유일성을 확립하는데 관심을 집중시켰던 것이라 할 수 있다.

2) '교'제사와 연관된 의례의 명칭과 성격

(1) '교'제사로 잘못 인식된 의례 – '인'(禋)·'대향'(大饗)·'원구'(圜丘)

정약용은 '교'제사에 관한 논의에서 기본문제로 '교'제사의 대상과 장소와 시기의 문제를 논증하는데 가장 면밀한 주의를 기울였으며, 그 밖에도 '교'제사의 의례를 둘러싼 다양한 문제들에 대해서도 폭넓은 관심을 보여주었다. 여기서는 '교'제사와 관련된 여러 가지 의례의 명칭과 그 성격을 검토해볼 필요가 있다. 유교경전 속에 언급된 여러 의례들이 '교'제사와 연관된 것으로 해명되어 왔는데, 정약용은 이러한 의례들을 검토하면서 대체로 보면 후세의 경전주석에서 '교'제사로 잘못 인식된 의례로서 ①'인'제사(禋祀)와 ②'대향'(大饗)과 ③'원구'(圜丘)의례를 언급하고 있다.

먼저 '교'제사로 잘못 인식된 의례 가운데, ①'인'제사(禋祀)는 『주례』(大宗伯)에서 "'인사'(禋祀: 연기를 올려 드리는 제사)로 호천상제에 제사드리고, '실시'(實柴: 희생을 섶에 올려 구워서 드리는 제사)로 일·월·성신에 제사드리고, '유료'(槱燎: 희생을 섶에 태우며 불꽃을 올려 드리는 제사)로 '사중'·'사명'·'풍사'·'우사'에 제사드린다"[88]라 하여, '호천상제'에 드리는 제사의 방법으로 '인'제사를 제시하였다. 그러나 『주례』(大司寇)에서는 "'오제'에

'인'제사를 드린다"(禋祀五帝)라고 한 것에 대해, 가규(賈逵)가 "'상제'에 '인'제사를 드리는 것은 네 곳 '교'에서 기운을 맞이하여 '명당'에서 '오제'를 전체로 제사드리는 것을 말한다"(禋祀上帝, 謂迎氣於四郊, 及總享五帝於明堂)라고 해석하였는데, 정약용은 '인'제사는 '제천'의례에도 쓰이는 '대사'(大祀) 곧 중대한 제사로 인정하였지만, 『서경』「낙고」(洛誥)편에서 '명인'(明禋)이라 언급한 구절이 '제천'의례를 말하지 않는 사실을 들어서, '인'제사가 바로 '제천'의례를 가리키는 '제천'의례의 고유한 명칭이 아님을 밝혔다.[89]

또한 ②'대향'(大饗)은 『예기』(月令)에서 "가을 마지막 달, 이 달에 '제'(帝)에 '대향'한다"[90]고 언급하였던데, 이에 대해 정약용은 진(秦)나라의 예법으로 보고, 진나라는 서쪽에 있어서 가을이 깊어지면 백제(白帝)에 '대향'을 드렸던 것으로 해석함으로써, '대향'을 '상제'에 대한 '교'제사와 구별하였다.[91] 이처럼 정약용은 '인'제사와 '대향'을 '교'제사와 일치시킬 수 없는 제사의 명칭임을 밝혀 분명하게 차별화시키고 있다.

③'동지'에 '원구'에서 행하는 의례는 한(漢)나라 이후 중국에서 오랜 세월 '제천'의례로 받아들여졌기 때문에 좀더 정밀한 논증이 필요하였던 경우이다. 그는 『주례』(春官·家宗)에서 "'동지'에 '천신'을 이르게 하고, '하지'에 '지기'와 '물매'(物鬽)를 이르게 하여, 나라에 흉년이 들고 백성이 역질로 죽는 재난을 제거한다"[92]고 언급한 구절을 근거로 삼아, "'동지'

---

88) 『周禮』, '春官·大宗伯', "以禋祀, 祀昊天上帝, 以實柴, 祀日月星辰, 以槱燎, 祀司中·司命·飌師·雨師."
89) 『與全』[2], 권33, 26, '春秋考徵: 郊5', "禋祀者, 大祭也, …若云禋祀是祭天之名, 洛誥明禋, 亦祭天乎."
90) 『禮記』, '月令', "季秋之月, 是月也, 大饗帝."
91) 『與全』[2], 권33, 29, '春秋考徵: 郊6', "秦居西土, 本祠白帝. 故至盛秋而大饗也."

와 '하지'에 음악을 연주하는 것은 본래 푸닥거리하는 방법으로, 경전의 본문에 해와 별이 빛나듯이 분명하게 실려 있는데, 정현이 이를 '남교'와 '북교'의 큰 제사로 삼으니, 위로 옛 성인이 '상제'를 부지런히 섬기는 법전을 속이고 아래로 후세에 제사를 더럽히는 단서를 열어주어 만세를 두고 해독이 퍼져 씻어낼 수 없다"93)고 하여, '동지'에 '원구'의 의례를 정현이 '제천'의례로 해석한 과오를 격렬하게 비판하였다. 여기서 그는 『주례』(春官·家宗)에서 재난을 제거하는 의례로서 언급한 '회'(禬)의 의례를 빌거나 푸닥거리하는(祈·禳·祓·禊) 종류로 파악하였다.

　그는 『주례』(大司樂)의 기록을 정밀하게 음미하여, '천신'에게 제사(祭)하는 것과 푸닥거리로서 '주악'(奏樂)은 서로 전혀 다른 것으로서 합쳐서 하나로 할 수 없음을 밝히면서 그 차이를 조목별로 제시하였다. 그 차이점의 하나는 '천신'에 제사를 드릴 때의 음악에는 황종(黃鍾)과 대려(大呂)가 쓰일 뿐이지만, '주악'에서는 환종(圜鐘)·황종·태주(大蔟)·고선(姑洗)의 네 가지 음(四音)이 갖추어 쓰인다는 사실이요, 또 하나는 '제천'이나 '제지'(祭地)에서는 제사드리는 달만 정해지고 날짜는 정해지지 않는데, '주악'에서는 '동지' 또는 '하지'로 날짜를 쓰고 있다는 사실이며, 그 셋째로 옛 경전에 '원구'를 '교'라고 하는 경우가 없으므로, '원구'와 '교'는 같은 제사일 수 없다는 사실이요, 그 넷째로 제사에서 주장으로 삼는 대상이 하나의 '신'(神)이나 하나의 '기'(示)인데 '주악'에서는 '천신'이 모두 내려오고 '지기'가 모두 나타난다는 사실을 들면서, 결론적으로

---

92) 『周禮』, '春官·家宗', "以冬日至致天神·人鬼, 以夏日至致地示·物魅, 以禬國之凶荒·民之札喪."
93) 『與全』[2], 권33, 12, '春秋考徵: 郊3', "二至奏樂, 本是禬·禳之法, 明載經文, 赫如日星, 而鄭玄乃以此爲南郊·北郊之大祭, 上誣先聖昭事之典, 下啓後世黷祀之端, 流毒萬古, 不可洗濯."

'동지'와 '하지'의 '주악'은 『주례』(春官·家宗)에서 밝힌 것처럼 재난을 제거하기 위한 푸닥거리(禬除之禮)이므로 '교'·'사'·'체'·'상'(郊·社·禘·嘗)처럼 정식 제사와는 전혀 다른 일임을 강조하고 있다.[94] 이처럼 그가 '동지'에 '원구'에서 행하는 '주악'의 의례를 푸닥거리로 규정하여 결코 '교'제사와 혼동될 수 없는 차이점을 자세히 논증하고 있는 것은 바로 '계칩'(春分)의 절후에 드리는 '교'제사 만을 정식의 '제천'의례로 확보하고자 하는 입장을 보여주고 있는 것이다.

(2) '교'제사에 병행되는 의례 – '려'(旅)·'사망'(四望)·'우'(雩)의 제사

다음으로 '교'제사에 병행되는 의례로서, ①'려'(旅)제사와 ②'사망'(四望)제사, 및 ③'우'(雩)제사가 검토되고 있다. 먼저 ①'려'(旅)에 대해, 정약용은 "'계칩'때 한 번 '교'제사를 드릴 뿐이지만, '려'(旅)·'류'(類)·'우'(雩)·'시'(柴)는 때때로 행해지는 것이다"[95]라고 하여, 정기적인 제사인 '교'제사와 부정기적인 임시 제사 가운데 '려'의례의 위치가 다른 것임을 제시하였다. 그는 『주례』(春官·典瑞)에서 "'사규'(四圭: 玉器)를 지니고 병풍을 설치하여 '천'에 제사하고, '상제'에 '려'한다"[96]라고 언급한 구절을 해석하면서, '천'에 제사한다(祀天)는 것은 '교'제사이지만, '려'는 제사(祭)도 아니고 기도(祈)도 아니라 하고, '려'(旅)는 '려'(臚·祣·示盧)와 같

---

94) 『與全』[2], 권33, 11, '春秋考徵: 郊3', "祭天神, 則所用惟黃鍾·大呂, 其奏樂則圜鐘·黃鍾·大蔟·姑洗, 備用四音, …祭天·祭地, 雖有定月, 本無定日, …其奏樂則用冬至·夏至, …圜丘非郊, [古經無以圜丘爲郊者], …祭所主者, 一神·一示, 奏樂則曰, 天神皆降, 地示皆出, …故春官篇末, 明以二至奏樂爲禬除之禮, 與郊·社·禘·嘗之正祭, 判爲二事, 了不相混."
95) 『與全』[2], 권37, 22, '春秋考徵: 先儒論辨之異', "啓蟄一郊而已. 旅·類·雩·柴, 有時乎行之也."
96) 『周禮』, '春官·典瑞', "四圭有邸, 以祀天, 旅上帝."

은 글자로 쓰고, '펼친다'(陳)는 뜻으로 쓰이며, 사실을 펼쳐서 상제에 아뢴다는 것으로, 나라에 큰 변고가 있으면 '상제'와 '사망'(四望)에 '려'한다는 것은 급한 일을 아뢴다는 뜻으로서, 오늘날의 '고유제'(告由祭)와 같은 것이라 하였다.97) 그렇다면 '상제'에 '교'제사를 드리고서 별도로 나라의 급한 일을 '상제'에게 아뢰는 '려'의례를 한다는 것이요, '려'는 '상제'에게 행할 수도 있고, '사망'에도 행할 수 있는 것임을 보여주고 있다.

이와더불어 ⑤'사망'(四望)의 제사에 대해, 『주례』(春官·小宗伯)의 주석에서 정사농(鄭司農)은 그 대상을 '일·월·성·해'(日·月·星·海)라 하고, 정현은 '오악·사진·사독'(五嶽·四鎭·四瀆)이라 하였는데, 정약용은 이러한 견해들을 모두 잘못된 것이라 비판하였다. 여기서 그는 '사망'을 해석하면서, "'망'이란 '멀리서 바라보며 지내는 제사'(遙祭)의 명칭이다. 산천을 멀리서 바라보며 제사하는 것을 '망'이라 할 수 있고, 다른 '신'을 멀리서 바라보며 제사하는 것도 '망'이라 할 수 있다. …「곡례」편에 '천자는 천·지에 제사하고 사방에 제사한다'고 하였는데, '사방'이란 '사망'이다. …'사망'은 '사방'에 제사하는 것이요, 다른 것이 아니다"98)라고 하였다. '사망'이란 멀리서 바라보며 제사드리는 '요제'(遙祭)의 일종으로서, '산천'(山川) 등 어떤 특정한 대상에 대한 제사가 아니라, '사방'의 신명에게 드리는 제사라 밝히고 있다. 곧 그는 『주례』(春官·大宗

---

97) 『與全』[2], 권33, 25, '春秋考徵: 郊5', "至於旅之爲禮, 非祭非祈, …旅, 與臚通[或作祣·作示盧], 旅者, 陳也, …敷陳事實, 以告帝也. 故曰國有大故, 則旅上帝及四望, 告急之義也[如今之告由祭]."
98) 『與全』[2], 권33, 33, '春秋考徵: 郊7', "望者, 遙祭之名, 遙祭山川, 可謂之望, 遙祭他神, 亦可云望, …曲禮云, 天子祭天地·祭四方, …四方者, 四望也, …四望者, 四方之祭, 非他物也."

伯)에서 "여섯가지 옥기(玉器)를 만들어 '천'과 '지'와 '사방'에 의례를 행한다"99)는 구절을 해석하면서, "'상제'가 고요히 임하시면 모든 '신'들이 달려와 따르는데, 천체를 맡아서 운행하는 자도 있고, 지구를 맡아서 편안하게 지키는 자도 있는데, '사방'에 '명신'(明神)들이 포열해 있는 것을 '사망'이라 한다. '교'와 '사망'의 제사는 언제나 같은 때에 함께 거행되는 것이다"100)라고 하였다. 위로 '천신'과 아래로 '지기'에 대한 제사와 더불어, '사방의 신명'에게 제사드리는 것이 바로 '사망'이요, '상제'에 드리는 '교'제사 때에 병행되는 제사임을 밝혀주는 것이다. 여기서 그는 옛 유학자들이 『서경』(舜典)의 "망질우산천"(望秩于山川)이라 언급한 구절을 잘못 읽어서 '사망'을 '산천'에 드리는 제사로만 소속시킨 것이라 비판하면서, 이 구절은 '망'(望)과 '질우산천'(秩于山川)의 두 구절로 나누어 보아 "'사망'의 제사에서 산천의 등급을 살펴보는 것을 말한다"고 해석하여, '사망'이 '사방의 신'을 제사하면서 산천의 등급을 둘러보는 것이지만, 산천에 드리는 제사가 아님을 분명히 밝혔다.101)

또한 정약용은 '사망'과 관련된 명칭으로『주례』(夏官 · 大司馬)에서 가을에 드리는 '팽'(祊)제사를 언급한데 대해, "'팽'은 '사방'에 드리는 제사요, 멀리서 바라보며 드리는 제사이므로 '사망'이라 한다. …혹은 봄에 '망'제사를 드리고, 혹은 가을에 '팽'제사를 드리는데, 같은 때에 합하여 제사하지 않음이 없으니, 마치 '방명'(方明)과 같다"102)고 하여, '사망'과

---

99) 『周禮』, '春官 · 大宗伯', "作六器, 以禮天地四方."
100) 『與全』[2], 권37, 23, '春秋考徵: 先儒論辨之異', "上帝穆臨, 群神奔屬, 有司天宇而斡運者矣, 有司地毬而安存者矣. 四方四嚮, 明神布列, 此之謂四望, 郊與四望, 每一時並擧."
101) 『與全』[2], 권33, 33, '春秋考徵: 郊7', "舜典曰, 望秩于山川, 先儒誤讀此文, 遂以四望專屬山川之祭, 其實望一句, 秩于山川又一句, 謂四望之祭, 其秩視山川也."

'사팽'은 제사드려지는 시기가 다르더라도 모두 '사방'에 제사하는 것임을 보여주고 있다. 그밖에 『공양전』(僖公31년)에서 언급한 '방망'(方望)도 '사망'을 가리키는 것이라 확인하였다. 이와더불어 그는 '사망'과 『의례』(觀禮)에서 말하는 '방명'(方明)의 나무를 연관시켜 설명하고 있는데, '방명'의 나무는 사방 4척의 크기로 6면체로서 천·지와 사방의 신·기(神·示)를 형상하며, 천·지·사방이 합하여 하나의 방(室)이 되는 것으로, 바깥은 여섯가지 색깔을 칠하고, 속에는 여섯가지 '옥'(六玉)을 간직하게 하는 것이라 하였다.[103] 곧 '방명'의 나무가 하나로 천·지·사방의 '신'을 형상하는 것처럼, '사망'도 사방에 각각 나누어져 제사드려지는 것이 아님을 확인해주고 있는 것이다.

나아가 ⑥'우'(雩)제사에 대해서, 정약용은 『좌전』(桓公5년)에서 "'계칩'에 '교'제사를 드리고, '용현'(龍見)이 되어야 '우'제사를 드린다"(啓蟄而郊, 龍見而雩)고 언급한 구절을 옛 전적의 글이라 중시하였다. 그는 '교'제사는 정기적 제사이지만 '우'제사는 가뭄이 들었을 때라야 드리는 비정기적 제사임을 대조시키면서, 묘월(卯月)에 밭갈고, 진월(辰月)에 씨뿌리니, 창룡(蒼龍)의 별자리가 저녁 동쪽 하늘에 보이는 '용현'(龍見: 28宿에서 蒼龍7宿의 출현)의 사월(巳月: 夏曆 4월)에 들어와야 가물면 싹이 시드는 환란이 있게 되므로, '용현' 이전에는 가물어도 '우'제사를 지내지 않는 것이 '우'제사의 시기를 '용현' 이후로 잡는 뜻이라 해명하였다.[104] 실제로 『춘

---

102) 『與全』[2], 권33, 34, '春秋考徵: 郊7', "祊者, 四方之祭, 以其遙望而祭之故, 謂之四望也. …或春而望, 或秋而祊, 無不一時合祭, 有如方明."
103) 『與全』[2], 권33, 33-34, '春秋考徵: 郊7', "觀禮方明之木, 上玄·下黃·東靑·南赤·西白·北黑以設六玉, 蓋以方四尺之木, 象上下四方之神示, …方明之木, 卽天地四方之合爲一室者, 外設六色, 中含六玉."
104) 『與全』[2], 권33, 35, '春秋考徵: 郊8', "啓蟄而郊, 龍見而雩, 必是古典, 然郊是常祀, 雩則不然, 旱則雩之, 不旱, 雖十年不雩, 可也, …卯月而耕,

추』에서 '우'제사를 기록한 21곳 가운데 가을(秋)이라 기록한 것이 7곳, 7월이 2곳, 8월이 4곳, 9월이 7곳, 겨울(冬)이 한 곳 있는 사실도 '용현' 이전에 '우'제사를 드리지 않은 증거로 확인된다.

또한 그는 '우'제사에서 '상제'에 비는 의례(禱天·禱於上帝)를 '대우'(大雩)라 하고, '우사'(雨師)에 비는 의례를 '우'라고 구별하여 쓰이기도 하는 사실을 지적하였다.105) '우사'에 비는 것도 '천신'에 비는 것이다. 따라서 그는 『좌전』(昭公16년)에 정(鄭)나라가 산에서 '우'제사를 드린 사실에 대해서도 '산천'에 비는 것이 아니라 '상제'에 비는 것임을 밝혀,106) '우' 제사가 드려지는 장소와 상관없이 '우'제사의 대상은 '상제'나 '천신'인 '우사'에게 드려지는 것임을 보여준다. 곧 '우'제사가 '상제'에 비는 의례라면 '우'제사의 날짜도, '상제'에 제사드리는 날짜와 마찬가지로 '상신일'(上辛日)을 쓰는 것으로 확인되고 있다.

나아가 두우(杜佑)는 『통전』에서 "주(周)나라 제도의 '월령'(月令)에는 '건사월'(建巳月: 夏曆4월)에 '오방천제'에게 '대우'제사를 드리는데, 그 제단의 명칭은 '우영'(雩禜)이라 하고, '남교'의 곁에 있으며, '오인제'(五人帝)를 배향하며, 당나라 제도에서는 매년 맹하(孟夏)에 '원구'에서 '호천상제'에 '우'제사를 드린다"고 기록하였다. 여기서 정약용은 두우가 '주나라 제도'라 말한 것은 '당나라 제도'로서 말할 가치도 없다고 비판하고, 심한 가뭄에 '천단'(天壇)에서 비는 '우'제사의 의례가 엄중한 것임을 강조하였다. 따라서 그는 "전국(戰國)시대 이후 무당을 불태우고 절름발이를 폭행하는 기괴한 행동을 하고, 한(漢)나라 이후에는 흙으로 용을

辰月而播, 須至建巳之月, 乃有苗枯之患. 此所以龍見之前, 無雩也."
105) 같은 곳, "雩有二等, 禱天曰大雩, 祈於雨師曰雩."
106) 『與全』[2], 권33, 36, '春秋考徵: 郊8', "雩於山, 亦所以禱天也."

빚거나 돼지를 불에 굽기도 하고, 개구리를 물에 빠뜨리거나 개를 찢어 죽이기도 하며, 혹은 붉은 끈으로 '사직'을 동여매기도 하고, 혹은 채색 비단을 제단에 파묻기도 하여, 사특하고 기괴함이 이루지 않음이 없었다. 이렇게 하면서 하늘의 노여움을 돌리고 백성의 생명을 구제하려고 한다면 어려운 일이다"107)라 언급하고 있다. 이처럼 그는 경전에서 '우'제사를 '상제'에 비는 엄숙한 의례로 규정한 것에 역행하여, 전국시대 이후 '우'제사가 온갖 기괴한 주술적 행위에 빠져들었던 사실을 지적하면서 '상제'의 뜻을 얻을 수 없는 그릇된 의례로 타락한 것임을 비판하였다.

또한 그는 '우'제사에서 제관으로 '무'(巫)가 있었던 사실을 『주례』(地官·舞師, 및 春官·司巫)에 근거하여 확인하면서, 옛사람들은 신을 섬기는데에 힘써서 정기가 순수한 사람을 선별하여 '사무'(司巫)의 직책으로 기도와 제사(禱祠)를 담당하게 하였는데, 후세에 타락하여 귀신을 섬기는 것이 모두 잡귀가 되어 간사하고 부정한데 빠지는 '무'(무당)'의 타락 현상을 지적하기도 하였다.108) 이와더불어 그는 당나라 제도에서 '기우'(祈雨)의례를 소개하여, 먼저 '악·독'(嶽瀆)에 제사하고, 다음에 '산·천'(山川)에 제사하고, 다음에 '사직'에서 빌고, 그 다음에 '종묘'에서 비는데, 매번 7일을 한도로 하여, 한 차례 빌어서 비가 내리지 않으면 되돌려서 다시 시작하는 것이라 하였고, 당시 우리나라에서 '기우제'의 법

---

107) 『與全』[2], 권33, 36-37, '春秋考徵: 郊8', "戰國以降, 焚巫暴尫, 所行奇怪, 自漢以來, 塑龍燔獂, 沈蛙磔狗, 或朱繩縈社, 或采繪埴壇, 淫邪詭誕, 無所不至, 如此而欲回天怒而救民命, 難矣."
108) 『與全』[2], 권33, 36, '春秋考徵: 郊8', "古人勤於事神, 別選精氣純壹者, 俾掌禱祠. 此司巫之官所以設也, 後世正道堙塞, 邪說大興, 於是所奉鬼神, 皆是夔罔雜物, 於是男巫·女巫, 隨亦淫邪不正."

도는 당나라 제도를 따르는 것임을 지적하여, 옛 전적에서는 '사직'과 '종묘'에서 '우'제사를 드리는 일이 없으며, '산천'에서 '우'제사를 드리는 것도 기록에 없음을 지적하였다.109) 이처럼 그는 유교이념의 사회체제인 중국이나 조선에서도 제사의례가 경전의 정신에 얼마나 심하게 벗어나고 있는지를 엄격하게 비판하고 있다.

3) '교'제사의 의례와 노(魯)의 '교'제사

(1) '교'제사에서 의례의 조건

① '교'제사 의례의 대상: '교'제사에서 의례의 실행조건으로 정약용이 가장 깊은 관심을 가졌던 문제는 제사대상의 조건과 희생의 선택이라는 두가지 과제로 집약시켜 볼 수 있다. 먼저 '교'제사에서 제사대상의 조건에 관한 인식으로는 ㉮ '천'과 '지'를 합사(合祀)하는 의례에 대한 비판과, ㉯ 주향(主享)과 배향(配享)에 관한 인식이며, 그 밖에 ㉰ '시'(尸)에 대한 문제를 들 수 있다.

먼저 ㉮ '천'과 '지'를 함께 제사하는 의례에 대해서는 『시경』(周頌·淸廟之什·昊天有成命)에 대해 위굉(衛宏)은 「시소서」(詩小序)에서 "천·지에 '교'제사를 지내는 것이다"(郊祀天地也)라고 하여, '천'과 '지'를 함께 제사하는 것으로 보았는데, 주자도 이미 '천'과 '지'를 함께 제사한다는 것이 잘못된 해석임을 지적하였다. 여기서 정약용은 "정월 상신일에 '남교'에서 '천'과 '지'를 함께 제사하는 것은 왕망의 법도이다"110)라 하여,

---

109) 『與全』[2], 권33, 37, '春秋考徵: 郊8', "唐制祈雨, 先祭嶽瀆, 次祭山川, 次祈社稷, 次祈宗廟, 每以七日爲限, 一祈不雨, 周而復始, 今吾東之法蓋遵唐制, 噫, 稽之古典, 其有雩於社稷, 雩於宗廟者乎, 雩於山川, 亦無正文."

왕망·유흠의 학술을 이어받은 위굉이 『시경』의 해석에서 잘못된 이론으로 어지럽히고 있음을 비판하였다. 이러한 '천'·'지'를 합사한다는 견해에 따라 발생하는 문제로서, 그는 "한(漢)나라 유학자들의 이른바 '감제'(感帝: 感生帝)란 '오천제'의 하나요, 이른바 '황기'(皇祇)는 단지 하나의 '신'이다. '천제'는 다섯이 있고 '지기'는 하나 뿐이다. 감응하는 '천제'는 시대마다 각각 달라지고, 이에 하나의 '지기'가 두루 다섯 '천제'의 짝이 되어 더불어 함께 제사되니, 이런 이치가 있겠는가? '천'과 '지'를 속이고 인륜의 이치를 어지럽히니, 무릇 이런 예법을 말하는 자는 '신'이 반드시 죽일 것이다"111)라고 말하여, '천지합사설'(天地合祀說)과 '감생제설'(感生帝說)을 제시하는 견해가 '신'을 속이고 인륜을 어지럽히는 죄를 저지르는 것이라 하여, 격심한 배척의 입장을 밝히고 있다.

또한 정약용은 '남교'에서 '천'과 '지'를 함께 제사한다는 법도는 왕망에서 일어나고 당나라 측천무후(則天武后)에서 갖추어 진 것임을 지적하면서, 왕망은 적신(賊臣)이요, 측천무후는 역후(逆后)인데, 이런 잘못된 예법이 아직도 고쳐지지 않고 있는 현실을 크게 탄식하였다.112) 따라서 그는 유교사회에서 '교'제사의 의례는 역사적 전통 속에 심한 왜곡이 일어났던 사실을 인식하면서 엄격하게 배척하고 있는 것은 경전에서 제시된 '교'제사의 원형과 본래의 진실한 의미를 되살리기 위해서는 그릇된 의례를 바로잡아야 한다는 자신의 기본입장을 드러내고 있는 것이다.

---

110) 『與全』[2], 권33, 20, '春秋考徵: 郊4', "正月上辛, 合祀天地於南郊者, 王莽之法也."
111) 같은 곳, "漢儒所謂感帝者, 五天帝之一也, 所謂皇祇, 只是一神. 天帝有五, 而地示唯一, 所感之帝, 代各不同, 乃以一祇, 歷配五帝, 與之合祭, 有是理乎, 誣罔天地, 瀆亂倫理, 凡言此法者, 神必殛之."
112) 같은 곳, "南郊合祭天地之法, 起於王莽, 備於武后, 一是賊臣, 一是逆后, 然其法猶然不改, 噫, 且奈何."

다음으로 ㉴주향(主享)과 배향(配享)에 관한 문제로서, 『예기』(祭義)에 "'교'제사는 '천신'에 두루 제사하면서 '해'(日)를 주향으로 하고 '달'(月)을 배향으로 한다"(郊之祭, 大報天而主日, 配以月)고 언급한 구절이 있는데, 이에 대해 정약용은 "제사가 지향하는 바는 주향하는 바에 있는 것이니, 주향하는 바가 '해'라면 '제일'(祭日)이지, 어찌 '제천'이라 하겠는가. … 이제 명칭을 '제천'이라 하면서 형상이 있는 '해'를 주향하고, 형상이 있는 '달'을 배향하면서, '천'을 지각이 없으니 인도할 수 없다고 말하는 것은 크게 어그러진 것이 아니겠는가? …이러한 허황함은 모두 추연·여불위 등에서 일어난 것이니 우리 유학자가 마땅히 말할 바가 아니다"113)라고 하여, '교'제사에서 '해'를 주향으로 하고 '달'을 배향하는 의례는 '천'이 아무 작용도 없고 지각도 없는 것으로 보기 때문에 '해'와 '달'을 주향과 배향으로 삼는 것이라 지적하고, '해'를 주향으로 삼는다는 '주일설'(主日說)은 진(秦)나라 말기의 그릇된 이론이라 지적하여, 유교의 정신에 어긋나는 것임을 명확히 밝히고 있다.

또한 배향의 문제로 『효경』(聖治章)에서 "주공은 '교'제사에서 후직(后稷)을 '천'에 배향하고, '명당'에서 문왕(文王)을 제사하면서 '상제'에 배향하였다"114)고 언급하였는데, 정약용은 『효경』이 안지(顏芝)의 금문(今文)과 정현의 주석이나 공벽(孔壁)의 고문(古文)과 공안국(孔安國)의 주석이 이미 없어졌고, 현재 전하는 것은 수(隋)나라때 왕소(王邵)가 얻어서 유현(劉炫)에게 보내준 것임을 지적하여, 믿기가 어려운 경전이고, 주자도

---

113) 『與全』[2], 권33, 13, '春秋考徵: 郊3', "祭之所嚮, 在於所主, 所主是日, 則是祭日也, 何謂祭天, …今也名曰祭天, 而主之以有形之日, 配之以有形之月, 謂天無知, 不可祈嚮, 非大悖乎, …此等誕妄, 皆起於鄒衍·呂不韋之等, 非吾儒之所宜言也."
114) 『孝經』, '聖治章', "周公郊祀后稷以配天, 宗祀文王於明堂, 以配上帝."

의문을 제기하였던 사실을 언급하였다. 여기서 그는 "한(漢)나라 유학자들이 후직을 청제(靑帝)에 배향하여 상신일(上辛日)에 '교'제사를 드리니, 후직이 배향되는 것은 하나의 '천제'(一帝)일 뿐인데, 이제 문왕은 다섯 '천제'에 온전히 배향된다면 문왕의 의례가 후직보다 더 번다한 것인데, 어찌 후직을 '교'제사라 하고, 문왕을 '종'(宗)제사라 하여 후직을 높이고 문왕을 낮출 수 있겠는가?"115)라고 하였다. 곧 그는 『효경』에서 제시된 후직과 문왕을 '천'과 '상제'에 각각 배향하는 예법이란 이치에 맞지 않고 옛 선왕의 법도가 될 수 없는 것임을 비판하고 있는 것이다.

그는 노전금(魯展禽)의 말에 근거하여 '교'제사에서 '천'에 배향되는 예법은 순임금 때 요를 배향하고, 하(夏)나라에서는 곤(鯀)을 배향하는 등 한 시대에는 '교'제사에 한 사람만 배향될 뿐이라 확인함으로써, 유현(劉炫)이 하력 정월에 '교'제사에서 후직(后稷)을 배향하고, 동지의 '원구'에서 '제천'할 때는 제곡(帝嚳)을 배향한다는 것은 예법에 어긋나는 것임을 비판하였다.116) 그것은 '교'제사도 '계칩'때 한 번 뿐임을 확인함으로써, '동지'에 '교'제사를 인정하지 않을 뿐만 아니라, 배향되는 선조도 한 시대에 오직 한 인물만 인정되었던 것이 바른 의례임을 강조하고 있는 것이다.

나아가 ㉢'시'(尸)의 문제로서, 『주례』(夏官·節服氏)에서 "'교'제사에 구면(裘冕)을 입고 두 사람이 창을 잡고서 '시'를 전송하고 맞이한다"(郊

---

115) 『與全』[2], 권33, 28, '春秋考徵: 郊6', "漢儒旣以后稷配於靑帝, 以當上辛之郊, 則后稷所配, 一帝而已, 今以文王全配五帝, 則文王之禮縟於后稷, 又何以后稷曰郊, 文王曰宗, 尊彼而卑此乎."
116) 『與全』[2], 권33, 10-11, '春秋考徵: 郊3', "郊天配食, 其禮最嚴, 有虞氏郊堯, 夏后氏郊鯀, 殷人郊冥, 周人郊稷, 一代所郊, 止有一人, 夏正郊稷, 冬至郊嚳, 天下有是禮乎."

祀裘冕, 二人執戈, 送逆尸)라고 언급한 구절에 대해, 정약용은 "'상제'에게는 '시'가 없다. '교'제사에 '시'가 있는 것은 배향되는 선성(先聖)의 '시'이다"117)라고 하여, '시' 곧 '시동'(尸童)으로 '신'의 자리에 앉히는 것은 '상제'를 비롯하여 '천신'이나 '지기'에는 있을 수 없고, 오직 '인귀'에만 '시'가 있을 수 있음을 강조하고 있다. 따라서 그는 '교'제사에서 '오제'에 '시'를 두는 사실은 바로 '오제'가 '천제'가 아니라 '인제'라는 확실한 증거가 되는 것이라 지적하였다. 따라서 『주례』(士師)에서 "'오제'에 제사하는데, '시'를 보좌한다"(祀五帝, 則沃尸)는 구절에서 '시'를 보좌한다는 것이 바로 복희·신농 등 선성(先聖)의 '시'임을 확인하고 있다.118) 덧붙이자면 여기서 말하는 구면(裘冕)은 '교'제사에서 제관의 제복(祭服)으로, 『주례』(春官·司服)에 따르면 선왕(先王)에 드리는 제향의 제복인 곤면(袞冕)이나 선공(先公)에 드리는 제향의 제복인 별면(鷩冕), '사망'과 '산천'의 제사에서 제복인 취면(毳冕), '사직'이나 '오사'(五祀)의 제복인 희면(希冕), 그 밖에 작은 제사의 제복인 현면(玄冕)과 구별되는 것으로, 제사의 대상에 따라 제복도 달라짐을 보여준다.

②희생의 선택으로서 복우(卜牛): '교'제사는 제사드리는 날자가 길한지 아닌지를 점쳐서 결정한다. 그래서 네 번 '교'를 점쳤다(四卜郊)거나 다섯 번 '교'를 점쳤다(五卜郊)는 기록이 있는데, 그 점치는 것은 제사를 지내는 날의 한 달 전에 점을 쳤던 것이다. 또한 '교'제사의 날자만 점치는 것이 아니라, '교'제사에 쓰는 희생 '소'(牛)가 길한지 아닌지를 점치는 것이 중요한 행사이었다. '교'제사에 드리는 희생은 『시경』(周頌·我將)에서 "내가 받들고 내가 올림은/ 양과 소이니/ 하늘이 도우시리

---

117) 『與全』[2], 권33, 26, '春秋考徵: 郊5', "上帝無尸, 郊之有尸, 以配先聖也."
118) 같은 곳, "沃尸者, 沃義·農諸聖之尸也."

라"119)라고 하였는데, 여기서 정약용은 '제천'의례에서는 희생으로 '삼생'(三牲: 牛·羊·豕)을 쓰지 않고 '특우'(特牛) 곧 소 한 마리 만을 쓰는 것이 하늘을 높이는 것이요, 정성스러움을 귀하게 여기는 것이라 하여, 이 시에서 양과 소를 희생으로 쓰고 있는 사실은 '제천'의례가 아님을 확인하고 있다.120)

'교'제사에서는 희생으로 쓸 '소'를 점쳐서 결정하는데, '교'제사의 날짜를 점쳐서(卜郊) 결정이 되기 전에는 '우'(牛)라 하고, '교'제사 날자가 결정된 뒤에는 '생'(牲)이라 일컬어 구별한다. 정약용은 『춘추』에서 교에 쓸 소에 생긴 재앙을 기록한 것이 네 곳(宣公3년, 成公7년, 定公15년, 哀公원년) 있는데, 모두 봄 정월(子月)이었다는 사실을 확인하고, 『예기』(郊特牲)에서 "'교'에 쓸 소는 3개월동안 '척'(滌: 희생으로 쓸 소를 사육하는 곳)에 둔다"라는 언급 등을 끌어들여, 희생 '소'를 점치는 시기가 정월이고, 석달 동안 희생 '소'를 기른 다음 4월(卯月)에 '교'제사를 드리게 되는 것임을 논증하였다.121) 이렇게 희생 '소'를 점치는 기준을 확인함으로써 그는 『곡량전』(哀公원년)에서 6월 상갑(上甲)일에 희생 '소'를 비로소 갖추어 '척'에 두고, 10월 상갑일 희생 소를 비로소 말뚝(樴)에 묶는다는 '희생 소를 갖추는 법'(庀牲之法)이 너무 지나친 사실을 비판하고 있다.122) 또한 '교'제사에서 희생을 드리는 방법으로 '번시'(燔柴)의 의례가 제시되

---

119) 『詩經』, '周頌·淸廟·我將', "我將我享, 維羊維牛, 維天其右之."
120) 『與全』[2], 권33, 30, '春秋考徵: 郊6', "祭天用特牛, 所以尊天也, 亦以貴誠也, 此詩, 維羊維牛, 則非祭天矣, 祭天用三牲乎."
121) 『與全』[2], 권33, 7, '春秋考徵: 郊2', "春秋書郊牛之災者四, 皆在春正月者(建子月), 禮曰, 郊牛在滌三月(郊特牲), …前期三月者, 郊牛之本法也, 郊期本在卯月, 故郊牛之卜, 必在子月."
122) 『與全』[2], 권33, 9, '春秋考徵: 郊2', "穀梁所論庀牲之法, 亦太過矣, 郊牛在滌三月, 則子月卜牛, 正是卯月郊之確證, 何爲是紛紛哉."

고 있는데, 『예기』(祭法)에서는 "'태단'에서 '번시'하는 것은 하늘에 드리는 제사이다"(燔柴於泰壇, 祭天也)라 하였는데, '태단'(泰壇)을 '교'제사의 제단이라 밝혀,123) 제단 위에서 희생을 불에 태워 바치는 '번시'의 의례를 '교'제사에서 '상제'에게 희생을 올리는 의례로서 인정하고 있다.

(2) 노(魯)나라의 '교'제사

『예기』의 「왕제」(王制)편이나 「예운」(禮運)편에서는 "천자는 '천'과 '지'에 제사하고, 제후는 '사직'에 제사한다"(天子祭天地, 諸侯祭社稷)고 하여, 하늘에 드리는 '교'제사는 천자만이 행할 수 있다는 것이 유교경전에서 제시하고 있는 봉건적 신분질서에 기반한 의례체제이고, 이 의례체제를 어기고서 제후가 '교'제사를 드린다면 예법을 어지럽히는 참람한 행위로 성토당하지 않을 수 없다. 그런데 『춘추』에는 제후국인 노(魯)나라에서 '교'제사를 지낸 사실의 기록이 있으니, 천자의 의례인 '교'제사를 노나라에서 드리게 된 이유나 사정이 무엇인지, 또 언제부터 노나라가 '교'제사를 드리게 되었는지가 문제의 초점이 되고 있다.

먼저 『춘추』(僖公31년)에서 "여름 4월에 네 번 '교'를 점쳤으나 모두 길하지 않아서, 희생을 놓아주었지만, 그래도 '삼망'(三望)은 그대로 했다"124)(夏四月, 四卜郊, 不從, 乃免牲. 猶三望)는 기록이 쟁점의 발단이 된다. 이에 대해 『공양전』에서는 "'교'제사를 점치는 것은 예법이 아니다. …노나라에서 '교'제사를 지내는 것도 예법이 아니다"125)라고 하였고, 후한(後漢)의 하휴(何休)는 『공양전』의 언급을 해석하여, "천자는 '교'를

---

123) 『與全』[2], 권33, 18, '春秋考徵: 郊4', "泰壇, 郊之壇也."
124) 『春秋』, '僖公31년', "夏四月, 四卜郊, 不從, 乃免牲. 猶三望."
125) 『公羊傳』, '僖公31년', "卜郊, 非禮也,…魯郊, 非禮也."

접치지 않는다. …주공(周公)이 죽자 성왕(成王)은 주공을 천자의 예법(王禮)으로 장사지내고, 노나라에 명하여 '교'제사를 지내게 함으로써 주공의 덕을 드러내도록 하였으나, 바르지 않기 때문에 점을 쳤다"126)라고 하였다. 곧 주공이 봉해진 노나라는 제후국이지만 성왕이 주공의 덕을 높이기 위해 천자의 예법인 '교'제사를 노나라에 허락하였다는 사실을 언급하고, 천자가 '교'제사를 지내는 것은 예법에 맞는 것이니 점을 쳐서 길흉을 물을 필요가 없지만, 노나라가 '교'제사를 드리는 것은 비록 성왕으로부터 허락을 받은 것이라 하더라도 예법에 어긋나는 것이기 때문에 점을 쳐서 길흉을 물어 길하면 행하였다는 것이다.

먼저 노나라가 '교'제사를 드릴 수 있는 것은 주공의 덕을 높이기 위해 성왕이 명령한 것으로 성왕의 허락을 받았다는 사실의 문제이다. 정약용은 성왕이 노나라에 '교'제사를 비롯한 천자의 예악을 내려주었다는 여러 문헌들의 설명은 모두 『예기』「명당위」(明堂位)편에 근거한 것이라 지적하였다. 「명당위」편에서는 "성왕이 …노공(魯公)에게 세세토록 천자의 예악으로 주공을 제사하도록 명했다. 이 때문에 노나라의 군주는 맹춘(孟春)에 …'교'에서 '상제'에 제사드리면서 후직(后稷)을 배향하니, 천자의 예법이다"127)라고 언급하였다. 정약용은 「명당위」편의 이 구절을 자세히 음미해 보면서 내린 결론으로, "주공을 천자의 예법으로 제사하도록 명한 것은 성왕이다. 이에 근거하여 '교'에서 '상제'를 제사하고 후직을 배향한 것은 노나라 군주가 스스로 그렇게 한 것이다. 성왕이 어찌 '교'와 '체'(禘)제사를 백금(伯禽: 周公의 아들)에게 내려준 적이

---

126) 何休, 『春秋公羊傳注疏』, '僖公31년', "天子不卜郊, …周公薨, 成王以王禮葬之, 命魯使郊, 以彰周公之德, 非正故卜."
127) 『禮記』, '明堂位', "成王…命魯公世世祀周公, 以天子之禮樂, 是以魯君孟春, …祀帝于郊, 配以后稷, 天子之禮也."

있었겠는가?"128)라고 주장하였다. 후세의 유학자들이 「명당위」의 문장을 잘 못 이해하여 성왕이 천자의 예법인 '교'제사를 노나라에 허락한 것으로 해석하였지만, 실제는 성왕이 허락해준 것은 천자를 섭행하였던 주공을 제사할 때 천자의 예법을 쓰도록 허락해준 것일 뿐이요, '교'제사를 드린 것은 후세에 노나라의 군자가 자의적으로 행한 것임을 밝힌 것이다.

여기서 그는 『춘추』의 기록이 시작된 노나라 은공(隱公) 원년부터 희공(僖公) 31년(B.C.630) 사이의 94년 동안에는 '교'제사를 점쳤는데 길하지 않았다거나 희생 소가 상처를 입어 제사 시기를 지나쳤다는 기록이 전혀 없는 사실을 지적하고, 이에 비해 희공 31년부터 『춘추』의 기록이 끝나는 애공(哀公)에 이르기까지 '교'제사를 점치면 길하지 않거나 희생 소가 상처를 입거나, 제사의 시기를 지나쳤다는 기록이 거듭 나타나고 있는 사실을 대비시킴으로써, 노나라에서 천자의 예법인 '교'와 '체'제사를 드리기 시작한 것은 주공으로부터 18대가 되는 희공(僖公)이 행한 것이라 고증하였다.129) 이처럼 정약용은 노나라가 천자의 의례로 '교'제사를 행한 것은 주왕실이 쇠퇴한 중엽 이후임을 '춘추'의 기록에 의하여 입증하였으며, 주왕실이 쇠퇴한 이후에 '교'제사를 지낸 것은 노나라 만이 아니라 여러 제후국에서 널리 행해졌던 사실을 밝혀내고 있다.

곧 주(周)나라의 유왕(幽王)·여왕(厲王)이후로 주나라가 무너졌으니, 제후들이 참람하게 '교'제사를 지내는 것은 노나라 만의 일이 아니라, 진(晉)나라, 진(秦)나라, 오(吳)나라, 초(楚)나라에서 '교'제사를 지낸 것도

---

128) 『與全』[2], 권33, 4, '春秋考徵: 郊1', "命祀周公以天子之禮者, 成王也, 因以祀帝于郊, 配以后稷者, 魯君之自爲之也, 成王何嘗以郊禘賜伯禽乎."
129) 『與全』[2], 권33, 3, '春秋考徵: 郊1', "余謂魯之郊禘, 僖公之爲也."

분명하고, 기(杞)나라 송(宋)나라에서도 '교'(郊)제사가 행해졌다는 것이다. 여기서 그는 "여러 제후국의 '교'제사는 은미한데 노나라의 '교'제사만 유독 드러난 것은 『춘추』를 기록했기 때문이다. 『춘추』는 만세를 위해 다행이지만, 노나라 사람에게는 불행이다"130)라고 하였다. 이처럼 노나라에서 '교'제사를 지낸 것이 문제가 된 것은 『춘추』에 기록되어 있기 때문이지, 실질적으로는 주나라가 쇠퇴하면서 천자의 의례인 '교'제사를 지내는 것이 제후국 사이에서 일반화되어 갔던 현실을 확인하고 있다. 또한 정약용은 노나라의 '교'제사가 처음부터 지냈던 것이 아니라 희공 때부터 시작되었다는 사실의 고증은 그 자신이 처음한 것이 아니요, 명나라의 양신(楊愼)이 「노지교체변」(魯之郊禘辯)에서 성왕이 노나라에 '교'·'체'제사를 내려주었던 것이 아니라고 밝혔던 사실을 소개하였다.

  이와더불어 노나라의 '교'제사는 제후가 드리는 '교'제사이므로 천자가 드리는 '교'제사와 차이가 있다는 점이 지적된다. 위에서 하휴가 천자는 '교'제사를 점치지 않고 행하였지만, 노나라에서는 '교'제사를 점쳐서 길하여야만 행하였다고 차이를 보여주었으며, 또한 공영달은 『좌전』의 소(疏)에서 왕숙은 '교'와 '원구'가 하나의 '천'임을 확인하였으며, 두예(杜預)는 왕숙을 따라 천자는 '동지'에 제사를 드리고, 노나라 사람은 '계칩'에 '교'제사를 드리는 것은 하나의 '천'이지만 다만 다른 시기에 제사하는 것일 뿐이라 생각하였다고 언급하였다. 바로 여기서도 천자와 제후가 '교'제사를 드리는 시기가 '동지'와 '계칩'으로 달랐다고 보는 견해는 사실에 합당하다고 볼 수는 없지만, 천자와 제후 사이에 같은 '교'제사를 드리면서도 구별짓는 차이점을 찾으려는 관점을 엿볼 수 있다.131)

---

130) 『與全』[2], 권33, 4, '春秋考徵: 郊1', "諸國之郊隱, 而魯郊之獨顯者, 以書春秋也, 春秋者, 萬世之幸, 魯人之不幸也."

바로 이 점에서 정약용은 왕숙의 견해에 동의할 뿐, 두예의 견해에 아무런 논평을 하고 있지는 않다. 그는 기본적으로 '계칩'을 '교'제사의 시기로 볼 뿐이요, '동지'를 '교'제사의 시기로 인정하지 않는 입장이 확고하기 때문이다.

5. 사(社)제사의 신(神)존재 인식과 의례

1) '사직'의 '신'존재 인식

정약용은 '사직'제사의 성격을 인식하는 일도 '사직'이 지닌 '신'존재로서의 성격을 파악하는데 근거하는 것으로 본다. 따라서 그는 '사직'의 '신'존재적 성격에 대한 이해에서 복잡하게 뒤얽힌 기존의 해석들을 전반적으로 재검토하면서, '사직'의 '신'존재로서 지닌 본래의 의미를 밝혀내고자 하였다. 여기서 검토되고 있는 '사직'의 이해와 연관된 견해들은 대체로, ①'사'(社)와 '직'(稷)의 성격을 대비시켜 이해하는 것, ②'사직'의 '신'존재를 '지기'(地示)의 영역으로 이해하는 것, ③'사직'을 '오행의 신'(五行之神)으로 이해하는 견해에 대한 검토, ④'사직'과 '오사'(五祀)의 관계를 해명하는 문제의 네 가지 주제로 나누어 볼 수 있다.

---

131) 『與全』[2], 권33, 27, '春秋考徵: 郊5', "左傳疏, 孔云, 王肅…言郊則圜丘, 圜丘卽郊, 天體唯一, …杜君身處晉朝, 共遵王說, …然則杜意天子冬至所祭, 魯人啓蟄而郊, 猶是一天, 但異時祭耳."

(1) '사'(社)와 '직'(稷)

'사'(社)와 '직'(稷)은 대비되는 두 가지 '신'으로 보는 견해이다. '사'는 땅을 주재하는 '신'에게 드리는 제사로서 하늘에서 주재하는 '상제'에게 드리는 '교'(郊)제사와 짝을 이루는 것으로, '교사'(郊·社)로 일컬어지기도 한다.132) 그만큼 '사직'제사의 전체를 대표하여 '사'를 일컫기도 한다. 『공양전』(莊公23년)에서는 "장공이 제나라에 가서 '사'를 살펴보았다"(公如齊觀社)는 언급에 대해, '사'를 "토지의 주인"(社者, 土地之主)이라고 정의하였다. 또한 『주례』(春官·大宗伯)에서 "혈제(血祭)로 사직·오사(五祀)·오악(五嶽)에 제사한다"고 언급한 '사직'에 대해, 정현(鄭玄)은 '사직'을 토지(土)와 곡물(穀)의 '신'이라 해석하였는데, 공영달(孔穎達)은 『효경위』(孝敬緯: 援神契)를 인용하여, "'사'는 오토(五土: 山林·川澤·丘陵·墳衍·原隰)를 총괄하는 '신'이요, '직'은 원습(原隰: 廣平低濕한 땅)의 '신'이다. 오곡(五穀)에서는 '직'이 가장 뛰어나므로 '직'을 세워 이름을 드러내었다"고 정의하였다. 이에 대해 정약용은 '직'을 '원습의 신'이라 본 공영달의 해석을 거부하고, '곡물의 신'(穀神)으로 확인하면서, '사'를 자연적 대상으로서 토지에 깃들어 있는 '신'으로 보는 견해가 아니라, '상제'의 명령으로 토지를 관장하는 '천신'(天神)의 하나로 본다. 바로 이런 의미에서 '사'는 토지의 '신'이요, '직'은 곡물의 '신'이라 보는 정현의 정의를 받아들이면서도, 그는 "하늘이 오곡(五穀)을 생산하여 만백성을 양육하는데, 어찌 하나의 '신'으로 그 생장과 양육을 맡게 하지 않겠는가. '직'은 곡물을 담당한 '신'이다"라 하여, 그 의미를 한정시키고 있다.133) 이

---

132) 『中庸』, "郊社之禮, 所以事上帝也."
133) 『與全』[2], 34, 1, '春秋考徵: 社1', "鄭曰, 社稷, 土穀之神, …[孔云, 孝經緯援神契曰, 社者, 五土之總神, 稷者, 原隰之神, 五穀, 稷爲長, 故立稷以表名.] …鏞按, …緯書以稷神爲原隰之神. 其義非也, 天生五穀, 以養

점에서 '직'은 '곡물의 신'(穀神)이지만, 정약용이 인식하고 있는 정확한 의미는 '상제'의 주재 아래서 곡물을 길러내어 백성을 양육하게 하는 일을 담당한 '신'이며, 따라서 '직'을 '곡물의 신'이라 일컫는 의미는 '곡물을 담당한 신'이라는 의미로 확인하고 있는 것이다.

(2) '사직'과 '지기'(地示)

'사직'의 '신'존재를 '지기'(地示)의 영역으로 이해하는 문제가 정밀하게 검토되고 있다. 정약용은 '사직'을 토지와 곡물을 담당하는 '신'으로 확인하면서, '사'는 '오토(五土)를 총괄하는 신'이라거나 '직'은 '원습(原隰)의 신'이라 하여, 자연의 사물로서 토지나 곡물에 내재되어 있는 '신'으로 인식하는 견해를 단호하게 거부하였다. 따라서 그는 토지나 곡물 등 땅에 속하는 자연적 사물을 신격화하여 '지기'(地示) 곧 '땅귀신'으로 제시하는 '신'존재의 인식을 깨뜨리는데 세밀한 주의를 기울이고 있다. 정약용은 『주례』(大司樂 및 典瑞)에 대한 정현과 가규(賈逵)의 주석에서 제사 대상인 '지신'(地神)으로 '곤륜대지의 신'(崑崙大地之神), '신주의 신'(神州之神), '후토의 신'(后土之神)이라는 세가지가 언급되고 있음을 지적하면서, '곤륜대지의 신'이나 '신주의 신'은 경전에 아무런 근거가 없는 것이라 부정하고, 단지 '사'(社)에서 '후토의 신'에게 제사드린다는 것만 옛 법도에 근거가 있는 것이라 인정하였다.134) '곤륜산'(崑崙山)은 중국의 영토 바깥 서융(西戎)의 땅이라 제사 대상이 될 수 없으며, '신주'(神州)는 중원땅을 가리키지만 정현이 '북교'에서 제사드리는 대상으로 삼고 있는

萬民, 豈無一神司其長養者, 稷者, 穀神也."
134) 『與全』[2], 권33, 15, '春秋考徵: 郊4', "注疏所言地神之祭, 厥有三部, 其一曰崑崙大地之神, …其二曰神州之神, …其三曰后土之神, …其說皆以緯書爲本, 其在九經・四書, 了無影響, 唯社祭后土之神, 似係古法."

것일 뿐 근거가 없음을 지적하고 있다.

정약용은 높이 푸른 하늘(穹蒼-氣)이나 바닥의 누른 땅(隤黃-土)은 그 자체로는 감정도 없고 지각능력도 없는 사물로서 '신'이 될 수 없음을 강조하면서, 오직 천지·만물을 거느리고 모든 '신'들의 근원이 되는 '상제'를 궁극적 주재로 확인함으로써, "'신'(明神)들이 상제의 명령을 받들어 혹은 위로 일·월·성신과 풍·운·뇌·우를 맡아 다스리고, 혹은 아래로 토·곡·산·천과 구·릉·임·택을 다스리는데, 위에 있는 것을 맡으면 '천신'이라 하고, 아래에 있는 것을 맡으면 '지기'라고 한다"135)고 하여, '천신'과 '지기'는 맡아 다스리는 대상인 사물의 위치에 따라 '천신'과 '지기'로 구별할 뿐이지, 모두가 '상제'의 신하로서 '상제'의 명령을 받들어 사물을 다스리는 '신'들이며, 본질적인 차이가 없다고 보았다. 그렇다면 '지기'도 '천신'과 동일한 '신'으로 '상제'의 신하라는 점에서 결코 땅에 있는 사물에 속하는 '신'이 아님을 분명히 확인하였다. 따라서 그는 높이 푸른 하늘(穹蒼)을 '상제'라 하여 '남교'(南郊)에서 제사지내고, 바닥의 누른 땅(隤黃)을 '황기'(皇示)라 하여 '북교'에서 제사지냄으로써, 음·양으로 대비시켜 결합하고 여기다가 각각 왕과 왕후를 배향하여 짝으로 삼아야 한다는 왕망(王莽)의 예법에 대해, 몽매하고 속이는 것이요 '천'을 업신여기고 '신'을 모독하는 것이라 엄격하게 비판하고 있다.136) 곧 '지기'는 '천신'과 같은 '신'으로 '상제'의 신하이지, 결코 '상제'

---

135) 『與全』[2], 권33, 15-16, '春秋考徵: 郊4', "於是明神受命, 或司日月星辰·風雲雷雨, 或司土穀山川·丘陵林澤, 故其司之在上者, 謂之天神, 其司之在下者, 謂之地示."
136) 『與全』[2], 권33, 16, '春秋考徵: 郊4', "今乃曰, 穹蒼, 予父也, 名之曰上帝, 以祭南郊, 隤黃, 予母也, 名之曰皇示, 以祭北郊, 陰陽配合, 考妣並享, 有若王與后妃之配體而匹尊, 其蒙昧誣罔, 慢天瀆神, 爲何如者."

와 '지기'(皇示)를 남교·북교에 음·양의 대응구조로 상대시킬 수 없는 것임을 강조한 것이다.

따라서 정약용은 "'천신'과 '지기'는 같은 '천신'이다. …하늘과 땅의 온갖 영명한 '신'들은 모두 '상제'를 보좌하는 신하이니, 이 '신'들에게 제사하는 것은 역시 하늘(상제)을 섬기는 것이다"137)라고 하여, 땅의 일을 맡은 '신'인 '지기'도 '천신'과 같은 '상제'의 신하이므로 넓은 의미에서 '천신'과 동일시 할 수 있으며, 결코 땅에 깃들어 있는 '신'이 아님을 밝히고 있다. 『중용』(19장)에서 "'교'와 '사직'의 의례는 '상제'를 섬기는 것이다'라고 한 구절에 대해 주자는 "'교'는 '제천'이요, '사'는 '제지'이니, '후토'를 말하지 않은 것은 생략된 글이다"138)라고 해석하여, '교-제천-상제'와 '사-제지-후토'의 대비구조를 제시하였다. 그러나 정약용은 "위의 '신'(천신)과 아래의 '기'(지기)가 모두 '상제'의 명령을 받아 만물을 보호하고 도우니, 제왕이 제사하여 보답하는 것이 하늘을 섬기는 것이 아님이 없다. 그러므로 '교와 사직의 의례는 상제를 섬기는 것이다'라고 말하여, '후토'를 말하지 않은 것은 생략된 글이 아니다"139)라고 밝혔다. 이처럼 그는 '사직'의 '신'으로서 '지기'를 '상제'에 상대시키는 견해를 철저히 거부하고, '천신'과 '지기'를 모두 '상제'의 명령 아래에 있는 '신'들일 뿐이라 하여, '지기'를 '천신' 속에 내포시키고 있다.

정약용은 『주례』(大宗伯)에서 제사의 대상을 '천신'·'지기'·'인귀'의

---

137) 『與全』[2], 34, 2, '春秋考徵: 社1', "天神地示, 同是天神, …天地百靈, 皆是上帝之臣佐, 祭此明神, 亦以事天也."
138) 『中庸』(19장), "郊社之禮, 所以事上帝也." 朱熹, 『中庸章句』(19장), "郊, 祀天. 社, 祭地. ~不言后土者, 省文也."
139) 『與全』[2], 권4, 33, '中庸講義補', "上下神示, 皆受帝命, 保佑萬物, 而王者祭而報之, 無非所以事天, 故曰郊社之禮, 所以事上帝, 不言后土, 非省文也."

세 갈래 명목으로 나누고 있는 것도, 실지에는 '천신'과 '지기'의 두 영역이 있을 뿐이라 보고 있는 것이다. 곧 『주례』(大宗伯)에서 "'혈제'(血祭: 희생의 피를 바쳐 제사드림)로 '사직'・'오사'(五祀)・'오악'(五嶽)에 제사하고, '이침'(貍沈: 희생을 땅에 묻거나 물에 빠뜨려 바치는 제사)으로 '산림'・'천택'에 제사하고, '벽고'(疈辜: 희생의 몸을 갈라서 바치는 제사)로 '사방'(四方)과 '백물'(百物)에 제사한다"고 하였다. 이에 대해 정현은 "'지'에 제사한다(祭地)고 말하지 않은 것은 이들 모두가 '지기'이니, '지'에 제사함을 알 수 있다. '사직'은 토지와 곡물의 '신'이다"[140]라고 하여, '사직'・'오사'에서 '사방'・'백물'까지 모두가 '지기'에 속하는 것으로 '지기'를 '천신'과 '인귀'에 맞서는 독립된 영역으로 강조하였다. 그러나 정약용은 "'지기'의 제사는 '사직'을 첫머리로 삼으니, '지신'의 호칭은 '후토'보다 큰 것이 없음을 알 수 있다. …이미 '토신'(土神)을 '지기'의 첫머리로 삼았으며, 이 밖에 또 별도로 '지신'을 찾는다면 경전에 빠진 글이 있다고 보는 것과 같으니 미혹된 것이 아니겠는가"[141]라고 하여, '사' 곧 '토신'이 바로 '지기'를 가리키는 것이지, '토신' 이외에 별도로 상위의 '신'으로서 '지기'를 세우려는 정현의 태도를 잘못된 것으로 비판하였던 것이다.

곧 그는 "'사'는 '후토'에 제사하는 것이요, 역시 '대지' 전체의 '신'이 아니며, 오직 곡물을 생산하는 땅은 그 맡아서 다스리는 '신'에게 제사드린다"하고, 또 "'지'에 제사하는 것이 '사'이니, 온갖 곡식과 초목은 '지'에 매달려 있으며, 백성이 이에 의지하여 살고 있으므로 제사하여 보답

---

140) 鄭玄, 『周禮注』, '春官・大宗伯', "不言祭地, 此皆地祇, 祭地可知也, 社稷, 土穀之神."
141) 『與全』[2], 권33, 17, '春秋考徵: 郊4', "地示之祭, 首以社稷, 可見地神之號, 莫大於后土, …旣以土神爲地示之首, 而又於此外別求地神, 有若經有闕文者然, 不亦惑乎."

하는 것이다. '사'에 제사하는 이외에 '지'에 대한 제사는 없다"142)고 밝혔다. 그것은 '지'(地·大地)를 '사'(社)와 별도로 신격화시켜 '신주의 신'(神州之神)이라 하거나 '상제'에 상대시켜 '북교'에서 제사드리는 대상으로 보는 왕망이나 정현의 견해를 부정하는 것이요, '사'는 곡물을 생산하는 땅인 '후토'를 담당한 '신'이요, '사직'이 바로 '지기'에 대한 제사요, '사직'과 별도로 '지기'에 대한 제사가 있을 수 없음을 확인하는 것이다. 따라서 그는 『예기』(禮器)에서 '천지에 대한 제사'(天地之祭)와 '사직·산천의 일'(社稷山川之事)을 두가지로 구분하는 견해에 대해, 「예기」(禮器)편이 진(秦)나라 말기에 속된 유학자의 기록이라 비판함으로써, '사직'과 별도로 '지기'에 대한 제사를 인정하지 않는 입장을 분명히 하였다.143)

여기서 정약용은 '사직'과 '후토'의 관계도 주의깊게 고증하고 있다. 우선 그는 『예기』 「제법」(祭法)편에서 제기된 '후토'와 '후직'을 관직 명칭이라 보았음을 지적한다. 또한 그는 「곡례」(曲禮)편에서 천자의 육부(六府)로 '사토'(司土) 등을 언급했는데, 정현이 '사토'를 옛날 '후토'의 관직이라 해석하였고, 이에 '사토'의 '신'을 '후토'라고도 말하게 되었으며, '사'(社)에서 제사드리면서 '제지'(祭地)라 이름붙이게 되었고, 세속에서 전해오다가 드디어 '황천·후토'(皇天·后土)로 일컬어지게 되었다 한다. 이에따라 한 무제(漢 武帝)는 '후토사'(后土祠)를 세워 '상제'에 대한 의례와 같은 의례를 행하였고, 왕망은 별도로 '황지대기'(皇地大示)를 세워 '북교'에서 제사하면서, '후토'나 '황지대기'가 '사직'과 분리되어 별도의

---

142) 『與全』[2], 권33, 18, '春秋考徵: 郊4', "社祭后土, 亦非大地全體之神, 乃惟生穀之土, 祭其所司之神, …祀地者, 社也, 百穀草木麗乎地, 民賴以生, 故祭以報之, 祭社之外, 不祭地也."
143) 『與全』[2], 권33, 19, '春秋考徵: 郊4', "此記(「禮器」)以天地·社稷, 分爲二級, 此蓋秦末俗儒之所記也."

제사로 등장하게 되는 변형이 일어났던 것이라 지적하였다.[144] 곧 '사'(社)와 '사토' 및 '후토'는 동일하고 '제지'(祭地)도 같은 것이지만, 세속에서 '황천'과 '후토'가 대비되어 일컬어지기 시작하면서 한 무제 이후로 '후토'가 '사직'과 분리되는 과정을 확인하고 있다. 이처럼 그는 '지'(地)를 담당한 '신'에 대한 제사가 아니라 '지' 자체를 신격화하여 '후토'를 제사하는 사실에 대해 그 오류의 역사적 전개과정을 밝히고 있는 것이다.

(3) '사직'과 '오행의 신'(五行之神)

'사직'과 '오행의 신'(五行之神)의 관계에 대한 이해도 중요한 쟁점이 되고 있다. 『춘추좌전』(昭公29년)에서 채묵(蔡墨)은 "'오행'을 맡은 관리는 '오관'이라 하는데…고귀한 '신'으로 제사되었으며, '사직'과 '오사'는 이들을 높이고 받든다"[145]라 하고, '오관'의 명칭으로 구망(句芒)·축융(祝融)·욕수(蓐收)·현명(玄冥)·후토(后土)를 들었다. 또한 채묵은 소호씨(少皥氏)의 네 명 숙부에서 중(重)을 구망으로 삼고, 해(該)를 욕수로 삼고, 수(修)와 희(熙)를 현명으로 삼았으며, 전욱씨(顓頊氏)의 아들 리(犁)를 축융으로 삼고, 공공씨(共工氏)의 아들 구룡(句龍)을 후토로 삼아 '사'(社)가 되었고, 열산 씨(烈山氏: 神農)의 아들 주(柱)가 '직'(稷)이 되었고, 주기(周棄)도 '직'이 되었다고 하였다.[146] 이처럼 채묵은 '사직'과 '오

---

144) 『與全』[2], 권34, 2-3, '春秋考徵: 社1', "后土·后稷, 同是官名, …鄭玄謂之殷制. 其云司土, 卽古后土之官也, 於是司土之神, 亦謂之后土, 以其祭之於社, 遂名祭地, 故流俗相傳, 遂稱皇天·后土, …於是漢武帝立后土祠於汾陰, 親行望拜, 如上帝禮, 於是王莽別立皇地大示, 祭于北郊. 此古今之變也."
145) 『左傳』, '昭公29년', "五行之官, 是謂五官,…祀爲貴神, 社稷·五祀, 是尊是奉."

사'를 인귀(人鬼)인 '오관'의 '신'을 제사하는 것으로 보고 있다. 그러나 공영달(孔穎達)은 "오관(五官)의 어른이 '오행'의 '신'에 배식하는 것이요, 이 사람만을 제사하는 것이 아니다. 구망·축융의 무리는 본래 '오행'의 '신'을 위해 이름을 지은 것이요, 중(重)·해(該)의 무리에게 붙여준 이름이 아니다. 배향되는 자는 더불어 함께 먹으니, 그 '신'의 이름을 취하여 배향되는 자의 이름을 삼는다. 마치 '사'는 본래 '토신'의 이름이요, '직'은 본래 '곡신'의 이름인데, 배향되는 자도 '사'·'직'이라 일컬어진다"[147]고 하였다. 공영달의 견해는 '오행의 신'이 주신(主神)으로 있고, '오행'을 담당하였던 '오관'의 '인귀'는 '오행의 신'에 배식하는 배신(配神)으로 제시하며, 다만 주신과 배신을 같은 이름으로 일컫고 있음을 지적하고 있는 것이다.

여기서 정약용은 『서경』(洪範)에서 말한 '오행'과 『좌전』(文公7년)에서 말한 '육부'(六府: 水·火·金·木·土·穀)는 인간의 일상생활에 가장 절실하고 중대한 재물임을 지적하고서, "하늘이 만물을 생성하고서 온갖 신

---

146) 蔡墨이 魏獻子의 물음에 대답하여 제시한 '五行之官'(五官)과 '稷'의 氏姓은 다음과 같다.
　　　五行之官(五官)之神
　　　木正→重　(少皥의 四叔 가운데 하나)　　→句芒
　　　火正→黎　(顓頊의 子)　　　　　　　　　→祝融
　　　金正→該　(少皥의 四叔 가운데 하나)　　→蓐收
　　　水正→修·熙(少皥의 四叔 가운데 하나)　→玄冥
　　　土正→句龍(共工氏의 子)　　　　　　　　→后土 →'社'
　　　※柱(烈山氏의 子)와 周棄(舜때의 后稷) →'稷'
147) 『與全』[2], 권34, 2, '春秋考徵: 社1', "孔云, 五官之長配食於五行之神, 非專祭此人也, 句芒·祝融之徒, 本爲五行之神作名, 非與重·該之徒爲名也, 配者與之同食, 取彼神名以爲配者名, 猶社本土神之名, 稷本穀神之名, 配者亦得稱社·稷也."(정약용은 『春秋左傳』(昭公29년) 孔穎達疏의 언급을 간추려서 인용하여 원문과 약간의 차이가 있다.)

령(百靈)과 '육부'의 '신'으로 이를 맡아서 다스리게 하는 것은 이치에 마땅함이 있다. 공영달이 '구망'과 '축융' 등을 '오신'(五神: 五行之神)의 본래 명칭으로 삼은 것은 진실로 이치에 맞다. …'육부' 가운데도 토(土)와 곡(穀)이 더욱 중대하므로 별도로 높여서 '사·직'으로 삼았으며, '오행의 신'은 그 지위가 서로 같으니 '오사'로 세웠다. '후토'는 양쪽('사직'과 '오사')의 제사를 받는 것은 곡식을 생산하므로 '사'에서 제사하고, 백성이 사는 곳이므로 '오사'에서 제사한다. 이에 옛날의 이름나고 잘 보필한 신하로 '육부'의 직책을 잘 다스린 자를 가려 뽑아 '육신'(六神: 六府之神)에 배식하게 했다"148)고 해명하였다. 곧 '오행'과 '육부'를 맡은 '지기'의 '신'이 먼저 있음을 인정하여, 채묵의 견해를 버리고 공영달의 견해를 받아들였다. 그러나 그는 '오행의 신'이 '상제'의 명령을 받아 백성의 일상생활에 필수적인 재물을 맡아 다스리는 '지기'임을 확인함으로써, 여불위나 정현이 하늘 위에 있는 '오행의 제'(五行之帝)로 보는 견해를 단호하게 거부하고 있다.

또한 그는 '육부'에서 '사'와 '직'이 표출되어 별도로 제사가 드려지며, '오행의 신'이 '오사'로 제사드려지는데 따라, '후토'가 '사직'과 '오사'의 양쪽에서 제사드려지는 문제점에 대해 곡식을 생산하는 땅의 의미를 '사직'에 배당하고, 생활하는 공간으로서 땅의 의미를 '오사'에 배당하여 해결하고 있다. 나아가 그는 '사직'이나 '오사'에서 '지기'('천신'과 동일한 것으로 봄)가 '주신'(主神)이 되고, 그 후에 탁월한 공적을 남긴 신하 가운데

---

148) 같은 곳, "天生萬物, 司以百靈, 六府之神, 理所宜有, 孔以句芒祝融之等 爲五神之本名, 誠合理也, …六府之中, 土穀尤大, 故別而尊之, 以爲社稷. 五行之神, 其位相等, 故立五祀也, 后土之得兩祭者, 生穀之故祭 於社, 居民之故祭於五祀也, 於是選取先古名臣碩輔之善治六府之職者, 配食於六神."

서 '배식'하게 하여 '인귀'를 '배신'(配神)이 되는 것으로 제시하여, '사직'에서 '신'의 질서를 정립하고 있다. 그는 '사직'에 배향되는 '인귀'에 대해서도 우리나라의 '사직'에서 '구룡'과 '주기'를 배향하는 사실의 문제점을 지적하기도 하였다. 곧 '구룡'이나 '주기'는 중국에서 공헌이 있는 인물들이지만 중국 밖에 있는 우리나라에는 공이 없으므로 제사하는 것이 무의미하다는 것이다. 따라서 그는 우리나라의 '사직'에서는 기자(箕子)를 배향하는 것이 좋을 것이라는 제안도 하고 있다.[149] 이와 더불어 '구망'·'축융' 등 '오사'에서 제사드려지는 '신'들도 이미 너무 오래되었기 때문에 '오사'에서 제사드려지는 특별한 의미가 없다는 견해를 제기하고, 예를 아는 사람(知禮者)이 밝혀야할 과제로 제기하기도 하였다.[150] 이처럼 정약용은 의례의 옛 형식을 바르게 확인하는 작업과 더불어, 의례의 본래 정신에 따라 의례제도의 변형 방향에 대해서도 자신의 입장을 분명하게 드러내주고 있다.

(4) '사직'과 '오사'(五祀)

'사직'과 '오사'(五祀)의 관계를 인식하면서 '오사'의 개념을 재확인할 필요가 제기된다. 정약용은 '사직'과 '오사'의 사이에 놓인 의미의 차이와 상호 연관성을 명확히 해명함으로써, '오사'에 대해 제시된 전통적 이해의 다양한 견해들과 그 오류를 비판하는 데 상당한 주의를 기울이고 있다. 이러한 관심은 '오사'를 올바르게 이해하지 않고서는 '사직'에 대한 명확한 인식이 불가능하다는 사실을 전제로 하고 있는 것이다.

---

149) 『與全』[2], 34, 3, '春秋考徵: 社1', "箕子之於吾東, 其德有徵, 猶無常祀, 遙遙句龍之事, 有誰知之."
150) 『與全』[2], 권34, 7, '春秋考徵: 社3', "句芒·祝融之等, 於今亦已荒遠, 祭之五祀, 亦殊無義, 此知禮者所宜講也."

정약용은 이미 앞에서 『좌전』(昭公29년)에 수록된 채묵(蔡墨)의 말을 검토하면서 '오사'가 '오행의 신'임을 고증하였으며, 그는 『국어』(魯語)에서 전금(展禽)이 "하늘의 '삼진'(三辰)은 우러러 쳐다보는 것이요, 땅의 '오행'은 낳고 번식하는 것"이라 언급한 말을 인용하면서도, '오행'이 땅에서 나오는 산물이요 하늘에는 '오행'이 없으므로 '오사'는 '지기'에 배열되는 것임을 분명히 밝혔다. 이에 따라 그는 "제왕의 궁중에서 '오색의 제'(五色之帝)를 '오사'라고 한다"[151]는 정사농(鄭司農)의 언급에 대해, "하늘에 오행이 없으면, '오행의 제'(五行之帝)가 있을 수 없다. '오방천제'(五方天帝)는 추연과 여불위의 사설(邪說)이다"[152]라고 하여, '오사'를 '오색의 제'라 하는 것은 하늘 위에 '오행의 제'를 설정하는 것으로 추연·여불위의 '오방천제설'에 연결되는 것이라 비판한 것이다.

또한 정현이 "'오사'는 '오관의 신'(五官之神: 重·該·修·黎)이 '사교'(四郊)에 있는 것이다. '사시'(四時)에 '사교'에서 '오행'의 기운을 맞이하여, '오덕의 제'(五德之帝)를 제사한다"[153]고 하였는데, 정약용은 "'오사'의 '단'(壇)은 경전에 비록 글이 없지만, '교'(郊: 城外)나 '국'(國: 城邑)의 어느 한 곳에 마땅히 있을 것이다. 정현은 '오사'의 '단'을 '사교'에 나누어 설치하려 했으나, '후토' 곧 '구룡'은 전혀 갈 곳이 없으니, 그 의리가 그릇되었다"[154]고 하였다. 곧 '오사'의 '단'은 성안(國)이나 성밖(郊)의 일정한 곳에 설치하는 것이라는 입장에서, 정현의 견해처럼 '오사'를 네 곳의

---

151) 『周禮注疏』, '春官·大宗伯', "五色之帝於王者宮中, 曰五祀."
152) 『與全』[2], 권34, 6, '春秋考徵: 社3', "天無五行, 則不得有五行之帝, 五方天帝者, 騶呂之邪說也."
153) 鄭玄, 『周禮注』, '春官·大宗伯', "五祀者, 五官之神在四郊, 四時迎五行之氣於四郊, 而祭五德之帝."
154) 같은 곳, "五祀之壇, 經雖無文, 或郊或國, 應在一處, 鄭欲以五祀之壇分置四郊, 則后土句龍, 客無所之. 其義非也."

'교'에 나누어 놓으면 중앙의 위치인 '후토'(句龍)를 둘 곳이 없는 모순에 빠지는 것이라 비판하였다. 따라서 그는 "'오사'는 '오행의 신'이다. 제사하지 않으면 그만이지만, 제사한다면 다섯 가지 중 하나라도 빠뜨릴 수 없다. 그러므로 천자부터 사(士)에 이르기까지 모두 오사를 함께 하는 것이다"155)라고 하여, '오사'의 제사는 '오사의 신'을 모두 한 곳에서 제향하는 것이요, '오행설'에 근거하여 계절이나 방위에 따라 나누어서 제사하는 것이 잘 못된 것임을 명확히 밝히고 있다.

나아가 그는 『주례』(春官·司服, 및 夏官·小子)에서 '사직'과 '오사'가 함께 일컬어지는 사실을 주목하여, "'사직'과 '오사'가 『주례』에서 번번이 함께 일컬어지는 것은 '육부의 신'으로 그 기질의 종류가 서로 같고 그 지위와 차례가 서로 동등하기 때문이다. 후세에는 '오사'가 어떤 것인지를 알지 못하니, '사직'과 '오사'를 이렇듯 함께 일컫지만 마치 서로 다른 부류인 것 같다"156)고 하여, '사직'과 '오사'가 원래 종류와 등급이 서로 같은 동일한 계열의 제사임을 확인함으로써, 후세에 서로 다른 제사로 보는 견해가 잘못된 것임을 지적하였다.

'사직'과 '오사'를 전혀 다른 계열의 제사로 보는 견해는 『예기』의 「제법」(祭法)편과 「월령」(月令)편에서 찾아볼 수 있다. 「제법」편에서는 봉건 신분계급에 따라 제왕의 '칠사'(七祀)에서 제후의 '오사'를 거쳐 서인의 '일사'(一祀)까지 다섯 단계를 제시하며, 「월령」편에서는 '오사'를 사시(四時)와 중앙의 '오행'구조에 '신'의 명칭과 제사의 명칭을 분배하여

---

155) 『與全』[2], 권34, 7, '春秋考徵: 社3', "五祀者, 五行之神, 不祭則已, 祭之則五者不可闕一, 故自天子達於士, 皆同五祀."
156) 『與全』[2], 권34, 6, '春秋考徵: 社3', "社稷·五祀, 周禮每以並稱, 蓋以六府之神, 其氣類相同, 其位次相等也, 後世不知五祀爲何物, 則社稷·五祀之若是並稱, 若不倫然者."

제시하고 있다.

「祭法」篇				「月令」篇	
王	〈七祀〉	司命・中霤・國門・國行・太厲・戶・竈		孟春: [神]句芒/[祀]	戶
諸侯	〈五祀〉	司命・中霤・國門・國行・公厲・ ・ ・		孟夏: 祝融/	竈
大夫	〈三祀〉	・ ・ ・ 門・行・族厲・ ・ ・		中央: 后土/	中霤
適士	〈二祀〉	・ ・ ・ 門・行・ ・ ・ ・		孟秋: 蓐收/	門
庶士・庶人	〈一祀〉	・ ・ ・ ・ ・ ・ 或戶・或竈		孟冬: 玄冥/	行

먼저 「제법」편에 대해 정약용은 "'사명'(司命)은 '천신'이니 '오사'로 분류하는 것은 이치에 어긋나며, '중류'(中霤: 房의 중앙)・'문'(門)・'행'(行: 路)・'호'(戶)・'조'(竈)는 집집마다 있는 것이니, 명신(明神)이 비록 많기는 하지만 어찌 집집마다 이 네 신을 갖출 수 있겠는가? '려'(厲: 제사드릴 사람이 없는 귀신에 드리는 제사)라는 제사도 '오사'에 포함되어서는 안 된다. 이것은 간사한 이론(邪說)의 숲이요 부정한 제사(淫祀)의 일이다"157)라고 하여, 「제법」편의 서술이 거짓된 것임을 강조하였다. 곧 「제법」편에서는 '오행'에 근거를 두고 있는 '오사'의 본래 의미가 변질된 이후에 다시 봉건계급제도에 상응시켜 '칠사'・'오사'・'삼사'・'이사'・'일사'의 제도를 제시하는 또 한 차례의 변형을 드러내고 있다는 변형의 과정을 확인하고 있다. 여기서 정현은 '칠사'를 주(周)나라 제도요 '오사'를 상(商: 殷)나라 제도라고 하여, 시대에 따른 변화양상으로 정리하려고 하였지만, 정약용은 『주례』(大宗伯)에서 '오사'를 분명히 언급했던 사실을 지적함으로써, 주나라 제도를 '칠사'라 할 수는 없음을 밝혀, 정현의 해석이 잘못

---

157) 같은 곳, "司命者, 天神也, 列於五祀, 非理也, 中霤・門・行・戶・竈者, 家家有之, 明神雖多, 安得每家具此四神, 厲之爲祭, 又不當齒於五祀, 此邪說之藪, 淫祀之業."

된 것임을 확인하기도 하였다.158) 이에 따라 위(魏)·진(晉)이래 중국에서 '칠사'와 '오사' 뿐만 아니라, 우리나라에서도 '종묘'에서 '칠사'에 제사하였던 것은 모두 「제법」편의 오류에 빠져 있었음을 지적하였다.159)

또한 그는 「월령」편에 대해, "'오사'는 '오행의 신'이다. …여불위가 느닷없이 '호'·'조'·'문'·'행' 등을 세워 '오사'로 삼아 선왕의 옛 법을 무너뜨리고 후세의 부정한 제사를 열었으니, 죄악이 지극히 커서 다시 말할 수 없다. '호'·'조'·'문'·'행'이 어찌 귀신이 있겠는가? 춘·하·추·동에 또 어찌 나누어 짝하겠는가?"160)라고 하여, '오사'가 '오행의 신'임을 재확인하면서, '호'·'조'·'문'·'행' 등을 '오사'로 삼은 것은 여불위의 죄라고 비판하며, 마융(馬融)·허신(許愼)·정현이 모두 '오행의 신'을 '호'·'조'·'문'·'행' 등에서 나누어 제사하는 오류에 빠졌음을 지적하였다. 여기서 정약용은 "「월령」편에서 맹동(孟冬)에 선조와 '오사'에 납(臘)제사를 지낸다는 것은 옛날의 '오사'요, '호'·'조'·'문'·'행'을 '사시'에 나누어 제사하는 것과는 별도의 다른 일이다. 이것은 '오사'에 두 가지가 있는 것이다"161)고 하여, 「월령」편의 언급에서도 '오행의 신'을 가리키는 옛날의 올바른 '오사'와 '호'·'조'·'문'·'행' 등을 제사하는 후세에 나타난 잘못된 '오사'로서 전혀 다른 두가지 양상의 '오사'가 병행되고 있음을 밝히고 있다. 이처럼 진(秦)·한(漢)시대에 '오행설'과 '참위

---

158) 같은 곳, "鄭玄以七祀爲周制, 五祀爲商制, 然大宗伯明云五祀, 曷謂周制七祀乎, 謬之甚矣."
159) 『與全』[2], 권34, 7, '春秋考徵: 社3', "吾東七祀, 祭於宗廟之中, 亦遵祭法."
160) 같은 곳, "五祀者, 五行之神, …呂不韋忽以戶·竈·門·行之等, 立爲五祀, 壞先王之舊典, 啓後世之淫祀, 罪大惡極, 不可復言, 戶·竈·門·行, 安有鬼神, 春夏秋冬, 又何分配."
161) 같은 곳, "月令以孟冬, 臘先祖五祀, 此古之五祀也, 與戶竈門行之分祭四時者, 別爲二事, 是五祀有二也."

설'(讖緯說)이 유행하면서 경전에 대한 해석이 왜곡되고 나아가 왜곡된 해석을 받아들인 경전이 출현하게 되었던 사실을 제기하였다. 나아가 그는 『예기』「증자문」(曾子問)편에 '오사'의 제사에서 '시'(尸)를 맞아들이는 의례절차가 언급되고 있는 사실에 대해, '시'가 베풀어졌다면 '오사'의 대상(重·該·修·黎 등)이 본래 '인귀'임을 확인하였다. 따라서 '인귀'가 아닌 '호'·'조'·'문'·'행' 등을 '오사'로 인정한다면 '시'를 베풀 수 없게 된다는 문제점을 지적하였다.162) 한마디로 '호'·'조'·'문'·'행' 등은 본래 '오사'가 될 수 없는 것임을 강조하고 있는 것이다.

2) '사직'제사의 의례와 멸망한 나라의 '사직'문제

(1) '사직'제사의 의례

먼저 '사직'제사의 장소로서 『예기』(祭法)에서는 "'태절'(泰折)에서 희생을 땅에 파묻는 것은 땅에 제사하는 것이다"(瘞埋於泰折, 祭地也)라 하고, 「교사지」(郊祀志)의 주석에서는 "'태절'은 '방택'(方澤: 澤中方丘)의 형상이 네 번 꺾어진 것을 말한다"(泰折, 言方澤之形, 四曲折也)라고 하였다. 이에 대해 정약용은 "'태절'이란 '사직'의 제단(壇: 壇)이다. 사직의 제단도 네 면이 반듯하게 꺾어져서, 다섯 색깔의 흙으로 각각 한 면을 꾸민다. 하필 못 속의 언덕이라야 반듯하게 꺾어진 것이겠는가"163)라고 하여, '지기'(地示)에 제사드리는 제단인 '태절'이 바로 '사직'의 제단이며, 그 형상은 사방이 네모지고 '오행'의 색깔에 따른 흙으로서 네 방면과

---

162) 같은 곳, "五祀有尸, …重·該·修·黎, 本是人鬼, 故得有尸也, 戶·竈·門·行, 安有尸乎."
163) 『與全』[2], 권33, 18, '春秋考徵: 郊4', "泰折者, 社之壇也, 社壇亦四面方折, 故五色之土, 各飾一面[「禹貢說」], 何必澤中之丘, 乃爲方折哉."

중앙을 꾸며놓은 것이라 하고, 못 속에 설치한 제단으로서 '방택' 곧 '방구'(方丘)는 '사직'의 제단이 아님을 확인하고 있다.

또한 그는 "'원구'는 '교'가 아니요, '방구'는 '사'가 아니다. ['방구'는 못 가운데 있고, '사'의 제단은 도성 안에 있다]"164)고 하여, '원구'와 '방구'를 '교'와 '사'의 제단으로 삼아, '천'과 '지', '남교'와 '북교'의 음·양구조로 대응시키는 견해를 정면으로 거부하였다. 또한 "'북교'라거나 '방구'라 말하는 것은 모두 사특한 이론이다"165)라고 하여, '북교'나 '방구'를 '사직'의 제단으로 보는 견해를 한마디로 단호하게 비판하였다. 나아가 『예기』(郊特牲)에서는 "'사'(社)는 땅을 제사하니 음기(陰氣)를 주장으로 삼는다. 임금이 북쪽 벽 아래에서 남쪽으로 향하는 것은 음(陰)에 응답하는 뜻이다. …집에서는 '중류'(中霤)를 주로 하고 나라에서는 '사'를 주로 하는 것은 근본을 보이는 것이다"166)라고 언급한데 대해, 정약용은 "하늘에 '교'제사는 반드시 '남교'에서 한다는 것은 옛 경전에 이런 글이 없고, '사'제사에 임금이 반드시 남향한다는 것은 이치에 맞지 않는다. 하늘이 하필 남향하고, 땅이 하필 북향하겠는가? '교'와 '사'의 제사를 대응시켜 '음'과 '양'의 짝으로 삼는 것은 모두 추연과 여불위의 간사한 이론이지, 옛 성왕의 법도가 아니다. …'집에서는 중류를 주장으로 삼는다'는 것은 '중류'에서 '후토'를 제사함을 말한다"167)고 하였다. 곧 '사직'

---

164) 『與全』[2], 권33, 11, '春秋考徵, 郊3', "圜丘非郊, 方丘非社.[方丘在澤中, 社壇在國城之內]"
165) 『與全』[2], 권33, 15, '春秋考徵: 郊4', "其云北郊·方丘者, 皆邪說也."
166) 『禮記』, '郊特牲', "社祭土而主陰氣也. 君南鄉於北墉下, 答陰之義也, …家主中霤, 而國主社, 示本也."
167) 『與全』[2], 34, 3, '春秋考徵: 社1', "郊天之必於南郊, 古經無文, 祭社之君之南鄉, 於理未允, 天何必南鄉, 地何必北鄉, 以郊社之祭, 對之爲陰陽配偶, 皆騶呂邪說, 非先王之法也, …家主中霤, 謂祭后土於中霤也."

의 제단을 '북교'니 '방구'니 하는 것은, '교'와 '사'를 음양으로 대응시키는 추연 이후의 그릇된 이론이라 규정한다. 여기서 그는 '사직'의 제단은 마치 가정에서 방의 중앙인 '중유'를 주장하는 것은 '중유'에서 '후토'에 제사를 드리는 것이라 보고, '사직'의 위치도 '북교'나 '방택'이 아니라, 도성의 중심에 위치하는 것임을 밝히고 있다.

다음으로 '사직'제사의 시기에 대해, 정약용은 원래 옛날에는 봄에 한 번 드려지고 날자는 '갑일'(甲日)을 썼던 것이라 제시한다.168) 따라서 그는 『공양전』과 『통전』(通典)에서 춘·추에 두 번 제사드리는 것으로 제시한 것을 비판하고, 춘·추에 두 번 제사하는 것은 후한(後漢) 때부터 시작된 것으로 보았다. 그는 『통전』의 기록에서 '사직'제사의 시기가 변천되는 과정을 확인하고 있다.169) 곧 춘삼월에 한 번 드려지던 '사직'제사가 후한의 광무제 때 3번(2月·8月·臘日) 드려졌지만 그 후로는 춘·추로 두 번(2月·8月) 드려졌던 사실을 보여준다. 그는 『국어』(魯語)에서 "흙이 솟아오르면[春分] '사'(社)제사를 하고, …수확을 하고서는 '증'(烝) 제사를 한다"고 언급한 조귀(曹劌)의 말을 끌어들여, '사직'제사는 봄에 한번 지내는 것이 옛 법도요, 춘·추에 제사하는 것은 후세의 법도임을 확인하고 있다.170)

또한 그는 '사직'제사의 날자도 후위(後魏)때부터 '무일'(戊日)을 쓰고

---

168) 같은 곳, "社稷之禮, 古者春一祭而已, 日用甲."
169) | 시대 | 社稷祭 행사 | 月 | 日 | 祭祀回數 |
| --- | --- | --- | --- | --- |
| 漢初 | 祠后稷/春3月 | | | 一歲一祀 |
| 後漢 | 光武 立太社/ | 2月·8月·臘/ | | 一歲三祀 |
| 後魏 | 置太社/ | 2月·8月 | 日用戊/ | 一歲二祀 |
| 唐 | 祭于太社/仲春·仲秋 | | 上戊/ | 一歲二祀*『唐書』(禮志) |
| 元 | 改祀社稷/ | | 中戊/ | 一歲二祀*『元史』(仁宗紀) |

170) 『與全』[2], 권34, 1, '春秋考徵: 社1', "曹劌之言曰, 土發而社[春分也], 收 攟而烝[見魯語], 則春一祭而已, 其祭春秋者, 後世之法也."

있음을 확인하면서, '무일'을 '사직'제사의 날자로 삼는 근거는 『서경』(召誥)에 "무오일에 새 도읍에서 '사'제사를 드렸다"라는 구절에 있음을 지적하였다. 또한 그는 당시 시헌력(時憲曆)에 따라 춘분 다음 '무일'을 춘사(春社)로 삼고, 추분 앞 '무일'을 추사(秋社)로 삼는 것은 또 하나의 새 법도임을 지적하였다.171) 여기서 그는 지극히 공경하는 제사의 날자는 '상일'(上日)을 쓰는 사실로서 '교'제사를 '상신일'(上辛日)에 지내고, 학궁(學宮: 文廟)의 제사를 '상정일'(上丁日)에 지내는 것과 더불어, '사직'제사의 날자도 '상갑일'(上甲日)을 쓰는 것임을 확인하고 있다.172)

나아가 '사직'제사에서 제물로 드리는 희생에 관심을 보여주고 있다. 그는 『예기』(王制)에서 "천자는 '사직'제사에서 모두 태뢰(太牢)를 쓰고, …'천'과 '지'의 제사에 쓰는 소의 뿔은 누에고치만 하거나 밤톨만 한 것을 쓴다"는 언급에 대해, 『서경』 「소고」(召誥)편에서 "새 도읍에서 '사'제사를 드리는데 소 한 마리, 양 한 마리, 돼지 한 마리를 썼다"라는 구절을 근거로 '사직'제사의 희생이 소·양·돼지를 갖추는 '태뢰'를 쓴다는 「소고」편의 언급을 인정하였다. 그러나 그는 '사직'제사에서 희생을 '태뢰'로 쓴다면 이미 '교'제사의 희생 소처럼 뿔이 누에고치만하거나 밤톨만할 필요는 없는 것임을 밝혔다. 여기서 그는 『국어』(楚語)에서 관사보(觀射父)가 "'교'·'체'(禘)제사에는 희생 소의 뿔이 누에고치만 하거나 밤톨만 함을 넘지 말아야 하고, '증'(烝)·'상'(嘗)제사에는 희생 소의 뿔이 손에 잡히는 것을 넘지 말아야 한다"는 구절을 근거로 '사직'제사에서 희생 소의 뿔이 누에고치 만하거나 밤톨만 한 것을 쓴다는 「소고」

---

171) 『與全』[2], 34, 4, '春秋考徵: 社1', "召誥以戊午, 社于新邑, 其用戊日, 蓋據是也.[今之時憲曆, 以春分後戊日爲春社, 秋分前戊日爲秋社, 新法也]"
172) 『與全』[2], 권33, 36, '春秋考徵: 郊8', "凡致敬之祭, 皆用上日. 故郊用上辛, 社用上甲, 學宮用上丁."

편의 언급이 이치에 맞지 않는 것임을 고증하고 있다.173) 여기서도 그는 '교'제사와 '사직'제사에서 쓰는 희생의 차이를 분명하게 확인함으로써, '교'와 '사'를 병행시켜 연결하는 견해를 엄격히 견제하고 있음을 보여준다.

또한 '사직'제사에서 제물을 바치는 방법으로서 『주례』(大宗伯)에서는 '피를 바치는 제사'(血祭)라 하고, 『이아』(爾雅)와 『예기』(祭法)에서는 '땅에 파묻는 것'(瘞薶)을 제시하여, 서로 다른 사실을 주목하였다. 이에 대해 그는 "피를 바친 다음에 다시 땅에 묻는 절차가 있다"174)하고, "'사직'에 제사하는 법은 처음에 피를 바쳐 제사드리고 끝에는 반드시 옥을 묻고 희생을 묻는다"175)라 하여, '사직'제사에서 희생과 폐백을 바치는 절차를 제시함으로써, '사직'제사의 의례가 지닌 특징을 확인하고 있다.

(2) 멸망한 나라의 '사직'문제

정약용은 『춘추』(哀公4년 夏6월)의 "'박사'(亳社)가 재난을 당하다"라는 기록을 들어서 '사직'의 성격을 이해하는 중요한 쟁점으로 부각시키고 있다. 여기서 그는 한 왕조가 멸망할 때 그 '사직'이 재난을 입는다는 전통적인 해석을 비판하여 그 부당성을 논증하는데 세밀한 관심을 기울였다. 곧 그는 '사직'이 국가의 멸망에 따라 폐지될 수 없음을 문헌고증에서나 논리적 분석을 통하여 철저하게 비판함으로써 '사직'의 제사의례

---

173) 『與全』[2], 권33, 19, '春秋考徵: 郊4', "召誥, 社于新邑, 牛一·羊一·豕一, 其用太牢, 審矣, 旣用太牢, 不必用繭栗, 故觀射父之言曰, 郊禘不過繭栗, 烝嘗不過把握[見楚語], 社用繭栗, 無是理也."
174) 『與全』[2], 34, 1, '春秋考徵: 社1', "血祭特擧一節, 薦血之後, 又有瘞薶之節也."
175) 『與全』[2], 33, 18, '春秋考徵: 郊4', "祭社之法, 始薦血祭, 而終必瘞玉而薶牲也."

적 성격과 그 사회적 지위를 더욱 분명하게 드러내 주고 있다.

'박사'에 대해 『공양전』에서는 "포사(浦社: 亳社)는 멸망한 나라의 '사'이다. …멸망한 나라의 '사'는 그 위를 덮고 그 아래를 막는다"[176]라 하였고, 『곡량전』에서는 "멸망한 나라의 '사'는 '묘'(廟: 宗廟)의 담장으로 삼으니, 경계하는 것이다. 멸망한 나라의 '사'에다 집을 지으니 위로 통달할 수 없게 하는 것이다"[177]라고 하였다. 이처럼 『공양전』과 『곡량전』에서는 멸망한 나라의 사직에 나무를 쌓고 풀로 덮으며, '묘'의 담장 밖으로 몰아내거나, 지붕을 덮어 이슬과 서리가 통하지 않게 하고 해와 달이 비치지 않게 하는 등, 멸망한 나라의 사직을 훼손함으로써 역사에 경계를 삼는다는 감계설(鑑戒說)의 입장을 제시하였다는 것이다. 『예기』「교특생」(郊特牲)편도 이러한 입장에 호응하였고, 두예(杜預)는 『좌전』의 주석에서 "'박사'는 은나라 '사직'인데, 제후가 소유하고 있는 것은 멸망한 나라를 경계하는 것이다"[178]라고 하여, 멸망한 나라의 '사직'을 격하시키기 위해 제후에게 내려주었다는 것이다.

여기서는 두 가지 문제가 제기된다. 그 하나는 '멸망한 나라의 사직을 훼손하였던가'라는 사실의 문제요, 다른 하나는 '사직의 훼손을 통해 하늘과 통하는 것을 차단할 수 있는가'라는 정당성의 문제이다. 먼저 정약용은 『좌전』(定公4년)에서 노공(魯公)에게 은나라 백성 여섯 씨족이 분배되었다는 축타(祝鮀)의 말을 끌어들여 '박사'는 노(魯)나라에 있는 것으

---

176) 『公羊傳』, '哀公4년', "蒲社者, …亡國之社也, …亡國之社, 蓋揜之. 揜其上而柴其下."
177) 『穀梁傳』, '哀公4년', "亡國之社以爲廟屛, 戒也, 其屋亡國之社, 不得達上也."
178) 杜預, 『春秋左傳注疏』, '哀公4년', "亳社, 殷社, 諸侯有之, 所以戒亡國也."

로, 은나라 백성 여섯 씨족이 노나라로 옮겨올 때 은나라 '사직'을 가져와 '박사'를 세운 것이라 고증하였다.179) '박사'의 '박'(亳)은 은나라 옛 도읍의 명칭이다. 이렇게 멸망한 나라의 '사직'을 옮겨왔다고 지적하는 까닭은 바로 멸망한 나라의 사직을 파괴하지 않았다는 사실을 확인하고 있는 것이다.

또한 그는 『예기』(祭法)에서 "대부(大夫) 이하가 무리를 이루어 '사'를 세운 것을 '치사'(置社)라 한다"180)는 언급을 끌어들여, 대부들도 '사'를 세울 수 있으니, 은나라 백성 여섯 씨족은 당연히 주(周)나라 안으로 멸망한 나라의 '사직'을 가져왔을 것이며, 서주(西周)의 서울인 호(鎬)땅이나 동주(東周)의 서울인 낙(洛)땅에 있던 은나라의 '사직'도 파괴되지 않고 주나라 때도 제사드려졌을 것임을 강조하였다. 정약용은 이렇게 멸망한 나라의 '사직'을 파괴하지 않았던 근거를 밝히면서, "진실로 '사직'은 '종묘'와 달라서 비록 혁명의 때라도 감히 갑자기 훼손하지 못하는 것이다. 그래서 「서서」(書序)에서는 '탕임금이 이미 하(夏)나라를 멸망시키고서 그 사직을 옮기고자 하였으나 옳지 않아서 하나라 사직(夏社)을 지었다'고 하였으니, 의리를 알 수 있다. 하물며 '사'에서 제사 드리는 바는 별다른 사람이 아니라 주기(周棄)요, 무릇 '사'라고 이름붙은 것은 주나라 사람이 훼손할 수 없는 것이다"181)라고 하였다. 여기서 그는 '사직'에서 모셔지는 '신'이 특정한 나라와 관련되어 있지 않기 때문에 특

---

179) 『與全』[2], 권34, 4, '春秋考徵: 社2', "魯之有亳社, 殷民之帶來也, …六族之東來也, 以其社而遷, 故謂之亳社. 不然, 當云殷社, 不可曰亳社也."
180) 『禮記』, '祭法', "大夫以下, 成群立社, 曰置社."
181) 같은 곳, "誠以社稷異於宗廟, 雖革命之時, 不敢遽毁, 故書序云, 湯旣勝夏, 欲遷其社, 不可, 作夏社, 義可知也, 況社之所祭, 不是別人, 乃是周棄. 凡以社爲名者, 非周人之所得毁也."

정한 왕실과 연관된 '종묘'의 경우와는 사정이 다른 것임을 지적하고 있다. 곧 '사직'에서 배향되는 '인귀'는 주기(周棄)였고, 주기는 제곡(帝嚳)의 아들로 요임금 때의 후직(后稷)이었으며, 주나라의 시조이므로 주나라 사람은 어떠한 '사직'도 훼손할 수 없었을 것이라 논증하였다. 이와 더불어 그는 '사직'에 배향되는 구룡이나 후직은 죄가 없으니, 이러한 고난을 당할 이유가 없음을 지적하고, 더구나 후직같은 조상이 고난을 받게 할 수는 없을 것이라고 밝혔다. 따라서 멸망한 나라의 사직을 훼손한다는 인식은 '신'을 모독하고 이치에 어긋나므로, 다산은 이러한 의리가 있을 수 없음을 강조하고 있다.

특히 그는 멸망한 나라의 '사직'을 훼손한다는 입장의 근거는 『맹자』(盡心下)에서 '"사직"을 바꾸어 설치한다'(變置社稷)는 한 구절에 말미암아 '사직'을 원래 몰아내고 징벌할 수 있는 것으로 생각하게 되었다는 것이다. 여기서 그는 '사직'을 바꾸어 설치한 것은 단지 탕임금 때 한 번 있었던 일로서 농주(農柱)보다 주기의 공로가 뛰어났기 때문에 주기로 대치시켰던 일이 있었던 것임을 지적하여, 『맹자』의 전체가 맹자 자신의 글이 아님을 주장하기도 하였다.[182] 또한 그는 『주례』(春官·喪祝)에서 상축(喪祝)이 "멸망한 나라 도읍에 있는 '사직'의 축호(祝號: 六祝·六號)를 관장하여 제사하고 기도한다"[183]는 사실에 근거하여, 『공양전』과 『곡량전』에서 제시하고 있는 것처럼 '사직'을 모욕한다면 다시 사직에서 제사와 기도를 할 면목이 없을 것임을 강조함으로써, 『춘추삼전』(春秋三傳)에도 믿을 수 없는 기사가 있음을 지적하였다.[184] 이처럼 그는 멸망한

---

[182] 『與全』[2], 권34, 4-5, '春秋考徵: 社2', "原其所本, 皆由孟子, 變置社稷一語, 遂謂社稷爲物, 原可黜罰惟意也, 然變置社稷, 惟湯偶一爲之, 蓋以周棄之功賢於農柱, 故以棄代之, …孟子七篇, 非皆亞聖之筆."
[183] 『周禮』, '春官·喪祝', "掌勝國邑之社稷之祝號, 以祭祀禱祠焉."

나라의 사직을 훼손할 수 없다는 의리를 밝히면서, 동시에 『맹자』나 『춘추삼전』 등 경전조차도 의리에 모순된 것이 있음을 다른 경전으로 고증하여 엄밀하게 비판하였던 것이다. 나아가 주나라 무왕(武王)이 은나라를 치고 나서 그 '사직'을 제후들에게 내려주었다는 공영달(孔穎達)의 해석에 대해서도, 정약용은 '사직'이 보옥(寶玉)처럼 나누어줄 수 있는 물건이 아니라 지적하고 옛 왕조의 '사직'을 훼손하지 않는 것이 옳은 일이며, 새 왕조가 일어나 옛 '사직'에 굴욕을 준다는 것이 잘못된 것임을 강조하였다.[185]

다음으로 멸망한 나라의 사직이 하늘과 통하게 하지 못한다는 훼손의 목적과 방법의 문제점을 검토하고 있다. 『예기』(郊特牲)에서는 "천자의 '대사'(大社)는 반드시 이슬과 서리 및 바람과 비를 받아 천지의 기운에 통달해야 한다. 그러므로 멸망한 나라의 '사직'에는 집을 지어 햇빛을 못 받게 하고 '포사'(薄社: 亳社)는 북쪽으로 창을 내어 그늘진 쪽을 밝게 한다"고 하여, 멸망한 나라의 사직은 햇빛과 천지의 기운에 통하지 못하게 한다는 논리를 제시하고 있다. 이에 대해 정약용은 『춘추』의 여러 기록들(召公10년, 哀公7년, 定公6년, 襄公30년)에 노나라에서 '박사'에 제사하는 사건이 기록되어 있음을 제시함으로써 멸망한 나라의 사직이 결코 훼손되는 것이 아니라 일정한 제사가 드려지고 있는 사실을 제시하였으며, "주나라의 '사직'에서도 북쪽 담장 아래서 의례를 행하였으니, '박사'의 북쪽 창이란 '사직'의 본래 법도요, 어찌 다른 것으로 기록하겠

---

184) 『與全』[2], 권34, 5, '春秋考徵: 社2', "據周禮小司寇·喪祝, 勝國之社未嘗無祭, 未嘗無禱. 苟其屈辱淩踏, 如公·穀之說, 更何顏面祭之禱之乎, 三傳之不可信類皆如此."
185) 같은 곳, "社非寶玉, 亦非鍾鼎, 班賜諸侯, 有是理乎, 舊之所有, 不毁可也. 新起舊社乃從而屈辱之, 不亦甚乎."

는가?"186)라 하여, '박사'에 북쪽 창이 있다는 것을 '박사'의 훼손이라 볼 수 없음을 지적하였다. 이처럼 그는 '사직'이 어떤 왕조를 위해 존재하거나 어떤 왕조의 소유가 아닌, 백성의 삶에 필수적 조건인 토지와 곡물을 담당한 '지기'요 '천신'이라는 인식에서 왕조가 바뀌었다고 멸망한 왕조의 '사직'을 파괴하는 행위는 『맹자』나 『춘추삼전』에 근거를 삼고 있더라도 잘못된 것임을 명확히 밝혀, 왕조의 체제를 넘어서는 '사직'이 지닌 신성성을 명확히 정립하는데 큰 관심을 보여주고 있는 것이다.

6. 정약용의 '교'와 '사'제사 해석이 지니는 의미

유교의 국가의례에서 '교'제사 곧 '상제'에 제사드리는 '제천'의례는 모든 제사의례의 근원으로 천자만이 제사권을 갖는 것으로 제시되고 있다. 정약용은 『춘추고징』의 첫머리에서 '교'제사의 문제를 다루면서, 가장 깊은 관심과 주의를 기울였던 과제는 '교'제사의 대상인 '상제'의 존재를 확인하는 것이고, 중국의 역사에서 제사의례의 혼란은 바로 '상제' 개념에 대한 잘못된 이해에서 발생하게 되는 것임을 밝히고 있다.

그는 '상제'의 개념을 '천'과의 관계를 밝히는데서 출발한다고 하였다. 자연적 존재로서 푸른 하늘인 '천'은 신령함도 없고 지각능력도 없는 한낱 사물일 뿐으로 우주의 근원적 주재자인 '상제'와 동일시 될 수 없음을 분명히 지적하면서, 단지 임금을 가리켜 '대궐'(大殿)이라 부르듯이 '상제'를 가리키는 호칭으로 쓸 수 있을 뿐이라 하였다. 여기서 그는 궁

---
186) 같은 곳, "周社亦於北墉下行禮, 則亳社之北牖, 乃社之本法, 又何以記之 爲異乎."

극적 주재자로서 '상제'의 인격신적 성격을 명확히 드러내고 있다. 또한 천체의 운행을 맡은 온갖 '천신'이나 대지의 관리를 맡은 온갖 '지기'는 '상제'의 명령을 받들고 보좌하는 '신'(神·神明·明神)들로서 '상제'와 같은 지위에 설 수 없음을 확인한다. 따라서 정약용은 유교의 신관(神觀)체계로서 '유일상제'(唯一上帝)와 그 신하인 다신(多神)의 질서를 제시하고 있는 것이다.

정약용이 『주례』와 『춘추』 등 경전에 제시된 옛 성인의 '천'개념을 '유일상제관'으로 확인하면서, 전국시대 이후에 성립된 『예기』의 여러 편들에 보이는 일부 경전의 잘못된 인식과 이에 근거하여 오류가 확산된 후세 유학자들의 '천'개념을 정면으로 비판함으로써 그릇된 인식을 바로잡고자 하였다. 그 가장 뿌리깊은 오류는 진(秦)나라 때 추연·여불위 등이 '오행설'에 빠져들고 한(漢)나라때 '참위설'이 성행하면서 심화되었으며, 그 그릇된 이론을 체계화시킨 인물이 바로 후한(後漢) 말기의 정현이, 정현에 의해 정립된 '오방천제설'은 바로 '오천제설'(五天帝說)이요 '육천설'(六天說)이라 파악하였다. 그는 경전에서 말한 '오제'(五帝)가 정현이 '오행설' 내지 '참위설'로 왜곡시킨 다섯 '천제'(五天帝)가 아니라 옛 성왕인 다섯 '인제'(五人帝)임을 밝힘으로써, '오방천제설'을 이치에 어긋난 사설(邪說)로 비판하며, 옛 선왕의 예법을 어지럽힌 죄악을 엄중하게 성토하였다.

정약용은 경전에서 제시된 '교'제사의 바른 예법이 왜곡되고 변질되어 고착되고 있는 현실에 대해, "옛부터 무너지고 잘못된 법전은 모두 어리석고 포악한 군주와 반역하는 신하에게서 나와서, 나라는 멸망하고 그 몸은 죽었지만, 그 법도는 오히려 후세에 전해졌다. '오방천제'의 제사는 진(秦)나라 때 일어나서, 후세에 이를 받들어 불변의 법도로 삼았으며, '남교'와 '북교'에서 선조(先祖)를 '천'에 배향하고 선후(先后)를 '지'에 배향하는 의례는 왕망 때에 일어났는데, 후세에 이를 받들어 불변의 법도로 삼고 있다"187)고 하였다. 바로 이 점에서 그는 '상제'개념의 인식을 바로 잡음으로써, 진(秦)에서 청(淸)에 이르기 까지 중국역사에서 국가의례의 예법을 어지럽힌 오류를 한꺼번에 쓸어내고 혁신할 수 있는 길을 열고자 하였으며, 그것은 바로 '상제'개념의 재인식을 통해 유교의 례에서 '제천'의례의 전면적 개혁을 추구하는 종교개혁의 방향을 제시하고 있는 것이라 하겠다.

옛 성왕이 경전에 제시하고 있는 '교'제사의 원형을 찾고 재정립하기 위한 구체적 과제는 '교'제사의 장소와 시기를 확인하는데서 출발한다. '음양설'에 따라 '교'를 남·북으로 상응시키기도 하고, '오행설'에 따라 사방과 중앙으로 나누어 놓기도 하는 오류를 바로잡고, 시기도 동지와 하지로 나누어 놓는 사실을 경전에 근거하여 경전을 비판적으로 검토해 갔다. 그의 결론은 '교'제사의 장소는 일이 있는데 따라 네 곳의 '교'가 운데 어느 한 곳을 선택하여 제사하며, 시기는 '계칩' 혹은 '춘분'이 드는 절후의 '상신일'에 제사를 드리는 것으로 고증하였다. 그는 문헌과 실지 행사 속에 뒤얽혀 있는 '상제'에 드리는 제사의 여러 명칭들을 일일이 고증하여 제 자리를 찾게 하고, 제사의 날자나 희생 소를 점치는 의례 절차를 확인하며, 노(魯)나라에서 '교'제사를 드리게 된 과정에 대한 온갖 오해도 해명하여 역사적 실상을 확인해주고 있다.

이러한 정약용의 '교'제사에 대한 인식은 무엇보다 유교의 궁극존재

---

187) 『與全』[2], 권33, 14, '春秋考徵: 郊3', "自古以來, 壞法謬典, 皆起於昏暴之君·叛逆之臣, 國滅身亡, 而其法猶傳於後世, 五方天帝之祭, 起於亡秦, 而後世奉之爲經法, 南郊·北郊先祖配天·先后配地之禮, 起於王莽, 而後世奉之爲經法."

에 대한 개념과 의례체계를 확인함으로써, 유교의 종교적 세계를 가장 생생하게 되살려 내고 있다는 사실에서 큰 의미가 있다. 그는 유교경전으로서 『주례』와 『춘추』를 비롯한 경전과 문헌들을 분석하고 고증하는 작업을 통해 본래의 의미를 음미할 뿐이요, 유교사회의 종교적 개혁을 표방하여 주장하지는 않았지만, 유교역사를 통해 그 사유와 제도 속에 누적되었던 온갖 오류와 병통을 표출시키면서, 그 경건하고 진실한 본래의 건강한 모습을 선명하게 드러냄으로써, 실질적으로 가장 강력한 종교개혁의 기틀을 제공해주고 있는 것이라 하겠다.

『춘추고징』에서 '교'제사와 '사직'제사를 해석하는 과정에서 제기되는 정약용의 예학적 특징을 다음의 몇 가지로 요약해 볼 수 있다. 첫째, 정약용은 난마처럼 얽힌 예경(禮敬)과 그 주석 및 각 시대의 의례전통에 대해 『춘추』의 경문과 『주례』를 기준으로 삼아 정연하게 체계화 시켜주고 있다. 둘째, 그의 고증적 정밀성과 논리적 일관성은 『춘추고징』에서 매우 설득력있게 잘 발휘되고 있다. 셋째, 『주례』의 재확인과 복원을 추구하면서도 정약용 자신의 예학체계가 선명하게 드러나고 있다고 보겠다. 그것은 근대적 세계관에 근거하고 있음을 드러낸다. 넷째, 정약용의 예학은 명확한 신앙적 신념체계요 의례의 기준을 밝힘으로써 그의 경학 및 경세론과 더불어 그의 사상을 정립시켜 주는 것이라 하겠다.

'사직'제사를 해석하는 정약용의 핵심적 관심은 전통적 해석과 의례의 관습이 그릇됨을 엄격하게 비판하는 동시에, 그 의례의 원형적 형태와 개념의 본래적 의미를 정밀한 분석과 고증을 통해 명확하게 인식하는 것이다. 그는 이를 통하여 신적 존재의 성격과 의례의 절차에 대한 기존의 이론과 문헌에 나타난 혼란스런 개념을 극복하고 체계적인 질서를 회복시켜주고 있다. 이러한 고증적 해석은 정약용의 예학적 기본방법으로서 매우 명석하고 일관적인 논리를 발휘하고 있다.

정약용이 '사직'제사의 고증적 분석을 통해 형성하고 있는 예학적 특성은 그 종교적 의미를 뚜렷하게 드러내는 것이라 하겠다. 그는 먼저 제사의 대상이 되고 있는 '신'존재로서 '천신'과 '인귀'의 두 양상을 선명하게 분석하고 있다. 이러한 그의 '신'개념은 기존의 '신'개념에 대한 혁신적인 재해석이며, 정약용의 예학은 그의 경학과 상응하여 경전에서 제시된 '신'개념에 대한 새로운 시야를 열어주고 있다. 정약용은 멸망한 나라의 '사직'을 파괴할 수 없음을 논증하면서, 결국 그는 왕조의 변혁에도 불구하고 인간이 근원적 존재인 '신'의 제단을 훼손할 수 없다는 '신'의 초월적 지위에 대한 인식을 확고하게 보여주고 있다. 정약용이 『춘추고징』을 통해 제사의 고대적 원형을 발견하면서 먼저 '신'존재의 성격과 개념을 확인하는 것은 한 제사가 드려지는 '신'존재가 확인되면 그 제사의 일반적인 의례적 형태도 이에 따라 규제되고 있다는 사실을 선명하게 인식하고 있음을 나타낸다.

한 제사 의례가 후대의 여러 가지 이론과 의례를 받아들임으로써 그 제사가 지닌 본래의 신성성을 상실하고 변질되는 과정에 그가 매우 깊은 관심을 가지고 예리하게 분석하여 비판하고 있는 것은 제사의 종교적 진지성과 신성성을 확보하는 데에 그의 예학이 지향하는 목표가 있음을 보여주는 대목이다. 그는 특히 고대의 유교적 제사 의례가 한(漢)나라 이후 '음양오행설'과 '참위설'의 영향 아래 치명적으로 왜곡되고 변질되었음을 집중적으로 부각시켜 개혁의 올바른 방향을 찾아가는 출발점을 삼고 있다. 또한 그의 제사의례 연구가 지닌 가장 탁월한 업적은 미세한 문제의 엄격한 고증에만 빠져있는 것이 아니라 전체적 개념의 합리적 통찰과 그 변형의 역사적 과정을 조명해주고 있다는 점이다. 그는 『춘추』와 『주례』를 논증의 확고한 경전적 배경으로 삼아 왜곡된 변형을 비판적으로 검토하고 그 왜곡의 발생 계기를 역사적으로 검토하면서, 궁극적으로는 옛 성인의 제사의례 원형을 확인하고 회복하는 개혁의 작업을 수행하고 있는 것이라 하겠다.

6 『역경금문고』易經今文考와 이병헌李炳憲의 유교개혁사상

1. 『역경』해석과 이병헌의 유교개혁론이 지닌 과제

이병헌(眞菴 李炳憲, 1870-1940)은 34세 때(1903) 『청국무술변법기』(淸國戊戌變法記)를 읽으면서 주자학에서 벗어나 개화사상으로 전환하였다. 이때 이후 청말-민국초의 공양학자(公羊學者)인 강유위(康有爲)의 영향을 받아 유교를 종교로서 각성하는 유교개혁사상을 추구하였다. 특히 그는 45세에서 56세 사이(1914-1925)에 다섯 번 중국으로 들어가 강유위를 찾아가 직접 지도를 받으며 공교(孔敎)사상을 심화시켜 갔으며, 이 과정에서 강유위로부터 금문경학(今文經學)을 공교(孔敎)사상의 기초로 철저히 확립하도록 요구 받았다. 이때 그는 "공자(孔子)의 도는 범위가 우주에 펼쳐있고 삼세(三世)를 조종하며, '신도'(神道)로 교화하고 시대에 맞게 드러나는 것이니, 세상을 치료하는 좋은 약이 '금문'(今文)의 오경(五經)에 갖추어져 있다"[1]고 선언하여, '금문'의 오경을 기반으로 '공자의 도'

---

[1] 『李炳憲全集』, 上冊, 214쪽, 1989, 아세아문화사(이하 『李全』, 上214로 줄임), '儒敎爲宗敎哲學集中論', "孔子之道, 範圍六合, 操縱三世, 神而化

를 밝히겠다는 입장을 확인하고 있다. 그것은 강유위의 영향 아래 정립한 그의 유교개혁사상이 바로 금문경학에 기초를 두는 것임을 확인해주는 것이다.

이병헌은 강유위의 지도를 받아 교조(敎祖)로서 공자를 높이기 위해 곡부(曲阜)의 공묘(孔廟)에 모셔져 있는 공자의 성상(聖像)을 모사해 오는 일과 공자의 올바른 가르침을 재정립하기 위해 공자의 진실한 경전(眞經)을 구입해 오는 일을 공교운동의 출발점에서 가장 시급한 과제로 확인하고 추진하는 데 심혈을 기울였다. 곧 '금문'을 공자 문하에서 전해온 진실한 옛 경전으로 확인하고, '고문'(古文)은 후세에 유흠(劉歆)이 만들어낸 거짓된 경전이라 규정함으로써, 그가 비판하고 극복하고자 하는 전통유교의 모든 폐단과 모순은 '고문'경전에 근원한다고 보고, 그 자신이 새롭게 밝히고 실현하고자 하는 '공교'(孔敎)의 방향과 이념은 '금문'경전 속에서 찾을 수 있음을 확인하였다. 따라서 공자를 교조로 받들고 종교가(宗敎家)로 확인할 수 있는 것도 금문경전을 재해석하는 데서 가능한 것이며, '대동'(大同)과 '태평'(太平)의 이상을 제시하고 '춘추삼세설'(春秋三世說)을 통해 역사발전론을 제시함으로써 수구론(守舊論)을 극복할 수 있는 것도 '금문'경전의 재해석으로 가능한 것이라 확신하였다.

그는 자신의 유교개혁론을 뒷받침할 수 있는 경전으로 '금문'경전 가운데서도 특히 『역경』을 중시하였다. 곧 "육경이 모두 공자의 경전이지만, 『역』은 더욱 첫머리가 된다"[2]고 하여, 『역경』을 '육경' 가운데서도 주인이 되고 두뇌가 되는 중심의 경전으로 중시하였던 것이다. 따라서 그는 모든 경전의 핵심이 되는 경전인 『역경』의 저작 주체를 바로 공

之, 以時出之, 醫世之良劑, 具於今文五經."
 2) 『李全』, 下20, '經說・易說', "六經皆爲孔子之經, 而易尤爲主腦也."

자로 확인하면서, 『역경』연구에 가장 깊은 관심을 기울였다. 이러한 그의 『역경』연구를 결집한 『역경금문고』(易經今文考, 1928)는 그의 금문경학에 관한 여러 저술들 가운데서도 대표작이라 할 수 있을 것이다.

또한 이병헌은 『역경』의 성격을 규정하면서, "'역'이라는 글은 공자가 '신도'로서 가르침을 베푼 중대한 경전으로 '육경'의 첫머리를 이루는 것이다"[3]라고 언급하였는데, 여기서 그의 『역경』해석의 기반은 한마디로 금문경학적 관점을 관철하는 것이지만, 그 기본과제는 대체로 네 가지로 집약시켜 해명해 볼 수 있다. 먼저 『역경』을 제작한 주체를 공자로 확인하고 있는 사실에 따라 『역경』의 제작과정에 대한 그의 인식을 이해하는 것이 하나의 과제라면, 이와 연관하여 『역경』의 구성체계에 대한 인식을 해명하는 것이 다른 하나의 과제이다. 다음으로 그는 『역경』의 성격을 공자가 '신도로써 가르침을 베푼'(神道設敎) 경전이라 보는 견해를 역설하고 있는데, 이에 따라 『역경』을 통해 공자가 '신도로써 가르침을 베푼' 그 가르침의 내용과 종교적 성격에 대한 해명이 하나의 과제라면, 역학(易學)해석의 전통에 깊이 뿌리를 내리고 있는 하도(河圖)·낙서(洛書) 등 '도서'(圖書)에 대한 금문경학의 입장에서 비판적으로 검토하고 '복서'(卜筮)를 이해하는 입장을 해명하는 것이 다른 하나의 과제를 이루고 있다.

『역경』의 저작 주체를 공자로 확인하는 것은 공자의 지위를 교주로서 확보하고자 하는 이병헌의 공교사상에서는 핵심적 과제를 이루는 것이다. 이 과제를 전개하면서 그는 『역경』의 내용을 '신도설교'(神道設敎)

---

3) 『易經今文考』(通論), 1, '作易原委', "易之爲書, 則乃孔子神道設敎之大經, 實六經之主腦也." 『易經今文考』는 1944년 晉州 東光印刷所에서 간행되었고, 『李炳憲全集』, 下冊, 및 『韓國經學資料集成』, 119책('易經', 33책), 成均館大 大東文化研究院, 1997에 수록되어 있음.

로서 인식함으로써, 공자를 종교가로 공교를 종교로 확립하는 데에 주력하였던 것이다. 그만큼 그의 『역경』해석은 종교로서 각성된 유교사상 곧 '공교'사상을 확립하기 위한 경전적 기반을 확보하는 작업이었던 사실에서 주목되며, 동시에 금문경학적 관심에 따라 『역경』의 해석을 시도하고 있다는 사실에서 주목될 필요가 있다.

2. 이병헌의 유교개혁사상 체계

1) 공교(孔敎)운동의 이념과 방법

이병헌의 유교개혁사상이 지닌 기본과제는 '유교의 종교적 각성'이라 할 수 있다. 그것은 서양에서 종교의 역할이 얼마나 큰지를 의식함으로써. 유교의 종교적 각성이 현대사회에서 지닌 중요성을 절실하게 강조하는 것이었다. 그의 유교개혁사상은 강유위의 주도 아래 중국에서 조직되었던 '공교회'(孔敎會)를 배경이요 기준으로 삼고 있으며, '공교'는 유교의 종교적 각성으로서 공자를 교주로 높이는 명칭이다.

이병헌은 자신의 '종교'개념을 「종교철학합일론」(宗敎哲學合一論, 1914)에서 처음 체계화 하였고, 그 후 「유교위종교철학집중론」(儒敎爲宗敎哲學集中論)에서 더욱 정밀하게 규정하고 있다. 먼저 그는 "서구에서 '종교'라 말하는 것은 철학과 두 가지가 되지만, 동양에서 종교라 말하는 것은 철학과 하나로 합한다. 그 나뉘어지는 까닭을 구명하면 '진지'(眞知)와 '미신'(迷信)의 구별이 있기 때문일 따름이다"4)라고 하여, 서구와 동양에서 '종교'개념이 달라지는 요인이 철학과 종교를 일치시키는지 분리시키는지에 있는 것으로 확인하였다. 그는 '종교'개념을 인식하는 조건으로 '진지'에 근거한 것인지 '미신'에 근거한 것인지를 검토하면서, 서구의 종교(기독교)는 '미신'을 내포하고 있으므로 '진지'를 추구하는 철학과 분별될 수밖에 없지만, 동양의 종교(유교)는 미신을 벗어난 것이므로 철학과 종교를 합일시키고 있다는 인식을 보여준다. 여기서 '미신'이란 합리성과 현실성을 벗어난 비합리적이고 신화적인 신앙을 가리키는 것이며, 이병헌은 '종교' 개념에 미신적인 것이 포함될 수 있지만 미신적인 것만이 종교라 할 수는 없다고 보는 입장이다. 바로 이 점에서 이병헌은 강유위가 '종교'를 '신도'(神道)와 '인도'(人道)를 포함하는 것으로 보고, 고대에는 '신도'를 존숭하다가 근대에 오면 '인도'를 중시하는 사실을 들어, '신도'에서 '인도'로 진보한 것으로 제시하는 '종교' 개념을 수용하고 있다.

그는 명치유신(明治維新) 초기에 일본인이 'Religion'을 '종교'로 번역한 이후 통용하는 용어가 되었지만, '유교'의 '교'자는 그 자체로 의미가 충족한 것이므로 '종'자를 덧붙일 필요가 없는 것이라고 확인하고 있다.[5] 이병헌은 당시 조선의 지식인들도 서양문물에 현혹되어 종교의 본래 정상(情狀)이 미신적인 것이라고 받아들이고 공자를 철학가·정치가이지 종교가는 아니라고 보는 사실이 바로 서양의 '종교'에 빠지는데 따른 오류임을 지적한다. 이에 따라 그는 "저 예수와 부처가 세상을 벗어나는 데 치우쳤고 '신'(神)의 권위에 미혹된 것에 대해서는 종교의 이

---

4) 『李全』, 上545, '中華遊記(宗敎哲學合一論)', "西歐之言宗敎者, 與哲學而爲二, 東方之言宗敎者, 與哲學而合一, 究其所以分, 則以其有眞知迷信之別耳."
5) 『李全』, 上179, '儒敎復原論', "儒敎之敎字, 不加毫末而其意自足, 則不必添宗字也."

름을 누릴 수 있다 하고, 우리 공자의 진실함에 안과 밖의 차별이 없고 도리에 하늘과 인간이 합치하는 것에 대해서는 오히려 종교가 될 수 없다고 한다. 시험삼아 묻자면, '교'(敎)라는 한 글자는 오로지 서양 사람이 홀로 가지고 있는 것이 되고 동양의 나라는 수천 년 융성하였는데도 영원히 '교'가 없는 나라인가?"6)라고 반문하였다. 곧 기독교나 불교의 초세간적이거나 '신'중심적 신앙을 '종교'라 하고 내재적이고 일체론적 신념인 유교를 '종교'가 아니라 하는 것은 '종교' 개념이 잘못된 것임을 밝히고 있는 것이다.

한편 이병헌은 종교를 '형이상(形而上)의 도리'요, 과학을 '형이하(形而下)의 도구'로 대비시키고, 철학은 '형이상'과 '형이하'의 양쪽에 근거하여 유심론과 유물론이 나뉘는 것이라 파악하였다.7) 여기서 종교와 과학은 대립되는 것이 아니라 본체와 현상의 체용(體用)관계로 일체를 이루는 것이라 보며, 또한 철학의 유심론과 유물론은 종교와 과학에 연결되는 것이라 제시하고 있다. 따라서 이병헌은 철학과 과학에 조화를 이루는 것이 '종교'의 올바른 모습으로 인식하고 있음을 보여준다. 이처럼 그는 서양의 기독교로부터 자극과 영향을 받으면서도, 서구가 성취한 근대문명에 유교가 더욱 적합한 종교로 인식될 수 있다는 새로운 종교 개념을 제시하였던 것이다.

이병헌의 유교개혁사상이 지향하는 핵심적 과제는 유교를 철학·도

---

6) 『李全』, 上546, '中華遊記(宗敎哲學合一論)', "彼耶佛之偏於出世, 迷於神權者, 方可以享宗敎之名, 而我孔之誠無內外, 道合天人者, 反不能爲宗敎家, 試問敎之一字, 專爲泰西人所獨有, 而國於東方者, 芸芸數千年, 永爲無敎之國也耶."
7) 『李全』, 上212, '儒敎爲宗敎哲學集中論', "宗敎屬形而上之道, 科學屬形而下之器, 哲學或因上因下, 而分爲唯心唯物二派."

덕・교육・정치 등으로 볼 수 있지만 종교로 볼 수는 없다는 당시의 통상적 견해에 맞서서, 유교의 종교적 성격을 확인하여 각성시키고 종교로서 유교를 확립하는 것이었다. 곧 유교는 '인도'가 중심이지만 '신도'까지 포함하는 종교로 보는 적극적 해석을 하였다. 그는 공자가 교주가 되는 이유를, "하늘에 짝하는 도량이 있고, 만세의 백성을 구원하는 것"(有配天之量, 救萬世之民)이라 밝혀, 공자가 하늘에 짝이 되는 성인이요, 만민의 구원자가 됨을 강조하였다. 여기서 그는 「계사」(繫辭)에서 "신도를 궁구하여 조화를 안다"(窮神知化)라 하고, "북치고 춤추어 신명을 다하였다"(鼓之舞之以盡神)는 언급 등은 모두 '성령계'(性靈界)의 일이라 확인하면서, "모두 성령을 중히 여기고 육체를 가볍게 여겨 하늘과 인간의 극치를 밝히려는 것이니, 이를 서양종교의 천당지옥설에 비교해 보아도 또한 원활하고 절실하지 않은가. …유교의 종교관념과 공자의 교조로서 지위를 여기서 볼 수가 있다"[8]고 하였다. 이처럼 그는 공자의 정신에서도 비록 서양종교 보다는 입세간(入世間)의 현실적 방법이 많지만 신묘한 세계나 귀신과 성령(性靈)을 중시하는 출세간(出世間)의 초월적 방법이 풍부하게 있음을 강조하고 있다. 여기서 유교의 종교성에 관한 이병헌의 입장이 드러난다. 곧 유교는 인륜의 현실적 문제에 한정된 것이 아니라 신명(神明)・성령(性靈)의 신비적이고 초월적인 양상을 중요한 구성요소로 내포하고 있다는 인식을 제시하는 것이다.

이병헌은 공자가 종교가라는 증거로, '관괘'(觀卦・象傳)에서 "성인은 '신도'로서 가르침을 베푸니 천하가 복종한다"(聖人以神道設教, 而天下服

---

[8] 『李全』, 上179, '儒教復原論', "皆所以重性靈而輕肉體, 明天人之極致, 較諸西教天堂地獄之論, 不亦圓活而眞切乎, …儒教之宗教觀念, 孔子之教祖地位, 於此可見."

矣)라는 구절을 주목하고 있다. 곧 이 구절에서 "'신도'로서 가르침을 베푼다"는 뜻의 '신도설교'(神道設敎)라는 4글자가 '인도'로서 만이 아니라 '신도'를 포함하는 유교의 종교성을 보여주는 핵심적 내용임을 제시하고 있는 것이다.9) 또한 그는 종교가로서 공자의 위상을 확인하여, "우리 부자(夫子: 孔子)는 옛 성왕을 집대성하고 억만대로 전하는 교화의 주인으로서, 하늘과 땅이 만물을 조화하고 양육하는 일에 참여하여 도울 수 있으니, 지구상에 하나 뿐이고 둘도 없는 '교'(敎)가 된다. 그 '교'는 각 나라가 근본으로 삼는 '교'와 한가지로 '종교'가 된다해도 해로울 것이 없지만, 다만 각 '교'가 치우쳐서 온전하지 못하고 미혹하여 진실하지 못할 뿐이라는 것과 같지 않다"10)고 하였다. 그것은 공자가 집대성한 교주로서 유일무이한 '교'를 이루었음을 강조하면서, 공자의 '교'는 종교일 뿐만 아니라 어떤 종교보다 온전하고 진실한 최상의 종교임을 강조하는 것이다. 바로 이러한 점에서 20세기 이후 현대문명이 발전함에 따라 종교에서 미신의 요소는 점차 쇠퇴하고 종교와 철학이 결합하여 진실만이 힘을 발휘할 수 있게 될 것으로 보고, 이때에는 유교가 세계를 통합하는 유일한 종교가 될 것이라는 꿈을 밝히고 있다. 곧 그는 "공자가 바야흐로 지구상의 하나 뿐이요 둘도 없는 종교가 될 것이요, 공교는 전세계에 '대동의 교'(大同敎)가 될 것이다. 공자는 철학과 합일하는 종교가이다"11)라고 언명하였다. 그것은 종교와 철학이 분립된 서양

---

9) 『李全』, 上315, '敬告域內儒林同胞', "孔子之爲宗敎家, 則莊嚴燦爛, 其精義具在於大易神道設敎四字, 豈可以非宗敎目之乎."
10) 『李全』, 上547, '中華遊記(宗敎哲學合一論)', "吾夫子旣集群聖之大成, 爲億代敎化之主, 則可以參天地贊化育, 而爲地球上獨一無二之敎也, 其與各國所宗之敎, 不害同爲宗敎, 而但不似各敎之偏而不全, 迷而不眞耳."
11) 같은 곳, "孔子方爲地球上獨一無二之宗敎家, 而孔敎乃爲全世界大同敎矣, 何以故, 孔子者哲學合一之宗敎家也."

의 종교를 넘어서서 유교 속에서 종교와 철학이 일치를 이룸으로써 종교에서 미신적 요소를 떨쳐버리려는 것이요, 진실에 의해 관철함으로써 미래에 세계를 통합할 종교로서 유교의 역할에 대한 신념과 희망을 밝히고 있는 것이다. 1909년 박은식(朴殷植) · 장지연(張志淵)이 중심이 되어 유교의 종교적 개혁을 추구하는 유교교단을 조직하였을 때, 그 명칭을 '대동교'(大同敎)라 일컬었던 사실도 이병헌과 사상적 맥락을 같이하고 있는 것이라 하겠다.

이병헌의 유교개혁론은 전통유교의 폐단을 극복하여 유교가 현대사회에서 능동적인 지도기능을 발휘하기를 추구하는 것이며, 개혁유교로서 공교의 새로운 방향을 제시하는 데 관심을 기울이는 것이다. 따라서 그는 당시 중국이나 조선의 유교지식인들이 보여주는 사유방법을 네가지 유형으로 제시하였다. 곧 송대(宋代)의 이학(理學)을 조술하면서 교조인 공자를 망각하는 '수구설'(守舊說), 전통유교의 폐단을 개혁한다고 하면서 교조인 공자까지 배척하는 반유교적 개화파의 '혁신설'(革新說), 서양과학을 받아들이지만 서양종교를 미신으로 거부하다가 유교의 종교성까지 거부하여 스스로 종교가 없는 민족이 되려고 하는 유교비종교론(儒敎非宗敎論)의 '통신구설'(通新舊說), 공교가 우주 안에서 폐지될 수 없는 '교'라는 신념으로서 유교를 종교로 인식하는 유교개혁론의 '통동서설'(通東西說)이다.12) 물론 그 자신은 '통동서설'의 입장을 취하여 유교가 종교로서 서양의 종교가 지닌 기능을 지니면서도 이를 넘어서 과학이나 철학의 기능까지 포함하여 지양하는 최고의 통합적 진리체계로 유교를

---

12) 『李全』, 上211, '儒敎爲宗敎哲學集中論', "漢鮮之儒, 有四層說, 一曰守舊說, 祖述宋元之學理, 不念敎祖, 二曰革新說, 懲創末流之慣習, 反斥敎祖, 三曰通新舊說, 不喜西方之迷信, 而自甘爲無敎之族, 四曰通東西說, 念孔敎純粹至善爲空間不可廢之敎, 而以爲當曰敎, 不必曰宗敎也."

인식하고 있는 것이다.

또한 이병헌은 당시 중국의 유교를 신파(新派)와 구파(舊派)로 구분하면서, 구파인 전통유교를 '향교식 유교'(鄕校式儒敎)라 하고, 신파인 개혁유교를 '교회식 유교'(敎會式儒敎)라 구분하여 제시하였다.13) 여기서 그는 '교회식 유교'와 '향교식 유교'의 의 양상을 대조함으로써, 개혁의 방향과 과제를 조목별로 밝히고 있다. '교회식 유교'는 먼저 '공자를 유일의 교조로 높여서 상제(上帝)에 배향한다' 하고, '공자를 종교가로 인정한다'고 밝혀, 유교의 종교적 각성을 강조하였으며, 다음으로 공자를 '대동주의'로 인식하고, 『춘추』를 '삼세'(三世: 據亂世 → 升平世 → 太平世)의 발전론으로 제시하며, 천하를 한 집안으로 보는 '대동'의 이상을 제시하였다. 나아가 그는 금문경학에 근거하여 개혁(維新)할 것과 공자 기원(孔紀)을 사용할 것을 제안하며, 교회식 유교의 이론가로서 강유위(康有爲)·요평(廖平)·채이강(蔡爾康)·왕덕잠(王德潛)·진환장(陳煥章) 등을 들고 있다.14) 이처럼 그는 공자를 교주로 높이고 종교로 각성된 유교개혁을 추구하면서, '교회식 유교'의 모형으로 강유위·진환장 등이 이끌던 '공교회'(孔敎會)를 따르는 입장을 밝히는 것이요, 당시 조선사회의 보수적 전통유교을 '향교식 유교'로 규정하여 개혁의 대상으로 삼았음을 보여준다.

이병헌은 공교운동의 구체적 실현을 위하여 1918년 조선 최초의 공교 교당으로서 배산서당(培山書堂: 山淸郡 丹城面 沙月里 培養마을)의 설립계획을 세웠다. 배산서당의 배치구조를 보면, 기본 건물은 3단계로 세

---

13) 『李全』, 上325, '辯訂錄', "小生十數年前, 久游中國, 觀察儒敎, 敎之中自分新舊兩派, 有鄕校式儒敎, 是謂舊派, 有敎會式儒敎, 是謂新派."
14) 『李全』, 上326-329, '辯訂錄'.

워져 있다. 상단에는 '문묘'(文廟)를 세워 공자만을 모셨고, 중단에는 '사우'(祠宇)로 '도동사'(道東祠)를 세워 퇴계(退溪 李滉)와 남명(南冥 曺植) 두 선현을 모시고, 아울러 이병헌의 선조로서 퇴계·남명과 교유하였던 청향당(淸香堂 李源)·송당(松堂 李光坤)·죽각(竹閣 李光友)을 종향하였으며, 하단에는 강당을 세웠다. 배산서당의 기본구조를 전통의 향교나 서원과 비교해보면 그 특징을 확인할 수 있다.

먼저 상단에 세워진 '문묘'는 전통적 문묘(成均館·鄕校)와 다른 두가지 특징이 있다. 그 하나는 전통의 문묘에서 공자를 받들면서 신주(神主)만 모시고 있는 것과 달리 공자의 성상(聖像)을 함께 모시고 있는 사실이요, 다른 하나는 전통의 문묘에서 공자를 중심으로 공자의 제자를 비롯하여 여러 선현들을 배향하고 있는 것과 달리 오직 공자 한 분만을 모시고 있는 사실이다. 이러한 '문묘'제도의 변혁은 오직 공자만을 교조로 존숭한다(獨尊敎祖)는 공교회의 종교적 성격을 강조한 것이지만, 당시 보수적 유림들로부터 "공자를 멋대로 받들여서는 안 된다"(先聖不當擅奉)는 비난을 불러 일으키기도 했다.

다음으로 중단에 세워진 사우(祠宇)도 선현과 선조를 함께 모시고 있다는 사실에 특징이 있다. 전통적으로 유림들이 서원(書院) 등 사우에 선현을 모실 때는 그 지역 유림들의 공론으로 엄격한 심의를 거쳐 결정되었으니, 어느 씨족의 조상들이 모셔지는 것은 불가능한 일이었다. 따라서 당시 보수적 유림들로서는 '도동사'에 퇴계와 남명이 선현으로 모셔지는 것은 당연히 받아들일 수 있지만, 이병헌의 선조들 셋이 사우에 모셔진 것은 받아들이기 어려운 일이었다. 1923년 배산서당이 준공되자, 이병헌은 다시 중국에 들어가 곡부 대성전의 공자 성상을 촬영한 모사본을 모셔와 9월 19일 배산서당의 문묘에 봉안하였다. 이때 지방유림들 사이에서는 배산서당 사우의 배향문제 등에 대해 격렬한 성토가 일어났다.15) 배산서당은 조선공교회의 교당으로서 공교운동의 모체로 출발하였으나, 지방의 보수적 유림들로부터 배척받으면서 그 출발점에서 좌절되고 말았다. 그러나 이병헌이 배산서당을 공교회 교당으로 설립하였던 구상은 그 자신이 추구하던 교회식 유교의 특징을 선명하게 확인시켜 주었던 의미를 지니고 있는 것이다.

2) 금문경학(今文經學)의 저술체계

이병헌이 49세 때(1920) 세 번째 중국으로 강유위를 찾아갔을 때, 강유위는 이병헌에게 "그대는 유교를 원형으로 돌려놓고자 하는데, 한나라의 금문경전은 공자 문하 70제자의 후학들이 입으로 그 의리를 말하고 죽간(竹簡)에 받들어 전한 것이니, 진정한 원형으로 돌려놓는 것이다"16)라고 하여, 금문경전을 통해서만 유교의 원형을 회복하는 '유교복원'이 가능하다는 점을 강조하였다. 그후 이병헌은 54세 때(1923) 네번째 중국을 방문하여 강유위의 도움을 받아 금문경(眞經)을 구입해 왔다. 이때 강유위가 작성하여 이병헌에게 금문경전과 금문경학 연구를 위해 구입해야 할 기본서적으로 20종을 제시하였다.17) 이 금문학의 도서목록을 보면 강유위가 제시한 금문경학의 기본 범위를 짐작할 수 있으며,

---

15) 李炳憲의 培山書堂 건립에 따른 비난과 해명은 『李炳憲全書』上冊에 수록된 「培山文廟及道東祠奉安後遭變日誌」 및 「辯訂錄」에서 자세히 볼 수 있다.
16) 『李全』, 下605, '眞菴略歷', "君欲儒敎還原, 而漢之今文經, 乃孔門七十子後學之所口說其義, 奉竹簡之傳者, 眞還原也."
17) 『李全』, 下614, '眞菴略歷'. 강유위가 제시한 도서목록을 분류해 보면 다음과 같다.5)

『시경』·『서경』·『역경』에 집중되고 있는 사실을 보여준다. 또한 『예경』의 금문경은 『의례』가 기준이요, 『춘추』의 금문경은 『춘추공양전』이 기준이라는 점을 확인할 수 있다. 이와 더불어 금문학 서적 11종은 후한(後漢)시대의 왕충(王充)과 허신(許愼)의 저술을 제외하면 전한(前漢)시대의 문헌이 대부분이고, 특히 위고문(僞古文)을 만들었다고 비판의 대상이 되는 유흠의 부친 유향(劉向)의 저술도 4종이나 열거되고 있다. 이 도서의 목록은 강유위의 저술과 더불어 이병헌의 금문경학 연구에 바탕이 되었던 것으로 유의할 필요가 있다.

이병헌의 금문경학 연구 업적은 1920년대 초반에 공교사상을 접촉하면서 강유위의 『신학위경고』(新學僞經考)를 공부하던 시기의 독서록인 『독위경고』(讀僞經考, 1920)에서 출발하여, 『사서』와 『역경』에 관한 저술인 『경설』(經說)과 『시경』·『서경』·『예경』·『악』을 금문경학적 입장에서 개괄한 『공경대의고』(孔經大義考)가 있다. 이어서 1920년대 후반에는 『시경』·『서경』·『예경』·『춘추』·『역경』을 각 경전별로 주석하여 금문경학의 연구를 체계화하였다. 강유위와 이병헌의 금문경학 저술목록은 다음과 같이 대비시켜 볼 수 있다.[18]

詩經	: 『韓詩外傳』/『詩古微』/『齊魯韓三家詩說』
書經	: 『尙書大傳』/『歐陽大小夏侯三家書說』
易經	: 『京氏易』/『易林』/『易漢學』.
禮經	: 『大戴禮』.
今文學書	陳立; 『白虎通疏證』/『七緯』/ 荀卿; 『荀子』/ 賈誼; 『新書』/ 劉向; 『說苑』·『新序』·『列女傳』·『別錄』/ 揚雄; 『法言』/ 王充; 『論衡』/ 許愼; 『五經異義』.

18) 이 목록에 보이는 康有爲의 저술 뒤에 붙은 '*'표는 康保延 編, 「康有爲先生著述繫年表」(楊克己 編, 『民國 康長素先生有爲·梁任公先生啓超 師生合譜』, 臺灣商務印書館, 1982)에 소개되고 있지만, 蔣貴麟 主編, 『康南海先生遺著彙刊』(臺北, 宏業書局, 1976)에 수록되지 않은 강유위의 경학저술로서, 현존 여부를 확인하지 못하였다.

經傳	康有爲	李炳憲
通論	『新學僞經考』(1891)・『孔子改制考』(1896)	『讀僞經考』(1920)・『孔經大義考』(1924)
論語	『論語注』(1902)・『論語爲公羊學考』*(1893)	「論語說」(『經說』,1922)
孟子	『孟子微』(1901)・『孟子爲公羊學考』*(1893)	「孟子說」(『經說』,1922)
大學	『大學注』*(1902)	「大學說」(『經說』,1922)
中庸	『中庸注』(1901)	「中庸說」(『經說』,1922)
詩經	『毛詩僞證』*(1890)	『詩經附注三家說考』(1926)
書經	－	『書經傳注今文說考』(1926)・『尙書補義』(1933)
禮經	『禮運注』(1884)・『周禮僞證』*(1890)	『禮經附注今文說考』(1927)
易經	－	「易說」(『經說』,1922)・『易經今文考』(1928)・『易課小箋合考』(易經小箋,1938)
春秋	『春秋董氏學』(1894)・『春秋學郵』*(1896)・『春秋考義』*(1897)・『春秋筆削大義微言考』(1901)	『春秋筆削考』(1922)

『독위경고』(讀僞經考)는 강유위의 『신학위경고』(新學僞經考) 편차를 따라 기술한 독서록이다. 그 첫머리에서 "금문이란 공자 문하에 전해진 진실한 옛 경전이요, 고문이란 유흠이 만들어낸 거짓된 새 학문이다"[19]라고 하여, 강유위가 고문의 거짓됨을 밝히고 금문을 드러낸 것이 유학계에 미치는 영향의 중대함을 지적하였다. 또한 『공경대의고』(孔經大義考)의 '총설'(總說)에서는 '공경'(孔經)이란 '공자가 정한 육예(六藝)의 경'이라고 정의하였다. 여기서 그는 『의례』를 『예경』이라 하고, 전한(前漢) 말엽에 『주례』나 『좌전』의 언급에 따라 '주역'이라 일컫는 것은 주나라 때의 점치는 말을 '경'(經)으로 삼고 공자가 지은 '단'(彖)・'상'(象)의 '경'

---

[19] 『李全』, 下3, '讀僞經考', "今文者, 孔門所傳眞古之經, 古文者, 劉歆所創僞新之學也."

을 '전'(傳)으로 삼는 것으로서, 『역경』의 명칭을 왜곡한 것이라 지적한다.[20]

이병헌은 『경설』에서 『대학』・『논어』・『맹자』에 대해서는 극히 단편적 논설을 제시하는 데 비해, 『중용』에 대해서는 상세한 해석을 하고 있다. 이병헌의 경학체계는 '오경' 가운데 『역경』에 가장 큰 비중을 두고 있는 것처럼, '사서'에서는 『중용』을 중심으로 삼고 있음을 보여준다.

이병헌은 자사(子思)가 『중용』에서 공자의 도를 형용하여, "하늘에 짝한다"(配天)고 한 것은 공자를 '천하 만세의 교조'로 표명한 것이라 하여, 공자의 위치가 『중용』을 통해 확립되었음을 지적하였다.[21] 그는 「중용설」에서 특히 '귀신장'(鬼神章)을 가리켜, "『중용』 한 편의 중심축이요, 공교의 두뇌이다. 성대하도다 '신'(神)이여, 지극하도다 '성'(誠)이여"[22]라고 하여, 이 장의 중심적 위치를 강조하면서, 그 핵심개념으로 '신'(神)과 '성'(誠)을 부각시키고 있다. 그는 특히 '신'과 '심'의 관계를 주목하여, "인간의 몸에서 '신'의 오묘한 작용을 미루어나가면 '심'이 실체가 되니, 그러므로 성인이 사람을 가르침에 '신'을 말하지 않고 '심'을 일컫는다"[23]라고 언급하였다. 그는 인간의 '심'이 '신'을 드러내는 것임을 확인함으로써, 유교전통이 '신'을 강조하지 않고 '심'을 중시하게 된 것은 '심'을 말하면 그 속에 '신'이 드러나는 것임을 지적하였다. 나아가 그는 공

---

20) 『易經今文考』(通論), 19-20, '易學要言', "名易爲周易, 以周代繫辭爲經, 而以〈249〉夫子所作象象之經爲傳."
21) 『李全』, 下11, '經說・論語說', "子思子眞能形容孔子之道, 而配天一節, 已表明聖祖爲天下萬世之敎祖矣."
22) 『李全』, 下13, '經說・中庸說', "此章, 實中庸一篇之樞紐, 而孔敎之頭腦也, 盛哉神乎, 至哉誠乎."
23) 『李全』, 下14, '經說・中庸說', "就人身上推出神之妙用, 則心爲當體, 故聖人敎人, 不言神而稱心."

자의 가르침이 비록 '신'을 쉽게 말하지는 않지만, 유학이 '성'과 '천도'에 근원하고 있다는 것은 바로 '신'에 근원하는 것임을 명확하게 제시한 것이라 하고, 『중용』의 '귀신장'은 『역경』의 '신도설교'(神道設教)를 말한 것과 통하는 것으로, 이를 통해 공자가 '만세의 크게 바르고 지극한 중심이 되는 종교가'임을 알 수 있다고 역설한다.[24] 이처럼 이병헌은 '신' 개념을 강조함으로써, 무엇보다 공자의 종교가로서 위치와 유교의 종교적 성격을 강화하고자 하였으며, 그 경전적 기반으로 『중용』과 『역경』의 중요성을 확인하였다.

또한 『중용』에서 천하에 지극한 성인의 덕을 말하고서, 그것이 '하늘에 짝이 된다'(配天)고 언급한 데 대해, "공자가 대종교가이며 (공교가) 참 종교가 됨을 알고, 하늘이 독실하게 생성하고 배양하는 이치를 아는 것이니, 이것이 『중용』을 읽는 첫 번째 의리이다"[25]라고 하여, 공자가 위대한 종교가임을 밝히는 것이 『중용』해석의 핵심과제임을 지적하고 있다. 따라서 그는 『중용』을 '공자의 덕을 밝히기 위해 지은 것'이라고 규정하고, 『중용』을 통해 "마땅히 공자가 만세의 교주가 됨을 알아야 한다"고 강조한다.[26] 그만큼 이병헌은 교주로서 공자의 위치를 확인하고 확립하는 데 『중용』의 중요성을 강조하고 있는 것이다.

이병헌의 『역경』 연구는 『경설』에 수록한 「역설」(易說)편에서 64괘의 각괘를 간단하게 설명하면서 이미 금문경학적 관점을 제시하고 있

---

24) 같은 곳, "此章當與大易言神道處參看, 則當知聖人神道設教之意, 而孔子當爲萬世大正至中之宗教家矣."
25) 『李全』, 下18, '經說・中庸說', "知孔子之爲大宗教家, 而爲眞宗教, 且知天之篤生栽培之理矣, 此乃讀中庸第一義也."
26) 『李全』, 下19, '經說・中庸說', "學者當知, 一部中庸爲昭明聖祖之德而作, …當知至聖先師之爲萬世教主矣."

다. 이어서 『역경금문고』(易經今文考)는 그의 『역경』 연구를 체계적으로 정립한 저술이요, 그 후에도 66세(1935)부터 70세(1939)까지 생애의 만년에 『역경』의 연구에 몰두하여 10여 차례 『역경』의 독서일과(讀書日課)로서 '역과'(易課)의 기록을 합쳐서 『역과소전합고』(易課小箋合考: 易經小箋)를 남기고 있다. 이처럼 그가 『역경』 연구에 특별히 심혈을 기울였던 것은 그의 공교사상이 『역경』에서 그 귀결처를 찾았다는 사실을 말해주는 것이다.

이병헌은 『시경』에 대한 주석으로 『시경부주삼가설고』(詩經附注三家說考)를 완성하자 바로 항주(杭州)로 강유위에게 보내어 가르침을 청하였다. 이때 강유위는 답장을 보내면서, "대지(大地)에 공교가 있는 날은 바로 그대의 저서가 유행하는 날이다"27)라고 하여, 아낌없는 칭찬과 격려를 보냈다. 이와 더불어 강유위는 "그대가 이 큰 업적을 이루었으니, 비록 온 나라가 일어나 공격하더라도 무슨 손상이 있겠는가? 오직 문장 가운데 『모전』(毛傳: 毛詩)과 삼가(三家)를 많이 인용하여 참과 거짓을 뒤섞어놓아 스스로 그 사례를 어지럽혔으니, 금문을 연구하는 사람으로 하여금 밝게 믿을 수 없도록 한다. 그대는 속히 깎아버려야 할 것이다"28)라고 충고하였다. 곧 고문경학을 따르는 『모전』의 인용을 깎아내어, 금문경학으로 관철하도록 요구하였던 것이다.

이병헌의 『서경』 주석은 『서경전주금문설고』(書經傳注今文說考)와 『상서보의』(尙書補義)로서, 금문경전인 전한시대 복생(伏生)이 전해준 『서경』 28편만을 주석하였다. 여기서 그는 정현(鄭玄)이 공자가 편찬한 『서』를

---

27) 『李全』, 下619, '眞菴略歷', "大地有孔敎之日, 卽弟書流行之日也."
28) 『李全』, 下14, '詩經孔學考·凡例', "弟成此大業, 雖擧國攻之, 何損焉, 惟文中多引毛與三家, 並眞僞雜湊, 自亂其例, 且令考今文者無以昭信, 弟速刪之."

높여서『상서』(尙書)로 일컬은 이후 '상서'가 일반적 명칭으로 쓰였지만 그 자신은 '육경'의 하나로서 '서경'으로 칭한다는 입장을 밝히고 있다.

이병헌이 말하는『예경』은『의례』17편으로, 그는『예경부주금문설고』(禮經附注今文說考)에서 공자가 편찬한『예경』을 해명하는 데는 대덕(戴德)의『대대예기』(大戴禮記)와 대성(戴聖)의『소대예기』(小戴禮記: 禮記)가 우익(羽翼)이 되는 것이라고 하여 채택하지만,『주례』(周禮)와『일례』(逸禮)는 거짓된 것으로 배제하고 있다.29) 한편『예경부주금문설고』에 부록으로 붙인 '예경총론'(禮經總論)에서는 예학에 들어가는 문과 길로 삼도록 청나라 금문학자 소의진(邵懿辰)의『예경통론』(禮經通論)을 발췌하여 제시하면서, "소의진의 말은 구절마다 절실하고 글자마다 명백하여, 예학의 강령을 갖추었고, 경을 높이는 의례를 천명하였으니, 배우는 사람이 마땅히 받들어야 하는 법도이다"30)라고 하여, 소의진을 높이 평가하여『예경』의 금문학적 이해를 위한 기준으로 삼도록 강조하고 있다.

이병헌은 청말 공양학파의 금문경학을 체계화한 강유위로부터 직접 친절한 지도를 받으며 금문경학의 연구를 시작하였다. 이를 통해 그 자신의 유교개혁론으로서 공교사상의 이론적 근거를 확립하는 동시에 공교운동의 방향을 확고하게 뒷받침하였던 것이다. 그는 만년에 오경에 대한 금문학적 주석에 심혈을 기울여 방대한 업적을 이룸으로써, 조선에서 금문경학의 영역을 개척하고 수립하는 데 주도적 역할을 하였다. 따라서 그가 금문학적 경전 주석을 통해 공양학파의 금문경학을 체계화

---

29)『李全』, 下345, '禮經附注今文說考', "先明經乃孔子所定, 大小戴記, 爲之羽翼, 故於周禮及逸禮之爲僞託者, 槪無及取焉."
30)『李全』, 下504, '禮經附注今文說考', "邵氏之言, 句句切實, 字字明白, 備禮學之綱領, 闡尊經之義例, 學者當奉之爲三尺."

하였던 사실은 한국유교사에서 독보적 위치를 차지하는 것으로 주목할 필요가 있다.

이병헌이 이루어낸 금문경학의 체계는 기본적으로 강유위의 금문경학에 기반하면서도 자신의 독자적 빛깔을 지니고 있는 것이다. 먼저 강유위는 경전주석에서 『춘추』의 주석에 가장 주력하였는데, 이병헌은 강유위의 『춘추필삭대의미언고』에서 제시된 의리 가운데 중대한 것을 간추려 인용하여 『춘추필삭고』를 편찬하면서, 더 이상 군더더기를 덧붙일 필요가 없음을 언급하여, 『춘추』의 주석은 전적으로 강유위에 의존하고 있음을 밝힌 것이다. 그러나 『시경부주삼가설고』(1926)·『서경전주금문설고』(1926)와 『예경부주금문설고』(1927) 및 『역경금문고』(1928)의 저술은 강유위에 의해서도 주석작업이 본격적으로 착수되지 않았거나 주석이 미비한 상태인 『시경』·『서경』·『예경』·『역경』에 대해 독자적 주석의 틀을 잡고 있음을 보여준다. 이러한 이병헌의 주석작업은 폭넓은 금문경학의 체계화를 이루고 금문경학의 체계를 완성해가는 데 중요한 기여를 하였던 것으로 평가할 수 있다.

3. 『역경』의 제작과 체계에 대한 인식

1) 『역경』의 제작에 대한 인식

이병헌은 『역경』을 저술한 인물을 공자로 확인하면서, 이를 입증하기 위해 『역경』의 제작과 편찬과정에 대한 논의들을 정밀하게 검토하였다. 곧 그는 (1)경전으로서 '역'(易)의 명칭문제를 확인하고, (2)'역'이 제작되는 과정을 점검하며, (3)공자가 '역'의 제작자임을 논증하고, 이에 따라 (4)'십익전'(十翼傳)에 대한 기존의 통상적 견해를 비판적으로 해명하고 있다.

(1) '역'의 명칭문제

이병헌은 '역'의 명칭으로 '역경'(易經) 혹은 '주역'(周易)이라는 두 가지 명칭이 병행하여 쓰이고 있는 사실을 주목하였다. 여기서 그는 '주역'이라는 명칭을 거부하고 '역경'이라는 명칭을 정당한 것으로 확인하는 입장을 밝혔다. 그는 '주역'이라는 명칭이 원래『주례』(春官·宗伯·大卜)에서 세 가지 역(三易)으로서 '연산'(連山)·'귀장'(歸藏)·'주역'(周易)을 들고 있는 사실에 근원하는 것이요, '연산'·'귀장'이라는 명칭은『산해경』(山海經)에서 비롯되는 것임을 지적하였다. 그는『주례』를 유흠(劉歆)에 의해 거짓으로 조작된 것이라 보고,『산해경』도 유흠이 산정(刪定)한 것으로 근거가 불확실한 점을 지적하였다. 또한 그는 '세 가지 역'이란 점(卜筮)치는 데 사용하는 것이 분명한데, '연산'과 '귀장'은 공자가 취하지 않았으니 있는지 없는지를 따질 가치도 없는 것이라고 주장하였다.[31]

나아가 그는 '주역'이라는 명칭에 대해, "'주역'이란 문왕과 주공이 지은 것을 가리키는가? 문왕과 주공이 지은 것이라 가정하더라도, 이미 주나라에서 점을 치는 데 쓰이지 않았고, 공자가 이를 취해서 '경'(經)으로 삼지 않았다면, 끝내는 쇠퇴한 세상에서 점을 칠 때의 점괘의 말이 되고 말았을 것이다"[32]라고 밝혔다. 이처럼 이병헌은 '주역'이란 명칭은

---

31)『易經今文考』(通論), 1, '作易原委', "連山歸藏之名, 始著於山海經, 三易之稱, 又見於周禮, 然周禮爲劉歆所僞, 山海經又爲劉歆所刪定, 則不敢斷其眞贋, 知三易爲卜筮之用則審矣, 連山歸藏不爲孔子所取, 則何足爲有無."

주나라 문왕과 주공에 의해 이루어졌다는 입장으로서, 공자가 직접 지은 경전인『역경』이 아니라, 단지 공자가『역경』을 지을 때 자료로 사용하였던 주나라 때의 점치는 말(繇辭·占辭)일 뿐이요, 경전으로 저작된 것이 아님을 확인하고 있는 것이다. 따라서 '주역'이라는 명칭으로 '연산'·'귀장'과 병렬시키는 것은 경전을 존중하는 의리를 모르는 것임을 강조하여, "세 가지 역의 명칭이 폐지된 다음이라야 공자의 '역도'(易道)가 밝아져서 홀로 높이도록 통합할 줄 알 것이다"33)라고 언명하였다. 그만큼 공자가 지은『역경』만을 경전으로 높여야 할 것이지, 하(夏)나라 때의 '연산'과 은(殷)나라 때의 '귀장'과 주나라 때의 '주역'으로 시대마다 '역'이 있었다고 보는 '삼역설'(三易說)을 거부하는 입장을 명확히 밝히고 있는 것이다.

(2) '역'이 제작되는 과정

이병헌은 '역'이 제작되는 연원으로 복희(伏羲)가 '역'의 팔괘(八卦)를 처음 그리고, 문왕(文王)이 64괘로 넓혀가서 괘사(卦辭)를 짓고, 주공(周公)이 64괘에 효사(爻辭)를 붙였다는 견해에 대한 비판적 입장을 제시하고 있다. 그는 이러한 견해를 제시한 대표적 전거(典據)인『한서』(漢書, 藝文志)의 기록이 고문경학을 일으킨 유흠(劉歆)의『칠략』(七畧) 가운데 하나인「육예략」(六藝畧)의 글이라 지적하며, 유흠의 견해는『역경』의「대전」(大傳: 繫辭)과『사기』(史記)의 언급에 근거하는 것이라 확인하였다.34) 그러나 그는 복희이후로 신농(神農)·황제(黃帝)·요(堯)·순(舜)·

---

32) 같은 곳, "周易, 則乃指文王周公所作歟, 假使謂文周所作, 旣不爲宗周卜筮之用, 若非孔子取以爲經, 則終爲衰世占候之繇辭."
33)『易經今文考』(通論), 1-2, '作易原委', "三易之名詞廢, 而後孔子之易道乃明, 而知統乎一尊也."

하(夏)·은(殷) 및 서주(西周)의 글에서는 '역'이라는 명칭을 들을 수 없고, '괘'(卦)나 '효'(爻)의 명목도 보이지 않으며, 주공(周公)이 금등(金縢)에서 천명을 청할 때나, 낙(洛)을 도읍의 자리로 점칠 때에도 '세 거북에서 길조를 얻었다'고만 말했지 한 글자도 '괘'나 '효'의 점치는 말이 없었음을 지적하여, 복희가 '역'의 팔괘를 그렸다는 견해를 부정하고 있다.35)

그는 『역경』의 「대전」에서 복희가 '처음 팔괘를 지었다'(始作八卦)고 하고, '역'을 지은 사람을 일컫는 것은 문왕과 주(紂) 사이에 사건이 있은 다음에, 후세에 비로소 복희가 8괘를 짓고 문왕이 64괘로 확장했다는 말을 믿게 되었음을 지적하면서, "「대전」이 서술한 것은 공자가 옛 것에 가탁한 말을 인용한 것이니, 그 대의를 종합하여 말하면 비록 '괘'와 '효'를 아울렀던 것도 공자가 차례를 정한 것이라고 말하는 것이 옳다"36)고 하여, 복희와 문왕이 팔괘와 64괘를 지었다는 「대전」의 언급도 공자가 자신이 짓고나서 옛 성왕에 가탁(假託)한 것이라고 보았다. 그것은 강유위의 '탁고개제설'(託古改制說)을 끌어들여 적용시킨 것으로 공자가 '괘'·'효'에 순서를 부여하여 『역』의 체계를 구축하였음을 확인하는 것이다. 여기서 강유위는 '괘'·'효'를 처음 그린 것은 복희와 문왕으로 인정하였지만, 이병헌은 복희·문왕이 처음 '괘'·'효'를 그렸다는 견해

---

34) 『易經今文考』(通論), 2-3, '作易原委', "此(『漢書』, 藝文志)所引, 卽六藝畧, 爲劉歆七畧之一, …按, 此志所論, 自伏羲氏仰觀以下, 至重易六爻, 皆述易大傳, 及史記之語, 乃已然之事實也."
35) 『易經今文考』(通論), 1, '作易原委', "神農黃帝唐虞夏殷西周之書, 不惟未聞易之名稱, 亦未見卦與爻之名目, 雖周公請命于金縢, 作宅于洛, 鼎重於卜筮之際, 而但云三龜習吉, 卜惟洛食而已, 無一字及於卦爻之繇辭."
36) 같은 곳, "至易大傳稱伏羲作八卦, 又稱作易者, 當文王與紂之事然後, 後世始信伏羲作八卦, 文王演六十四之事, 然大傳所述, 乃引孔子託古之辭也, 綜其大義而言, 則雖竝卦爻, 謂孔子次第之, 可也."

에 대해 회의적 입장을 밝혀 차이점을 보여주고 있는 것이 사실이다.37)

또한 그는 『역경』의 '상경'(上經)·'하경'(下經) 두 편에 대해, "상·하 두 편은 공자가 이미 '역경'으로 편찬한 것으로, 주나라 때 점치는 말의 저본(底本)이 아니라면 어떻게 그러함을 밝힐 수 있겠는가? 만약 문왕이 '역'을 넓혀가서 이미 상·하의 두 '경'이 있었다면, 무왕과 주공은 극진한 효자요 성왕(成王)과 강왕(康王)은 효성스러운 손자인데 마땅히 뜻을 이어가고 사업을 펼쳐서 서술하고 찬양하기에 겨를이 없었을 터인데, '역'에 대해 한 마디도 언급하지 않았으니, 하물며 '상·하'편의 명칭이 있다고 논하겠는가? 소공(召公)·태공(太公)·육자(鬻子)·관자(管子)의 글과 제가(諸家)의 논술을 두루 상고해 보아도 '역'으로 점치는 일에 대해 언급한 것이 없었다"38)라고 하였다. 곧 주나라의 문왕이 '역'을 편찬한 일도 없고, 따라서 '역'으로 점을 쳤던 일도 없었다는 사실을 지적하면서, 그 증거로서 문왕의 아들인 무왕과 주공이나 그 후손의 임금과 신하들의 기록에서 '역'으로 점치는 일에 대한 언급이 없다는 사실을 증거로 제기하고 있다. 이처럼 그는 '역'이 경전으로 편찬되었던 일을 공자에 의해 이루어진 것으로 확인할 수 있다고 보았으며, 공자가 '역경'을 편찬할 때 주나라 시절의 점치는 말을 자료로 삼았지만, 그 자료로 쓰인 주나라 초기에 점치는 말은 아직 '역'의 체제로 점치는 것이 아니었던 것으로 보고 있다.

---

37) 蔣貴麟 主編, 『康南海先生遺著彙刊』(3), 419쪽, '孔子改制考'(권10), "易之卦爻, 始畫于犧文, 易之辭, 全出于孔子."
38) 『易經今文考』(通論), 3, '作易原委', "上下二篇, 則爲孔子已修之易經, 非周代繇辭之底本, 何以明其然也, 若文王演易, 已有上下二經, 則以武王周公之達孝, 成王康王之慈孫, 當繼志述事, 稱引贊揚之不暇, 而乃無一言及於易, 況論有上下篇之名乎, 歷考召公·太公·鬻子·管子之書, 及諸家論述, 亦未有及於易繇者."

여기서 그는 공자 이전에 '역'으로 점을 쳤던 기록을 『국어』(國語)와 『좌전』(左傳)의 기록에서 확인하면서, 그 내용이 현재의 『역경』과 일치되기도 하고 차이가 나기도 하며, 부연된 것도 있고 빠진 것도 있는 점을 들어, 아직 공자에 의해 '역경'으로 편집되기 이전에 불완전한 상태로 '역'이 있었음을 인정하면서, "다만 공자 이전에 편찬되지 않은 '역'을 높여 '경'으로 삼아 받드는 것은 불완전한 노(魯)나라 역사를 '춘추경'이라 하는 것과 다를 것이 없지 않겠는가"[39]라고 하였다. 곧 공자가 『춘추』로 편찬하기 이전의 노나라 역사를 경전이라 할 수 없는 것처럼 공자가 『역경』으로 편찬하기 이전의 춘추시대 점치는 말을 경전이라 할 수 없음을 강조하여, 공자에 의해 비로소 '역'이 경전으로 편찬된 것임을 확인하고 있는 것이다.

(3) 공자의 『역경』저작

『역경』이 상경·하경의 2편으로 구성되어 있는 사실에 대해서도, "『역』의 상·하편이란 공자가 주나라 시대 '괘'와 '효'의 점치는 말(繇辭)에 근거해 거두어 다듬고서, '단'(彖)을 배열하고, '상'(象)에 말을 붙이며, '괘'(卦)를 설명하고, '언'(言)을 꾸며서 '경'으로 정한 것이다. 그러므로 『역경』 2편이란 공자가 지은 것이다"[40]라고 하여, 현재의 『역경』이 공

---

39) 『易經今文考』(通論), 4, '作易原委', "今考左傳所錄繇辭, 與經之卦爻辭, 或同或異, 或衍或缺, …而其爲周世不修之易, 則明矣, 徒尊孔子以前不修之易, 奉以爲經, 則是無異乎, 以斷爛之魯史, 卽謂春秋經也." 李炳憲은 『國語』의 「周語」(遇乾之否), 「晉語」(得貞屯悔豫) 2건, 및 『左傳』의 '莊公22年'(得觀之否), '閔公元年'(遇屯之比), '閔公2年'(遇大有之乾), '僖公15年'(得歸妹之睽), '僖公25年'(大有之睽), '宣公12年'(師之臨), '襄公9年'(遇艮之八), '成公16年'(遇復), '襄公25年'(遇困之大過), '襄公28年'(復之頤), '昭公元年'(蠱), '昭公5年'(遇明夷之謙)의 12건 기록을 제시하여, 춘추시대에 '易'으로 점을 쳤던 사실을 확인하고 있다.

자가 주나라 시대에 점을 쳤던 '괘'와 '효'의 '주사'를 이용하여 『역경』을 지은 것임을 밝히고 있다. 그렇다면 주나라 시대에 점쳤던 점괘의 말씀으로 '주사'(繇辭)가 있었지만, 이 '주사'를 64괘의 체제로 정리한 것도 공자요, '서괘'·'단사'·'계사'·'상사'·'설괘'·'문언'을 붙여서 『역경』으로 완성시켰던 것도 공자임을 확인하는 것이다.

여기서 이병헌은 공자가 '역'을 지으면서 복희가 획(畫)을 그린 '괘'와 문왕이 64괘로 확장한 '효'에 의거하여 다듬어서 이루었다고 보는 견해에 대해서도 이렇게 하지 않고서는 공자가 '역'을 지을 수 없었을까 하는 문제를 제기하고, "복희는 비록 '하도'(河圖)가 없이도 마땅히 '괘'를 그릴 수 있었을 것이고 공자는 비록 복희와 문왕의 저본(底本)이 없었더라도 어찌 '역'을 지을 수 없었겠는가? '역'이 '괘'와 '점'(繇)에 가탁하는 것은 마치 '춘추'가 노나라 역사에 의탁하는 것과 같아서 사실이 드러나는 것을 취하여 깊고 절실하게 하고 드러내어 밝힌 것이다. 그 요령은 신령하게 하고 밝히는 것에 있을 뿐이다"[41]라고 하였다. 곧 복희나 문왕이 그렸다는 '괘'·'효'는 공자가 『역경』을 편찬하는데 기본자료가 되었다 하더라도, 공자가 『역경』을 지었다는 것은 그 자료에 전적으로 의존하였다는 것이 아니라, 공자는 이 자료를 이용하여 신령한 의미를 밝혀내었다는데 있음을 강조하는데 초점을 두고 있는 것이다.

이병헌은 공자가 『역경』을 지었다는 증거로서 『논어』(述而)에서 "하늘이 나에게 몇 년의 수명을 빌려주어 마침내 '역'을 배우게 한다면 큰

---

40) 같은 곳, "凡易之上下篇者, 孔子因周世卦爻之繇辭, 取以裁之, 序彖繫象說卦文言, 定之爲經, 故曰易經二篇者, 孔子之所作也."
41) 『易經今文考』(通論), 10, '作易原委', "伏羲縱無河圖, 必當畫卦, 孔子縱無羲文之底本, 豈不能作易乎, 然易之託卦繇, 猶春秋之託魯史, 取其見諸實事, 深切而著明者也, 其要則在乎神而明之而已."

허물이 없을 것이다"(加我數年, 五十而學易, 可以無大過矣)라고 한 공자의 말씀과 『사기』(史記·孔子世家)에서 공자가 『역』을 읽다가 가죽끈이 세 번이나 끊어졌다(韋編三絕)는 기록을 음미하고 있다. 곧 "공자는 노년에 천하와 만세를 위한 근심이 더욱 지극하여, 이에 복희의 '획'(畫: 卦)과 주나라 때의 점(繇)을 취하고 신도(神道)로 가르침을 베푸는 뜻을 담아서, '단'(彖)을 배열하고, '상'(象)에 말을 붙이며, '괘'(卦)를 설명하고, '언'(言)을 꾸미며, 읽고 다듬었는데, 이미 '단'을 짓고, '상'에 말을 붙이고서도 '편'(篇)과 '장'(章)을 거듭 바꾸는데 이르니, 가죽끈도 끊어지게 되었다. …이것이 공자가 '역'을 지은 사실이다"[42]라고 하여, '역'을 연구하고 편찬하는 과정에서 '편'·'장'을 바꾸며 거듭 수정하는 과정에서 가죽끈이 끊어졌다는 것으로, 공자가 『역경』을 짓는 모습을 보여주는 것이라 설명하였다. 그만큼 공자가 '역'을 읽는데 가죽끈이 끊어졌다는 것은 이미 지어져 있던 '역'을 열심히 독서하였다는 말이 아니라, 공자가 엄청난 노력을 하여 『역』을 짓고 있었던 사실을 말하는 것이라고 해석하였다. 따라서 그는 공자가 '역'을 짓는 과정을 서술하여, "먼저 '괘사'와 '효사'를 가려내어 모아서, 이그러진 것은 바로잡고 빠진 것은 보충하여 책(冊)을 이루었으며, 반복하여 읽어가다가 그 뜻을 다하기에 부족할까 염려하였기 때문에 '괘·효의 형상을 설명하는 말'(象辭)을 붙였으니, 이 때문에 가죽끈이 두 번째 끊어졌다. 이미 '단'과 '상'을 붙인 뒤에 뜻을 다하기에 부족할까 염려하여 '건'(乾)과 '곤'(坤)을 '역'으로 들으가는 문으로 삼았으므로 또 '문언'(文言)을 붙였으니, 이 때문에 가죽끈이 세 번째

---

[42] 『易經今文考』(通論), 2, '作易原委', "孔子老而爲天下萬世憂者愈至矣, 乃取羲皇之畫, 周世之繇, 以寓神道設敎之義, 而序其彖, 繫其象, 說其卦, 文其言, 讀之修之, 旣作其彖, 又繫其象, 自至篇章屢易, 韋頗見絕, …此乃孔子作易之事實也,"

끊어졌다"⁴³⁾고 하였다. 이처럼 그는 공자가 '역'을 짓는 과정에서 먼저 '괘사'·'효사'의 체제를 갖추어 책으로 만들어 놓고, 다음으로 이를 보완하여 각 '괘'·'효'에 '단사'와 '상사'를 달았고, 그리고 나서 '건'괘와 '곤'괘에 '문언'을 붙여가는 단계적 과정이 있었음을 제시하였다. 이러한 『역경』의 저작과정에서 무수히 수정하고 보완하느라 가죽끈이 세 번이나 끊어졌다는 것이요, 바로 이 것이 공자가 『역경』을 지었다는 사실을 잘 보여주는 대목임을 지적하였던 것이다.

(4) 공자가 '십익전'(十翼傳)을 지었다는 견해에 대한 비판

『역』의 체계에 대한 전통적 견해는 문왕이 64괘의 '괘사'를 짓고, 주공이 64괘의 '효사'를 지어서 『주역』이라는 경전이 완성되었으며, 바로 문왕과 주공이 지은 『주역』이라는 '경'(經)에다 공자가 '전'(傳)으로서 '십익'(十翼: 上彖·下彖·上象·下象·上繫·下繫·文言·說卦·序卦·雜卦)을 붙였다는 것이다. 이에 대해 이병헌은 자신의 기본입장을 밝혀, "오늘에 현행하는 '경'의 글은 공자가 직접 정해놓은 '역'이니, '십익'의 명목이 폐지된 다음이라야 성인을 모독하고 경전을 속이는 학설이 일어나지 않을 것이다"⁴⁴⁾라고 주장하였다. 곧 '십익설'을 부정함으로써 '역'이 공자가 직접 확정한 경전임을 재확인하고 있는 것이다. 그것은 성인이 지은 '경'에 현인이 '전'을 붙였다는 '성경현전'(聖經賢傳)의 관점에 따라, '역'을

---

43) 『易經今文考』(通論), 10-11, '作易原委', "盖夫子之作易也, 先采卦辭爻辭, 而輯之, 正其舛而補其闕, 以爲成書, 讀來讀去, 恐不足以盡其意, 故繫彖辭, 是以韋編再絶, 旣繫彖象之後, 以乾坤爲易之門, 故又繫之以文言, 是以韋編三絶."
44) 『易經今文考』(通論), 10, '作易原委', "今日現行之經文, 卽孔子手定之易, 十翼之名廢, 然後侮聖誣經之說不作矣."

'경'과 '전'으로 나누고서, '경'은 복희·문왕·주공에 귀속시키고 '전'은 공자의 저작으로 본다면, 공자의 권위는 현인의 지위로 떨어질 수밖에 없다는 인식을 밝힌 것이다. 이처럼 그는 '역'이 공자의 손으로 이루어진 '경'임을 확인함으로써, 교조로서 공자의 권위를 밝히고, 육경이 공자의 저작이라는 강유위의 '탁고개제설'에 따른 금문경학적 입장을 관철하고 있다. 이에 따라 그는 공자가 '십익전'을 지었다는 전통적 견해를 비판함으로써 공자가 『역경』을 지었음을 논증하는데 정밀한 관심을 기울였던 사실이 주목된다.

이병헌은 공자가 '역'의 '십익'을 지었다는 견해가 『한서』(漢書) 「예문지」(藝文志)의 기록에 근거한 것이라고 확인하였다. 곧 「예문지」에서는 『사기』의 기록을 조금 변경시켜 억지로 10편의 명목을 정하여, '역'을 '경'(經)과 '전'(傳)의 두 부분으로 나누어 놓았고, 그후로 2천 년 동안 유학자들이 공자가 '십익전'을 지었다는 '십익설'에 깊이 빠져들었던 것임을 지적하였다.[45] 따라서 그는 "십익설이 나오면서 경전을 존중하는 의리는 없어지고, 성인을 깎아내리는 논의가 일어났다"[46]고 하여, '십익설'로 인해 경전의 진정한 권위와 공자의 성인으로서 지위가 훼손되었음을 강조함으로써, '십익설'을 철저히 비판하는 입장에서, 역학사(易學史)의 전개과정을 재검토하고 있다.

그는 먼저 '역'을 '경'과 '전'으로 나누었던 시원을 찾아가고 있다. 곧

---

[45] 『易經今文考』(通論), 4, '作易原委', "藝文志末, 以彖象繫辭說卦文言序卦之屬, 强定十篇之名目, 細變太史公序彖繫象說卦文言之語, 妄以二篇, 分經分傳, 二千年來儒者 深中其說, 惑於先入侮聖誣經, 皆以十翼之說爲之俑也."
[46] 『李全』, 下29, '經說·易說', "十翼之說出, 而尊經之義蔑矣, 貶聖之論作矣."

전한(前漢)시대 전승으로서 『주역자하전』(周易子夏傳)·『주역설씨기』(周易薛氏記: 薛虞)·『채씨역설』(蔡氏易說: 蔡景君)·『정관역전』(丁寬易傳: 丁寬)·『시씨장구』(施氏章句: 施讐)·『주역맹씨장구』(周易孟氏章句: 孟喜)를 들고서, '경'과 '전'을 나눈 것은 전한시대의 '역경'들이 아님을 밝히고 있다. 그는 이 문헌들을 채집한 사람들이 공자가 직접 지은 '경'을 '단전'·'상전'·'문언전'·'설괘전'으로 일컫고 있는 것이지, 이 문헌의 본문에서는 '역왈'(易曰)이라고 말할 뿐이요, 공자의 '단'과 '상'을 '전'이라 하지 않았음을 지적하였다.47) 또한 전한시대 금문역(今文易)의 삼가(三家)로 일컬어지는 시수(施讐)·맹희(孟喜)·양구하(梁邱賀)와 이를 계승한 경방(京房)의 『경씨역전』(京氏易傳)에서는 '단사'·'상사'·'괘사'·'효사'를 인용하면서 '역왈'(易曰)이라 하여 '경'과 '전'을 나누지 않았음을 확인하고, 한나라 때 '역경'을 수집한 청나라 때 혜동(惠棟)의 『역한학』(易漢學)이나 마국한(馬國翰)의 『삼가장구』(三家章句)에서는 '십익설'을 따라 '단전'·'상전'으로 일컫고 있는 것은 수집하는 과정에 붙인 명칭이라 보았다.48) 특히 마국한은 전한 시대의 일서(逸書)를 광범하게 수집하였는데, 이에 따르면 전한시대 『주역자하전』으로부터 설우(薛虞)·채경군(蔡景君)·정관(丁寬)·한영(韓嬰)·회남왕(淮南王 劉安: 『九師道訓』)·시수·맹희·양구하·경방에 이르기 까지는 '괘사'·'효사'를 '경'(上經·下經)으로 삼고, '단'·'상'·'문언'·'설괘'를 '전'으로 깎아내려 뒤에다 붙였던 것으

---

47) 『易經今文考』(通論), 6, '作易原委', "采輯者, 於夫子親作之經, 則必稱彖傳·象傳·文言傳·說卦傳者, 欲以足十翼之數歟, …然還考本文, 則皆稱易曰, 未有以夫子之彖象爲傳者."
48) 같은 곳, "今施孟梁邱易雖亡, 而京氏之易, 出於施孟梁邱, 今京氏易傳三篇, 猶在其所引彖辭象辭卦辭爻辭, 卽以易曰書之, 則其爲經也, 自若馬氏之於章句, 惠氏之於漢學, 引彖象爲傳者, 皆由十翼之說爲之祟也."

로 제시하고, 비직(費直:『費直章句』) 이후로 후한(後漢)의 마융(馬融)·유표(劉表)·송충(宋衷)·순상(荀爽)·육속(陸續)을 비롯하여 위진육조(魏晉六朝)시대의 주석가들은 '괘사'·'효사'·'단'·'상'·'문언'을 '경'에 합쳐놓고 있음을 보여줌으로써, 비직 이후로 '단'·'상'을 '경'에 합치기 시작하였음을 암시하고 있음을 지적하였다. 여기서 그는 마국한이 '역'을 편집하는 태도를 비판하면서 '단'과 '상'이 '역'에 합하여 하나의 '경'을 이루고 있는 것이 공자가 직접 지은 '역경'의 모습임을 강조하고 있다.[49]

이병헌은 '십익설'로 '역'을 왜곡한 인물을 유흠으로 보았다. 곧 "유흠은 고문(古文)에 가탁해서 공자의 말씀을 얽어맞추어, 은미한 말씀 속에 담긴 큰 의리를 손상시키고, 당시의 전제권력에 붙좇아 공정한 도리를 끊어놓았으니, 위고문(僞古文)이 거꾸로 금문학을 이기게 된 것은 실로 이에서 말미암는다. 이 대목은 공자의 도가 존속하느냐 폐지되느냐의 문제인데, 맹자·동중서(董仲舒)이후 천년동안의 유학자로 아무도 투철하게 타파하지 못하였다"[50]고 하였다. 이처럼 '십익설'이 유흠에 의해 조작된 사실을 제시하면서, 이와 더불어 공자의 '경'을 밝히는데 '십익설'의 극복이 얼마나 중요한지를 역설하고 있다. 이에 따라 유흠이 '역'을 개조하는 과정은 비직이란 인물의 저술을 꾸며서 지었다는 것이요, 이 과정에서 '십익'이란 말을 조작하여 후세 사람들이 '역'을 의심할 여지를

---

49) 같은 곳, "馬氏之輯佚書也, …暗示費氏始以彖象合易之意, 然其實則自是孔子手定之本."
50) 『易經今文考』(通論), 9, '作易原委', "劉歆之密託古文, 彌縫聖人自道之辭, 以害微義, 趨附當時專制之勢, 以絶公理, 僞古之倒勝今學, 實由於此, 此一關爲孔道存廢問題, 自孟子·董子以後千古儒者, 無人透破." 李炳憲은 劉歆의 『七略』에서 費直·高相을 가탁하여 '十翼說'을 제시하였고, 班固의 『漢書·藝文志』에 편찬되어 들어갔던 것으로 지적하고 있다.(『易經今文考』(上)

마련하였다는 것이다. 그후 위진(魏晉)시대 왕필(王弼)과 한강백(韓康伯)이 오로지 비직의 '역'을 서술하면서 '십익설'이 정착되었던 것으로 보았다. 이와 더불어 공자가 지은 '경'을 '전'으로 깎아내리기 시작한 문헌으로는 『한서』「예문지」에서 비직의 '역'에 의탁하면서 비롯되었던 사실을 주목하고, 진(晉)나라 이후로 시수·맹희·양구하의 전한시대 금문역학이 없어지고, 왕필·한강백의 '역'이 성행하면서 공자의 '경'이 지닌 큰 의리가 은폐되고 말았다고 지적하였다.51) 한마디로 '역경'은 진시황의 분서(焚書)도 면하였고 아무 문제 없이 전승되어 왔는데, 유흠이 '십익설'로 비직의 '역'을 조작하였으며, 「예문지」에서 비직의 '역'을 표출시키고, 왕필이 비직의 '역'을 계승하여 성행하게 되면서 공자의 '경'을 '전'으로 격하시키는 '십익설'이 정착되었다고 인식하는 것이다.

주자도 '경'과 '전'을 나누는 입장에서 복희와, 문왕·주공과, 공자와, 왕필·정이천의 '역'이 각각 달라 네 가지 양상을 갖는 것으로 보았던 사실이 있다. 이러한 주자의 관점에 대해 "이에 공자의 '역'은 '경'이 될 수 없고, 겨우 정이천이나 왕필의 '역'과 더불어 같은 줄에 서는 '전'이 될 뿐이다"라고 하여, 주자의 입장도 단호하게 비판하였다.52) 또한 청나라의 호위(胡渭)는 주자에서 보여준 복희·문왕·주공·공자 네 성인의 '역'이 서로 다르다는 '사성부동역설'(四聖不同易說)을 비판하여, "공자의 입장에서 보면 복희·문왕·주공은 옛 것이니, 자신의 주장을 '전'으

---

51) 『易經今文考』(通論), 6-7, '作易原委', "劉歆…暗粧撰費直其人, 僞造十翼之語, 以致後人疑易之地, …盖王弼·韓康伯專述費氏易者也, 以今觀之, 貶孔經爲傳之說, 濫觴於漢志, 托根於費易, 自晉以後, 施孟梁邱之易並亡, 而王韓之學盛行, 孔經之大義遂隱矣."
52) 『易經今文考』(通論), 7, '作易原委', "於是乎孔子之易, 不得爲經, 僅與伊川輔嗣之易, 同列爲傳而已." 朱子의 '說易四樣說'은 『朱子語類』(권66: 20·권67:46, '易·綱領')에서 인용하고 있다.

로 삼았지만, 지금에서 보면 네 성인이 모두 옛 것으로 '경'이 된다"고 하여, 공자의 '십익'을 '역'에 합쳐서 '경'으로 삼는 것은 마치 『좌전』·『공양전』·『곡량전』을 공자의 『춘추』에 합쳐서 '경'으로 삼는 것과 같은 것으로 보았다. 이에 대해 이병헌은 "공자의 '경'을 '십익'으로 삼아 이미 '전'으로 내다 버린 것은 옛 성인이 '경'을 짓는 근본 취지를 완전히 상실한 것이요, 또 『좌전』·『공양전』·『곡량전』과 『춘추』의 사례에 견준 것은 성인을 업신여기고 경전을 함부로 하는 미혹에 깊이 빠진 것이니, 이른바 오십보·백보라는 것이다"53)라고 하여, 호위의 주자에 대한 비판마저 다시 비판함으로서, '십익설' 자체를 용납하지 않는 입장을 확고하게 밝히고 있다.

그는 '십익'으로 '전'의 명목 열가지를 들고 있는 것이 옳지 않음을 논증하면서, 공영달(孔穎達)의 『주역정의』(周易正義)에서 '십익'을 상단(上彖)·하단(下彖)·상상(上象)·하상(下象)·상계(上繫)·하계(下繫)·문언(文言)·설괘(說卦)·서괘(序卦)·잡괘(雜卦)로 제시한데 대해서도, '상'(象)은 '괘'아래와 '효'아래의 '상'으로 나눌 수 있지만, '단'(彖)은 한가지이므로 상·하로 나눌 수 없음을 지적하였다. 또한 '계사'는 '역대전'(易大傳)으로 공자의 말씀을 문인들이 기록하면서 간혹 자기 의견을 붙여서 글을 이룬 것임을 밝히고 있다. 따라서 '계사'편을 보면 '역'의 글 뜻이 드러난다고 하여, '계사'편만을 공자가 직접 지은 것이 아니라 문인들이 공자의 말씀과 자신들의 의견을 편집한 것이니 '전'으로 보고 있으며, '서괘'와 '잡괘'편은 말의 취지가 매우 천박하여 하내(河內)에서 뒤에 얻

---

53) 같은 곳, "(胡渭)以孔子之經爲十翼, 已擯之爲傳, 全失先聖作經之大旨, 又擬諸左·公·穀傳春秋之例, 則適足以滋侮聖慢經之惑, 此所謂五十步於百步也."

은 것에 가탁한 것이라 하여, '십익'의 숫자를 정할 수 없음이 분명하다고 밝혔다.54)

나아가 그는 고금의 모든 유학자들이 '단'·'상'·'문언'·'설괘'를 '전'으로 받아들이고 있는 사실이 '십익설'에만 원인이 있는 것이 아님을 주목하였다. 곧 공자가 '역'이라 일컬은 것은 점치는 말(繇辭)이었고, '단'·'상' 등은 모두 점치는 말을 해석하고 있다는 사실을 지적하며, 또 공자 자신이 "서술하였으나 짓지 않았으며, 옛 것을 믿고 좋아하였다"(『논어』, 述而)고 언급하였던 사실에 근거하여 '역'의 '경'을 지은 사람은 문왕·주공으로 보고 공자가 붙인 말은 '전'이라 보게 되었음을 인정하였다.55) 이에 대해 그는 "공자의 '단'·'상'을 '전'으로 삼는 것은 성인이 군자로 자처하지 않음에 의거하여 군자나 성인이 되기에 부족하다고 의심하는 것과 같으며, 점치는 말과 '단'·'상'의 관계는 나누어놓으면 실체가 일그러지고 합쳐놓으면 '경'이 된다"56)고 하였다. 곧 공자의 겸손한 말에 사로잡혀 공자를 낮추어 볼 수 없음을 지적하고, 공자가 '역'을 편찬하면서 자료로 사용하였던 점치는 말과 공자가 해석하였던 '단'·'상' 등은 합쳐야 '경'이 되지, 나누어 놓으면 '경'이 될 수 없음을 강조함으로써, '역'을 '경'과 '전'으로 나눌 수 없음을 명확하게 정립하고 있는

---

54) 『易經今文考』(通論), 7, '作易原委', "盖象, 則雖分卦下爻下兩象, 而彖, 則一而已, 無以分上下, 繫辭, 則乃易大傳也, 門人記夫子之言, 間附己意以成書, 觀篇中文義可見, 序卦雜卦, 則辭旨膚淺, 託爲河內後得者也, 不可以定十翼之數者明矣."
55) 『易經今文考』(通論), 9, '作易原委', "盖其文義果皆解釋繇辭, 而孔子所稱之易, 乃繇辭也, …至其雅言, 則又稱述而不作, 信而好古, 於是乎認作者之屬文王或周公, 以孔子所係之辭爲傳者, 勢所必至也."
56) 『易經今文考』(通論), 10, '作易原委', "以夫子之象象爲傳者, 猶據聖人不居君子之義, 而疑其未足爲君子與聖人也, 且繇辭之於象象, 分之則虧體, 合之則爲經."

것이다.

2) '역경'(易經)체계의 인식

(1) 『역경금문고』의 구성체계

『역경금문고』의 체제는 1책이지만 4권의 형태로 이루어져 있다.57) 여기서 ①'통론'(通論)은 '역'의 제작과정에 관련된 문제를 논의한 '작역원위'(作易原委)를 비롯하여 10항목의 '범례'(凡例)와 9항목의 '역학요언'(易學要言)을 수록하고 있으며, ②'역경금문고-상'은 건괘(乾卦)에서 이괘(離卦)까지 '상경'(上經) 30괘에 여러 주석을 인용하고 자신의 안설(按說)을 붙였으며, ③'역경금문고-하'는 함괘(咸卦)에서 미제괘(未濟卦)까지 '하경'(下經) 34괘를 수록하고 있다. ④'역대전'(易大傳: 繫辭 上·下)과 '역경설괘전'(易經說卦傳)은 주석을 붙였지만, '서괘전'(序卦傳)과 '역경잡괘전'(易經雜卦傳)은 본문만 수록하고 주석을 붙이지 않았다.

이러한 『역경금문고』의 구성체계는 금문학의 입장에 근거한 것임을 주목할 필요가 있다. 이병헌은 '역경'에서 '역'과 '경'의 두 명칭을 해명하여, "'역'이란 복희의 '팔괘'와 문왕의 '64괘' 및 주나라 시대의 점치는 말에서 이름붙여진 것이요, '경'이란 공자가 '단'을 배열하고, '상'에 말을 붙이며, '괘'를 설명하고, '언'을 꾸민 것에 따라 명목을 바로 잡은 것이다"58)라고 하였다. 곧 '역'은 이른바 복희·문왕의 '괘'와 주나라 때의 점치는 말(繇辭)이 공자 이전에 있었던 것이지만, 공자가 이를 자료로

---

57) 『易經今文考』은 4편의 구성목차를 보여준다. 각 편을 卷으로 나누어 표시하지는 않았지만 편마다 面數를 달리하여 사실상 卷으로 나누고 있다.
58) 『易經今文考』(上), 1, "易者, 因伏羲八卦, 文王六十四卦, 及周世繇辭而得名, 經者, 因孔子序彖·繫象·說卦·文言而正名."

삼아 구성하고 설명하여 제작한 것이 '역경'이라는 것이다. 따라서 그는 '역경'을 '상경·하경'과 '십익전'의 구성체제로 받아들이는 것이 아니라, '상경·하경'과 '역대전'·'설괘전'의 체제로 인식하는 입장을 보여주고 있다.

①'경'의 구성: 그는 '역'에서 "'괘사'와 '효사'는 모두 주나라 시대의 점치는 말로서 이미 공자가 직접 확정함에 의지하여 '경'으로 삼았으니, 질서있고 깊으며, 크고 작음과 높고 낮음이 모두 그 합당하게 자리잡았으며 이치가 갖추어지지 않음이 없고 기운이 갖추어지지 않음이 없으며, 그 속에 상(象)과 수(數)가 각각 깃들지 않음이 없다. 그러나 공자는 '괘'에다 다시 '단사'를 묶어서 발현되지 않은 뜻을 다 밝혔고, '효'에다 '상사'를 붙여서 간결하고 요긴한 법도를 오로지 드러내었다. '단사'란 공자가 '괘'를 부연한 '경'이요, '상사'란 공자가 '효'를 집약한 '경'이다"[59] 라고 하였다. 곧 '괘사'와 '효사'는 공자가 자료를 정리하여 체계적이고 의미깊게 편집한 부분이고, '단사'와 '상사'는 공자가 그 의미를 확장하고 집약하여 온전하게 드러내기 위해 독자적으로 해석한 부분으로서 '단사'와 '상사'가 '십익전'이 아니라 모두 '경'임을 밝히고 있는 것이다.

특히 그는 '단사'가 '역경'에서 지니는 중요성을 강조하면서, "'경' 속에서 가장 먼저 착안할 곳은 '단왈'(彖曰)이라는 두 글자에 있다. 동한(東漢)이후로 '단'을 '전'으로 깎아내렸으니, '역'의 도리가 무엇으로 밝혀질 수 있겠는가? 이것은 공자가 달아놓은 말씀이니, '역'의 정밀하고 깊은

---

59) 『易經今文考』(通論), 18, '凡例' "卦辭·爻辭, 並爲周世繇辭, 而旣託聖人之手定, 以爲經, 則整齊淵奧, 洪纖高下, 悉當其位, 理無不具, 氣無不備, 象與數無不各寓, 於其中矣, 然聖人於卦, 則更係彖辭以盡未發之意, 於爻, 則特著象辭專示簡要之法者, 蓋彖辭者, 夫子衍卦之經, 象辭者, 夫子約爻之經也."

뜻은 더욱 여기에 있다"60)고 하여, '역'의 핵심정신이 '단사'에서 드러나는 것임을 강조하고 있다.

②'계사': 이병헌은 '역'의 「계사」, 곧 「역대전」을 공자가 직접 지은 '경'이 아니라 '전'으로 보면서도 그 중요성을 강조하였다. "'계사'는 공자 문하의 뛰어난 제자인 상구(商瞿)의 무리가 기록한 것으로 공자의 말씀을 많이 인용하였고, 공자가 스스로 말하기에 불편하였을 것도 끼어 있으며, 종류에 따라 발현되어 있다. '계사'를 읽지 않으면 공자가 '역'을 지은 큰 의리를 엿볼 수 없으며 '역'을 공부하는 방법에 어두울 것이다. 마땅히 두 편(상경·하경)처럼 높여야 할 것이다. 다만 한(漢)의 태사공(太史公: 司馬遷)이 '대전'이라 일컬어 공자가 직접 편찬한 '경'과 차별을 보였다"61)라고 하여, '계사'가 지닌 독특한 위치를 제시하였다. 곧 '계사'는 공자의 제자로서 '역'을 전수받았다고 전하는 상구(商瞿: 字 子木)의 무리가 저술한 것이라 하고, 공자의 말씀이 인용된 부분과 자신들의 견해를 제시한 부분이 섞여 있다는 사실을 지적하고, 비록 '경'처럼 존중해야 하지만, 사마천이 『사기』(史記·太史公自叙)에서 '역대전'이라 하여 '역경'과 구별하고 있는 사실에서 '경'과 같은 등급으로 볼 수 없음을 확인하고 있는 것이다.

이와더불어 "「계사」곧 「역대전」에서 ('역'의 정밀하고 깊은 의리가) 유감없이 발현되었다. 그러므로 '계사는 역에 들어가는 문호가 된다'고 말한

---

60) 『易經今文考』(易大傳), 7, '繫辭下', "經中第一着眼處, 在於彖曰二字, 自東漢以後, 貶彖爲傳, 則易道何由以明哉, 此乃孔子所係之辭, 易之精蘊, 尤在於此."
61) 『易經今文考』(易大傳), 1, '繫辭上', "繫辭, 蓋聖門高足, 如商瞿之徒所記, 而多引夫子之言, 間有夫子之所不便於自道者, 而類能發之, 不讀繫辭, 則無以窺聖人作易之大義, 而昧學易之方矣, 尊之當如二篇, 惟漢太史公, 稱以大傳, 則以示別於夫子手定之經也."

다. 본래 상·하 2편과 더불어 나란히 '경'으로 헤아리지는 않지만, '역'을 배우는 자는 문호를 알지 못하면 그 방으로 따라 들어갈 수가 없으니, 배우는 자는 마땅히 '2편'(경)처럼 높여야 한다"62)고 하여, '계사'를 '역'의 의리가 잘 드러나는 곳이요, '역'을 공부하는 사람에게는 '역'으로 들어가는 통로의 역할을 하는 사실을 강조하였다. 따라서 그는 '계사가 '경'은 아니지만 '경'에 준하는 존중을 받아야하는 것임을 강조하였던 것이다.

③'설괘': 이병헌은 '설괘'란 여러 '괘'의 뜻을 설명한 것으로 '8순괘'(八純卦)를 '64괘'의 강령으로 삼아 설명한 것이라 보며, 「역대전」의 뒤에 붙어 있는 「설괘전」을 문장의 형세에 따라 크게 두 부분으로 나누어 보고 있다. 곧 앞부분('昔者聖人之作易'에서 '成言乎艮'까지)을 한 편으로 삼고, 앞부분은 말이 이미 완전하여 성인의 '경'에 합당한 것이라 보았으며, 뒷부분('萬物皆出乎震'이하 끝까지)은 앞부분의 뜻을 풀이한 것으로 한 사람의 손에 나온 것이 아니며, 뒷부분 전체에서 문장의 뜻은 모두 번쇄한 것으로 결코 공자의 말씀이 아니라고 보았다.63) 여기서 그는 「설괘전」의 앞부분은 '8순괘'를 설명한 것이니, '64괘'를 설명한 '상경'이나 '하경'의 사이에 끼워넣어 합치기에는 적합하지 않음을 지적하였다. 따라서 그는 「설괘전」의 앞부분을 '상경·하경'의 뒤와 「역대전」의 앞에

---

62) 『易經今文考』(通論), 19, '凡例', "於繫辭[卽易大傳], 發盡無遺憾, 故曰, 繫辭爲入易之門戶, 本不與上下二篇, 並數爲經, 然學易者, 不知門戶, 則無從而入其室也, 學者當尊之如二篇矣."
63) 『易經今文考』(通論), 11, '作易原委', "今據說卦本編, 見於大傳之末, 察其文勢, 則自昔者聖人之作易以下, 至成言乎艮, 當爲一篇, 自萬物皆出乎震以下, 所以解上文之意, 而非出一手, 其下全篇文義, 類皆繁碎, 決非聖人之言, 盖說卦者, 叙說諸卦之義也, 八純卦爲六十四卦之網領, 自聖人作易以下, 至成言乎艮, 語已完全, 當是聖人之經."

두어 '경'으로 받들어야할 것을 제안하였으며, 뒷부분은 「서괘」・「잡괘」
와 마찬가지로 그전처럼 「역대전」의 뒤에다 두는 것이 사마천과 경방
이 '경'을 높였던 의리에 어긋나지 않을 것이라 하였다.64) 이처럼 그는
「설괘전」의 내용을 '경'에 해당하는 부분과 「서괘」・「잡괘」처럼 잡박한
수집에 불과한 부분으로 나누어 '역경'의 체제를 전반적으로 변혁하려는
의도를 드러내고 있는 것이다.

또한 「설괘전」의 앞부분은 「계사」 속에서도 같은 유형의 글이 나오
며 '문언'과 같은 문체로서 '효'의 뜻을 설명하거나 '괘'의 뜻을 설명하는
것으로 공자가 '경'을 지은 것에 상응하는 것으로 보았으며, 따라서 그
는 이 「설괘전」의 앞부분을 마땅히 '경'으로 받들어야 할 것이라 강조하
였다.65) 그러나 「설괘전」의 뒷부분에 대해서는 왕충(王充)이 『논형』(論
衡・正說篇)에서 말하는 한(漢) 효선제(孝宣帝)때 하내(河內)의 여자가 낡
은 집을 헐다가 얻었다는 일역(逸易) 한 편으로 뒷날 만들어진 것이라
보고 있다.66) 나아가 그는 「서괘」는 천박하고, 「잡괘」는 훈고(訓詁)를
말한 것으로 유흠(劉歆)의 위작(僞作)으로 뒤에 만들어낸 것으로 확인하
여,67) 이 두 편을 '역경'의 끝에 붙여놓기는 하였지만 주석을 붙이지 않

---

64) 같은 곳, "但八純卦雜入乎二篇之間, 故碍乎文勢之難合, 當時未得合篇,
今當移成言乎艮以上五章, 置之二篇之下, 大傳之上, 奉以爲經, 自萬物
皆出乎震以下, 通序卦雜卦二篇, 依舊置諸大傳之末, 則庶幾不悖乎史公
京氏尊經之義."
65) 『易經今文考』(易經說卦傳), 19-20, "說卦自昔者聖人之作易, 至成言乎艮,
當爲一篇, 其說之散見於繫辭中者, 亦多如上繫中, 鳴鶴在陰, 止盜之招
也, 下繫中, 伏羲氏之王天下, 止蓋取諸夬, 自易曰憧憧往來, 止立心勿
恒, 凶, 及三陳九卦之類, 畧如文言之體, 而或說爻義, 或說卦義, 追夫子
之作經也, …此節以上, 當奉以爲經."
66) 『易經今文考』(易經說卦傳), 21-23, "王充論衡正說篇云, 孝宣皇帝之時,
河內女子, 發老屋, 得逸易・禮・尙書, 各一篇奏之, …自萬物出乎震, 至
篇終, 抑當爲河內後得."

아 사실상 '역경'으로 받아들이지 않음으로써 자신의 금문경학적 입장을 드러내고 있는 것이다.

(2) 금문경학의 인식

이병헌은 '역경'의 이해에서 금문과 고문의 경학적 차이를 선명하게 드러냄으로써, 금문경학의 의미를 확립하고자 시도하고 있다. 곧 유흠이 '금문'이라 일컫는 것이 '진고문'(眞古文)이고, '고문'이란 유흠이 거짓으로 조작하여 옛 것으로 가탁한 명칭이라 차별화시켰다.68) 곧 '금문'이 '진고문'이요, '고문'은 '위고문'(僞古文)이라는 것이다. 그는 시수·맹희·양구하에 의해 전해진 '역'이 공자문하의 적전(嫡傳)으로 유흠이 '금문'이라 일컫은 것이라 확인하고, 진(晉)나라때 영가(永嘉: 懷帝 年號)의 난리에 경전이 소멸되었지만, 청나라때 고증학자들이 남은 것을 수집하였는데. 그 가운데 금문에 관련된 것을 받아들이고 착오는 버리는 방법을 취하고 있음을 밝혔다.69)

그는 유흠에 의해 조작된 '위고문'에 의해 소멸된 '금문'이 다시 발현될 수 있는 실마리를 갖게 된 것은 시대적 요청이라 확인하면서, 「역대전」이 바로 '금문'의 외로운 주석으로 공자가 지은 '경'의 은미한 의리를 증거할 수 있는 것이라 하고, 자세히 살피면 '역'으로 들어가는 문이 되는 것임을 지적하고 있다.70) 따라서 그는 「역대전」에서 '단사'를 강조

---

67) 『易經今文考』(易經說卦傳), 22, "序卦膚淺, 雜卦則言訓詁, 此則歆所僞竄."
68) 『易經今文考』(通論), 19, '凡例', "眞古文者, 乃西漢末劉歆所稱今文者, 而其所謂古文者, 乃歆嚮壁虛造, 時所託之名詞也."
69) 같은 곳, "施孟梁邱三家之傳, 確係孔門嫡傳, 劉歆所稱爲今文者, 然自晉永嘉亂後, 蕩然無存, 因其晩淸所輯遺說, 皆係今文例多收入, 或所輯者, 有未免差誤, 則仍闕之."

하는 뜻을 따라 '역'을 배우는 자는 마땅히 공자가 지은 말씀(辭: 彖辭・象辭)에서 신령한 이치와 상수(象數)의 대강을 찾아야 하는 것이 금문경학에서 '역'을 이해하는 방법임을 강조하였던 것이다.[71]

이병헌은 '금문'의 '역'이 그 원문에서 글자나 구절에서 '고문'과 차이가 있음를 밝혀, 바로잡는다는 입장에서 원문을 고치고 있으며, 의미의 해석에서도 금문학적 입장을 제기하기도 하였다. 곧 '역'에 나오는 '가'(假)자에 대해 이른다는 뜻의 '격'으로 읽는 것이 아니라, '하'(夏)에 근본한 것이고, '하'는 '한'(韓)에 근본한 것으로 우(禹)가 '한국'(韓國: 安邑)에서 즉위한 사실을 말하는 것이며, 나라의 명칭이라 해석하였다. 따라서 『시』와 『역』 속에서 쓰이고 있는 '가'자는 신비한 뜻이 가장 많이 깃들어 있고, 역사적 의미, 지리적 의미 및 종교적 의미가 있음을 밝히고 있다.[72] 또한 '몽괘'(蒙卦) 괘사의 '동몽구아'(童蒙求我)에 대해, 삼가(三家: 施讐・孟喜・梁邱賀)의 본문에 따라 '래'(來)를 넣어 '동몽래구아'(童蒙來求我)로 고쳤고, 번거롭다는 뜻의 '독'(瀆)자도 맹희의 본문에 따라 함부로 한다는 뜻의 '독'(黷)자로 바꾸었다.[73] 왕필본(王弼本)에서 '사괘'(師卦) 괘사의 '장인'(丈人)에 대해 당나라 최경(崔憬)과 이정조(李鼎祚)가 『자하전』

---

70) 『易經今文考』(通論), 22, '易學要言', "今文早爲僞古文家所亡, 而猶有發見之萌芽者, 乃時代所驅使也, 一部大傳, 實爲今文之孤注, 而足徵孔經之微義, 細考之, 則易之入門也."
71) 같은 곳, "學者當於辭, 而求其神理象數之梗槪, 可也."
72) 『易經今文考』(通論), 21, '易學要言', "假字之義, 本於夏, 夏本於韓, 推原韓之始得名, …史之綱曰, 丙子元歲春正月, 禹踐天子之位于韓國, 紀稱至是受帝舜之禪, 踐天子之位于安邑[注今山西省乎陽府安邑縣], 卽韓國也, …惟詩與易中用假字, 最多寓神秘之義, 而有歷史的意味, 有地理的意味, 有宗敎的意味."
73) 『易經今文考』(上), 11, '蒙卦', "三家本, 童蒙下, 皆有來字, 故因以增之, 黷, 依孟本."

(周易子夏傳)에 의거하여 '대인'(大人)이 옳다고 한 견해를 받아들여 고쳤다.74)

'계사(상)'의 제1장에서 '팔괘상탕'(八卦相盪)의 '탕'(盪)자를 맹희와 우번(虞翻)에 따라 '탕'(蕩)자로 바꾸고, 마융(馬融)·순상(荀爽)·왕숙(王肅)에 따라 '이득이'(理得而)의 뒤에 '역'(易)자를 넣었다.75) 또한 '계사(하)'의 마지막 장에서 '애오상공, 이길흉생'(愛惡相攻, 而吉凶生)의 8자는 고본에 없는 것임을 지적하고, 없는 것이 진실한 옛 본문이라 볼 수 있지 않을까라는 견해를 밝히고 있다.76) 이와더불어 그는 '설괘전'에 '고문'에는 빠져있는 '정기본, 만사리'(正其本, 萬事理) 혹은 '정기본, 만사리, 실지호리, 차이천리'(正其本, 萬事理, 失之毫釐, 差以千里)의 구절이 약간의 차이는 있지만 양구하의 『양구씨장구』(梁丘氏章句)를 비롯하여, 『후한서』(後漢書·范升傳)와 『예기』(禮記, 經解), 『대대례』(大戴禮·保傅篇), 가의(賈誼)의 『신서』(新書), 유향(劉向)의 『설원』(說苑), 동방삭(東方朔)의 「화민유도대」(化民有道對), 『사기』(史記·太史公自叙)에 인용되고 있는 사실을 제시하면서, "사마천이 양하(楊何)에게서 '역'을 전수받았고 '역'을 인용하였던 사실은 모두 함께 아는 것이며, 양하의 '역'과 양구하의 '역'에 모두 이 구절의 글이 있었는데 왕필이 빠뜨린 것이다"77)라고 확인하였다. 이처럼 그는 여러 곳에서 '역경'본문의 글자를 '금문'의 본문에 따라 고치고 있

---

74) 『易經今文考』(上), 16, '師卦', "大, 王弼本作丈, 崔憬·李鼎祚從子夏傳, 以大爲是, 傳雖贗造, 此必舊注."
75) 『易經今文考』(易經大傳), 1, '繫辭上', "盪化二字, 從孟虞本, 大經無盪字, …理得而下, 馬·荀·王肅本, 有'易'字, 故采入此, 恐爲眞古文."
76) 『易經今文考』(易經大傳), 18, '繫辭下', "愛惡相攻,而吉凶生八字, 古本無之, 是果眞古邪."
77) 『易經今文考』(易經說卦傳), 23, '附梁丘氏章句, 正其本, 萬事理注', "太史公受易於楊何, 引易並同知, 楊易與梁丘易, 皆有此節文, 而王弼佚之也."

는 것은 '금문 역경'의 원본을 복원하고자 하는 의지를 보여주는 것이라 할 수 있다.

(3) 역괘(易卦)의 해석

이병헌은 '건괘'(乾卦)의 '단사'에서 "크도다 '건원'(乾元)이여, 만물이 의지하여 시작하니 하늘을 거느린다"(大哉乾元, 萬物資始, 乃統天)의 11자를 '역경' 첫머리의 첫 번째 의리로 강조하면서, "사람들은 지상의 만물이 '건원'에서 받아 비롯되는 것임을 알지만, 허공의 만물도 '건원'에서 받아 비롯되는 것임을 알지 못하며, 사람들은 '건원'이 여러 사물을 통어할 수 있음을 알지만 '건원'이 여러 하늘을 통어할 수 있음을 알지 못한다"78)라고 하여, '건원'(乾元)을 지상과 허공의 만물이 근원하는 존재요, 모든 사물과 천체도 거느리는 존재임을 강조하였다. 그것은 궁극적 존재로서 '건원'이 북신(北辰)이나 자미성(紫微星) 같은 하늘 위에 있는 천체로 인식하는 태도를 거부하고, 천상과 지상의 모든 존재를 넘어서 있는 초월적 근원이요 주재자임을 지적하고 있는 것으로, 유교에서 궁극적 존재로서 '상제'(上帝)의 존재에 대한 신앙적 태도를 보여주고 있는 것이라 할 수 있다. 그는 '천'(天)에 모든 천체를 통합하여 말하는 '무량천'(無量天)과 상제가 머무르는 곳으로 방향을 정하는 북신천(北辰天)과 대지(지구)가 연관되어 있는 '태양천'(太陽天)과 땅 위에 있는 것을 싸안고 있는 '공기천'(空氣天)의 네 가지 종류가 있다고 하여, '천'을 궁극적 주재자가 아니라 대지의 위에 있는 물질적 존재로 이해하고 있음을 보

---

78) 『易經今文考』(上), 2, '乾卦', "大哉乾元, 萬物資始, 乃統天, 十一字, 乃易經開卷第一義也, … 人知地上萬物受始乎乾元, 不知空間萬象亦受始乎乾元也, 人知乾元能統諸物, 不知乾元能統諸天也."

여준다.79)

그는 '건괘'와 '곤괘'를 모든 '괘'의 부모가 되며, '역'에 들어가는 문호임을 강조하면서, '계사' 상편이 '건'·'곤'으로 시작하고 하편이 '건'·'곤'으로 끝맺으며, 자세히 보면 상편의 끝맺음과 하편의 시작함도 '건'·'곤'이 아님이 없음을 지적하기도 한다.80) 또한 '역·상경'에서 '건'·'곤'으로부터 '소축'(小畜)·'리'(履)까지 10괘는 '건'·'곤'이 처음 교류한 이후로 우주의 조직이 한 단락을 이룬 것이라 하고, 이 10괘는 음·양의 변화가 수(水)기운에 근거하여 유행하는 것이라 보았다.81) 나아가 그는 '역·상경'에서 '건'·'곤'과 '태'(泰)·'비'(否)가 강령이요, '역·하경'에서 '함'(咸)·'항'(恒)과 '손'(損)·'익'(益)이 강령이라 제시하였다. 또한 '역·상경'의 '태'·'비'와 '역·하경'의 '손'·'익'이 강령으로서 상응하는 '괘'임을 확인하며, 강령괘(綱領卦)에 뒤따라 벽괘(辟卦)가 오고 있음을 지적하였다.82) 따라서 그는 '역·상경'에서 '태'(泰)·'비'(否)로부터 '감'(坎)·'리'(離)까지 20'괘'를 또 하나의 단락으로 삼는 것이요, '역·하경'에서 '함'·'항'으로부터 '건'(蹇)·'해'(解)까지 10괘와, '손'·'익'으로부터 '기제'(旣濟)·'미제'(未濟)까지 24괘를 각각 한 단락으로 삼는 견해를 보여주

---

79) 『易經今文考』(上), 7, '坤卦', "凡天有四品, 一曰, 無量天, 統論諸天也, 二曰, [以下專就地上言]北辰天, 上帝所居, 而定方向也, 三曰, 太陽天, 大地之所係也, 四曰, 空氣天, 所以包裹地上者也."

80) 『易經今文考』(易經大傳), 18, '繫辭下', "上篇始以乾坤, 下篇終以乾坤, 乾坤爲諸卦之大父母, 又爲易之門戶者宜矣, 細考之, 則上篇之終, 下篇之始, 亦無往而非乾坤也."

81) 『易經今文考』(易經大傳), 22, '履卦', "自乾坤始交, 以後至此, 世宙組織成一段落, …惟自乾至履十卦五對, 則陰陽之化, 因水氣而流行."

82) 『易經今文考』(上), 23, '泰卦', "此通下卦, …與乾坤俱以辟卦, 而爲網領." 『易經今文考』(下), 18, '益卦', "下篇之有損益, 猶上篇之有泰否." 같은 곳, '夬卦', "夬姤之在損益後, 猶遯大壯之在咸恒後也, 以辟卦而承綱領卦."

었다. 그것은 '역'의 '64괘'에 관해 강령괘를 기준으로 4단락의 구조로 제시하고 있는 것이다.

이병헌은 강유위의 공양학이 지향하는 '대동'(大同)의 이상을 '역'의 '괘'를 해석하면서 적용하고 있는 것은 그의 '역'해석이 지닌 하나의 특징이라 할 수 있다. 물이 땅 위에 있는 형상인 '비괘'(比卦-水地) 초륙효(初六爻)에서 "미더움이 있어 물장군(缶)에 가득차듯 하다"(有孚盈缶)라는 구절에 대해, "물이 땅 위에 있을 때는 그 근원이 같지 않지만, 큰 바다에 이르면 하나로 합하여 틈이 없으니, 이에 '대동'의 뜻을 볼 수 있다. 우주를 통합하여 보면 대지(地)도 물을 담은 물장군이다"[83]라고 하여, 땅 위에 있는 물은 모두 바다로 모여 하나가 되듯, 세상의 온갖 분열된 현실은 결국 하나로 통합하여 '대동'을 이루는 방향으로 가는 것이라 보았다. 또한 대지 자체가 물장군처럼 물을 담고 있는 그릇이 되고 있는 것이 본래의 모습이라 하여, '대동'의 이상이 바로 이 세상의 본래 모습을 실현하는 것이라 해석하였다.

또한 '동인괘'(同人卦) 육이효(六二爻)에서 "'종'(宗)으로 남과 함께 하니 후회스럽다"(同人于宗, 吝)는 구절에 대해, "'종'이란 역시 당파이니, 치우침도 없고, 당파지음도 없으면 '대동'으로 나아간다"라 하였다. 또한 '동인괘' 구오효(九五爻)에서 "큰 군대로 이겨야 서로 만난다"(大師克, 相遇)는 구절에 대해, "구오효가 아니면 불을 진압하고 천지를 개벽할 운수와 '대동'·'평화'의 기초를 수립할 수 없다"[84]고 하여, '대동'의 실현은 당파적 대립이 없어야 한다는 조건과 더불어 강성한 무력으로서 이겨야

---

83) 『易經今文考』(上), 18, '比卦', "水在地上, 其原不同, 至于大洋, 合一無間, 於此可見大同之歸趣, 統觀六合, 則地亦盛水之缶."
84) 『易經今文考』(上), 26-27, '同人卦', "宗亦黨也, 無偏無黨, 則進於大同, …非五, 則無以鎭火開闢之運, 立大同平和之基礎矣."

한다는 조건으로 새로운 세계질서로서 '대동'과 '평화'의 기반을 확립할 수 있는 것이라 해석하고 있다.

'손괘'(損卦) 상구효(上九爻)에서 "신하를 얻음에는 사사로운 집안이 없다"(得臣无家)라는 구절에 대해, "군자가 분노와 욕심과 의심과 미워함을 덜어내어 신하를 얻음에 사사로운 집안이 없는데 이르면 천하가 공공함이 되는 경계로 점차 나아가게 되는 것이다. 사회주의를 주창하는 자는 알지 않으면 안된다"[85]라고 언급하였다. '사사로운 가정을 두지 않는다'(無家)는 '손괘'의 한 구절을 『예기』「예운」(禮運)편에서 '대동'의 핵심기준으로 제시하였던 '천하가 공공함이 된다'(天下爲公)는 뜻으로 해석하였으며, 이 '대동'의 의미를 '사회주의'와 소통시켜 해석하고 있는 입장을 보여주고 있다. 또한 이병헌은 '가인괘'(家人卦)에서 제시한 '여자의 정절'(女貞)에 대해, "여자가 정절이 없으면 '부부'라는 명칭과 의리가 완전히 소멸될 것이니 어찌 '부자'·'형제'의 인륜이 있겠는가? 오늘날 '공산'(共産)이나 '공처'(共妻)의 이론이 성행하고 있는데, 서양에서는 본래 가족주의에 어두웠기 때문에 사회발전이 가장 쉬웠지만, 비록 학교의 안이라 하더라도 원래 남녀 생도를 다른 곳에 두니, 결코 여자의 정조가 파괴되지 않을 것이다"[86]라고 언급하기도 하였다. 곧 그는 여자의 정절을 인륜의 기반으로 중시하는 입장을 전제로 밝히면서 서양은 가족주의에 사로잡힌 폐단이 적어 사회발전이 쉬웠던 사실을 인정하고, 서

---

85) 『易經今文考』(下), 16, '損卦', "夫君子損其忿慾疑疾以至得臣無家, 則漸趨於天下爲公之域矣, 倡社會主義者, 亦不可不知也."
86) 『李全』, 下23, '經說·易說·家人卦', "苟女而不貞, 則夫婦之名義全滅, 有何父子兄弟之倫哉, 今人共産共妻之說盛行, 而泰西則本昧家族主義, 故社會發展最易, 然雖學校之內, 元有男女生徒之異處, 則決不能破壞女子貞操矣."

양에서도 학교에서는 남녀가 다른 자리에 있게 하여 여자의 정절을 지키게 하는 점을 지적하고 있는 것이다. 이처럼 그는 인륜의 기반으로 '여자의 정절'을 강조하여 여전히 남녀차별적 의식을 벗어나지 못하고 있지만, 가족주의에 사로잡히면 사회발전에 방해가 됨을 인식하여, 유교적 규범으로서 가족중심의 인륜을 중시하면서도 유교사회의 폐단으로서 가족주의에 빠져 '대동'에로 나가지 못하는 문제점을 인식하고 있음을 보여주고 있다.

4. 『역경』의 금문학적 해석과 종교적 성격

1) 신도설교(神道設敎)의 종교적 성격

'역'을 인식하는 이병헌의 입장은 "'역'이 만세에 소통할 수 있으며 오늘에 적응할 수 있는 것은 그 비상하게 다른 의리가 있기 때문인데, 비상하게 다른 의리가 걸려 있는 곳은 은미한 말씀(微言)이다"[87]라는 말에서 잘 드러나고 있다. '역'을 읽는 가장 중요한 과제는 '역'에 깃들여 있는 공자의 은미한 말씀을 파악하여 옛 시대에만 통용되는 것이 아니라 어느 시대에나 통용될 수 있으며, 특히 오늘의 현실에 잘 적응할 수 있도록 '역'을 읽어야 한다는 것이다. 따라서 그는 하늘은 둥글고 땅은 네모지다는 '천원지방'(天圓地方)의 이론이나 천체가 움직이고 대지는 고요하다는 '천동지정'(天動地靜)의 낡은 세계관에 사로잡혀 있는 것이 아니

---

[87] 『易經今文考』(通論), 20, '易學要言', "易之可通於萬世, 而適於今日者, 以其有非常異義也, 然非常異義之所係者, 乃微言也."

라, 서양에서 말하는 땅은 둥글고 태양의 주위를 돈다는 '지구요일'(地球繞日)의 이론을 수용할 수 있는 길을 '역'에서 찾을 수 있는가를 물었다. 또한 마음의 지각에 대해서도 그동안 동양에서는 심장의 마음(火臟方寸) 안에서 일어나는 것으로 보았는데 서양에서는 뇌수(腦髓)에서 발동하는 것으로 보는 상이함을 극복할 수 있는 길을 찾고자 하였다. 여기서 그는 육경(六經)의 위서(緯書)를 읽다가 지동설(地動說)을 발견하였으며, 또한 "머리란 '신'이 머무는 뇌"(頭者, 神所居腦)라는 말을 발견하고, 위서가 공자문하에서 나왔다고 인정하고 있다.

그렇다면 그가 '역경'의 금문을 비롯하여 위서 등에 숨겨져 있는 공자의 은미한 말씀을 찾아냄으로써 새로운 시대에 적응하는 비상하게 다른 의리를 밝히는 것이라 할 수 있다. 곧 "오늘의 시대를 당면해서 일찍이 없었던 변동의 국면에 참여하여 변동의 사례를 궁구하며, 옛날에 전해진 '금문'에 의거하여 새로운 이치를 증명한다. …이로써 비상하게 다른 의리를 생각하는 것은 비상한 시대가 지향하는 바가 되어 신속하게 드러나는 추세가 있을 것이다"88)라고 하였다. 그가 역사적 격동의 시대와 변화의 국면을 타개하기 위해 '역'에서 찾고자 하였던 것은 바로 '신'존재의 재발견을 통해 유교의 종교성을 재확립하고자 하는 것이라 하겠다.

이병헌은 '역괘'가 모두 갖추고 있는 4가지 의리로 '신'(神)·'리'(理)·'상'(象)·'수'(數)를 들었다.89) '신'과 '리'는 감각적 경험을 넘어선 형이상적 요소라면, '상'과 '수'는 감각적 경험의 대상인 형이하적 요소라 할 수 있다. 그는 '역'에서 특히 '신'의 의미를 중시하여, 공자가 '역'을 지은 정

---

88) 『易經今文考』(通論), 21, '易學要言', "當今日之時代, 參未曾有之變局, 而究變例, 據舊所傳之今文, 而證新理, …是以顧念非常之異義, 爲非常之時代所驅, 駸駸然有呈露之趣勢."
89) 『易經今文考』(上), 1, "易卦皆具四義, 神也, 理也, 象也, 數也."

신적 근원으로 확인하였다. 곧 "성인의 겸손한 덕은 일찍이 군자로서 자처하지 않았지만, 신령하게 하고 교화하여 하늘과 더불어 일치하였다. 오늘에서 본다면 굽히고서 나아가고 서술하였으나 짓지 않았다는 것은 진실로 공자의 '경'이지만, 신령하게 하고 교화하여 제도를 개혁하고 가르침을 창설한 것이 바로 공자의 '경이다"90)라고 하여, 공자가 '역'을 지은 것은 겸손한 덕으로만 설명될 수 없고, '신령하게 하고 교화한다'(神而化之)는 근원적 차원이 있음을 확인하고 있다. 겸손의 덕을 드러내기 위해서는 '서술하였으나 짓지 않았다'(述而不作)고 말하겠지만, 근원적으로 보면 공자는 '제도를 개혁하고 가르침을 창설하였다'(改制創敎)고 말할 수 있음을 제시함으로써, 인륜적 차원과 다른 신령적 차원을 강조하고, '역'의 근원적 정신이 바로 이 신령적 차원에 있음을 밝혔던 것이다.

그렇다면 공자가 제시하는 『역경』의 근본정신이 무엇인가의 문제로 귀결되는데, 여기서 이병헌은 '관괘'(觀卦)에서 언급하는 '신도로써 가르침을 베푼다'는 '신도설교'(神道設敎)의 한 구절을 '역'의 근본정신으로 강조하여, "'역'이란 '신도설교'의 '경'이요, '신'은 '역'의 중심이 된다"91)고 강조하였다. 공자가 '역'을 지작하는 근본정신을 '신도설교'로 규정하는 의미가 바로 이병헌이 '역'을 인식하는 중심과제라 할 수 있다.

"'역'이란 공자 이전에 '십언'(十言: 古緯書에서 복희가 지었다 함)과 '육계'(六爻: 『管子』에서 복희가 지었다 함)와 '주사'(繇辭: 점치는 말)가 있었지만,

---

90) 『易經今文考』(通論), 9-10, '作易原委', "蓋聖人之謙德, 未嘗以君子自居, 而神而化之, 則與天爲一, 以今觀之, 俯而就之, 述而不作者, 固夫子之經也, 神而化之, 改制創敎者, 乃夫子之經也."
91) 『易經今文考』(通論), 19, '凡例', "易者神道設敎之經, 而神爲易之主腦."

요·순·우·탕이 일찍이 언급한 일이 없고, 문왕·무왕·주공·소공이 이를 써서 점친 일이 없다. 오직 공자가 처음으로 마름질하여 '경'으로 만든 것이며, '신도'로써 교화하는 의리를 깃들게 하였으니, 공자가 교주가 되는 까닭이 여기에 있다. '역'은 곧 '신도로써 가르침을 베푼' 중대한 '경'이지, '십언'·'육계'·'주사'를 말하는 것이 아니다. 교주는 곧 공자요, 복희·문왕·주공을 말하는 것이 아니다. 이것을 살피지 않는다면 장차 반드시 '유교는 교(敎: 宗敎)가 아니요, 공자는 교주가 아니다'라고 말할 것이니, 그 가르칠 수 없음이 분명하다."[92]

'신도설교'로서 '역'을 지었다는 것은 공자이전의 어떤 성인도 못하고 오직 공자가 해낸 것이며, 따라서 유교의 교주는 어떤 다른 성인도 아니요 오직 공자임을 밝히고 있다. 그만큼 '신도설교'로서 '역'을 지은 것은 바로 유교의 종교성을 확립하고 있는 것임을 밝히는 것이다. 이병헌은 '신도'(神道)의 종교적 세계가 바로 '역'의 핵심정신임을 강조하면서, "한마디로 덮어 말하면, '역'이란 공자가 '신도'로써 교화하는 '경'이다"[93] 라고 규정하고 있다. 이처럼 '역'의 핵심적 정신을 '신도'로 인식하는 것은 유교가 결코 인륜적 질서의 현실중심적 세계관에 머물고 있는 것이 아니라, 신령한 세계와 연결되는 초월성을 지닌 종교로서 확인하는 것이다. '신도설교'가 지닌 종교적 의미에 대해, "오늘날 중국과 한국 학자들을 관찰하니, 공자를 오로지 입세간법(入世間法)만 말하는 종교가로

---

92) 『易經今文考』(通論), 10, '作易原委', "蓋易者, 易者, 夫子以前, 則十言也, 六爻也, 繇辭也, 堯舜禹湯, 未嘗言及, 文武周召, 不用爲占, 惟孔子始裁之爲經, 以寓神化之義, 孔子之所以爲敎主者在此, 易卽神道設敎之大經也, 非十言·六爻·繇辭之謂也, 敎主卽孔子也, 非伏羲·文王·周公之謂也, 於此不察焉, 則必將曰,儒敎非敎, 孔子非敎主也, 其不可訓也明矣."
93) 『易經今文考』(通論), 18, '作易原委', "一言而蔽之曰, 易者, 孔子神化之經也."

보는데, 공자가 '성인이 신도로 가르침을 베푸니 천하가 복속하였다'고 분명하게 말씀하셨던 것은 과연 오늘을 위해 준비한 말씀이다"[94]라고 하여, '관괘'에서 말한 '신도설교'는 바로 공자가 '입세간법'의 종교가에 그치는 것이 아니라 '출세간법'까지 내포하는 종교가임을 확인시켜주는 것임을 밝혀준다.

'신'(神)이란 말이 유교전통에서 매우 신중하게 언급되고 있다는 사실은 이병헌 자신도 잘 알고 있다. 그러나 그는 "'신'은 교화의 표본이요, 천도(天道)의 주재이다"[95]라 하고, 또 "'신'이라는 한 글자는 '역'의 전체를 결집시키는 자리이다. …'신'은 종교의 표본이 되고, 천도(天道)의 극치가 된다"[96]고 하여, '역'을 통해 '역'의 중심축이 되고, 교화를 실현하는 기준이 되며, 천도가 운행하는 근원으로서 생생하게 살아 움직이는 '신'존재를 인식할 것을 강조하였다. 그렇다면 '신'이 없이는 '역'도 성립하지 않는 것이요, 공자의 가르침도 종교가 될 수 없으며, 천도를 실현할 수도 없다는 입장을 명확히 밝히고 있는 것이다. 「계사」에서 "음·양을 헤아릴 수 없는 것을 '신'이라 한다"(陰陽不測之謂神)라는 구절의 해석에서도, "음·양이 서로 낳는 것은 '역'의 도리를 형용하는 것이요, 그 지극함에 이르러서 '신'이라 말하는 것은 만물을 생성함이 헤아릴 수 없다는 것을 말하는 것인가"[97]라고 하여, '신'을 음·양의 작용현상으로

---

94) 『李全』, 下22, '經說·易說(觀卦)', "觀今日中東學者, 以孔子之專言入世間法爲宗敎家, 則孔子之明明說出, 聖人以神道設敎, 爲天下服矣者, 果爲今日準備語."
95) 『易經今文考』(易經大傳), 13, '繫辭下', "神, 爲敎化之標本, 天道之主宰."
96) 『李全』, 下27, '經說·易說(繫辭下)', "神之一字, 爲易總會處, …神爲宗敎之標本, 天道之極致."
97) 『易經今文考』(易經大傳), 3, '繫辭上', "陰陽相生, 所以形容易道, 而及其至也, 謂之'神', 其生物不測之謂歟."

해석하는 것이 아니라 만물을 생성하는 무한한 능력의 주체로 해석하고 있다.

여기서 그는 공자가 평소에 '신'을 말씀하지 않은 이유를 해명하면서, "성인의 가르침은 사람을 쉽게 깨우치게 하는 것으로, 사람의 몸에서 하나의 '심'(心)자를 집어내었으니, ('심'이) 곧 '신'이다. 그러나 배우는 자를 상대하여 '신'을 말하면 깨닫게 하기가 쉽지 않으나, '심'을 말하면 반성하여 앎이 있고 마음을 붙들어 간직하는 일에 종사할 수 있다. '신을 궁구한다'(窮神)는 것은 '마음을 다하는 것'(盡心)이다"98)라고 밝혔다. 그것은 유교경전이나 후세의 유교전통에서 '심'(心) 내지 '성'(性)의 수양에 관심을 집중시켜 왔던 사실이 바로 '심'을 밝힘으로써 '신'을 드러낼 수 있다는 인식을 전제로 한 것임을 말해준다. 따라서 「계사」(繫辭下)에서 말하는 '신을 궁구한다'는 '궁신'(窮神)은 바로 『맹자』(盡心上)에서 말하는 '심을 온전히 실현한다'는 '진심'(盡心)과 서로 통하는 것으로 보게 된다.

'역'이 '신도'를 밝히는 것이라면, 그것은 동시에 '신'과 '인간'이 교류하는 방법으로서 '감응'이 강조되지 않을 수 없으며, '신'과 감응하는 인간의 자세나 조건이 중시되지 않을 수 없을 것이다. 곧 "'역'의 쓰임은 오로지 '감응'의 도리에 있으니, '감응'의 오묘함은 정성됨(誠)에 있다. …'역'의 도는 사람이 정성스러운지 아닌지에 달려있을 뿐이다"99)라고 하여, '신'과 인간의 '심'이 소통하는 감응의 도리에서 인간의 '심'이 갖추어야하는 조건으로 정성됨 곧 '성'(誠)을 강조하고 있다. 그것은 인간의

---

98) 『易經今文考』(易經大傳), 13, '繫辭下', "蓋聖人教人, 使之易曉, 就人身上, 拈出一箇心字, 卽神也, 然對學者, 而言神, 則未易領會, 言心, 則反省而知, 能從事於操存矣, '窮神'者, 盡心之謂也."·

99) 『李全』, 下23, '經說·易說(咸卦)', "易之爲用, 專在感應之道, 感應之妙, 在於誠, …易之道, 在其人之誠否耳."·

마음에서 '신'과 일치를 지향하는 '감응'의 조건이 바로 '성'(誠)임을 밝혀주는 것이다. 따라서 『역경』에서는 인간의 '성'(誠)을 매개로 '신'과 '심'이 소통하고, 상제와 인간이 소통하는 종교적 세계를 확보하고 있음을 보여준다.

나아가 그는 '예괘'(豫卦)의 해석에서도, "'예'(豫)는 인간의 삶이 화락한 '괘'이니, 종교가의 세상을 구제하는 뜻은 이미 이 '괘'에 깃들어 있다. 인간이 세상에서 살아가면서 고뇌를 겪음이 더욱 깊어진 다음에 지극한 즐거움을 누릴 수 있다"[100]고 하여, 세상을 구제하는 종교의 목표가 인간의 삶이 조화롭고 즐거움을 이루는데 있음을 강조하면서, 지극한 즐거움은 번뇌와 고통을 겪은 다음에 얻을 수 있음을 지적하였다. 이처럼 그는 '역'의 가르침이 인간의 구원을 추구하는 종교적 신념으로 확인될 수 있음을 밝혀주는 것이다.

2) 도서(圖書)와 복서(卜筮)에 대한 인식

(1) 도·서(圖書)의 비판적 인식

'역'과 연관된 해석에서 '도·서'(圖書)에 대해 이병헌은 "성인의 뜻은 전혀 도상으로 찾을 수 있는 것이 아니다. 마땅히 성인이 '상'(象)을 세우고 '괘'를 베풀며 말씀을 붙인 뜻에 의거하여 그 변통하고 고무하는 방법을 배우는 것이 옳다. 그러므로 공자의 '역'은 '도상'(圖象)이 없었으며, 도가의 노자나 불교의 석가나 예수교의 그리스도도 다같이 '도상'이 없었다"[101]라고 하여, '역'에서 뿐만 아니라 노자나 석가 및 예수의 가

---

100) 『李全』, 下22, '經說·易說(豫卦)', "豫爲人生和樂之卦, 則宗敎家救世之意, 已寓于此卦, 人生在世, 喫惱苦愈深, 而後能享至樂."

르침도 '도상'으로 제시된 것이 없음을 지적하여, '도·서'에 대한 전면적 부정의 입장을 밝히고 있다.

이에따라 그는 중고(中古)시대 이후 '역'을 말하는 자들이 '역경' 이외에 '도·서'를 큰 근본으로 삼고 있는 것으로서, '하도'(河圖)·'낙서'(洛書)와 '선천도'(先天圖)·'후천도'(後天圖) 및 '태극도'(太極圖)의 다섯 가지를 들어 비판하고 있다.

①'하도'(河圖)·'낙서'(洛書): 이병헌은 「역대전」·『서경』(顧命)·『논어』(子罕)·『예기』(禮運)에서 '하도'가 언급되고 있음을 지적하면서, '하도'의 출현 자체를 부정하지는 않았다. 그러나 청나라 호위(胡渭)가 『역도명변』(易圖明辨)에서 제시한 견해를 끌어들이면서, "'하도'·'낙서'는 상고시대 성왕의 상서로운 징조인데, 지금까지 획으로 도상을 만든 일이 있다고 듣지 못하였다. 도상으로 있는 것은 송나라 진단(陳摶)의 '용도'(龍圖)로부터 비롯된 것이다"102)라고 하여, '하도'·'낙서'가 원래 있었다 하더라도 사라지고 명칭만 남이 있는 것이며, 도상의 모습으로 다시 등장한 것은 송나라 때 도사(道士)였던 진단의 '용도'임을 지적하였다. 여기서 그는 주진(朱震)의 『역도설』(易圖說)에 근거하여 '하도'·'낙서'는 진단(陳摶) → 충방(种放) → 이개(李漑) → 허견(許堅) → 범악창(范諤昌) → 유목(劉牧)으로 전해진 것이라 확인하고 있다.103)

따라서 이병헌은 '하도'·'낙서'의 도서지학(圖書之學)은 본래 도가(道

---

101) 『易經今文考』(通論), 22, '易學要言', "聖人之意, 萬不可以圖象求之也, 當依聖人立象設卦繫辭之意, 學其變通鼓舞之方可也, 故孔子之易, 無圖象焉, 道家之老子, 佛家之世尊, 耶敎之基督, 併無圖象焉."
102) 『易經今文考』(通論), 12, '作易原委', "河圖·洛書爲上古聖王之符瑞, 從未聞有畫之爲圖之事, 有之則自宋陳希夷之龍圖始焉."
103) 같은 곳, "朱子發易圖說云, 右圖[河圖·洛書], 劉牧傳於范諤昌, 諤昌傳於許堅, 堅傳於李漑, 漑傳於种放, 放傳於希夷陳摶云."

家)에서 흘러나와 전해진 것이며 주자도 '용도'를 배척한 사실을 지적하면서 '하도'·'낙서'는 믿을 수 없는 것임을 강조하였다. 여기서 그는 "송(宋)·원(元) 이후로 '도서'의 이론이 성행하며, '역'을 말하는 사람은 '하도'·'낙서'의 두 도상을 책 첫머리의 첫째 의리로 삼는 것은, 정경(正經)이 무엇인지 거의 모르는 것이니, 하물며 공자가 지은 '경'의 큰 의리를 논할 수 있겠는가? 마땅히 복희와 문왕의 발 아래에 두어야 할 것이다"104)라고 하여, '하도'·'낙서'를 '역'의 근원으로 높이는 태도를 잘못된 것으로 비판하고 있다. 그것은 공자의 '역'을 경전의 기준으로 확립하는 것이요, 공자가 지은 '역' 위에 어떤 다른 근원을 인정하지 않는다는 입장을 밝히는 것이다.

② '선천도'(先天圖)와 '후천도'(後天圖): '선천도'의 4도(伏羲八卦次序圖·伏羲八卦方位圖·伏羲六十四卦次序圖·伏羲六十四卦方位圖)가 전승되는 과정은 진단 → 목수(穆修) → 이지재(李之才) → 소옹(邵雍, 康節)으로 전해온 것으로, 단학(丹學)에 근원하는 것임을 고증학자들이 지적하며, '설괘'에 근거하는 '후천도'의 2도(文王八卦次序圖·文王八卦方位圖)도 소옹이 창안한 것이지 문왕이 그린 것이 아님을 강조하여, 복희와 문왕의 '도'(圖)라는 것은 사실이 아님을 밝히고 있다.105)

주자는 『주역본의』(周易本義)에서 '하도'·'낙서'와 '선천도'(4도)·'후천도'(2도)·'괘변도'(卦變圖)까지 9도를 제시한 다음에 '역'을 구분하면서,

---

104) 『易經今文考』(通論), 14, '作易原委', "宋元以後, 圖書之說盛行, 談易者以河洛二圖爲開卷第一義, 幾不知正經爲何物事, 況論孔子作經之大義哉, 宜乎其置諸義文之脚下也, 深願學易者之要察乎, 圖書傳授之源流也."
105) 『易經今文考』(通論), 16, '作易原委', "近世考據家, 察夫先天四圖, 確爲方外丹家所用, 而又託說卦, 謂文王圖本者, 實邵子創之也, 謂之伏羲文王之圖, 則非事實也."

"천지자연의 '역'이 있고, 복희의 '역'이 있고, 문왕과 주공의 '역'이 있고, 공자의 '역'이 있다. 복희 이전에는 다 문자가 없었고 다만 획을 그린 것만 있었으니, 가장 깊이 음미해야 '역'을 지은 근원의 정밀한 뜻을 알 수 있다"106)고 하였다. 이처럼 주자가 문자로 쓰여지지 않은 '천지 자연의 역'과 '복희의 역'을 가장 높이는 태도는 공자보다 문왕·주공을 더 높이고, 문왕·주공보다 복희를 더 높이고, 복희보다 천지 자연을 더 높이는 것이라 볼 수 있다. 이와달리 이병헌은 '역'이란 공자가 가르침을 베푼 중대한 경전이라는 인식을 전제로 밝혀, '역경'을 지은 권위를 문왕이나 주공에도 줄 수 없고 오직 공자에게만 주어져야 한다는 입장을 강조하여, 주자의 견해를 비판하였다.

"주자의 정신이 기울어지는 곳은 공자의 '경'과 문왕의 '역'에 있는 것이 아니라, 모두 복희의 '역'과 천지 자연의 '역'에 있다. 복희의 '역'이란 '선천도'요, 천지 자연의 '역'이란 '하도'·'낙서'이다. 오늘에서 보면 '선천'의 4도는 소옹에서 나왔으나 진단(陳搏)으로부터 전해진 것이고, '하도'·'낙서' 2도는 유목(劉牧)에서 나왔으나 역시 진단으로부터 전해진 것이다. 한낱 도사가 조작한 '도'(圖)로서 옛 성인이 가르침을 베푼 중대한 경전을 압도시킴으로써, 성인이 '신도'로 가르침을 베푼 의리가 천하에 드러날 수 없게 한다면, 마땅히 다른 종교인들이 공자를 종교가가 아니라 하여 점차 모욕할 것이다."107)

---

106) 『周易傳義大全』, 卷首, '易本義圖', "易之圖九, 有天地自然之易, 有伏羲之易, 有文王周公之易, 有孔子之易, 自伏羲以上皆無文字, 只有圖畫, 最宜深玩, 可見作易本原, 精微之意."
107) 『易經今文考』(通論), 16, '作易原委', "朱子之精神所注, 不在於孔子之經, 文王之易, 而全在於伏羲之易, 天地自然之易, 伏羲之易者, 先天圖是也, 天地自然之易者, 河圖洛書是也, 以今觀之, 先天四圖, 出於邵氏, 傳自陳搏河洛二圖, 出於劉牧亦自陳搏, 以一黃冠造作之圖, 而壓倒先聖設教之大經, 使聖人神道設教之義, 無以暴白於天下, 宜乎異教之人,

이병헌은 주자의 입장에 대해, 복희의 '역'으로 '선천도'와 천지 자연의 '역'으로 '하도'·'낙서'를 문왕·주공의 '역'보다 더 근원적인 것으로 높이고, 문왕·주공의 '역'을 공자의 '역'보다 더 근원적인 것으로 높이는 태도를 보이는 사실을 주목하면서, 이러한 입장은 결과적으로 공자를 낮추는 것이 된다는 점을 지적하여 비판하였다. 물론 주자는 '하도'·'낙서'와 '선천도'를 상고의 시원에서 유래하는 것으로 보고 있지만, 이병헌은 고증학의 뒷받침을 받아 이 '도'들이 모두 송나라 때의 도사였던 진단이 조작한 것에 불과함을 강조하여, '역'의 근원이 될 수 없음을 분명하게 확인하고 있다. 따라서 그는 공자의 가르침으로써 '신도'는 가볍게 여기고, 후세에 한 도사가 조작한 '도상'의 주술적 세계에 현혹한다면, 공자가 제시한 종교성을 상실하게 되고, 결국 다른 종교인들로부터 공자는 종교가(교주)도 못된다는 모욕을 당하는 결과를 초래한다는 것을 지적하였다. 곧 '하도'·'낙서'나 '선천도'를 부정하는 것은 바로 공자가 지은 '역'의 근원성을 확립하고, 그 종교성을 확보하는 방법임을 보여주고 있는 것이다.

③ '무극태극도'(無極太極圖): 청나라 주이존(朱彛尊)은 도가의 『상방태동진원묘경』(上方太洞眞元妙經)에 '태극삼오'(太極三五)의 설이 있고, 『옥청무극동선경』(玉淸無極洞仙經)에 '무극·태극'의 여러 도상를 제시하였으며, 진단이 화산(華山)에 머물 때 돌에다 '무극도'를 새겼던 사실을 지적하고, 이 '무극도'는 도가에서 방사(方士)들이 수련(修煉)하는 술법으로서 하상공(河上公) → 위백양(魏伯陽) → 종이권(鍾離權) → 여암(呂嵒: 洞賓)으로 전해져온 비법으로 받아들여지고 있음을 들면서, 주돈이(周敦頤,

---

以孔子爲非宗敎家, 而駸駸然侮辱也."

濂溪)가 바꾸어 '태극도'를 만들었다고 하였다.108) 이병헌은 주이존의 견해를 인용하면서, "'하도'·'낙서'와 '선천도' 및 '태극도'의 여러 '도'는 모두 진단에서 나왔다. …이것으로 망녕되게 공자의 '경'을 나누어 네 가지 '역'으로 삼는다면 공자가 '경'을 지은 큰 의리를 잃게 된다. …한마디로 덮어 말하면 '역'이란 공자가 '신명으로 교화한 경'(神化之經)이다. 복희와 문왕은 오히려 공자가 옛 사람을 가탁한 것인데, 하물며 공자를 깎아내리고 거짓되게 복희와 문왕을 높일 것이랴. 복희와 문왕을 높인다지만 실지는 진단을 조술하는 것이다"109)라고 하였다. 주돈이의 '태극도'가 송나라 이후 유학자들에 의해 극히 높여졌지만, 그 근원은 '역'에서 온 것이 아니라 도사인 진단에서 유래된 것임을 밝혀, '하도'·'낙서'·'선천도'·'후천도'·'태극도'의 어느 것도 공자가 지은 '역경' 보다 높이 올려 놓을 수 없음을 역설하고 있는 것이다.

(2) 복서(卜筮)와 설시(揲蓍)의 이해

'계사(상)'에서는 '역'에 성인의 도리가 '언'(言-辭)·'행'(動-變)·'제기'(制器-象)·'복서'(卜筮-占)의 네 가지가 있다 한다. 여기서 이병헌은 '언'·'행'·'제기'의 세 가지는 다른 경전에도 다 갖추고 있지만 '점'(占)의 원리인 '복서' 하나 만은 '역'에만 있는 것임을 주목하면서, 그것은 '역'이

---

108) 『易經今文考』(通論), 17, '作易原委', "朱彛尊曰, …惟道家者流, 有上方太洞眞元妙經, 著太極三五之說, …玉淸無極洞仙經, 衍有無極太極諸圖, 陳摶居華山, 曾以無極圖刊諸石, …無極圖, 乃方士修煉之術爾, 相傳受之, 呂嵒, 嵒受之鍾離權, 權得其說于伯陽, 伯陽聞其旨于河上公, 在道家未嘗詡爲千載不傳之秘也, 周元公取而轉易之, …更名之曰太極圖."
109) 『易經今文考』(通論), 18, '作易原委', "河圖·洛書·先天·太極諸圖, 皆出於希夷, …以此而妄分孔經爲四易, 則失孔子作經之大義也, …一言以蔽之曰, 易者孔子神化之經也, 羲·文猶乃爲孔子之所以託古, 況貶孔子而僞尊羲文, 尊羲文, 而實祖述希夷."

신명계(神明界)의 글이기 때문이라 지적하고, 공자는 '역'을 '경'으로 지어서 시초로 점치는 법을 밝힌 것은 백성의 뜻을 통달하게 하고 국가의 대업을 안정시키며, 의심을 단절하여 천하를 앞서가게 하기 위함이라 밝히고 있다.110) 이처럼 그는 '역'에서 '복서'의 의미를 중시하며, '복서'란 '신도'가 드러나는 방법의 하나로 중시하였다.

이에 따라 그는 '점'의 기본원리를 정의하면서, "'점'의 도리는 '신'과 교류하는데 있으며, 정성(誠)이 큰 근본이 된다. 나의 마음이 정성스러우면 '신'이 더불어 소통하니, 나의 마음이 또한 '신'과 같다. 정성의 도리는 어떠한가? 마땅히 '복'(復)에서 경험해야 하니, 배우는 자는 내 신명의 덕을 배양하여 마치 동짓날이 미약한 양(陽)을 북돋어주는 것과 같다"111)고 하였다. '점' 곧 '복서'는 인간과 '신'을 교류시켜주는 매개의 역할을 하는 것이요, '점'을 쳐서 '신'과 교류할 때 인간에게 요구되는 조건은 정성스러움임을 밝히고 있다. 그는 인간의 정성스러운 자세를 체험할 수 있는 자리는 '역'에서 음효(陰爻)들 속에 양효(陽爻) 하나가 싹트는 동지(冬至)의 형상인 '복괘'(復卦)의 의미를 음미하도록 요구하고 있다. 그는 이 음효 속에 깃들어 있는 하나의 양효가 바로 천지의 마음이요, 내 마음이 처음을 회복한 것이라고 파악함으로써, 마음과 '신'을 이 하나의 양효에서 일치시키고 있는 것이다.112)

---

110) 『易經今文考』(通論), 22, '易學要言', "易有聖人之道四, 而卜筮尙占居其一, 盖言動制器之事, 則他書不容無之, 而卜筮之原理, 則易獨具焉, 易爲神明界之書也, …孔子著之經, 則明其著策, 其所以通民志, 定大業, 斷大疑, 爲天下先者, 審矣."
111) 같은 곳, "占之爲道, 在乎交神, 誠爲大本, 吾之心誠, 則神與之通, 吾之心, 亦猶神也, 誠之道奈何, 當於復而驗之, 學者養吾神明之德, 如至日之扶微陽."
112) 같은 곳, "剛中者, 天地之心, 吾心自初而復, 心卽陽, 陽卽神也."

그는 '몽괘'(蒙卦)의 '단사'에서 언급하고 있는 '서'(筮)를 해석하면서, "점의 원리에 이르면, 천지간에 몽매함을 열어주는 도리로 누가 '신'을 넘어서겠는가?"라고 하여, 점을 통해 '신'이 드러나고 있음을 지적하고, "점을 치는 것은 사람이요 알려주는 것은 '신'이다. 사람이 '신'과 교류하는 데는 귀중하게 여기는 것이 '정성스러움'(誠)이요, 경계하는 것이 '교만함'(驕)이니, 어찌 감히 마음을 다하지 않겠는가"113)라고 하였다. '점'이란 바로 내 마음이 정성스러움으로써 '신'과 교류할 수 있는 것임을 강조한 것이다. 이처럼 그는 '점'을 통해서 인간의 마음이 초월적 '신'과 만나는 방법을 제시하고, 이러한 '신'과의 만남이라는 종교적 구조에서 특히 '정성'을 '신'과 만날 수 있는 조건으로 강조하였다. 이는 이병헌이 인간의 마음에서 '정성'의 신앙적 자세를 중시하고 있음을 잘 보여주는 대목이라 하겠다.

'몽괘'에서는 "함부로 하면 알려주지 않는다"(瀆則不告)고 하여, 정성스럽지 못하면 점을 쳐도 '신'이 알려주지 않는다는 말이다. 이에 대해 성인이 속수(束脩)의 예법을 갖추지 않으면 가르쳐 주지 않는 것이나 '신'이 정성스럽지 않으면 알려주지 않는다는 유교의 태도는 부처가 몸을 버리고 세상을 제도하며, 세상을 널리 구제하는데 급급한 것과 다르지 않는가 라고 문제를 제기하였다. 그것은 '점'을 치면 알려주는 유교의 '신'존재는 높은 곳에 고고하게 머물면서 정성스러운 인간의 '점'은 받아들여 알려주고, 정성스럽지 않은 인간의 '점'에는 알려주지 않는 권위적 타자(他者)인가라는 문제이다. 이 문제에 대해 그는 "성인의 가르침에도

---

113) 『易經今文考』(上), 12, '蒙卦', "及筮占之原理, 天地間牖蒙之道, 孰過於神哉, …筮之者人也, 告之者神也, 人之交神, 所貴者誠, 所誡者驕, 曷敢不盡心乎."

여러 가지 방법이 있다. 만약 저들이 함부로 하는데 내가 알려주면 알려주는 자는 말을 잃게 될 뿐만 아니라 묻는 자도 받아들일 수 없게 된다. …그러나 (공자는) 천하를 두루 돌아다니느라 앉은 자리가 따뜻해질 겨를이 없었으니, 세상을 잊을 수가 없었던 것이요, 세상을 구제하는데 근심하여 애쓰고 불쌍히 여기는 것은 그 뜻이 하나다"114)라고 대답하였다. 성인에게는 가르침을 베푸는 교육의 방법이나 태도와 세상을 구제하기 위해 헌신하는 방법에 다양한 차이가 있음을 지적함으로써, 다른 종교에서 세상을 구원하기 위한 희생적 태도가 유교에도 있음을 밝히면서, 유교에서 성인의 가르침이나 '신'의 알려주는 방법은 인간의 태도와 조건을 살펴서 결정하는 것임을 확인하고 있다. 그렇다면 '역'의 '점'이란 '신'이 기계적으로 인간의 물음에 따라 대답하는 것이 아니고, 인간과 '신'이 교류하는 방법으로서 이에 따른 인간의 '정성'이라는 신앙적 태도가 요구되고 있음을 보여준다.

'점'을 치는 도구로는 거북(龜)과 시초(蓍)의 두가지가 중요시 되고 있다. 그는 거북으로 치는 점법은 전해지지 않으므로 '역'의 점법은 시책(蓍策: 蓍草)이 중시되어 전승되었기 때문에 「역대전」(繫辭)에서 제시한 시책을 헤아리는 방법이 점법의 기준임을 확인하고 있다.115) 이에 따라 그는 "'역'을 지은 자는 실지로 공자이니, 시초를 헤아리는 방법은 공자에서 시작되었다"116)고 하여, 시초로 점치는 방법의 창안자가 바로 공

---

114) 같은 곳, "聖人之敎, 亦多術, 若彼黷而我告, 則不惟告者失言, 問者亦不得受, …然轍環天下, 席不暇煖, 不能果於忘世, 其憂勤惻怛於救世, 則其意一也."
115) 『易經今文考』(通論), 22, '易學要言', "三龜占書, 旣無傳, 易之爲占, 傳尙著策, 必先明揲蓍之法, 而後易之尙占可得而言也, 今據大傳所載, 依法而行, 則尙可通也."
116) 『易經今文考』(易經說卦傳), 19, "盖作易者, 實孔子, 而揲蓍之法, 始於

자임을 확인하고 있다. '역'에서 점법이 그 핵심의 요소를 이루고 있는 만큼, 시초를 헤아리는 점법이 공자에 의해 창안된 것임을 주장함으로써, '역'의 저작이 공자에 의해 이루어진 것임을 확고하게 제시하고자 하였다. 또한 그는 '역'(繫辭上)에서 말하는 '신물'(神物)이란 거북이 아니라 오로지 시초를 가리키는 것임을 지적하면서, 사물인 시초는 신령할 수 없는 것이요, 오직 인간의 신명이 밝히는 것이라 하였다.117) 그것은 '점'에서 '시초'라는 도구를 신령한 것으로 믿는 태도가 아니라, 인간의 마음이 신령함으로써 '점'을 통해 '신'과 교류하고, '신'이 고해주는 말씀을 들을 수 있다는 신앙적 행위로 인식하고 있는 것이다.

5. 이병헌의 유교개혁사상이 지닌 의의

『역경금문고』를 통해 제시된 이병헌의 사상적 특징과 의미는 무엇보다 유교의 종교적 성격을 선명하게 인식함으로써, 근대적 전환과정에서 유교전통의 개혁과 나아갈 방향을 제시하였다는 점을 지적할 수 있다. 당시 서양문물이 압도적으로 밀려오고 유교전통이 급격하게 붕괴하는 근대화의 과정에서 도학―주자학 전통에 안주하였던 대다수 보수적 유림들은 새로운 시대변화에 적응력이 없었을 뿐만 아니라 사회적 지도기능도 상실하고 말았다. 여기서 그는 유교가 서양의 과학과 철학을 조화롭게 수용할 수 있음을 유교사상의 가장 중요한 특성으로 강조함으로

孔子."
117) 『易經今文考』(易經大傳), 9, '繫辭上', "卜筮固一道, 故或幷及龜, 然易中言神物者, 當專指蓍也, 物未必能神, 唯在人之神, 而明之."

써, 유교를 미래의 진보방향과 일치하는 종교요, 그만큼 우월한 종교로 확인하고자 하였다. 따라서 그는 한편으로 서양종교에서 미신적 요소를 비판하면서, 다른 한편으로 서양종교의 초월적 '신'존재의 역할을 수용하여 유교에서 '신도'(神道)의 중요성을 각성하고자 하였으며, 이를 통해 유교 속에서 합리적 사유기반과 신앙적 세계를 동시에 강화해 가는 이 중적 입장을 보여주었다. 그는 유교개혁의 이론적 핵심과제로서 강유위에 의해 제시된 '대동'의 이상과 '춘추삼세설'에 따른 역사발전론을 제시하고 이를 '역경'의 해석에서도 확인하고 있다. 그것은 금문경학을 유교개혁론의 경학적 기반으로 확립하는 것을 의미한다.

　이병헌은 배산서당(培山書堂)을 공교(孔敎)의 교당으로 설립하면서 전통의 '향교식 유교'가 아니라 새로운 '교회식 유교'의 조직을 추구하면서, 공자를 유일한 교조로 받드는 공교의 구조를 제시하였다. 이것은 한국 유교사에서 유일한 경우로 주목받을 필요가 있다. 그의 공교 조직운동은 보수적 유림들로부터 격렬한 비판을 받아 좌절되고 말았으며, 그를 따르는 공동체의 정립이나 계승하는 제자들의 집단도 배양하지 못하였으니, 그의 공교운동은 그 시대에 실패하였을 뿐만 아니라 다음 시대에도 계승되지 못하고 말았다. 그것은 그의 유교개혁사상이 단기필마로 달린 그 자신만의 주장이었을 뿐이지, 그 이후로 유교개혁사상도 사실상 미미하여 단절되었다고 말할 수 있다.[118] 그러나 그가『역경금문고』를 비롯하여 금문경학의 주석을 체계화하였던 사실은 비록 유교개혁운동에 실패하였더라도 유교개혁운동의 정신과 원리를 다음 시대에 과제로 남겨주었다는 중요한 의의를 지니는 것이다.

---

118) 琴章泰,『유교개혁사상과 이병헌』, 예문서원, 2003, 127-135쪽 참조.

금문경학에 경전적 근거를 정립하고 있는 그의 유교개혁사상이 지닌 기본과제는 '신도설교'(神道設敎)를 『역경』의 핵심정신으로 표방하여 '신명'(神明)의 세계를 밝히고, '천명'(天命)으로서 인간의 성품을 드러낸 『중용』의 '배천'(配天)사상을 확인함으로써 유교의 신앙적 세계를 재발견하는 것이었다. 이와더불어 『춘추공양전』의 삼세설(三世說)과 「예운」편의 대동설(大同說)에 근거하여 시대변화에 적응논리를 제시하는 것이다.119) 여기서 『춘추』의 '삼세설'과 「예운」편의 '대동설'은 강유위의 사상적 핵심으로서 유교적 사회개혁론을 보여주는 것이라고 한다면, 『역경』의 '신명'적 세계와 『중용』의 '배천'사상은 이병헌에 의해 더욱 선명하게 강조되어 유교의 종교적 성격을 확립하는 기반으로 제시되는 것이다. 그가 금문경학을 통해 공자를 교주로서 높이고 유교의 종교성을 확립하였던 것은 서양종교에 맞서서 대중 속에 유교의 종교적 신념을 확보하기 위한 의지였다면, 사회진화의 방향을 확인하여 사회개혁론의 방법을 추구하였던 것은 변혁의 격동기에서 유교의 사회지도적 기능을 확보하기 위한 시도라 할 수 있다.

이병헌이 강유위의 지도아래 금문경학을 도입하여 유교개혁사상의 기반을 확보하고자 하였던 것은 한국유학사 내지 한국경학사에서 보면 독보적이고 혁신적 위치를 차지하고 있는 것이 사실이다. 현실적으로 그의 금문경학은 후학들에 의해 계승되거나 확산되지 못한 채 그동안 무관심 속에 파묻혀 있었던 실정이다. 최근에 김학주교수는 이병헌이 『시경』을 금문경학의 입장에서 주석하였던 『시경공학고』(詩經孔學考)를

---

119) 『李全』, 上198-199, '儒敎復原論·天學', "大易, 爲神明界之書, 而無秦焚漢僞之侵, 中庸, 論配天之旨, 而世宙之人力漸通, 春秋, 寓三世之志, 而公羊董何傳口說, 禮運, 發大同之義, 而子游之筆蹟猶新."

검토하면서 그의 금문경학이 지닌 개혁적 성격을 들판에 일어난 작은 불길에 비유하기도 하였다. "그 자체는 맹렬하지도 뜨겁지도 않지만 오래지 않아 그 불길이 들판을 태울 것이요, 조선시대 학문조류를 완전히 개혁하여 변하게 할 것이니, 이점이 이병헌의 『시경공학고』의 최대공헌이라 할 수 있다"[120)]는 논평을 제시하였던 일이 있다. 이러한 평가는 한국사상사에서 그의 금문경학 연구가 지닌 혁신적 성격을 주목한 것이다. 한국사상사에서 강유위의 금문경학을 수용한 인물이 이병헌 한 사람 밖에 없지만, 그가 금문경학을 체계화하여 독자적 영역을 개척하였다는 사실은 한국사상사를 풍성하게 확장시키고 시대현실 속에서 창의적으로 재해석하는 과정에서 중요한 지표의 하나로 받아들일 수 있고, 앞으로 더욱 큰 관심을 기울여야할 중요한 위치와 의미를 지니는 것임을 유의할 필요가 있다고 본다.

---

120) 金學主, 「李炳憲 『詩經孔學考』略論」, 『中國域外漢籍國際學術會議論文集』, 臺北, 國學文獻館, 1990, 234쪽.

7 긍정과 융화
— 한국 유교의 사유기반

1. 수용과 재창조

한국인의 사상에는 오랜 세월 우리의 사유 속에 자리잡아 우리의 전통사상으로 확인할 수 있는 경우로서 유교·불교·도교(老莊사상 포함)의 종교사상을 들 수 있다. 그러나 '유·불·도 삼교'(儒佛道三敎)로 일컬어지는 이 세 가지 종교사상은 모두 중국에서 전래해온 것이다. 18세기 이후 중국을 통해 전래해 오기 시작한 서양종교로서 기독교는 조선말기에 격동의 과정을 거쳐 오늘날 우리 사회에 광범한 교세를 형성하며 자리잡고 있는 것이 현실이다. 그만큼 우리 사회는 밖으로부터 다양한 종교사상이 전래해 왔을 때, 경우에 따라 전통적 신념과 새로 유입된 사유체계 사이에 상당한 충돌이나 갈등을 겪었다 하더라도 결국 새로 전래해 온 종교사상으로부터 상당히 광범한 영향을 받아들였으며, 전통적 사유도 다양한 외래사상의 수용을 통해 새로운 방향을 찾아갔던 것이다.

한국사상의 전통 속에 자리잡은 다양한 종교사상 가운데, 불교와 유교가 가장 뿌리 깊은 전통사상을 이루었다. 도교는 삼국시대 말기에 전래되어 왔고, 고려시대에는 어느정도 성행한 모습을 보여주었지만 조선시대에 들어오면서 급격히 쇠퇴하여 매우 미미해지고 말았다. 그러나 노장(老莊)사상의 경우, 『노자』는 일찍부터 삼국시대 장수들이나 지식인들 사이에 즐겨 인용되기도 하였고, 조선시대 유학자들도 『노자』와 『장자』를 즐겨 읽었던 만큼, 한국인의 사유 속에 지속적으로 살아 숨쉬고 있었던 것이 사실이다. 불교의 경우 삼국시대에 전래한 이후 가장 눈부시게 성장하였던 종교조직이요 사상체계라 할 수 있다. 불교는 고려시대까지 극도로 성행하였고, 조선시대에 유교에 의해 강력한 억압을 받았으나 그 명맥을 면면하게 이어와 오늘에 와서 다시 활기를 되찾고 있는 것이 사실이다.

유교는 삼국시대 이래로 국가의 통치질서를 뒷받침하는 규범체계로서 확고하게 자리를 잡았고, 조선시대에 들어오면서 국가의 통치원리로서, 혹은 사회질서의 규범체계로서, 혹은 인간과 세계를 인식하는 근본원리로서 확고하게 자리를 잡아 왔다. 유교는 시대마다 중국으로부터 새로운 이론체계가 전래하여 한국사회에 수용되어 왔다. 특히 송대의 주자학-도학이념의 유교적 사유체계가 고려말 이후 우리 사회에 전래해 오면서 조선왕조를 통해 시대이념으로 정착되어 왔던 과정을 주목해야 할 것이다. 이와더불어 삼국시대나 조선시대 우리 사회에서 수용한 유교적 이념에서 한국유교의 특성을 관찰할 필요가 있다. 곧 어느 시대에서나 우리 사회는 중국에서 수용된 사유체계를 우리 사회의 현실에 적용시키면서, 우리 현실에 적합한 모형으로 재창조함으로써, 한국유교로서의 특성을 드러내었던 사실이 주목된다. 곧 우리 사회의 현실에 적응되면서 한국유교의 독자적 양상으로 재구성된 유교정신은 다양한 요소를 포함하고 있지만, 크게 보면 한국적 사유전통이 공유하는 사유방법과 연관하여, '긍정'과 '융화'라는 두 가지 주제를 한국유교의 특성으로 확인할 수 있을 것이다.

2. 긍정의 세계

철학적 사유는 그 출발점에서 '회의'(懷疑)와 '부정'(否定)의 방법을 중요시하는 특징을 지닌다고 할 수 있다. 일상적인 지식을 의심하고 거부함으로써 확고하고 명백한 '진리'의 인식을 얻을 수 있다는 것이다. 그러나 종교적 사유는 그 출발점에서 '부정'을 거치지만 '믿음'을 확보하는 방법을 중요시하는 특징을 지닌다고 할 수 있다. 세속적인 삶을 부정함으로써 진실하고 거룩한 삶의 근원을 찾아 흔들리지 않는 믿음을 지키려는 것이라 하겠다. 어떻든 이러한 '부정'의 사유는 인간의 삶에서 중대한 위기로 나타나게 되고, 자신이 살고 있는 현실에 대해 '부정'을 감행한다는 것은 비상한 용기가 없이는 불가능한 것이다.

한국인의 사유가 지닌 기본적 특성은 '회의'나 '부정'이 아니라, '믿음'과 '긍정'을 지향하는 입장이라는 점이다. 우리가 살고 있는 이 세계를 전면적으로 '부정'하여 본 일이 없으며, 인간 존재의 가치를 전면적으로 '회의'한 일도 없는 것 같다. 단군신화 속에서 유일한 '부정'의 계기라 할 수 있는 100일 동안 햇빛을 보지말라는 금기(禁忌)도 21일 만에 깨트린 웅녀(熊女)의 후손이어서 그런지도 모르겠다. 불교의 살생하지 말라는 '불살계'(不殺戒)도 원광(圓光)법사는 함부로 죽이지 말고 가려서 죽이라는 '살생유택'(殺生有擇)으로 완화해줄 수 있었다.[1] 또한 삼국시대의 가장 탁월한 불교학자인 원효(元曉)도 출가자로서 여색을 멀리하라는

'불사음'(不邪淫)의 계율을 지키는데 얽매이지 않고, 파계하여 자식을 낳고 세속에 돌아오기도 하였던 사례를 보여주었다.2)

철저한 '회의'나 '부정'의 사유가 결핍되었던 것은, 끊임없이 일어나는 외환과 내우의 고난으로 연속된 우리 사회가 자기방어의 본능에 따라 대응하는 현상이라 볼 수도 있고, 역사적 위기를 극복하기 위한 지혜의 표현이라고 해석할 수도 있을 것이다. 어떻든 한국인은 이 세계와 자기 존재를 근원적으로 긍정하는 사유방법을 통하여 세계를 이해하고 있는 것이 사실이다. 환웅(桓雄)이 하강(下降)한 삼위태백(三危太伯)으로 일컬어지는 우리 땅은 인간을 크게 이롭게 할만한 곳, 곧 '홍익인간'(弘益人間)으로 하느님(桓因)의 아들도 이 인간세상을 탐내어 찾았으며(貪求人世), 곰과 호랑이도 사람으로 변화하기를 기원하였던(願化人間) 지향의 초점은 바로 '인간 세상'이었다.3) 그만큼 '인간 세상'은 '신'도 동물도 추구하는 긍정의 가능성으로만 받아들여졌던 것으로 보인다. 불교가 신라에 전파되면서 오대산(五臺山)은 5만의 진신(眞身) 부처와 보살(佛菩薩)이 나타나있는 곳이라는 설화를 낳았고,4) 불국사(佛國寺)를 지으면서 드러내는 것처럼 우리 땅이 바로 부처의 나라라는 '불국토'(佛國土)신앙을 보

---

1) 『三國遺事』, 권4, '圓光西學', "光曰, 佛敎有菩薩戒, 其別有十, 若等爲人臣子, 恐不能堪 今有世俗五戒, 一曰, 事君以忠, 二曰, 事親以孝, 三曰, 交友有信, 四曰, 臨戰無退, 五曰, 殺生有擇."
2) 『三國遺事』, 권4, '元曉不羈', "曉旣失戒生聰 已後易俗服 自號小姓居士."
3) 『三國遺事』, 권1, '古朝鮮(王儉朝鮮)', "昔有桓因(謂帝釋也), 庶子桓雄, 數意天下, 貪求人世, …時有一熊一虎, 同穴而居, 常祈于神雄, 願化爲人."
4) 『三國遺事』, 권3, '臺山五萬眞身', "東臺滿月山, 有一萬觀音眞身現在, 南臺麒麟山, 八大菩薩爲首, 一萬地藏, 西臺長嶺山, 無量壽如來爲首, 一萬大勢至, 北臺象王山, 釋迦如來爲首, 五百大阿羅漢, 中臺風盧山, 亦名地盧山, 毗盧遮那爲首, 一萬文殊, 如是五萬眞身, 一一瞻禮."

여주고 있다. 공자가 구이(九夷)의 땅에 가서 살고싶다고 하였던 '구이'의 땅5)이 바로 우리 땅이고, '군자국'(君子國)이라는 한국유교인의 신념도 우리가 사는 세계에 대한 긍정의 의식을 표현한 것이다.

만주족의 청(淸)나라가 중원(中原)을 지배하는 시대에, 당시 조선후기의 유학자들은 중국도 오랑캐의 땅이 되었고, 오직 우리나라만 '중화'(中華)문화를 계승하고 있는 최후의 보루라는 확신을 제시하기도 하였다. 그래서, 우리나라를 씨앗으로 쓰기 위해 먹지 않고 남겨놓은 가장 큰 열매, 곧 『주역』의 박괘(剝卦)에서 말하는 먹혀서는 안될 '석과'(碩果)에 비유하기도 하였다.6) 이것은 우리 땅과 우리 문화에 대한 긍정적 신념의 극진한 표현의 하나라 할 수 있다.

이러한 현실긍정 내지 자기긍정의 의식은 변혁을 통한 창조를 추구하는 사유가 아니라 방어를 통해 보존을 추구하는 사유를 드러내고 있는 것이 사실이다. 따라서 기존의 가치나 질서가 썩어서 저절로 새로운 것에 의해 대치되기 전에 스스로 개혁하거나 혁명을 하려는 의지가 약한 모습을 보여주는 것이요, 자각적인 의식 속에서 새로운 가치나 질서를 창조하는데 무기력함을 드러내고 있는 것이라 지적할 수도 있다. 바로 이러한 현실에서 외래사상이 새롭게 밀려들어와 전통사상의 체제를 밀어내고 손쉽게 지배적인 지위를 누리게 되는 양상을 보여주기도 한다. 또한 한번 들어와 자리를 잡은 사상은 강인하게 버티며 지속적인 영향력을 유지하게 되는 양상을 보여주기도 한다. 우리 역사 속에서 '자주'의식은 약한 반면에 중국에 대한 '사대'(事大)의식에 젖어 있었던 것

---

5) 『論語』, '子罕', "子欲居九夷, 或曰, 陋如之何, 子曰, 君子居之, 何陋之有."
6) 金平默, 『重菴集』, 권5, '代京畿江原兩道儒生論洋倭情迹仍請絶和疏'과 崔益鉉, 『勉菴集』, 권4, '辭宮內府特進官再疏'에서 조선이 유일한 中華로 '碩果'의 형상이 있음을 언급하고 있다.

도, 강한 외세(外勢)에 의존하면서 자기를 보존해가는 방법이었던 것이고, 그만큼 '사대'의식은 한국인의 사유 속에 체질화되어 있는 것이라 볼 수도 있다.

3. 의리의 순정성(純正性)

조선시대의 유교사상으로서, '주자학'(朱子學) 곧 '도학'(道學)이 조선사회의 통치이념으로 정립되면서 조선시대의 사유체계는 주자학이 주류를 이루었다. 그리고 이 주자학의 사유체계를 철학적 이론으로 전개한 것이 '성리학'(性理學)이라 한다면, 인격적 실현의 방법이 '수양론'(修養論)이요, 사회적 실천방법의 이념으로 정립한 것은 '의리론'(義理論)이라 할 수 있다. 이때 성리학은 실질적으로 의리론의 근거를 밝히는 이론적 방법으로 제시되었던 것이며, 그만큼 수양론과 의리론이 주자학을 현실에서 구현하는 중심과제요 목적이 되었던 것이다. 여기서 '의리'는 선악과 시비를 나누는 것인 만큼 비판의식과 논쟁적 성격이 강하게 드러나고 있는 것이 사실이다. 고려말-조선초의 왕조교체기에서 정몽주(鄭夢周)와 정도전(鄭道傳) 사이에 역사적 업적이나 그 학문의 이론적 적합성을 따지기에 앞서서, 고려왕조에 충절을 지킨 절의파(節義派)인지, 자신이 몸담았던 고려왕조를 무너뜨리고 새 왕조를 세우려는 혁명파(革命派)인지에 따라, 그 행동양상이 '의리'에 정당한지 여부를 가리려고 하였다. 세조(世祖)의 왕위찬탈에 저항하였던 사육신(死六臣)의 '절의'를 높이면서, 왕위찬탈에 협력하였던 정인지(鄭麟趾)와 신숙주(申叔舟) 등을 논죄하였던 것은, 그 역사에 남긴 공적을 평가하려는 것이 아니라 그 삶의 태도가 정당한지 '의리'를 기준으로 평가하려 하는 것이다. 공자는 "군자는 의리에 밝고 소인은 이해에 밝다"[7]고 하여, 의리(義)와 이해(利)를 대립시켰다. 이처럼 의리와 이해를 대립적으로 분별하는 '의리지변'(義利之辨)의 유교적 가치관은 이기적이고 탐욕적인 인물을 '소인'(小人)이라 하고, 의리를 따라 신념을 지키는 인물을 '군자'(君子)라 대립시켜 구분하고 있다. 따라서 아무리 부유하고 고귀한 신분의 인물이라 하더라도 의리에 어긋난다고 인정되면 곧바로 '소인'이라 비판을 받을 수 있는 반면에, 비록 빈곤에 시달리고 아무 지위도 없는 인물이라도 의리를 지킨다고 인정되면 '선비'요 '군자'라 존중을 받았던 것이 사실이다. 이러한 도덕적 가치규범이 확립되었을 때 그 기준을 순수하게 지키려는 의지가 유교전통에서 주자학-도학의 신념을 통해 철저히 수행되었다. 곧 주자학의 신념에 따르는 조선시대의 '선비정신'은 '의리'를 시대정신으로 형성하였던 것이라 할 수 있다.

유교이념의 전통에서 '의리론'을 구현하는 방법에는 두 가지 방향이 있다. 그 하나는 '의리'의 철학적 근거를 밝히는 '성리학'의 탐구요, 다른 하나는 '의리'에 맞는 실천적 절차와 형식을 밝히는 '예학'(禮學)의 해명이라 하겠다. 또한 이 두가지 방향의 과제는 모두 사회적 정치현실 속에서 제시되었다. 서경덕(徐敬德)의 '기'(氣)중심적 사유체계와 이언적(李彦迪)의 '이'(理)중심적 사유체계는 성리학의 두가지 기본적 사유형식으로 제시되었으며, 퇴계(退溪 李滉) 이후로 '기'중심의 이론은 성리학의 정통에서 배제되었다. 또한 '이'중심의 이론도 성품(性)과 감정(情)의 작용이 선·악에 어떻게 관계되는가를 밝히는 '사단·칠정'(四端七情)의 이론

---

7) 『논어』, '里仁', "君子喩於義, 小人喩於利."

적 해석에 집중되고 있었다.

　퇴계에 의해 '이'(理)가 발동하는 '사단'의 능동적 초월성이 주장되거나 율곡(栗谷 李珥)에 의해 '기'(氣)만이 발동하는 '칠정'의 현실적 포괄성이 강조되는 입장의 차이가 나타나자, 이기론(理氣論)은 심성론(心性論)으로 구체화되었다. 퇴계와 율곡 사이에 벌어진 이러한 '심성'의 이기론적 해석의 차이는 의리의 근거로서 심성의 인식에 대한 대립으로 심화되어 갔던 것이다. '사단'의 초월적 근거를 강조하는 퇴계학파(退溪學派: 嶺南學派)의 전통에서는 '경'(敬)을 통한 내면적 인격의 '수양론'(修養論)이 중시되면서 정치적 현실로부터 이탈하는 경향을 보여주었다. 이에 비해 '칠정'의 현실성을 강조하는 율곡학파(栗谷學派: 畿湖學派)의 전통에서는 '성'(誠)의 개념을 근거로 이상과 현실의 일치를 추구하면서 유교적 이념의 사회적 실현을 중시하는 '경세론'(經世論)에 관심을 기울이는 경향을 보여주었다. 여기서 이 두 입장은 철학적 탐구의 길을 벗어나 이념의 교조적(教條的) 성격이 강화되었고, 그만큼 자신의 순수한 입장을 고수하려는 정통주의적 신념을 확립해 갔던 것이다. '의리론'이 '예학'으로 전개되었을 경우에도 '예'(禮)의 형식규범이 의리에 따라 설정되면 확고한 옹호적 태도가 확립되어 비타협적이고 폐쇄적 대립이 심화될 수 밖에 없었다. 바로 이러한 '예학'의 대립에서 오는 충돌이 17세기 후반에 예송(禮訟)으로 폭발하였던 것이다.

　의리의 기준은 명분(名分)으로 형식화하고 '성리학'에서나 '예학'에서 학설상의 차이도 명분의 적합성 여부 내지 의리의 정당성 여부로 분별되어, '정명'(正名) 또는 '정통'을 순수하게 지키려는 의지는 격렬한 대립과 분열을 초래하게 되었다. 조선 후기에 당론(黨論)의 분열이 심화되자 격심한 정쟁(政爭)이 되고 사회 전반적인 분열을 고착시키는 데까지 확산되었던 것도 의리론의 순정성을 확보하려는 추구태도에 기인한다고 할 수 있다. 단순히 호전적이고 잔인한 당파적 분열이 아니라 의리의 규범을 순수하게 고착시키려는 집념을 표출하는 것이었으며, 그것은 부수적인 보존본능으로 작용하기도 하지만 비타협적인 분열 속에 조화를 상실하는 의식의 폐쇄성을 형성하였던 폐단을 일으키고 말았다.

4. 융화의 논리

조선시대 주자학의 의리론과 정통주의적 입장은 엄격한 순정성을 요구하였던 만큼 논쟁적이고 분파적인 성격을 띠는 것이지만, 그 반면에 한국인의 사유전통 속에는 또 하나의 중요한 흐름으로서 융화적이고 종합적 성격을 확인할 수 있다. '순정성'과 '융화'라는 두 가지 의식의 양상은 표면적으로는 모순된 것이지만, 사실은 양자의 균형 속에 유교적 사유가 이루어져 왔던 것으로 보인다. 의리론의 순정성과 배타성은 사회이념의 표준을 수립함으로써 통합을 추구하는 기능을 갖는다면, 융화론의 절충적이고 포용적 성격은 조화와 균형을 통하여 통합을 추구하는 기능을 갖는 것이라 할 수 있다. 의리론은 이상적 가치규범의 유지를 추구한다면, 융화론은 우리의 역사적 현실 속에서 이상을 구현하는 방법이요 논리이기도 하다. 한국인의 사유체계에 창조성이 결핍되었다는 지적도 가능하지만 융화성이 추구되었던 점을 주목할 필요가 있다.

삼국시대에 연개소문(淵蓋蘇文)이 당(唐)나라로 부터 도교를 수입하고자 할 때 '유·불·도 삼교'가 솥의 세발 곧 정족(鼎足)을 이루어야 한다는 주장[8]을 한 것은 정통성의 획일적 사유가 아니라 다양성의 융화적 사유라 할 수 있다. 또한 최치원(崔致遠)은 「난랑비서」(鸞郎碑序)에서 "우리나라에 현묘(玄妙)한 도리가 있으니 '풍류'(風流)라고 하며, 가르침을 베푼 근원은 선사(仙史)에 자세히 갖추어 있다. 실로 '삼교'를 포함하며 온갖 생명을 맞이하여 교화한다. 들어오면 집안에서 효도하고 나가면 나라에 충성하는 것은 공자의 취지요, 일삼음이 없는(無爲) 일에 처하고 말씀이 없는 가르침을 행하는 것은 노자의 종지요, 모든 악은 짓지 않고 모든 선은 받들어 행하라는 것은 석가의 교화이다"[9]라고 하여, 우리의 사상적 지향이 모든 다양한 사상을 포괄하고 융화시키는데 있음을 보여주는 것이다.

부모에 대한 '효'(孝)와 임금에 대한 '충'(忠)이라는 두 가지 규범 사이에 어느 것을 앞세워야 하는가를 결단해야하는 전장터의 상황에서 신라의 장수 김흠춘(金欽春)은 아들에게 "신하가 되어서는 충성보다 중한 것이 없고, 자신이 되어서는 효도보다 큰 것이 없으니, 나라가 위기를 당해서는 목숨을 바치는 것이 충성과 효도를 둘 다 온전히 이루는 것이다"[10]라고 훈계하였다. 하나를 버리고 다른 하나를 선택해야 하는 모순률(矛盾律)의 논리가 아니라, 서로 모순되는 규범이 일치를 이루는 융화론(融和論)의 논리가 제기되는 것이다.

원효의 '화쟁론'(和爭論)이 모든 분파적 대립을 원융(圓融)하게 종합시

---

8) 『三國史記』, 권21, '高句麗本紀・寶藏王上', "蘇文告王曰, 三敎譬如鼎足, 闕一不可, 今儒釋幷興, 而道敎未盛, 非所謂備天下之道術者也."
9) 『三國史記』, 권4, '新羅本紀・眞興王37년', "崔致遠鸞郎碑序曰, 國有玄妙之道, 曰風流, 設敎之源, 備詳仙史, 實乃包含三敎, 接化群生, 且如入則孝於家, 出則忠於國, 魯司寇之旨也, 處無爲之事, 行不言之敎, 周柱史之宗也, 諸惡莫作, 諸善奉行, 竺乾太子之化也."
10) 『三國史記』, 권5, '新羅本紀・太宗武烈王7년', "將軍欽純謂子盤屈曰, 爲臣莫若忠, 爲子莫若孝, 見危致命, 忠孝兩全."

키고, 지눌(知訥)의 '돈오점수'(頓悟漸修)나 '정혜결사론'(定慧雙修論)을 통한 '교'(敎)·'선'(禪) 양종(兩宗)의 융화를 추구하는 것도 한국적 사유의 전통 속에 그 융화적 특성을 발휘하였던 것이라 할 수 있다.

조선시대 주자학의 배타적 정통주의 속에서도 중심논리에는 융화론이 작용하고 있다. '이'(理)와 '기'(氣)가 서로 분리될 수 없다는 '불상리'(不相離)를 주장하는 율곡의 입장은 말할 것도 없고, '이'와 '기'가 서로 혼동될 수 없다는 '불상잡'(不相雜)을 강조하는 퇴계의 입장에서도 '이'와 '기' 내지 '도'(道)와 '기'(器)는 서로 분리 될 수 없음을 부정하지 않는다. 이것이 바로 '이'와 '기'가 "둘이면서 하나요"(二而一), "서로 분리되지 않으면서 서로 혼동되지도 않는다"(不相離而不相雜)는 융화의 논리이다. 모든 분별적 인식은 과정이요 수단이지만 인식의 목적에는 언제나 근원적인 통일성이 전제되어 있는 것이다. 당쟁이 발생하던 시기에 이를 화해시키려던 율곡은 양쪽 모두에 정당성도 있고, 동시에 양쪽 모두에 문제점도 있다는 '양시양비'(兩是兩非)의 논리를 제기하여, 시비의 양극적 대립을 지양하려고 하였다.

유교의 근본원리로서 '중용'(中庸)은 양극단을 포용하는 '집기양단'(執其兩端)의 논리이고, '인'(仁)은 두 사람의 관계를 결합시키는 힘이며, '악'(樂)은 조화(和)의 구현으로 이해된다. 한국인의 사유 속에서 배타적 순정성의 추구를 '의'(義)라고 한다면, 융화의 원리는 '인'(仁)이라 할 수 있으며, 분별의 원리인 '예'(禮)에 대해 조화의 원리인 '악'(樂)이 상응하듯이, 융화의 원리는 의리의 순정성을 추구하는 것과 더불어 마치 원심력과 구심력처럼 균형점을 찾아갔던 것이라 하겠다.

5. 이상(理想)으로서 인도(人道)

한국인의 의식의 바닥에 세계와 자기 존재에 대한 '긍정'이 자리잡고 있으며, 이념적 표준의 '순정성'을 확보하려는 의지와 다양성을 종합하려는 '융화'의 요구가 균형을 이루는 것이라 할 수 있다. 곧 '긍정'과 '순정성'과 '융화'의 세 가지 형식은 자신을 보존하고 실현하는 목적을 위해 함께 작용하는 것이라 하겠다. 이와 더불어 한국인의 사유 속에 내재된 근본문제는 인간에 대한 이해요 인간으로서의 가치를 실현하는 것이라 할 수 있다. 한국인의 사유체계는 대상적 존재에 대한 인식이나 초월적 세계에 대한 형이상학적 해명에 관심의 초점을 두고 있기 보다는 오히려 인간의 문제에 지속적인 관심을 기울여 왔던 것으로 보인다. 여기서 인간의 존재는 물론 자연이나 사회로부터 분리되어 관념적으로 파악되는 것이 아니라, 모든 영역과 연결된 세계의 중심으로서 인간의 존재가 이해되고 있는 것이다.

단군신화 속에서도 하느님(桓因)의 아들로서 '신'인 환웅(桓雄)은 인간세상을 탐내어 구하였고, 동물인 곰과 호랑이는 인간이 되기를 기원하였다. 그것은 하늘과 땅과 사람의 '삼재'(三才)가 서로 균형을 이룬 정삼각형도 아니고, 하늘을 정점으로 뻗어내리온 삼각형의 구조도 아니요, 인간을 정점으로 지향하는 삼각형의 구조를 보여준다. 『삼국유사』(三國遺事) 속에는 늙은이나 젊은 여자, 혹은 거지꼴의 승려 등 우리 주변의 평범한 사람들의 모습으로 '진신 불보살'(眞身 佛菩薩)이 나타나는 많은 설화가 전해지고 있다.[11] 이러한 설화를 통하여 지극히 존귀한 '불보살'

---

11) 『삼국유사』, 권3, '塔像'의 '南白月二聖 努肹夫得 怛怛朴朴'條와 '洛山二大聖 觀音 正趣 調信'條, 권4, '義解'의 '慈藏定律'條 등 여러 곳이 있다.

이 얼마나 우리 주위에 가까운 인간의 모습으로 나타나는가를 잘 보여주는 것이다. 그것은 동시에 우리 주변의 평범한 인간이 모두 '불보살'일 수 있는 가능성을 지닌 것으로 보는 눈을 뜨게 해주는 것이다. 또한 그것은 인간을 넘어서 부처를 찾는 것이 아니라 인간 속에서 부처를 찾는 의식의 표현이다.

성리학이 태극론(太極論)이나 이기론(理氣論)에서 형이상학적 근원의 문제를 제기하고 있지만, 한국 성리학의 기본주제는 인간의 감정으로서 '사단칠정론'의 문제와, 인간의 성품으로서 '인물성동이론'(人物性同異論)의 문제 등 인간 심성의 문제에 관심을 집중하고 있는 사실도 한국유교의 있어서 철학적 기본과제가 인간의 문제임을 다시 한번 뒷받침해 주는 것이다.12) 한국인이 자신의 사유체계에 그 기본과제가 인간임을 잘 드러내 주고 있는 사례라 하겠다. 근세에 동학(東學)에서도 인간이 곧 하늘이라 주장하는 '인내천'(人乃天) 내지, 인간을 하늘처럼 섬기라는 '사인여천'(事人如天)의 교리를 제시한 것도 한국적 사유전통 속에서 지극히 자연스러운 귀결이라 할 수 있다.

인간으로서 하늘과 통하고 자연과 어울리고 사회 속에 맺어지는 것은 한국유교의 과제요 한국인의 의식 속에 뿌리깊게 침투되어 있는 이상(理想)이라 할 것이다. 비록 이 이상이 현실이나 역사 속에 온전하게 실현되지는 못하였다 하더라도, 이 이상은 끊임없이 한국인의 사유를 이끌어가는 희망이요 지향이라 할 수 있다. 인심(人心)이 곧 천심(天心)인 것처럼, 인도(人道)는 곧 천도(天道)와 일치하는 것이고, 인간에 대한

---

12) 正祖때 成以心이 저술한 易學해석은 『人易』이라 표제를 붙였고, 19세기 실학자 崔漢綺는 자신의 철학체계를 집성한 저술의 제목을 『人政』이라 붙였던 것도, 인간의 철학적 관심의 주제로 삼는 체계를 시도한 것으로 볼 수 있다.

관심은 바로 하늘로 열려 있는 것이며, 인간의 무한성과 그 실현가능성에 대한 신념을 내포하는 것이다. 그것은 인간에 대한 근원적 긍정이고 순수성의 확립이면서 융화의 구현이라고도 할 수 있겠다.

참고문헌

** 중국 經傳・古典・編著
『十三經注疏』
『性理大全』
『二程全書』
程頤,『易傳』
張載,『張子全書』
朱熹,『四書集注』/『詩集傳』/『朱熹集』/『朱子語類』/『朱子家禮』.
利瑪竇,『天主實義』
蔣貴麟 主編,『康南海先生遺著彙刊』, 臺北, 宏業書局, 1976
楊克己 編,『民國 康長素先生有爲・梁任公先生啓超 師生合譜』,
　　　　臺灣商務印書館, 1982)

** 한국 文集・編著
『三峯集』(鄭道傳)/『入學圖說』(權近)/
『梅月堂集』(金時習)/『濯纓集』(金馹孫)/
『花潭集』(徐敬德)/『退溪全書』(李滉)/『栗谷全書』(李珥)/
『艮翁集』(李獻慶)/『順菴集』(安鼎福)/『與猶堂全書』(丁若鏞)/
『華西集』(李恒老)/『重菴集』(金平默)/
『勉菴集』(崔益鉉)/『毅菴集』(柳麟錫)/
『寒洲集』(李震相)/『李炳憲全集』(李炳憲)/
『三國史記』/『三國遺事』/『國朝五禮儀』/
『闢衛編』(李晩采編)/『大東正路』(許侙・郭漢一編)

** 연구서와 논문
崔根德, '儒敎의 現代化, 그 前提와 指標',『儒敎學會報』,
1985년 5월 1일 창간호.
金學主,「李炳憲『詩經孔學考』略論」,『中國域外漢籍國際學術會議
論文集』, 臺北, 國學文獻館, 1990.
금장태,『유교개혁사상과 이병헌』, 예문서원, 2003.
박성규,『주자철학의 귀신론』, 한국학술정보, 2005.

白川靜,『甲骨文의 世界』, 김옥석 역, 연희, 1981.
池田秀三,『自然宗敎の力-儒敎を中心に』, 岩波書店, 1998.
　　　　(金志炫 飜譯原稿本).

*

Paul Tillich, Christianity and the Encounter with the World Religions, Chicao, University of Chicago, 1960.
Joseph M. Kitagawa,『동양의 종교』, 이진구·신광철·이욱 역, 사상사, 1994.
Rudolf Otto,『성스러움의 의미』, 길희성 역, 분도출판사, 1987.
요아힘 바하,『비교종교학』, 김종서 역, 민음사, 1988.
W.C.Smith,『종교의 의미와 목적』, 길희성譯, 분도출판사, 1991.

찾아보기

ㄱ

가공언賈公彦 156
가규賈逵 158, 203
가의賈誼 271
가인괘家人卦 275
간접적 천치주의間接的 天治主義 39
감생제설感生帝說 154, 192
감제感帝: 感生帝 180, 192
갑골문甲骨文 14
강령괘綱領卦 273, 274
강복降福 73, 76, 77, 121
강신降神 73
강신주降神酒 75, 100
강유위康有爲 231, 232, 240, 242, 243, 252, 292, 293, 294
경방京房 259
『경설』經說 243
경세론經世論 302
『경씨역전』京氏易傳 259
「경재잠」敬齋箴 123
계량季梁 53
계문啓門 73
계보系譜 질서 104
「계사」 266
계칩啓蟄: 驚蟄 172, 174, 185
고종황제 130
고축告祝 121
『곡량전』 72, 173, 177, 221, 223
곡부曲阜 232
『공경대의고』孔經大義考 243, 244
공교孔教 231, 232, 234, 292
공교운동 242
공교회孔教會 234, 240
공기천空氣天 272
공묘孔廟 232

공벽孔壁 193
공산共産 275
공안국孔安國 161, 193
『공양전』 173, 175, 177, 188, 197, 202, 218, 221, 223, 293
공양학파 248
공영달孔穎達 159, 167, 200, 202, 209, 262
공자孔子 26, 62, 232, 234, 247, 263, 287, 288, 293, 299, 301
공처共妻 275
관祼 65
관괘觀卦 237, 278
관사보觀射父 219
괘변도卦變圖 284
교郊 66, 143, 164, 168
『교사지』郊祀志 169, 216
교조敎祖 232, 293
교회식 유교敎會式儒敎 240
구이九夷 299
국가의례王朝禮 · 國朝禮 136
『국어』國語 140, 219, 254
『국조오례의』國朝五禮儀 66
군자국君子國 299
굴원屈原 29
궁극적 관심ultimate concern 111
권근陽村 權近 19, 34
궤饋 65
궤毁 70
귀신 43, 119
『근사록』近思錄 127
금문경眞經 242
금문경학今文經學 231, 243, 292, 293, 294

기곡祈穀	181	동중서董仲舒	32, 260
기년祈年	66	동학東學	307
기우祈雨	66, 190	두예杜預	221
『길례통고』吉禮通考	140	두우杜佑	140, 189
김시습金時習	29	독제纛祭	66
김학주	293		
김흠춘金欽春	304	**ㄹ**	
		려旅	185
ㄴ			
낙서洛書	283, 284, 285, 287	**ㅁ**	
「난랑비서」鸞郎碑序	304	마국한馬國翰	259
남교南郊	71, 164	마단림馬端臨	160, 162
남방적제赤帝: 赤熛怒	16	마융馬融	158, 215, 260
납주納主	73, 77	마테오 리치利瑪竇, Matteo Ricci	50, 144
노장老莊	128, 296	망료望燎	73, 77
노전금魯展禽	194	『맹자』	127, 223, 260
『논어』	37, 283	맹희孟喜	259
		명당明堂	164, 170
ㄷ		명분名分	302
다신관多神觀	46, 60	명인明禋	183
단군신화	306	명치유신明治維新	235
『대대례』大戴禮	140, 157, 248, 271	명칭의 오류名誤	155
대동大同	232, 274, 275, 292, 293	목수穆修	284
대동교大同教	238	몽괘蒙卦	289
『대청례부칙례』大淸禮部則例	154	묘월卯月	172, 173
『대학』	33	무극태극도無極太極圖	286
대향大饗	182, 183	무량천無量天	272
도동사道東祠	241	「무진육조소」戊辰六條疏	116
도상圖象	282, 283	묵적墨翟	127
도서圖書	282	문묘文廟	241
도통론	126	『문헌통고』文獻通考	162
도학道學	300	민천旻天	15
『독위경고』讀僞經考	243, 244		
독축讀祝	73, 76, 121	**ㅂ**	
돈오점수頓悟漸修	305	박괘剝卦	299
동몽래구아童蒙來求我	270	박세당朴世堂	127
동방삭東方朔	271	박은식朴殷植	239
동방청제青帝: 蒼帝·靈威仰	16	반경盤庚	83
동인괘同人卦	274	방관승方觀承	160, 163

방구方丘	217	사신辭神		73
방명方明	187	사육신死六臣		300
방택方澤	216	사인여천人事如天		307
배산서당培山書堂	240, 241, 242, 292	사정백士貞伯		84
배천配天	293	사직社稷		66, 201
범악창范諤昌	283	사친과 사천		133
벽고鬪皋	65	사회주의		275
벽괘辟卦	273	산재散齊		74
보본반시報本反始	63, 101	『산해경』山海經		250
복서卜筮	282, 287	살생유택殺生有擇		297
복선화음福善禍淫	84	『삼가장구』三家章句		259
복우卜牛	195	『삼국유사』三國遺事		306
북교北郊	71	삼세설三世說		293
북극성北辰耀魄寶	16	삼일三一		169
북방흑제黑帝: 汁光紀	16	삼헌三獻		73, 75
북신천北辰天	272	상嘗		65
분준分餕	73, 77	상구商瞿		266
분향焚香	73, 100	『상례사전』喪禮四箋		141
불국토佛國土 신앙	298	『상방태동진원묘경』上方太洞眞元妙經		286
불천위不遷位	100	『상서보의』尙書補義		247
비괘比卦	274	『상서』		248
비직費直	260	생牲		196
		『서경』	21, 26, 27, 33, 39, 40, 83,	
ㅅ			187, 219, 283	
사祠	65	서경덕花潭 徐敬德		49, 301
사肆	65	『서경전주금문설고』書經傳注今文說考		
『사기』史記	140, 157, 256, 258, 266,			247, 249
	271	「서괘」		268
사단·칠정四端七情	301, 307	「서명」西銘		132
사대事大	299	서방백제白帝: 白招拒		16
사류四類	165	서학西學: 天主學		50
사마자어司馬子魚	81	석과碩果		299
사마천	266	선비정신		301
사망四望	165, 185, 186	선천도先天圖		284, 287
사명司命	214	「설괘전」		267
사무司巫	190	설시揲蓍		287
사문난적斯文亂賊	127	『설원』說苑		271
사서四書	125	설위設位		73
사성부동역설四聖不同易說	261	성誠		282, 302

성균관	129, 132	신후담愼後聃	51
성령性靈	237	실시實柴	64, 65, 182
성리학性理學	300, 307	「심문」心問	29
성왕聖王	38, 39, 53	십익설	257, 258, 260
『성증론』	168	십익전十翼傳	257
『성학집요』聖學輯要	127		
성현종교聖賢宗教	131	**ㅇ**	
『소대예기』小戴禮記	248	악독嶽瀆	66
소옹邵雍, 康節	284, 285	안정복順菴 安鼎福	50
소인小人	37, 301	안지顔芝	193
손괘損卦	275	약龠	65
송신送神	73, 75	양계초梁啓超	1, 39
송충宋衷	260	『양구씨장구』梁丘氏章句	271
수조受胙	73	양구하梁邱賀	259, 271
순상荀爽	260	양복信齋 楊復	160, 161
순자荀子	50	양시양비兩是兩非	305
시尸	194	양주楊朱	127
『시경』 20, 21, 25, 30, 33, 191, 195, 293		여불위	170, 217
		여암呂嵒: 洞賓	286
『시경공학고』詩經孔學考	293, 294	『여유당전서』與猶堂全書	135
『시경부주삼가설고』詩經附注三家說考		여제厲祭	66
	247, 249	여조겸呂祖謙	127
『시소서』詩小序	166	『역경』 232, 233, 245, 249, 252,	
시수施讐	259	254, 258, 278, 282, 293	
『시씨장구』施氏章句	259	『역경금문고』	249, 264
시책蓍策: 蓍草	290	『역과소전합고』易課小箋合考	247
식食	65	「역대전」 266, 268, 283, 290	
신神 · 귀신鬼神	11, 42, 55, 80, 281	『역도명변』易圖明辨	283
신神 · 리理 · 상象 · 수數	277	『역도설』易圖說	283
신도神道	235, 279, 281, 285, 292	『역한학』易漢學	259
신도설교神道設教	238, 276, 278, 279, 280, 293	연개소문淵蓋蘇文	303
		영명靈明	20
신명神明	47, 237, 293	영신迎神	73, 75, 121
신불해申不害	128	『영언려작』	51
『신서』新書	271	영제禜祭	66
신숙주申叔舟	300	『예경부주금문설고』禮經附注今文說考	
신-인神人	51, 78		248, 249
신주神主	77, 100	예괘豫卦	282
『신학위경고』新學僞經考	243, 244	『예기』禮記 51, 59, 62, 64, 67-69,	

	70, 73, 76, 82, 83, 85, 86, 101, 137, 149, 153, 167, 176, 178, 183, 196-198, 207, 213, 216, 217, 219, 220-222, 224, 226, 271, 275, 283	유교의 종교성	293
		유도회儒道會	132
		유료槱燎	64, 65, 182
		유목劉牧	283, 285
예매瘞埋	73, 77	유식侑食	73, 76
예송禮訟	302	유인석毅菴 柳麟錫	131
「예운」	293	유일상제관唯一上帝觀	46, 55, 60
예학	302	유일신관唯一神觀	46, 60
오경五經	126	유일천관唯一天觀	46
오방천제설五方天帝說	16, 149, 150, 152, 153, 157, 158, 226	유표劉表	260
		유향劉向	271
오사五祀	149, 211	유현劉炫	193
오행설	158, 215, 226	유흠劉歆	251, 260, 269
『옥청무극동선경』玉淸無極洞仙經	286	육속陸續	260
왕덕잠王德潛	240	「육예략」六藝畧	251
왕망王莽	166, 204	육천설六天說	16, 161, 226
왕소王邵	193	윤휴尹鑴	127
왕숙王肅	158, 159, 201	율곡栗谷 李珥	49, 127, 302, 305
왕충王充	243	율곡학파栗谷學派: 畿湖學派	302
왕필王弼	261	융화	303, 304
요아힘 바하Joachim Wach	112	음복飮福	73, 77, 121
요평廖平	240	『의례』	188, 244
용도龍圖	283	『의례경전통해』儀禮經傳通解	118
용현龍見	188	의리	300, 301
우雩	185, 188	의리론	302
우영雩祭	189	의리지변義利之辨	301
「우주문답」宇宙問答	131	「의천문」擬天問	29
원광圓光	297	이개李漑	283
원구圜丘: 圓丘	164, 168, 182, 183	이기론理氣論	307
원효元曉	297, 304	이단사설異端邪說	127
위고문僞古文	260, 269	이병헌眞菴 李炳憲	231, 249
위굉衛宏	166, 191	이성양자異姓養子	97
위백양魏伯陽	286	『이아』爾雅	220
위서緯書	152	이언적李彦迪	301
유·불·도 삼교	295	이익星湖 李瀷	117
유교개혁론	239	이정조李鼎祚	270
「유교비종교론」儒敎非宗敎論	1, 239	이지재李之才	284
「유교위종교철학집중론」 儒敎爲宗敎哲學集中論	234	이진상寒洲 李震相	46
		이치의 오류理誤	155

이침貍沈	65, 206	제관祭官	67
이케다 슈조池田秀三	109	제기祭期	60, 67
이항로華西 李恒老	31, 47	제도의 오류法誤	155
이헌경李獻慶	33	『제례고정』祭禮考定	135, 141
인격신人格神	116	제복祭服	71
인귀人鬼	42	제사	59, 62, 64, 72
인내천人乃天	307	제장祭場	60, 67
인도人道	307	제주祭主	69
인물성동이론人物性同異論	307	조祖	70
인사禋祀	64, 65, 169, 182	조상숭배	93, 102, 108
인심人心	307	조상신	97
		조선공교회	242

ㅈ

		조화造化	20, 21
「잡괘」	268	존성윤음尊聖綸音	130
장손무기長孫無忌	16	종교에 관한 철학	114
장식南軒 張栻	45	「종교철학합일론」宗敎哲學合一論	234
장지연張志淵	239	종묘宗廟	66
장횡거張橫渠	33, 40, 44, 127, 132	종이권鍾離權	286
재계齊戒	73	『좌전』左傳	81, 84, 173, 174, 177,
절의파節義派	300	181, 189, 200, 208, 212, 221, 254	
점치는 말繇辭·占辭	251	주돈이周敦頤, 濂溪	18, 124, 127, 286
『정관역전』丁寬易傳	259	『주례』	15, 42, 64, 136, 139, 145,
정도전鄭道傳	29, 300	147, 149, 152, 156, 159, 170, 178,	
정명正名	302	184, 185, 186, 187, 190, 195, 202,	
정명도程明道	35, 127, 128	203, 206, 213, 214, 220, 223, 226,	
정몽주鄭夢周	300	228, 230	
정사농鄭司農	186	주빈主賓관계	81
정약용茶山 丁若鏞	15, 16, 135	주사繇辭	255
정이천程伊川	14, 114, 127, 261	주악奏樂	184
정인지鄭麟趾	300	『주역』	17, 18, 21, 28, 41, 44, 175, 299
정자程子	44, 160		
정중鄭衆	147, 161	『주역맹씨장구』周易孟氏章句	259
정지운鄭之雲	34	『주역본의』周易本義	284
정통	302	『주역설씨기』周易薛氏記	259
정통주의	128	『주역자하전』周易子夏傳	259
정현鄭玄	16, 147, 152, 153, 154,	『주역정의』周易正義	262
156, 158, 179, 193, 202, 212, 214,		주이존朱彝尊	286
226, 247		주일설主日說	193
정혜결사론定慧雙修論	305	주자朱子	33, 115, 118, 119, 123,

127, 132, 160, 261, 284, 286
주자학朱子學 109, 300
주재主宰 20, 24
「주재도설」主宰圖說 46
주종主從관계 81
주진朱震 283
중류中霤 214
중앙황제黃帝: 含樞紐 16
『중용』 15, 30, 33, 34, 36, 37, 43, 122, 245, 293
「중용장구서」中庸章句序 126
중화中華문화 299
증烝 65
지기地示 42
지눌知訥 305
지방紙榜 77
진고문眞古文 269
진기陳器 73
진단陳摶 283, 284, 285, 286
진상도陳祥道 160, 162
진설陳設 73, 74
진순北溪 陳淳 44
진찬進饌 73, 75
진혜전秦蕙田 16, 140, 160, 163
진환장陳煥章 240

ㅊ

참신參神 73, 75
참위설讖緯說 16, 215, 226
채묵蔡墨 212
『채씨역설』蔡氏易說 259
채이강蔡爾康 240
천天・상제上帝 11
천天・신神 54, 56
천명天命 37
「천명도」天命圖 34
「천문」天問 29
천신天神 42
천인감응天人感應 32

「천인심성합일지도」天人心性合一之圖 34
천인지분天人之分 32
천인합일天人合一 32
천주天主, Deus 144
『천주실의』天主實義 144
천지합사설天地合祀說 192
천황대제天皇大帝 152
철조徹俎 73, 77
철학적 종교 114
『청국무술변법기』清國戊戌變法記 231
체용體用구조 17
최경崔憬 270
최근덕崔根德 91
최치원崔致遠 304
추연鄒衍 16, 217
축관祝官 69
축문祝文 77
『춘추』 136, 139, 172, 173, 176, 181, 196, 197, 199, 220, 226, 228, 230, 240, 262, 293
『춘추고징』春秋考徵 135, 136, 139
춘추삼세설春秋三世說 232, 292
『춘추삼전』春秋三傳 223
『춘추필삭대의미언고』 249
충방种放 283
치재致齊 74
친등친親等질서 104

ㅋ

키타가와Joseph M. Kitagawa 132

ㅌ

탁고개제설託古改制說 252
태극太極・이理・도道 11
태극도 287
「태극도설」太極圖說 18
태극론太極論 307
태단泰壇 169, 197
태뢰太牢 219
태미감제太微感帝 164

태미오성太微五星 151
태미오제太微五帝 16, 154, 164
태사공太史公 266
태양천太陽天 272
태일太一 169
태평太平 232
통동서설通東西說 239
『통서』通書 124
통신구설通新舊說 239
『통전』通典 140, 166, 168, 189, 218
퇴계退溪 李滉 18, 54, 116, 124, 301, 302
퇴계학파退溪學派: 嶺南學派 302
틸리히 Paul Tillich 111

ㅍ

팽祊 187
폐백幣帛 67
포사薄社: 亳社 224
포제酺祭 66
푸닥거리禬除之禮 184, 185

ㅎ

하느님桓因 298, 306
하도河圖 283, 284, 285, 287
하사嘏辭 73, 77, 121
하상공河上公 286
하휴何休 197
한강백韓康伯 261
한비韓非 128

『한서』漢書 258
합문闔門 73, 76
향교 132
향교식 유교鄕校式儒敎 240
허견許堅 283
허신許愼 215, 243
헌獻 65
헌관獻官 69
헌작獻酌 73, 75
헌폐獻幣 73, 75
혁명파革命派 300
혈제血祭 64, 65
혜동惠棟 259
호위胡渭 261, 283
호천昊天 15
호천상제昊天上帝 15, 145, 164
혼3품설魂三品說 50
홍익인간弘益人間 298
「화민유도대」化民有道對 271
화쟁론和爭論 304
환웅桓雄 306
황천皇天 15, 45
황황皇皇 15
『효경』 86, 193
『효경위』 202
후천도後天圖 284
후토사后土祠 166, 207
『후한서』後漢書 271
흠향歆饗 73, 76
희생犧牲 67

저자 **금장태**

1943년 부산생
서울대 종교학과 졸업
성균관대 대학원 동양철학과 수료(철학박사)
현 서울대 종교학과 명예교수
주요 저술 『퇴계의 삶과 철학』, 『다산실학탐구』, 『한국유학의 心說』
　　　　『조선후기의 儒敎와 西學』, 『한국유학의 老子이해』
　　　　『불교의 유교경전해석』, 『조선유학의 주역사상』
　　　　『비판과 포용－한국실학의 정신』 외.

귀신鬼神과 제사祭祀
－유교의 종교적 세계－

초판인쇄　2009년 4월 27일
초판발행　2009년 5월 8일

저자 금장태
발행 제이앤씨
등록번호 제7-220

주소 서울시 도봉구 창동 624-1 현대홈시티 102-1206
전화 (02) 992 / 3253
팩스 (02) 991 / 1285
홈페이지 http://www.jncbook.co.kr / 제이앤씨북
전자우편 jncbook@hanmail.net
책임편집 조성희

ⓒ 금장태 2009 All rights reserved. Printed in KOREA

ISBN 978-89-5668-709-4 93810　　　　정가 20,000원

＊ 이 책의 내용을 사전 허가 없이 전재하거나 복제할 경우 법적인 제재를 받게 됨을 알려드립니다.
＊＊ 잘못된 책은 구입하신 서점이나 본사에서 교환해 드립니다.